オントロジー法学

津野 義堂 編著

日本比較法研究所
研究叢書
113

中央大学出版部

装幀　道吉　剛

はしがき

　法律学は，そのときどきの科学方法論に基礎づけられていた．
　ギリシャ（アテナイ）でも，ローマでも，中世ヨーロッパでも，近世近代でも，そうである．ローマ法の影響を受けたイスラム法もそうだと考えられる．
　法知識の学問は歴史的にどのように発達してきたのか，それを方法論に注目して解明することは，歴史家のきわめて重要な仕事である．法と社会の歴史を研究する法史家は，法源史料と法外史料を読むのが基本である．文献に通じていることも必要である．歴史は，書かれたものを理解することで成立する．
　外国の法と社会の歴史を研究してきた私達の反省は，私達は，ともすると外国語を日本語で置き換え，あとは日本語で考えてしまうこと，そして日本の制度や思想にあてはめてはじめて理解した気になってしまう傾向があることだ．
　漢字（中国文字）そのものに意味が在ると教えられる私達は，言霊（ことだま）とでもいうものに取り憑かれがちである．「訳語の統一」というモットーや，西洋文を構成する単語をひとつひとつ日本語に置き換えてそれを繋げていくのが忠実な訳だという考え方は間違っている．そのような姿勢が，原著者の考えを伝えることにならないことは，法学教授資格取得論文として異例の短かさでも有名なフィーヴェーク教授のトーピク（と法学）の本が示している．辞書を引きすぎてシソーラスをテーサウルス氏にしてしまっているのだ．

　勝田有恒教授が，西洋法制史（一橋大学）や比較法原論（中央大学）の講義で，比較法史研究の三つの軸として，縦軸と横軸と奥行が大切だと説いたとき，私達には，縦軸が時間軸（歴史），横軸が空間軸（地理的比較），奥行が哲学思想（文化）であることは自明だと思われたものだ．しかし，ミュンヘンやザルツブルクで話をしたとき，オーストリア連邦共和国やドイツ連邦共和国の

研究者たちに「日本人らしい考え方だね．日本語は縦書きだからかもしれないね」と言われた．ラテン語（方言）の法源史料を新聞のように読むというドレザーレク教授が，フランクフルト（MPIER）のサマースクールで，ディゲスタの伝承についてレクチャーしたとき，時間軸を奥行で表していた．それも，奥が古く手前に時間が進み，最近の記録が衝立のように過去を隠していると話していた．日本の常識はけっしてそのままドイツ語圏の感じ方とは一致しない．

　局地的なこと個性的で特有なことより，普遍的なことが大切だというのは，ヘルムート・コーイングが教えてくれたことである．フリッツ・シュトゥルムは，ローマ法は標準化石だという言い方で，このことを確認し，私達を勇気づけてくれた．ローマ法の伝統は，国際的な立法でも，世界の法廷でも，法曹教育でもあらためて重要性が確認されてきている．共通語としての英語が必須の知識であるように，ラテン語とローマ法の知識は，けっして飾り物ではなく，法の世界の構築資材として，ヨーロッパばかりでなく世界中で，法知識の獲得と活用のための，そして知的なコミュニケーションのためにまさに礎になっている．

　言葉の意味を重視するのは，二千年を越える西洋法学の伝統にはあたりまえのことである．
　ローマの法学者たちにとって論理学がいかに重視されていたか，つとにホアン・ミケルが示してくれている．中世近世の法学者や法学教育においても，当時最新の論理が基礎になっていた．
　20世紀以来爆発的に発達した諸々の数理論理学と集合論を，私達がどれだけ深く理解し活用しているかということを考えると，寂しさを感じざるをえない．ヴィットゲンシュタインを含む言語哲学の重要性もあらためて確認させられる．意味論の成果もそうである．オグデンとリチャーズのSemantic Triangle（意味の三角形）は，論理家やオントロジー学者のさまざまな解釈を

通じて，人工知能研究にも影響を及ぼしている．

オントロジー法学（Ontological Jurisprudence）は，オントロジー工学（溝口理一郎ほか）の刺激を受けている．しかし，法知を記述論理（DLs）で知識表現（KR）しコンピュータに載せよう（AI）というばかりではない．ここで，オントロジー（Ontology）は，存在や現実や世界を重視するという哲学的方法論的な立場の表現でもある．つまり，伝統的な存在論（だけ）でも，人工知能研究のオントロジー（だけ）でもなく，その両方だということだ．言い換えると，コンピュータと人工知能の時代の NOVUM ORGANUM である．

論理法学（Logical Jurisprudence 吉野一）が，命題から命題の Entailment を重視するのと対比すると，オントロジー法学は，事実から事実が follows（つづいて起）という現実連関を重視する．この点で，それはテオドール・ガイガーの法社会学に似ているとも言える．

本書は，名辞（ターム）だけでなくその表現で考えられている思想（概念）とそれが指し示している現実連関を理解することが大切だと考える著者たちが，USUCAPIO という名前の素材について調査しそれぞれの問題を解決しようとした記録である．

このウースーカピオという法制度は，USUS（使用）から使用取得（使用によって取得する）と訳され，時効取得とか取得時効とも置き換えられる．しかし，もちろん日本の時効取得と同じ意味であるはずはなく．ドイツ語のErsitzung とも違っている．東ローマのユースティーニアーヌス帝が，6 世紀に，ウースーカピオをプレスクリプティオと併せて整理したことが大きい．けれども，19 世紀のサヴィニーでさえローマ法に Ersitzung も Verjährung（消滅時効）もないと書いている．

ユースティーニアーヌス帝の法改革を受けた後の，中世にまとめられ，近世に固まった表現では，RES HABILIS, TITULUS, FIDES, POSSESSIO, TEMPUS という 5 要件で，新たな制限のない所有権が占有者に取得される．それまでの所有はもは

や法的に保護されなくなる．

　これは，暗唱用詩文の口調上の順序を論理的な順序に整理すると，自主占有，（占有の）権原，ウースーカピオ可能物（盗品でないなど客観的要件），善意（別に所有者がいることを知らない主観的要素），ウースーカピオ期間（時と場所で異なる）である．エリック・ポールは，古典期ローマ法について，ヘーガーシュトレームなどの BONA FIDES 研究（所有権の善意だけでなく，能力の問題なども指摘）もふまえて，新しい要件効果を提示している．私は，プーブリキアーナの訴え研究成果から，ウースーカピオの要件を理解するためには「ウースーカピオ占有 + ウースーカピオ期間」ということを基本として，ウースーカピオ占有の要件を細分化するという方法論が必要だと考えている．

　USUCAPIO にかぎらず，法制度・法観念は時と場所によって構造変化を受け，変容していく．私達はこれを（法理の）オントロジー転換と呼ぶことができる．

　私達の研究は，もちろん単なる異国の過去の事柄についての衒学趣味ではない．オントロジー法学は，法情報学，法と人工知能（AI and Law），知識表現，数理論理学，数学（集合論），自然言語処理や統計を応用して，法知識を表現しようとする．それは，言葉や思想だけでなく事態（was der Fall ist）を重視することによって，現実世界の問題解決に直結し，解答を与えることを目指しているのである．

2017 年 1 月

津　野　義　堂

オントロジー法学

目　　次

はしがき

第 1 章 「法務官法上の所有権」のオントロジー
……………………………………………………津野　義堂… 1

1. はじめに　1
2. 「法務官法上の所有権」IN BONIS ESSE（REM HABERE）の共通理解　5
3. 基本史料としてのガーイウス『法学提要』　6
4. ウルピアーヌス単巻書（法範）　10
5. いわゆる虚有権を廃止するユースティーニアーヌス帝の勅法　12
6. マンキピ物（いわゆる手中物）の意味と意義　15
7. トラーディティオによる所有権譲渡（移転）がうまくいかない場合にウースーカピオによる取得が役に立つ　17
8. ディオジュディ Diósdi の通説批判　17
9. IN BONIS 表現の分析　19
10. 特別な「ウースーカピオ占有者」としての「法務官法上の所有者」　23
11. 「法務官法上の所有者」とプーブリキアーナの訴え　25
12. D 44.4.4.32 の解釈　26
13. おわりに　27
14. 補注：「法務官法上の所有権」または「財産の中にある／持つ」の日本語表現　29

第2章　古典期ローマ法において非所有者から二重に売られて二重に引渡された物がウースーカピオによって所有権取得されウースーカピオ占有中に失われた占有がプーブリキアーナによって回復される法理のオントロジー……………………………………………津野　義堂… *37*

1．導入：売買と所有権の移転　*37*
2．古典期ローマ法の法源史料：Text　*40*
3．プーブリキアーナの方式書（再現）　*47*
4．ウースーカピオの3つの機能　*54*
5．テ　ー　ゼ　*55*
6．補注1：古典法とユースティーニアーヌス法における所有権取得の制度　*56*
7．補注2：所有者非所有者の4類型　*57*
8．補注3：トラーディチオ，ウースーカピオの要件と効果　*58*

第3章　usucapio pro suo のオントロジー……………宮坂　渉… *63*

1．問 題 関 心　*63*
2．possessio pro suo および usucapio pro suo に関連する諸法文　*69*
3．検討結果と今後の課題　*162*

第4章　usucapio libertatis のオントロジー…………森　　光… *169*

1．は じ め に　*169*
2．都市地役権　*171*
3．都市内の地役権をめぐる建築紛争の解決システム　*205*
4．まとめ——建築紛争システムの中における usucapio libertatis　*227*

補足資料：usucapio libertatis に関する史料　*229*

第5章　ヨーロッパ近世自然法の二重譲渡論における売買と所有権の移転——グロティウス『戦争と平和の法』2巻12章15節2項およびプーフェンドルフ『自然法と万民法』5巻5章5節——………………津野　義堂… *239*

1．概略と問題設定　*240*
2．グロティウスの二重売り論　*245*
3．プーフェンドルフの二重売り論　*257*
4．売買と所有権の移転について理性法論がフランス民法典の規律に直接の影響を与えたという神話　*265*
5．プーフェンドルフはなぜ D 6.2.9.4 を引照したのか　*272*
6．結　　論　*282*

第6章　近世自然法論におけるusucapioのオントロジー——グロチウスからカントまでの取得時効論——………………………………………出雲　孝… *287*

1．問題の所在　*287*
2．先行研究との関係　*289*
3．ローマ普通法学　*291*
4．フーゴー・グロチウス（1583-1645年）　*302*
5．ザミュエル・フォン・プーフェンドルフ（1632-1694年）　*319*
6．クリスティアン・トマジウス（1655-1728年）　*339*
7．クリスティアン・ヴォルフ（1679-1754年）　*350*
8．ドイツ啓蒙主義の法学者たち　*368*
9．イマニュエル・カント（1724-1804年）　*395*

10. ま　と　め　　405

資料：学説彙纂(ディーゲスタ)6巻2章　プーブリキアーナ対物訴訟について
　　　　　………………………………………………………訳：津野　義堂… 413

史料索引　　433

第1章
「法務官法上の所有権」のオントロジー

1. はじめに

古典期ローマ法には「市民法上の所有権」と（いわゆる）「法務官法上の所有権」の区別があったとされている[1]．

---

1) それは，たとえばマックス・カーザーの教科書［16, p. 94］にも明解に定義されている．第10版［これには柴田光蔵訳［17, pp. 181-182］がある］から引用する．

> Das vorklassische und klassische Recht kennen mehrere Erscheinungsformen des Eigentums, die auf dem Nebeneinander mehrerer Rechtsschichten beruhen.
> a) Als Eigentum im eigentlichen Sinn gilt nur das nach *ius civile,* das **dominium ex iure Quiritium.** Es ist römischen Bürgern vorbehalten und nur an beweglichen Sachen und italishen Grundstücken möglich.
> b) Daneben stehen Fälle, die man als die eines Eigentums nach prätorischem Recht verstanden hat. Wer eine *res mancipi* zwar vom quiritischen Eigentümer, aber nicht durch *mancipatio* oder *in iure* cessio, sondern nur durch formlose *traditio* erworben hat, erhält damit noch kein quiritisches Eigentum. Der Prätor findet jedoch die Formalakte, deren Publizitätswert (o. § 18 I 3 a) jetzt verflüchtigt ist, entbehrlich und begnügt sich auch bei *res mancipi* mit dem formfreien Erwerb. Verlangt der Veräußerer, der seine *res mancipi* bloß tradiert hat und damit ja noch quiritischer Eigentümer geblieben ist, die Sache hinterher mit der *rei vindicatio* zurück, so gewährt der Prätor dem verklagten Erwerber eine Einrede, die *exceptio rei venditae et traditae* oder die *exc. doli* (u. § 27 IV). Der Prätor macht ihn damit stärker als den quiritischen Eigentümer. Wer eine *res*

ここで，「市民法上の所有権」とは，法源史料上 DOMINIUM EX IURE QUIRITIUM として出現し，ドイツ語で nach *ius civile*[2]とか nach Quiritischem Recht[3]と言われ，イタリア語で il dominio di diritto civile[4]という名辞で表現される概念のことである．

（いわゆる）「法務官法上の所有権」とは，法源史料上 [RES] ALICUIUS IN BONIS ESSE あるいは ALIUS [REM] IN BONIS HABERE として出現し，文献で bonitarisches Eigentum = prätorisches Eigentum (nach prätorischem Recht; vom Prätor geschützte Stellung)[5]，dominio bonitario[6]などと表現される概念のことである．

Dominium ex iure Quiritium	市民法上の所有権
(res) alicuius in bonis esse	（法務官法上の所有権）[7]
ziviles Eigentum	市民法上の所有権
präorisches Eigentum	法務官法上の所有権

カーザー [15, p. 177] は次のように書いている[8]．

---

  mancipi auf solche formlose Weise erworben hat, von dem sagt Gaius, er habe sie *in bonis* (= im Vermögen)；und da er auch diese prätorische geschützte Stellung ein *dominium* nennt, spricht man hier von **bonitarischem** Eigentum. Doch hat man als *in bonis esse* offenbar jeden ‚Ersitzungsbesitz' bezeichnet, der mit der *actio Publiciana* geschützt wird (u. § 27 III), auch wenn er vom Nichteigentümer erworben wurde und darum vom Prätor nicht gegen dem **Eigentümer** geschützt wird. Vgl. Gai ihst 1.54；2, 40 f. [⋯]

2) カーザー [16, p. 94]．
3) アヴェナーリウス [4, p. 13]．
4) ボンファンテ [6, p. 370]．
5) カーザー [16, p. 94]．
6) ボンファンテ [6, p. 370]．
7) 文字どおりには，「ある物が *in bonis* にある人の物である」．（= im Vermögen 財産の中に）．

[…] Es ist hiernach gerechtfertigt das *in bonis esse* ein prätorisches, oder wenn man der von Theophilus[9] angeregten Terminologie folgen will, ein bonitarisches Eigentum zu nennen.

[…] したがって，IN BONIS ESSE［という表現］を「法務官法上の所有権」または，［別表現として］テオフィルスに由来する用語法に従いたいなら，ボニタリー的所有権と呼ぶことが正当化されるのである．

カーザーに代表されるそれまでの通説を，ボンファンテ［6］の実証的な研究を手掛かりとして，夭折したブダペスト大学（ハンガリー）のローマ法研究者ディオジュディの本［9］[10]が批判した．それに対して，カーザーの論文

---

8) ディオジュディ［9, p. 167 n. 10］も引用している．

9) テオフィルス TEOPHILUS *Paraphrasis Institutionum* 1.5.4［原田慶吉訳『法学提要希臘語義解』［27, p. 164］がある］は，「法律的なまたはクィリーテースの法による所有権と自然的または IN BONIS に持つような所有権」と表現している．

［…］ ἔστιν, ὡς εἶπον, φυσικὴ δεσποτεία καὶ ἔννομος δεσποτεία. καὶ ἡ μὲν φυσικὴ λέγεται in bonis καὶ ὁ δεσπότης βονιτάριος, ἡ δὲ ἔννομος λέγεται ex iure quiritium, […]

［…］ est igitur, sicut dixi, naturale dominium et legitimum dominium. naturale autem dicitur in bonis, et dominus bonitarius; legitimus autem dicitur ex iure Quiritium, […]

ボンファンテ［6, p. 370］によると，"Teofilo (THEOPH., *Paraphr.*, 1, 5, 4.) designa l'uno e l'altro rispettivamente con le forma dominio legittimo e *ex iure Quiritium* e dominio naturale o bonitario.".

原田訳によると，「［…］自然的所有権と法律的所有権あり．自然的所有権は in bonis，所有者は bonitarius と称せられ，法律的所有権は ex iure Quiritium 即ち羅馬人の法に基づくもの（クイリーテースとはロームルスの子孫なる羅馬人なり．羅馬人は彼に源を発す）所有者は ex iure quiritario と称せらる．若し両所有権を有するときは，法律的と自然的の双方を有するものとして，pleno iure dominus 即ち完全なる権利を有する所有者と称せらる．［…］」．

10) GYÖRGY DIÓSDI: Ownership in Ancient and preclassical Romam Law (1970) 佐藤篤士・西村隆誉志・谷口貴都共訳（1983）［8］がある．

(1984) = [18, pp. 346-372] は，IN BONIS ESSE の問題を再検討している[11]．

ここでは，ディオジュディ DIÓSDI が投げかけた諸問題から，とくに，

- IN BONIS ESSE / HABERE はたんに「財産の中にある／持つ」を意味したにすぎず，「法務官法上の所有権」を指すテクニカルタームとしては用いられなかったのだろうか？
- IN BONIS ESSE / HABERE はプーブリキアーナの訴え ACTIO PUBLICIANA と直接的に結び付かないのだろうか？

という疑問を検討する．そして，「法務官法上の所有権」概念の共通理解を獲得するために，とりわけ，

1. IN BONIS ESSE / HABERE を「法務官法上の所有権」と訳さないで，「(ある人の) 財産の中にある」「(ある人が) 財産の中に持つ」と訳す（理解する）のが，より正しいのだろうか？
2. [REM] IN BONIS HABERE（[物を] IN BONIS に持つ）と表現される人の法的地位は「法務官法上の所有権」と呼ぶにふさわしいのだろうか？
3. IN BONIS ESSE / HABERE はプーブリキアーナの訴え ACTIO PUBLICIANA とどのような関係にあるのだろうか？
4. IN BONIS ESSE / HABERE は，この表現を「法務官法上の所有権」と解するかぎり，プーブリキアーナの訴え ACTIO PUBLICIANA 抜きに説明できないのではないだろうか？
5. プーブリキアーナの訴えと IN BONIS ESSE / HABERE とが同時に出現する

---

11) ディオジュディの本をきっかけとした再検討の結果として，カーザー [18, p. 372] は，

Als ‚absolute' wirkende Berechtigung durften die Römer auf einer Stufe, […] ein, ‚prätorisches' oder ‚bonitarisches' Eigentum zu kennzeichnen.

と言う．

ほとんど唯一の箇所であるウルピアーヌス文 D 44.4.4.32 はどのように理解すればよいのだろうか？

という問題を解明する．

2. 「法務官法上の所有権」IN BONIS ESSE（REM HABERE）の共通理解

まず，アードルフ・バーガー ADOLF BERGER の Encyclopedic Dictionary of Roman Law（『ローマ法百科事典』）[5, p. 495] を例に，法源史料上 IN BONIS ESSE / HABERE で表現される「法務官法上の所有権」の通説的な共通理解を示そう．なお，日本語文献の記述は，補注に載せてある．

In bonis esse (or rem habere). When a *res manci* was conveyed by a mere delivery (handing over, *traditio*, and not by one of the solemn acts required for the transfer of property of such things (*mancipatio, in iure cessio*), the transferee did not aquire ownership under Quiritarian law but he had the thing only *in bonis* (= among his goods, so-called bonitary ownership) which was protected by praetorian law. He might acquire Quiritrian ownership through USUCAPIO. —— See ACTIO PUBLICIANA, DOMINIUM EX IURE

（財産の中にある／持つ）マンキピ物がトラーディティオだけで処分され，この種の物の所有権移転に必要な要式行為（マンキパティオ，法廷譲与）によらない場合に，引渡しを受けた人は，市民法上の所有権を取得せず，その物をたんに IN BONIS に有し，それは法務官法によって保護されていた（いわゆる法務官法上の所有権）．彼［法務官法上の所有者］は，ウースーカピオによって市民法上の所有権を取得することができた．

QUIRITIUM, DOMINIUM DUPLEX.

A. Audibert, *Histoire de la propriété prétorienne*, 2 vol., 1889; P. Bonfante, *Scritti* 2 (1926) 370; M. Kaser, *Eigentum und Besitz*, 1943, 297.

——参照：プーブリキアーナの訴え，市民法上の所有権，二重の所有権．

文献：[…]

3. 基本史料としてのガーイウス『法学提要』

IN BONIS ESSE / HABERE という問題について最も重要な史料は，ガーイウスの『法学提要』である[12]．

Gai inst 1.54

Ceterum cum apud cives Romanos duplex sit dominium —— nam vel in bonis vel ex iure Quiritium vel ex utroque iure cuiusque servus esse intellegatur ——, ita demum servum in potestate domini esse dicemus, si in bonis eius sit, etiamsi simul ex iure Quiritium eiusdem non sit: nam qui nudum ius Quiritium in servo habet, is potestatem habere non intellegitur.[13]

それに関連して，ローマ市民の間では所有権は二重(ダブル)である．というのは法務官法上，あるいは市民法上，あるいは両方の法権利によって，奴隷はある人の物であると考えられるからである．したがって，もし法務官法上，彼の物である場合に，奴隷を所有者の権力の中にあると私は言うであろう．たとえ市民法上は彼の物でないとしても．というのは，市民法上の法権利だけを，奴隷に持つ人は権力

---

12) ボンファンテ [6, p. 370] もディオジュディ [9, p. 171] もそのように見ている．

第 1 章 「法務官法上の所有権」のオントロジー　7

> を持つとは考えられないからである．

この箇所[14]で，所有権類似の概念の区別（対比）が出現する．まず前段に現

---

13) このラテン語原文は Linz 起源だが，MANTHE [19, p. 57] のテクストとほとんど同じ：Ceterum cum apu*d* cives Romanos duplex sit dominium (nam vel in bonis vel ex iure Quiritium vel ex utroque iure cuiusque servus esse intellegatur), ita demum servum in potestate domini esse dicem*us*, si in bonis eius sit, etiamsi simul ex iure Quiritium eiusdem non sit; nam qui nudum ius Quiritium in servo habet, is potestatem habere non intellegitur.

14) ガーイウス『法学提要』1 巻 54 節（船田享二訳）[GAIUS (1967), p. 90]

> けれども，奴隷は或る人の財産中にあり，またはローマ市民法によって同人に属し，または両法によって同人に帰属すると解されるから，ローマ市民の間では 2 種の所有権があるので，たとい奴隷が同時にローマ市民法によって或る主人に帰属しないでも，その主人の財産中にあるばあいだけ，われわれは，右の奴隷がかような主人の権力に服するといおう．何となれば，空虚なるローマ市民法上の奴隷所有者は権力をもつとは認められないからである．

ガーイウス『法学提要』1 巻 54 節（船田享二訳［旧版］）[GAIUS (1943), p. 71]

> 然れども，奴隷は或者の財産中に在り，又は羅馬市民法に依り同人に属し，又は両法に依りて同人に帰するものと解せらるるを以て，羅馬市民間においては二種の所有権存するが故に，縦ひ奴隷が同時に羅馬市民法に依りて或主人に帰属せずと雖も其の主人の財産中に在る場合にのみ，吾人は右奴隷が斯かる主人の権力に服すると謂はむとす．蓋し，空虚なる羅馬市民法上の奴隷所有者は権力を有するものとは認められざればなり．

ガーイウス『法学提要』1 巻 54 節（末松謙澄訳）[GAIUS (1917), p. 30]

> 五十四　然れども羅馬市民間に於ては所有権に二種あり，（何となれば奴隷は實益権又はクヰリーチウム権にて主人に属し，又或は両権利を併せて主人に属すればなり）而して奴隷は實益権にて主人に属する場合にのみ其主人の

われるのは次の3類型である．

in bonis cuius servus esse	奴隷は *in bonis* にある人の物である
ex iure Quiritium cuius servus esse	奴隷はクヰリーテースの法によりある人の物である
ex utroque iure cuius servus esse	奴隷は両法によってある人の物である

そして，後段に次の対比が現われる．

in bonis eius sit, etiamsi simul ex iure Quiritium eiusdem non sit [15]
qui nudum ius Quiritium in servo habet [16]

> 権力に服すと謂はざるべからず，是れ仮令實益権の主人が同時にクヰリーチウム権を有せざる場合と雖も亦然りとす，何となれば奴隷に対し唯空虚なるクヰリーチウム権のみを有する主人は之に対して権力を有すと認められざればなり．

ガーイウス『法学提要』1巻54節（佐藤篤士監訳）[GAIUS (2002), p. 16]

> その他に，ローマ市民には2つの所有権があるので（というのは，奴隷は，財産中にあるか，あるいはクィリーテースの権にもとづいているか，あるいは両方の法にもとづいてある者に帰属すると理解されるからである），もし奴隷がその者の財産中にあれば，たとえそれと同時にクィリーテースの権にもとづいてはその者に帰属しないとしても，われわれは，奴隷は主人の権力のもとにある，と言う．というのは奴隷に対してクィリーテースの虚有権をもつ者は権力をもつとは理解されないからである．

15) （奴隷が）*ex iure Quiritium* にはある人の物でなくても *in bonis* にある人の物である．
16) 奴隷にたんなる（空虚な）クィリーテースの法権利（だけ）を持つ人．

> **Gai inst 2.40**
>
> | | |
> |---|---|
> | Sequitur, ut admoneamus apu*d* peregrinos quidem unum esse dominium ; nam aut dominus quisque est aut dominus non intellegitur. Quo iure etiam populus Romanus olim utebatur, aut enim ex iure Qui*ritium* unusquisque dominus erat aut non intellegebatur dominus. Se*d* postea divisionem accepit dominium, ut alius possit esse ex iure Quiritium dominus, alius in bonis habere. | そのこと[17]の帰結として，外人の間では所有権は一体である（一つの所有権しかない）．つまり，ある人は所有者であるか所有者でないと考えられる．同じ法権利をローマ国民もかつては用いていた．ローマ国民は市民法上の所有者であるか（市民法上の）所有者でないと考えられた．しかし，所有権が分割された後には，ある人が市民法上の所有者であり，ある人が法務官法上の所有者であるということがありうる． |

この箇所には次の対比が出現している．

alius possit esse ex iure Quiritium dominus	一方の人がクィリーテースの法により所有者でありえ
alius [possit] in bonis habere	他方の人が *in bonis* に持ちうる

> **Gai inst 2.41**
>
> N*am* si tibi rem mancipi neque mancipavero neque in iure cessero, se*d* tantum tradidero, in　　それゆえ，もし，私が君にマンキピ物を，マンキパティオもせず，法廷譲与もせずに，たんに引き渡

---

17) 外人は（ローマ）市民法上の所有権を持てない．

bonis quidem tuis ea res efficitur, ex iure Quiritium vero mea permanebit, donec tu eam possidendo usucapias, semel et enim impleta usucapione proinde pleno iure incipit, id est et in bonis et ex iure Quiritium, tua res esse, ac si ea mancipata vel in iure cessa < esset.	す場合には，その物は法務官法上は君の物になるけれども，市民法上は私の物のままである．君が占有を継続してウースーカピオするまでは．いったんウースーカピオが完成すると，完全な法権利によって，すなわち法務官法上も市民法上もその物が君の物になる．あたかもマンキパティオか法廷譲与を行なったかのように．

この箇所には，次の対比が出現している．

in bonis quidem tuis ea res efficitur [18]
ex iure Quiritium vero mea permanebit [19]
pleno iure incipit, id est et in bonis et ex iure Quiritium, tua res esse [20]

4. ウルピアーヌス単巻書（法範）

ガーイウス『法学提要』ほどまとまってはいないが，ユースティーニアーヌス帝の編集を受けていないと考えられる史料として，ウルピアーヌス単巻書（法範）[21] Ulp. Frag. 1.16 がある．この箇所でも，「奴隷が *in bonis* にだけある人

---

18) *in bonis* にその物は君の物となる．
19) クィリーテースの法上は私の物のままである．
20) （その時点から）完全な法権利で，すなわち *in bonis* にもクィリーテースの法上も君の物になり始める．
21) TITULI EX CORPORE ULPIANI または LIBER SINGULARIS REGULARUM とも呼ばれる．古典期からユースティーニアーヌス帝の編纂とは別に伝承されているものとして，ガー

の物である」(in bonis tantum alicuius servus est) という表現が見られる[22].

> **Ulp. Fragm. 1.16**
>
> | | |
> |---|---|
> | Qui tantum in bonis, non etiam ex iure Quiritium servum habet, manumittendo Latinum facit. In bonis tantum alicuius servus est velut hoc modo: si civis Romanus a cive Romano servum emerit, isque traditus ei sit, neque tamen mancipatus ei, neque in iure | ［奴隷を］IN BONIS にだけ持つが，奴隷を市民法上持たない人は，［その奴隷を］解放することによってラテン人にする．奴隷が IN BONIS にだけある人の物であるとは，次のような場合：もし，ローマ市民がローマ市民から奴隷を買い，引渡しが行われ，マンキパテ |

イウスの法学提要とともに重要なものである．人文主義以来の刊本があるが，今ではアヴェナーリウス AVENARIUS 編訳の［4, p. 12］を利用することができる．

22) アヴェナーリウス訳［4, p. 12］: Wer einen Sklaven nur im prätorisch geschützten Vermögen, nicht aber auch nach Quiritischem Recht hat, macht ihn durch die Freilassung zu einem (Junianischen) Latiner. Nur in jemandes prätorisch geschütztem Vermögen ist ein Sklave z. B. auf folgende Weise: wenn ein römischer Bürger von einem römischen Bürger einen Sklaven kauft, und er ihm übergeben worden, ihm aber nicht im Wege der Manzipation oder der Abtretung vor dem Magistrat übertragen oder von ihm selbst ein Jahr lang besessen worden ist. Denn bis einer dieser Fälle eintritt, ist der Sklave im prätorisch geschützten Vermögen des Käufers, gehört aber nach Quiritischem Recht dem Verkäufer.

末松謙澄訳並註解，宮崎道三郎校閲『ウルピアーヌス羅馬法範参照』（帝国学士院）［26］によると：

「十六　単に実益権にてのみ奴隷を所有しクキリーチウム権にて所有せざる者が其奴隷を解放するときは被解放者は羅馬人となる．奴隷が実益権のみにて何人かに属すと謂ふは次の如き場合に於てのみ発生す．茲に一の羅馬市民あり．他の羅馬市民より一奴隷を買得し而して其奴隷は其買得者に引渡されたるも銅衡式又は法廷譲与を以て移転せしに非ず，又其占有一年間に達せざる場合是れなり．何となれば此等の事由の一に該当せざるときは其奴隷は実益権に於て買得者に属すれどもクキリーチウム権に於てはなお売却者に属すればなり．」

cessus, neque ab ipso anno possessus sit. nam quamdiu horum quid fiat, is servus in bonis quidem emptoris est, ex iure Quiritium autem venditoris est.	ィオは行われず，法廷譲与も行なわれず，一年間の自主占有も行われなかった場合である．というのも，これら[23]のうちどれかが成立していないかぎり，奴隷はIN BONISには買主の物[24]であり，ローマ市民法上は売主の物[25]である．

そして，*alicuius in bonis esse* と *ex iure Quiritium alicuius esse* が明確に対比されている．

is servus in bonis quidem emptoris est	奴隷は（なるほど）*in bonis* には買主の物であり
ex iure Quiritium autem venditoris est	（しかし）クィリーテースの法上は売主の物である

5. いわゆる虚有権を廃止するユースティーニアーヌス帝の勅法

ユースティーニアーヌス帝は学説彙纂(ディーゲスタ)の編纂過程で，「市民法上だけの所有権（いわゆる*虚有権＝クィリーテースの法だけの所有権）」を廃止する（勅法集7巻25章の標題：De nudo ex iure quiritium tollendo）[26]．

---

23) マンキパティオ，法廷譲与，ウースーカピオ．
24) 買主が法務官法上の所有者である．
25) 売主が市民法上の所有者である．
26) Codex L. VII Tit. 25 Otto/Schilling/Sintenis Bd. 6 (BT) p. 55 s.
　　　Fünfundzwanzigster Titel.

C 7.25.1

Imp. Iust. A. Iuliano pp.
Antiquae subtilitatis ludibrium per hanc decisionem expellentes nullam esse differentiam patimur inter dominos, apud quos vel nudum ex iure Quiritum vel tantummodo in bonis reperitur, quia nec huiusmodi esse volumus distinctionem nec ex iure Quiritum nomen, quod nihil aenigmate discrepat nec umquam videtur neque in rebus apparet, sed est vacuum et superfluum verbum, per quod animi iuvenum, qui ad

古臭い微にいり細をうがったお笑いごとが、この決定によって排除されたからには、二つの所有者たちの間に、いかなる差別も私は許さない。NUDUM EX IURE QUIRITUM（市民法上だけの所有権）か、たんに IN BONIS に取得したかにかかわらず。なぜなら、このように区別があることも、「クィリーテースの法による（市民法上の）」という名前も、私は望まないからである。それは、謎とかわらず、なんら捉えどころもなく、ことがらを明らかにしないどころか、空

De nudo jure Quiritium tullendo.
(*Von der Aufhebung des reinen Rechts der Quiriten.*)
1. Der Kaiser Justinianus an Julianus, Praef. Praet.
Um die Spielerei veralteter Spitzfindigkeiten durch diese Entscheidung von Grund aus aufzuheben, so gestatten Wir ferner keinen Unterschied zwischen dem Eigentümern, in Ansehung derer entweder der blosse Name: nach dem Rechte der Quiritem (*ex jure Quiritum*) oder [der Ausdruck] nur nach völkerrechtlichem Eigentum (*in bonis esse*) sich vorfindet, weil Wir nicht wollen, dass ferner diese Art von Unterschied bestehen soll, und ebensowenig der Name: nach dem Rechte der Quiriten, der von einem Räthsel in Nichts verschieden ist, gar nicht sinnlich wahrnehmbar, sondern blos ein leerer und überflüssiger Wortschall ist, wodurch der Geist des Jünglings, welcher sich zum ersten Male zum Gesetzunterricht wendet, abgeschreckt, vom Anfange an die nutzlosen Verfügungen des alten Gesetzes vernimmt, sondern es soll ein jeder Eigentümer dies mit vollständiger gesetzmässiger Wirkung sein, sei es in Betreff von Sklaven oder anderer ihm gehöriger Sachen.

> primam veniunt legum audientiam, perterriti ex primis eorum cunabulis inutiles legis antiquae dispositiones accipiunt. sed sit plenissimus et legitimus quisque dominus sive servi sui sive aliarum rerum ad se pertinentium.
>
> [a 530-531]

> 虚かつ余計な言葉である．それによって，はじめて法律の講義を聴講する若者たちの精神が，おびえさせられ，古い法律の無用な対照の学習をすることになってしまう．そうではなくて，彼の奴隷の［所有者］であれ，その他の彼に帰属する物の［所有者］であれ，最も完全な，最も合法的な単一の所有者［だけ］があるべし．[530-531年］

ここで示されていることは，ユースティーニアーヌス帝の頃には，（とりわけマンキピ物やマンキパティオの廃止によって）意味不明となった対比される所有権のようなものを意味する2つの表現があり，ユースティーニアーヌス帝はそれを廃止して1つの完全な所有権（DOMINUS か NON DOMINUS か）に統一したということである．

dominus :	nudum ex iure Quiritum	×
dominus :	tantummodo in bonis	×
dominus :	plenissimus et legitimus quisque	○

これに関して，ディオジュディ [9, p. 171] は，「廃止されたのは，*nudum ius Quiritium* だけであって，IN BONIS ESSE ではなかった」と言い，それがあたかも IN BONIS ESSE が「法務官法上の所有権」を意味することがなかったことの証拠の1つであるかのように書いている．しかし，この勅法を率直に読むなら，ここで廃止されているのは，2つの「所有権者たちの区別（違い）」であ

る．したがって，「市民法上だけの所有者」[27]だけでなく，「クィリーテースの法」（ローマ市民の法）という表現そのものも，また「IN BONIS にだけの所有者」も廃止されて，唯一絶対の完全な法権利による所有者に統一されているのだと理解しなくてはならない．

6. マンキピ物（いわゆる手中物）の意味と意義

「市民法上だけの所有者」と「IN BONIS だけの所有者」の区別が無用と感じられたのは，ユースティーニアーヌス帝が「マンキピ物」と「マンキピ物でない物」の区別を廃止したからである．

古典期ローマ法には「マンキピ物」RES MANCIPI と「マンキピ物でない物」RES NEC MANCIPI の区別が存在した．ガーイウス法学提要の2巻18節から2巻22節が重要である．

Gai inst 2.18

| Magna autem differentia est inter mancipi res et nec mancipi. | マンキピ物とマンキピ物でない物の間には大きな違いがある． |

Gai inst 2.19

| Nam res nec mancipi ipsa traditione pleno iure alterius fiunt, si modo corporales sunt et ob id recipiunt traditionem. | というのも，マンキピ物でない物は，トラーディティオだけで完全な法権利で他人の物となる．有体物であって，引き渡され受領されるかぎり． |

27） （空虚な所有権としての）いわゆる虚有権「市民法上だけの所有者」（NUDUM IUS QUIRITIUM）のことを「空虚な所有権」を省略して「*虚有権」と訳さないほうがよい．日本の旧民法典で「虚有権」という言葉は別の意味で使われてきた．別の意味の「虚有権（用役権の負担付きの制約された所有権）」は中国語から借用した．

| Gai inst 2.20 |

| Itaque si tibi vestem vel aurum vel argentum tradidero sive ex venditionis causa sive ex donationis sive quavis alia ex causa, statim tua fit ea res, si modo ego eius dominus sim. | したがって，たとえば，私が君に衣服あるいは金や銀を引き渡し，売却の原因により，または贈与の原因により，あるいは何かほかの原因による場合には，即時にその物は君の物となる．私が，その物の［市民法上の］所有者であるならば． |

「マンキピ物」RES MANCIPI の内包的意味を簡潔に定義することは不可能である．それは，「マンキピ物」RES MANCIPI が歴史的に成立した概念だからである．シュトゥルム［21, p. 117］とともに，フィリップ・メラーン［20, p. 135］の定義が最も正確だと考えられる．それは「農作業や軍役で家父の労働を助ける奴隷や馬などの重要財産が中心をなし，それにその他の財産が付け加わったもの」という理解である．外延的な定義は，奴隷，馬，イタリアの土地，農業用地役権などである．それよりも，効果の面から操作的定義を下すことができ，それをまさに Gai inst 2.22 が与えてくれている．

| Gai inst 2.22 |

| Mancipi vero res sunt, quae per mancipationem ad alium transferuntur; unde etiam mancipi res sunt dictae. quod autem valet mancipatio, idem valet et in iure cessio. | これに対して，マンキピ物とはマンキパティオで他人に所有権移転（譲渡）される物である．だからこそマンキピ物と呼ぶのである．マンキパティオで有効であることは，同様に法廷譲与でも有効である． |

7. トラーディティオによる所有権譲渡（移転）がうまくいかない場合にウースーカピオによる取得が役に立つ

　古典期ローマ法では所有権移転の方法として4つの制度があった．「トラーディティオ」は万民法上の制度であり外人 *peregrini* も使えたが，それ以外は市民法上の制度であり，市民間でのみ用いることができた．また，マンキパティオと法廷譲与は無因的であったが，「トラーディティオ」とウースーカピオは有因的であった（正当原因ないし＊権原 TITULUS が前提であった）．ユースティーニアーヌス法においては所有権移転（譲渡）の方法は，「トラーディティオ」（承継取得）およびウースーカピオ（原始取得のようにその成立の時点から新たに完全な所有権が取得される）に整理された．

MANCIPATIO	マンキパティオ	市民法	要式的	無因的	移転	×
IN IURE CESSIO	法廷譲与（法定譲渡）	市民法	要式的	無因的	移転	×
TRADITIO	トラーディティオ	万民法	無方式	有因的	移転	○
USUCAPIO	ウースーカピオ	市民法	無方式	有因的	取得	○

このことは，Gai inst 2.22 を見れば明らかである．

8. ディオジュディ DIÓSDI の通説批判

　ディオジュディ [9, p. 167] は，ボンファンテ BONFANTE [6, p. 386] を引用して次のように書いている[28]．

---

28) DIÓSDI [9, p. 167 n.5] にも引用されている．佐藤他訳 [(1983), p. 268]「結局，以下のような結論に達する．すなわち，in bonis（財産中に）が法務官法上の制度を示すための専門的な用語ではなかったのであり，まさしくそれは，所有者の状態

"Da tutto ciò risulta che *in bonis* non era termine tecnico per designare l' istituto pretorio, bensì una frase, tanto dell'uso edittale, quanto del linguaggio comune dei giureconsulti, esprimente in ordine alle cose l'esser proprietario. Questa frase venita adoperata a significar l'*in bonis* pretorio, ma in guisa che ciò riuscisse chiaro delle relazioni del discorso."

Some eight years ago Kaser also devoted an article to the question. As a principle, he followed Bonfante —— this is expressly told in his treatise —— but he is apparently less sceptical toward the prevailing view than his Italian predecessor was. He concludes that *in bonis esse* is justly called a bonitarian ownership[29].

ディオジュディ［9］が主張していることの核心は,

- 「*in bonis esse* は古典期ローマ法学者のテクニカルタームではなかった」
- 「*in bonis esse* はプーブリキアーナの訴え ACTIO PUBLICIANA とは関係がなかった」

ということだと思われる[30].

を実質的な状態に従って表現している用語であって，法学者に共通の言葉であると同時に告示の用語法でもあった，ということである．その結果，この表現は法務官法上の in bonis を表わすためではあるが，しかしそれが論点の関連から明瞭になりうるように使用されるようになったのである」(BONFANTE, *Bonitario* p. 386.).

29) 原註 10　KASER [15, p. 184]
30) ディオジュディの影響　ディオジュディは，プーブリキアーナの訴えと私たちが「法務官法上の」と表現する IN BONIS を結び付けるのはおかしいと述べる．彼の説は日本語訳も出ており，プーブリキアーナの訴えと法務官法上の所有権という，本来切り離せないはずのものがいくつかの資料において説明が抜け落ちているのは，ディオジュディの影響だと考えられる．

9. IN BONIS 表現の分析

ボンファンテ [6] やディオジュディ [9] に対して，年刊のサヴィニー財団法制史雑誌（ZRG Rom）に 3 連載（1987-1990）された共著論文 [3, p. 251] で，アンクムとローとポールが，さらに徹底的に学説彙纂(ディーゲスタ)に出てくる IN BONIS LESSE 系の諸表現の分析を行なった．その結果，なるほど IN BONIS 表現には「財産の中に持つ」あるいは「法務官法の所有権」と言えない場合があるけれども，法務官法上の所有権を表すのに IN BONIS 表現が使われたことがあるということが確認された．彼らは，この論文で次のように主張する．

- IN BONIS HABERE は，例外的に出現する．
- IN BONIS ESSE は，これだけを切って取り出すべきではない．

以下に，この長大な論文の結論部分を紹介しよう．

in bonis meum esse	mein sein, mir gehören in bonis	法務官法上の所有権[31]
in bonis meis esse	in meinen bona sein, sich in meinen bona befinden	広い所有権表現
in bonis esse	in den bona sein, sich in den bona befinden	（財産の中にある）

> 伝統的なローマ市民法上の所有者であることは，*res mea est (ex iure Quiritium), dominus rei sum* と表現される．
> *res in bonis mea est, res in bonis meis est* は，特別な仕方である人に帰属

---

31) ausschließlich zur Bezeichnung des bonitarischen Eigentums.

することを表し，この帰属は「所有権のようなもの」と理解されるべきである．

bonitarisches Eigentum を，「法務官によって絶対的に保護される物の自主占有 POSESSIO」と理解し，この法的地位を，たんにマンキピ物をドミヌスからトラーディティオによって取得した場合に限定しない[32]．

in bonis esse または in bonis habere と言われているが，そうではなくて，区別が必要である．in bonis habere は稀にしかない．Gai inst 2.40 で出現するにもかかわらず，法用語としては非典型である．

rem in bonis meis esse	formula der actio Serviana	in bonis meis esse (rem in bonis meis)
rem in bonis meam esse	Gai inst 1.54 ; 2.41	in bonis meum esse (rem in bonis meam)

in bonis esse が，法務官によって絶対的に保護されたウースカピオ占有者以外のウースカピオ占有者を意味したという記述も不正確である．なるほど bona に res bona fide possessae も入ったということは肯定しなくてはならないが，それが rem in bonis (meis/meam) esse で表現されたかどうかは別問題である．相対的にプーブリキアーナ訴訟で保護された物権法的地位を示すのに用いられたか，という問いは否定される．

ローマの法学者たちは，誰かが（ある人が）法務官法上絶対的に保護されていた場合にのみ，rem in bonis (alicuius) esse を用いた．明言された財産あるいは他人物が「事実上財産の中に存在する」場合には，この表現を避けた．

---

32) KASER は，vom quarifiziertem Usukapionsbesitz と，bloßem/einfachem Usukapionsbesitz を区別する．KASER [18, pp. 356, 358, 365] (Ankum et al. 1990, [3])

actio Publiciana	rei vindicatio
exceptio iusti dominii	exceptio/replicatio rei venditae et traditae あるいは doli

文脈を変え表現の解釈を変えることで，2つの所有権名辞が形成された．rem in bonis (alicuius) esse は，もともとは bona が全体として特定の規律に服する場合に用いられた．財産が所有権にある物を含むかぎり，総体としての bona を指す．

　やがて法学者たちは，財産全体に関係しない文脈でも bona を使うようになる．ある人のある物への権限にかんする表現として用いられる．それは強調する場所を変えることで区別された．指示された人の財産に帰属することが問題になる．以前は含意にとどまっていた所有者としての権限が前面に押し出される．

　こうして新しい peripherastisch［道具的］な所有権概念が出現する．決定的だったのは，所有権表現の1つとしての REM IN BONIS ALICUIUS ESSE 表現が，サルウィアーヌム特示命令 int. Salvianum およびセルウィアーナの訴え actio Serviana の方式書文言として法務官の告示に採録されたことである．

　もう1つの文脈の変化は，rem in bonis alicuius esse が，rem ex iure Quiritium または pleno iure alicuius esse と対置されたことによって起こった．これらの表現は，もはやある物への権限ではなくある特別の種の権限を意味しているのである．IN BONIS 表現は，いまや「財産的にある人に帰属する」と解釈し直された．所有権地位の区別のない表現とならんで，「法務官法上の所有権」を表現する正確な名辞が成立した．IN BONIS 用語は法学者の仕事である．

　この表現の発展が，法発展にどのように関係しているかは，さらに研究されなくてはならない．このことが，とくに奴隷所有権に求められるということは，ディオジュディとともに措定して良いと思われる．

　ヴッベ Wubbe は，ZRG Rom 89 (1972) p. 435 Verlegenheitsausdrücke［苦し紛れの表現］で，「法務官が，本来の rem ex iure Quiritium conductoris fuisse または conductorem dominum rei fuisse を用いることがで

きなかった」と言うがこの点では当たっている．法学者は，rem in bonis conductoris fuisse という的確な表現を行なった．これは，市民法上も法務官法上も絶対的に保護された所有権者の法的地位（完全所有権者および法務官法上の所有者のそれ）を包含していた．後の rem in bonis meam esse や in bonis relinquere では，法学者はもはやそれほど確かではなくなっている．しかし，IN BONIS 用語の価値を低く評価する理由にはならない．

　反対に，ローマの用語法には欠缺がつきものだとか，流動的だということを，あまり過大評価してはならないということである．

分析結果

　ディオジュディは，IN BONIS という表現は様々な意味で用いられる普通の単語であって専門用語ではなかったと言う．なるほど IN BONIS ESSE だけを取り出すなら，この表現は法務官法とは関係のない占有質とか相続財産とかの話にも出てくる．そうではなくて，もう少し長く「物を誰々の」というところまで拾えば，「法務官法上の」と言うことができるのである．法学者たちは，クィリーテース法上の所有権だけを持つ所有者に対して，何かを IN BONIS に所有している（クィリーテース法上は非所有者である）人ができて，この状態を表現する工夫を一貫して行なっている．

　この表現は，ユースティーニアーヌス帝が勅法で廃止した，所有者の区別の一方を指したり，テオフィルスの義解1巻5章4節で解説されている箇所に現われている．

　また，補注に見られるように，IN BONIS は「財産の中に持つ」と置き換えられるとして，そこから正しい理解が出てくると考えている研究者が多い．このようなやりかたはまずい．この方法は IN BONIS という言葉［部品］を，どの文脈においてもいつも決まった日本語に置き換えるべきだと考える．「同じ言葉で訳せないと気持ちが悪い」という研究者もいるが，これは違う．

　言葉だけではなくて，考え方および現実連関（実在の世界）を考えてみよう．所有者が売って引き渡したが，それがマンキピ物だったために，市民法上

の所有権が即時には移転しなかった．しかし，この買主は法務官によって絶対に保護されるウースーカピオ占有者になる．彼は売主であるいまだ市民法上の所有者よりもっと強く法務官に保護される．抗弁によって占有を奪われないだけでなく，占有を失っても，市民法上の所有者からでさえ取り戻せる．

　これは，「法務官法上の所有者」と表現するにふさわしい法権利上の地位である．しかし，この状態の人を古典期のローマ法学者は DOMINUS とは呼べなかった．そのために，「物が IN BONIS にある人に帰属する」という決まった表現を用いたのである．その法的地位は，通説のとおり，売られて引き渡された物の抗弁と反抗弁およびプーブリキアーナの訴えによって保護される．なるほどプーブリキアーナの訴えは，ウースーカピオ占有者一般に用いられる．プーブリキアーナの訴えが法務官法上の所有者の訴えなのではない．しかし，真正所有者から占有を取り戻すことができるのは，市民法上の所有者から売られて引き渡された法務官法上の所有者だけであった．

10.　特別な「ウースーカピオ占有者」としての「法務官法上の所有者」

　IN BONIS ESSE 系の表現の中には，「財産の中に持つ」「財産の中にある」という一般的な広い意味の場合があるには違いない．しかし，法務官によって絶対的に保護されるような，まさに法務官法上の所有権と表現するにふさわしい事態を意味している場合が少なくない．学説彙纂ばかりでなくガーイウスにもそのように理解できる箇所がある．Gai inst 1.54; Gai inst 2.40; Gai inst 2.41 がそうである．

　法務官法上の所有者という状態は，もちろん経過的な状態ではあるが，ウースーカピオ期間満了後は PLENO IURE 完全な法権利による所有者になる．法務官法上の所有者ができてしまうと，それまでの市民法上の所有者は，たとえ彼がそれまで完全な法権利による所有者であったとしても，市民法上の所有権だ

けを持つ いわゆる*虚有権者になる．ほかにもっと強く法務官に保護される所有者ができてしまったということである．その場合の市民法上の所有者の立場がNUDUM IUS QUIRITIUMである．法務官法上の所有者がウースーカピオによって市民法上の所有者になるなら，完全な法権利の所有者になる．ガーイウスの表現が誤解を招きやすいことは確かである．しかし，古典期ローマの法学者たちはDOMINUS, DOMINIUMを市民法上の所有者，市民法上の所有権を示すのに用いている．ERIC POOLは，IN BONIS ESSE / HABEREで表現される特別の「ウースーカピオ占有者」は，伝統的な市民法上の所有者ではないけれど，法務官によって完全に保護された法的立場であり，完全な所有者に向かう経過的な地位であるという．この「完全な」という意味は，市民法上の所有者に勝つということである．つまり市民法上の所有者が占有を返せといっても防御でき，そしてこれには2つの手段がある．1つには，「売られて引き渡された物の抗弁」EXCEPTIO REI VENDITAE ET TRADITAEであり，2つめにはEXCEPTIO DOLI MALIである．「ウースーカピオ占有者」が，占有を失って，逆に市民法上の所有者が占有していても取り戻すことができるということである．その法的救済手段は，ACTIO PUBLICIANAである．まず，IN BONIS ALICUIUS ESSEと表現されるこの事態は，まさに日本語で「法務官法上の所有権」と呼ぶことがふさわしい理由を明らかにする．「財産の中に持つ」と訳すことが忠実であるかのように言われることもある[33]が，「法務官法上の所有権」と書かれてきたのはけっして偶然ではなく，ドイツ語でもbonitarisches Eigentumよりむしろprätorisches Eigentumのほうがふさわしいと言われるように，伝統的な日本語訳である「法務官法上の所有権」はまさに適訳なのである．

---

33) ガーイウスの早稲田訳は，ディオジュディの見解から「財産の中に持つ」が，正確な表現であると言う．しかし，一方では，船田を踏襲している．

11. 「法務官法上の所有者」とプーブリキアーナの訴え

　法務官法上の所有権を述べるには，プーブリキアーナの訴えにふれておかなければならない．「特別なウースーカピオ占有者である法務官法上の所有者が自主占有を継続しているかぎり，その占有が売られて引き渡された物の抗弁[34]で［事実的にではなく法権利として］保護されたあるいは維持された」というだけではなく，「占有を失った場合に，あたかもすでに市民法上の所有者になっていたかのように擬制して，占有者から，そればかりでなく市民法上の所有者からでさえ，市民法上の所有物を取り戻す訴え REI VINDICATIO を模倣して，その物を取り戻す[35]ことができた」のである．

　そうした自主占有者が，占有者にとどまる（占有者であって所有者ではない）のはまちがいない．しかし，ウースーカピオ占有者の中には，特別の資格を持った一部のウースーカピオ占有者がいた．すなわち市民法上の所有者から馬や奴隷を売られて引き渡されたが，それがマンキピ物であったために，市民法上の所有権だけが譲渡者に残った場合の自主占有者である．そして，このウースーカピオ占有者は，市民法上の所有者ではないので「私の物であるならば」という請求表示を行なうことができない．けれども「一年間経過したと仮定すると所有者になっているはずならば」という擬制を用いた訴えが認められる．

　この法務官法上の所有者にある特別のウースーカピオ占有の「特別さ」には，「市民法上の所有者から［売られて引き渡されたマンキピ物］」という契機がなくてはならなかった．

---

34)　場合によっては悪意の抗弁．
35)　占有を回収する．

12.　D 44.4.4.32 の解釈

　このウルピアーヌス文は，IN BONIS ESSE / HABERE とプーブリキアーナの訴えが両方同時に出てくるほとんど唯一の箇所である．この箇所の解釈から，IN BONIS 表現がプーブリキアーナの訴えと密接に関係することが理解できる．この場合にまさに法務官法上の所有権と言うにふさわしい実態があるという解釈が成立する．

D 44.4.4.32

Si a Titio fundum emeris qui Sempronii erat isque tibi traditus fuerit pretio soluto, deinde Titius Sempronio heres extiterit et eundem fundum Maevio vendiderit et tradiderit: Iulianus ait aequius esse praetorem te tueri, quia et, si ipse Titius fundum a te peteret, exceptione in factum comparata vel doli mali summoveretur et, si ipse eum possideret et Publiciana peteres, adversus excipientem 'si non suus esset' replicatione utereris, ac per hoc intellegeretur eum fundum rursum vendidisse, quem in bonis non haberet.

　もし，ティティウスから君が土地を買ったところ，それはセンプロニウスの土地であった．君に引渡しが行なわれ，代金が弁済された．その後，ティティウスがセンプロニウスを相続し，メヴィウスに同じ土地を売って引き渡した．ユリアーヌスは言う：「法務官が君を保護するのが衡平である．なぜなら，ティティウス自身が君に対して取り戻しを訴えても，事実の抗弁で対抗でき，彼自身が自主占有しているとしても，君はプーブリキアーナの訴えで取り戻しを訴えられる．『もし，彼の物でないならば』という抗弁に対しては，反対抗弁を用いることができる．そして，このことによって理

> 解されるのは，彼は同じ土地を再度売ったこと，それを彼は IN BONIS に持っていなかったということである」と．

13. おわりに

　いわゆる *虚有権 NUDUM IUS QUIRITIUM のほんとうの意味は，「ほかに法務官法上の所有者ができてしまった状態の市民法上の所有権だけを持つ人のことである」と言える．

　ユースティーニアーヌス帝が，彼の勅法で市民法上の所有権だけを持つ（いわゆる *虚有権）という状態を廃止したときに，IN BONIS にだけ，つまり，法務官法上の所有権だけを持つという表現も実態も廃止された．このことは結局マンキピ物やマンキパティオの廃止による当然の帰結である．

　IN BONIS 表現を法務官法上の所有権と捉えるなら，この表現とプーブリキアーナの訴えが密接に関係するということを抜いては，法務官法上の所有権を理解したことにはならない．この点でディオジュディは２つの表現に関係がないとして IN BONIS 表現を首尾一貫して「法務官法上の所有権ではない」と主張する．しかし，日本の教科書や論文の説明は，論拠が一貫していない．

　ウースーカピオ占有者という経過的な法権利状態は，

1．マンキピ物を市民法上の所有者から売られて引き渡された特別な資格を持つ自主占有者である．
2．非所有者から売られて引き渡されて，ウースーカピオ期間の満了を待っている自主占有者である．

非所有者からの場合にはさらに，善意であること（BONA FIDE 主観的要件），

およびウースーカピオ可能物であること（RES HABILIS = Habilität 客観的要件）[36] が付け加えられなければならない．ウースーカピオによって非所有者 NON DOMINUS から買って引渡しを受けた人が所有権取得できるということはすでに十二表法に見られる[37]．

しかし，ディオジュディの言うように，「プーブリキアーナの訴えがウースーカピオの成立を擬制するのだから」という理由でプーブリキアーナの訴えも初めから非所有者からの引渡しの事例に適用されたと考えることはできない．

特別の資格を持つ一部のウースーカピオ占有者の「特別」という意味がしばしば絶対的と言われるのは，市民法上の所有者の関与で自主占有を獲得しているので，真正所有者からの REI VINDECATIO に対して防御できるばかりでなく，物が真正所有者の自主占有に戻っていたとしても，その物を取り戻すことができるということである．そしてそれは，そのことからまさに法務官法上の所有者と表現することにふさわしい実態であり，私たちに理解できる現実連関である．

Gai inst 1.54 に現われるように，もともと市民法上の所有権にだけ用いられた DOMINIUM という表現を，ガーイウス自身が「所有権のようなもの，所有権が二重になる」と表現するに至ったと考えられる[38]．

結論：要旨

法務官法上の所有者を示すために，IN BONIS を用いた表現が使われる．そのさい一般的な「財産の中に持つ」とは区別して [RES] IN BONIS MENUM ESSE つまり「[ある物が] IN BONIS に私の物である」あるいは「IN BONIS に私に帰属する」という表現が使われた[39]．

---

36) Gai inst 2.45, Gai inst 2.49, Gai inst 2.50 参照．
37) Lex XII TABULARUM 佐藤訳，p. 107, VI. 3 参照．
38) KASER [18, p. 372].
   Als ‚absolute' wirkende Berechtigung durften die Römer auf einer Stufe, […] ein ‚prätorisches' oder ‚bonitarisches' Eigentum zu kennzeichnen.

これはまさに特別に表現されるウースーカピオ占有者であることは確かである．しかし，この立場は，市民法上の所有者にさえ勝つ．これは，ガーイウスが所有権が二重になったと言うのにぴったり符合する．これはまさしく「法務官法上の所有権」を表現できている．

14. 補注：「法務官法上の所有権」または「財産の中にある／持つ」の日本語表現

わが国において「法務官上の所有権」がどのように理解されているかを，明らかにしなくてはならない．それを，まず代表的な教科書や論文から引用する．

勝田有恒／森征一／山内進編著『概説西洋法制史』ミネルヴァ書房（2004），p. 24 から

　　法務官法上の所有権
　例えば，売買によって手中物の引渡がなされた場合，握取行為がなされなければ市民法上の所有権は移転しないが，法務官はここで，買主保護のための抗弁を認めることによって，実質的に所有権が移転したことに等しい効果を持たせた（法務官法上の所有権）．こうした変化は商業経済への移行に対応したものである．むろん，旧来の市民法の規定が廃止されたわけではないので，市民法上の所有権が移転するのは，動産1年・不動産2年の使用取得（usucapio）期間が経過した後のことであった．しかし，実質的には，引渡がなされた時点で，売主の所有権はもはや虚有権（nudum ius）と化したのである．

---

39) Ankum, Roo and Pool (1987) (ZRG 104 p. 251) [1].

町田実秀 [23, p. 195]

I 所有権

　ローマ古来の市民法では，手中物（res mancipi）の所有権の移転には，握取行為（mancipatio）の厳格な方式をふみ行うことが必要であったが，非手中物（res nec mancipi）の所有権の移転は，無方式の引渡（traditio）をもって足れりとした．いったい握取行為の方式の中核をなすものは，譲渡人である買主が，物を「手で（namu）握り取ること（capere）」にあるが，この「握取」は，元来は，買主の事実上の占有取得を媒介するために，行われたものであった．ところが，十二表法の規定の解釈による法の発展の結果として，握取行為は単なる形式と化し，握取行為によって与えられるものは，物の占有（possessio）ではなく，所有権（dominium）となった．

　ところが，法務官は，反対に，引渡を，非手中物の場合ばかりでなく，手中物についても必要な手続きとなした．手中物，たとえば，奴隷（servus）とか，イタリアの土地（fundus Italicus. fundus in solo Italico）とかを，正当な原因（iusta causa），たとえば，売買（emptio venditio）によって，乙が甲から引渡を受けたとする．買主乙は，市民法上の法律行為である握取行為の方式を履行しないで，単なる引渡（traditio）によって，物の占有を取得したに過ぎないから，市民法上の所有権者（dominus ex iure Quiritium）になることはできないで，所有権（dominium）は依然として引渡人である売主甲にある．それにもかかわらず，法務官は，買主乙を裁判上あたかも所有権者であるかのように取り扱った．といっても法務官は，市民法上の効力を変更することはできないから，手中物の引渡を受けた者に，厳格な「市民法上の真の所有権」（dominium ex iure Quiritium）を与えることはできなかったが，命令権に基いて権利防衛手段を与えることはできたのである．

　売主甲は，既に物を売却したにもかかわらず，依然として所有権者であ

るから，既に売却済みの物を，更に他の者に，例えば丙に，売却して，この第 2 の買主丙に所有権を移転させることができたし，そのために売主甲は，まだ占有者に過ぎない第一の買主乙に対して，占有回収の訴え（rei vindicatio）を提起することができた．このような場合に，法務官は，その物の占有取得者である乙を保護するために，その物が既に自己（乙）に「売却されて引渡されたものであるという抗弁」（exceptio rei venditae et traditae）を乙に許した．この抗弁によって，正当な原因による取得者である乙は，その物の返還を拒むことができ，そのまま使用（usus）を継続し，使用期間満了後に，使用取得（usucapio）によって，初めてその物の所有権者となることができた．またもし乙が，使用取得期間満了によって所有権を取得する前に，占有を喪失した場合，たとえば丙に占有が移ってしまったような場合には，乙はまだ所有権者ではないが，法務官は，所有物回収訴権（rei vindicatio）に準じて，乙が使用取得期間満了によって既に市民法上の所有権を取得したものと擬制して，その物を回収する訴権を乙に承認した．これを「プブリキウスの対物訴権」（actio Publiciana in rem）という．もしこれに対して，丙が「市民法上正当な所有権者である抗弁」（exceptio iusti domini）をもって対抗してきたときは，買主乙は「売却されて引渡された物であるという反抗弁」（replicatio rei venditae et traditae）をもって，右の抗弁を無効にすることができた．

　このようにして，抗弁（exceptio）と訴権（actio）とによって，その物は，事実上取得者の財産（bona）となり，取得者の「財産の中にある」（in bonis esse）ないしは取得者が「財産の中にもつ」（in bonis habere）物として，取得者の所有物と同様に扱われた．このような場合（in bonis esse, in bonis habere）を学者は「法務官法上の所有権」と名付ける．この法務官法上の所有権に対して，形式上なお存続している売主の所有権は，実質のない単なる「虚有権」（nudum ius）となった．尤も，法務官法上の所有権は，単なる過渡段階のものであって，動産ならば，一年，不動産ならば二年の使用取得期間が経過した後，初めて市民法上の所有権と

なるのである.

佐藤篤士『ローマ法史II』敬文堂（1988）p. 197

所有権の概念
　(イ)　用語
　　第II期に入ると，法務官によって，事実上物を支配する占有（possessio）が保護されるようになり，共和政末には第I期の人にも物にも用いられたmenum esse（私のものである）よりもより明確な物支配権としての所有権（dominium ex iure Quiritium クイリーテースの権にもとづく所有権）という法概念が用いられるようになった．後に第II期後半には proprietasも用いられるようになった．

　　dominium (proprietas) は，ローマ市民，および取引権（ius commercii）を持った者にのみ認められた．dominiumの客体となりうる物は，イタリアの土地とあらゆる動かすことのできる有体物（後の動産）であった．イタリアの土地以外の土地については，イタリア権に服する土地，国庫（後には元首の金庫も）の土地以外の土地はローマ人および外人の所有権に服するが，この土地支配権を示すのに，ローマの法学者は決してdominiumとは呼ばず，「持ち占有し使用し収益することができる（habere possidere uti frui licere）」ものと表現した．

　　多くの近・現代の研究者は，市民法上のクイリーテースの権にもとづく所有権のほかに，それと対置し法務官法上の所有権として in bonis esseがあったと指摘する．けれども in bonis esse は文字通り「財産中にある」ことのみを意味し，それ以上のことをあらわすものではなかった．in bonis esse は，市民法上の所有権を取得するまでの，法務官によって保護された暫定的な状態を示すものであり，使用取得により所有権を取得することのできる地位を示すものであって，決して所有権をあらわすものではなかった．市民法上所有者は dominus・proprietarius であり，in bonis esse に対しては possessor であったことからも，このことは理解されるであろう．

松尾弘「グロチウスの所有権論(一)」一橋研究第 14 巻 3 号（1989）p. 111 n. 4 (p. 126)

(4) 手中物を，市民法上の所有者から，握取行為または法廷譲渡の方式を欠く引渡によって取得した者が，後にこの譲渡人から所有物返還請求訴権（rei vindicatio）を行使された場合，法務官は取得者に対して「売却されて引渡された物の抗弁」（eceptio rei venditae et traditae）または「悪意の抗弁」（exceptio doli）を付与して保護した（D. 21.3; D. 44.4.4.32）．したがって，この取得者は市民法上の所有権を持つ者ではないが，ガイウスはこのような者の地位をも dominium と呼んだ（Gai. 1. 54 ; 2. 40 f.）．
Vgl. KASER, Das römische Privatrecht, I, §§ 97 (II) 2 ; Gai. 2.7.

参 考 文 献

[1] ANKUM, Hans; ROO, Marjolijn van Gessel-de; POOL, Eric: Die verschiedenen Bedeutungen des Ausdrucks in bonis alicuius esse/in bonis habere im klassischen römischen Recht, Teil 1. In: *ZSS Rom* 104 (1987), S. 238-436

[2] ANKUM, Hans; ROO, Marjolijn van Gessel-de; POOL, Eric: Die verschiedenen Bedeutungen des Ausdrucks in bonis alicuius esse/in bonis habere im klassischen römischen Recht, Teil 2. In: *ZSS Rom* 105 (1988), S. 334-435

[3] ANKUM, Hans; ROO, Marjolijn van Gessel-de; POOL, Eric: Die verschiedenen Bedeutungen des Ausdrucks in bonis alicuius esse/in bonis habere im klassischen römischen Recht (Teil 3). In: *ZSS Rom* 107 (1990), S. 155-215

[4] AVENARIUS, Martin: *Die pseudo-ulpianische Einzelschrift der Rechtsregeln liber singularis regularum Herausgegeben und übersetzt von Martin Avenarius*. Göttingen: Wallstein, 2005

[5] BERGER, Adolf: *Encyclopedic dictionary of Roman Law*. Philadelphia: The American Philosophical Society, 1953

[6] BONFANTE, P.: Sul cosidetto dominio bonitario e in particolare sulla

denominazione 'in bonis habere'. In: *Scritti giuridici varii II, Proprietá e servitú.* Torino, 1926, S. 370-388

[7]　Diósdi, György: 'In bonis esse' und 'nudum Ius Quiritium'. In : *Studi in onore di Edoardo Volerra* Bd. 2. Milano: Giuffré, 1971, S. 125-145

[8]　Diósdi, György：[佐藤篤士・西村隆誉志・谷口貴都：訳] ローマ所有権法の理論　学陽書房, 1983

[9]　Diósdi, György: *Ownership in ancient and preclassical Roman Law.* Budapest: akadémiai kiiadót, 1970.

[10]　Gaius：末松謙澄：訳並註解ガーイウス羅馬法解説　有斐閣, 1917

[11]　Gaius：船田享二（訳）ガーイウス法学提要　日本評論社, 1917

[12]　Gaius：佐藤篤士（監訳）・早稲田大学ローマ法研究会（訳）ガーイウス法学提要　敬文堂, 2002

[13]　Gaius：船田享二（訳）：ガイウス法学提要（新版）　有斐閣, 1967

[14]　Gaius: (*Ulrich Mante*) *Gaius Institutiones: Die Instituionen des Gaius.* Darmstadt: Wissenschaftliche Buchgesellschaft, 2004. -ISBN 3-534-17474-7

[15]　Kaser, Max: In bonis esse. In: *ZSS Rom 78* 78 (1961), S. 173-220

[16]　Kaser, Max: *Römisches Privatrecht.* 10. München: C. H. Beck, 1977

[17]　Kaser, Max：[柴田光蔵（訳）] ローマ私法概説（*Römisches Privatrecht.*　創文社, 1979（Juristische Kurz-Lehrbücher 10. Auflage））

[18]　Kaser, Max: Nochmals zu, in bonis habere' [Aus: Huldigungsbundel Paul van Warmelo, Pretoria 1984, pp. 144-163]. In: *Römische Rechtsquellen und angewandte Juristenmethode [Ausgewählte, zum Teil grundlegend erneuerte Abhandlungen].* Wien, Köln: Böhlau, 1986, S. 327-372

[19]　Manthe, Ulrich: Gaius Institutionen Herausgegeben, übersetzt und kommentiert von Ulrch Manthe, Darmstadt: Wissenschaftliche Buchgesellschaft 2004

[20]　Meylan, Philippe: La genèse de la vente consensuelle romaine, TR 31. 1953, 192 ss

[21]　Sturm, Fritz: WEX 12 Römisches Recht. 1977

[22]　(Theophilus Antecessor) *Institutionum Graeca paraphrasis.* Theophilo Antecessori vulgo tributa, ad fidem librorum manu scriptorum recensuit, prolegominis, notis criticis, versione Latina instruxit E. C. Ferrini. Accedit epistula C. E. Zachariä von Lingenthal. Berlin (1884).

[23]　町田実秀：ローマ法史概説Ⅱ　有信堂, 1969

[24]　津野義堂：古典期ローマ法において非所有者から二重に売られて二重に引渡された物がウースーカピオによって所有権取得されウースーカピオ占有中に失われた占有がプーブリキアーナによって回復される法理のオントロジー. In：比較法

雑誌（中央大学）37巻4号（2004），S.1-26［本書第2章］
［25］　津野義堂：学説彙纂6巻2章プーブリキアーナ対物訴訟についてD 6. 2 DE PUBLICIANA IN REM ACTIONE［ラテン語日本語の対訳］．In：比較法雑誌（中央大学）41巻1号（2007），S.61-80［本書資料］
［26］　末松謙澄：訳並註解・宮崎道三郎校閲　ウルピアーヌス羅馬法範参版．1924
［27］　原田慶吉：邦訳　法学提要希臘語義解．In：法学協会雑誌第51巻　1933

第 2 章
古典期ローマ法において非所有者から二重に売られて二重に引渡された物がウースーカピオによって所有権取得されウースーカピオ占有中に失われた占有がプーブリキアーナによって回復される法理のオントロジー

1. 導入：売買と所有権の移転

1.1 標 準 設 例

売買は債務関係を義務付けるものだが，少なくともプログラムとしては，所有権移転を含意している．

売り買いまたは売買が，所有権の移転をプログラムとして含意することは，すでに古典期ローマ法学者の LABEO が述べている（LABEO D 18.1.80.3）[1]．

しかし，売られた物が，いつどのような要件で所有権取得されるかは，けっして単純な問題ではない．この関係は，二重譲渡の場合に最もきわだって明ら

---

1) D 18.1.80.3 Lab. 5 post. a Iav. epit. Nemo potest videri eam rem vendidisse. de cuius dominio id agitur, ne ad emptorem transeat, sed hoc aut locatio est aut aliud genus contractus.「物の所有権が買主に移転しないと意図されているなら，それは売買であるとは考えられず，賃貸借その他の契約（コントラクトゥス）である．」津野論文［14, p. 90］を参照してほしい．

かになり，実際にも争いとなる．原理的な問題が，しばしば別の問題（たとえば不当利得や不法行為や IUS AD REM 論など）にシフトするので，正しい理解はますます困難になる．また，非所有者（非処分権限者）からの二重譲渡（二重売り，二重引渡）の場合には，もはや承継取得ではないにもかかわらず，承継取得と原始取得の境界領域で議論が展開するために，誤解されることがしばしばである．

二重売り（しばしば二重譲渡，二重売買とも呼ばれる）問題を直感的に anschaulich に理解するために，具体的な事例問題（設例）から出発しよう．

売買と所有権取得の問題を歴史的に地理的に比較するためには，標準設例を作成し，それを具体的に各国各時代の法の規律で解決することが，有効であり，また議論の基礎として，比較を可能とするために不可欠であると，私は考えている．

KUPISCH は，動産の所有権譲渡について有因的な規律を無因的な規律にたいして歴史的論拠から擁護した論文 [6, p. 81s] において，中古車の設例をあげた[2]．

> 売主 V と買主 K の間に中古車の売買契約が締結されたと仮定しましょう．車の引渡しと代金の支払は売買契約締結の 1 週間後におこなわれました．ところが後になって，売買契約が有効に成立していなかったことが明らかになります．買主は車の所有権を取得したのでしょうか？

インターネット上かなり一般的なものとして引用されているいわゆる二重売買の設例（より正確には「二重売り（Doppelverkauf）」である）も，売買目的物として中古車を使っている[3]．

---

2) KUPISCH [8, p. 81].
3) 検索エンジンを使って doppelverkauf を検索するのが現実的である．URL は遷ろいやすい．参考：http://beckmann.jura.uni-sb.de/Website/Vorlesungsmaterialien/RepAT/Fall39.htm〔2004〕．

Am Vormittag des 12. 12. verkauft A seinen gebrauchten Pkw für DM 5.000,- an B. B soll am Nachmittag den Kaufpreis bar bezahlen und das Auto abholen. B wiederum hat einen Interessenten an der Hand, der ihm DM 6.000,- für den Wagen geboten hat.

Kurz nachdem B den A verlassen hat, erscheint C bei A und bietet ihm DM 7.000,- für den Wagen. A erklärt dem C, der Wagen sei bereits an B verkauft. C erwidert, A werde den B schon vertrösten können. C legt DM 7.000,- auf den Tisch. Daraufhin kann A nicht widerstehen, nimmt das Geld und gibt dem C den Wagen.

Als B am Nachmittag mit dem Geld erscheint und von den Geschehnissen erfährt, ist er verärgert und besteht auf Durchführung des Geschäfts. Daraufhin ruft A den C an, um das Geschäft rückgängig zu machen. C sagt, es sei leider nichts mehr zu machen, er sei aus lauter Freude über das neue Auto zu schnell gefahren und in einer scharfen Linkskurve im Graben gelandet. Der Wagen habe einen Totalschaden erlitten.

私たちの問題にとっては，売買目的物として中古車は使えない．それは，日本法に特有な法として道路運送車両法5条の規律があるからである．不動産（土地）がしばしば 各国法において要式性を要求するように，美術品も特別の規定の対象であることが多いから，あまり適当とは言えない．平成12年の最高裁重要判例にでてくる建設機械（バックホー）[4]や吉野一の法律人工知能研究の設例で用いられた農業機械は，標準設例（時代や場所をこえて普遍性を持つ共通の事例問題）として使える可能性がある[5]．

ローカルルールのゆえに，売買目的物を慎重に選択する必要がある．イスラーム法まで視野にいれるのであれば，ワインは相応しくないであろう．標準設

---

4) 好美清光の判例評釈［13］を参照してほしい．
5) 工場に据えつけられる高価な釘打機の判例もある．しかし，古代ローマや中世ゲルマンの世界に翻訳することが難しいかもしれない．

例を作るためには，さらに事実の経過についても注意が必要になる．たとえば，債権法を主な内容とする設例では，二重売りについて売主や買主は，悪意であるのが普通である．しかし，ローマ法の問題では，売主も買主も善意でなくてはならない．

また，ローマ法では，売主が非所有者でなくては，問題にならない．ヨーロッパ近世の自然法論（たとえば WOLFF）が，所有者しか売れないと考えていたとすると，この点でも共通の設問には妥協が必要であることは疑いのないところである．

2. 古典期ローマ法の法源史料：Text

2.1　Digesta 6 巻 2 章 9 法文 4 項 Ulpianus（ウルピアーヌス）告示注解 16 巻から

ローマ法源史料のなかで，Digesta には「二重に売られて二重に引渡された物の所有権取得」として重要な箇所（フラグメント）が5つある[6]．

ここでは，なかでも重要な Iul.-Ulp. D 6.2.9.4 を解釈し，それに部分的に衝突している Nerat. D 19.1.31.2 に言及する．

この問題に関連する日本語の文献として，すでに筏津安恕の著作が，PUFENDORF による D 6.2.9.4 の引照に触れている．しかし，法思想史あるいは法精神史（LANDAU の表現）として興味深い観点を大胆に提示しているが，法制史を欠いているために，私たちの研究には役だたない[7]．

---

6)　ここで解釈する Iul.-Ulp. D 6.2.9.4 ; Nerat. D 19.1.31.2 のほかに，別の論文で論じることにする内容的にほとんど同一のいわゆる三つ子の法文：Ulp. D 6.1.72 ; Pomp. D 21, 3, 2 ; Ulp. D 44.4.4.32 である．

7)　法文化学会の設立総会に筏津を招待し，好美清光をコメンテータとして対話の場を設定したのは，当時事務局長だった私の仕業である．しかし，ウースーカピオの要件を知ることが必要だという助言が伝わらなかったのは残念なことである．

ここから筏津の論文 [10, p. 151] の引用

グロチウスのこの説明を批判したのがプーフェンドルフであった．原則として，合意のみによって所有権が移転するとしながら，二重売買の場合に，なぜ現実売買に引き戻して考えなければならないのか，その理由が明確でないというわけである．プーフェンドルフは，所有権移転の合意原則をより徹底しようとした．けれども，どうしても貫徹できなかった事例が，引渡を受けた第二契約者の優先理由であった．ローマ法のプーブリキアーナ訴訟に関する法文 D 4.2.9.4[8]を参照させて，ローマ法によれば，所有者ではないひとの二重売買においてすら，第二契約者を優先させていることに，「市民法的理由」[9]を求めた．所有者ではないひとの二重売買の例は，合意原則を採用した場合の，第二の売買契約をおこなう売主（所有者）の立場と酷似している．合意原則によれば，第一契約によってすでに所有権が移転しており，所有者は所有者でなくなっているのであるが，そのような場合には所有権を移転することはできない．けれども，そのような場合でも，ローマ法は引渡を受けた第二契約者を優先させている．プーフェンドルフが指示しているディゲスタの法文は，なんの解説もほどこされていないが，プーフェンドルフのこのような思考を読みとらせるためのものだと推論する[10]．

---

8) ［引用者(津野)の補注］sic. もちろん，D 6.2.9.4 法文（Fragment）を指している．De publiciana rem actione（物の取り戻しプーブリキアーナ訴訟について）という Digesta の章 Digestentitel は，現在(2003)私たちが普通に使う Mommsen と Krüger によるお決りの版 ［9］では，D 6, 2 である．

D 4.2.9.4 Ulp. 11 ad ed. volenti autem datur et in rem actio et in personam rescissa acceptilatione vel alia liberatione. ［第 5 章］

9) ［原註 62］Pufendorf, JNG V. 5, 5．［筏津 ［10, p. 176 n. 62］］

10) ［原註 63］この解釈は，『失われた契約理論』で示した解釈を修正したものである．これの詳細については，拙稿，叢書『混沌の中の所有』，21 頁以下参照．［ここまで筏津 ［10, p. 176 n. 63］ここから引用者(津野)の補注］

ここまで筏津の論文 [10, p. 151] の引用

ドイツ語版では，いくつかの誤植が訂正され，表現も若干直截的になっているように思われる．

ここから筏津の本 [6, p. 63s] の引用

Pufendorfs Lösung legt auch diesen dritten Fall zunächst aus der Perspektive des Konsensprinzips aus. Wenn der Eigentümer eine Sache dem ersten Vertragspartner verkauft, so erwirbt der Käufer Eigentum. Verkauft er sie Sache nochmals, so handelt er als Nichtberechtigter, weil er nicht mehr Eigentümer ist. Nach den Grundsätzen des Naturrechts ist der zweite Vertrag nichtig. Pufendorf entscheidet sich dennoch anders. Ohne jede Erklärung verweist er an dieser Stelle auf D. 6.2.9.4 und damit auf das ius civile als Grund dafür, den zweiten Vertragspartner, soweit diesem der Besitz übertragen wurde, doch zu bevorzugen. Der hier in Bezug genommene römische Rechtssatz spielte im Rahmen der "actio publiciana [sic.]" eine Rolle. Er lautet: "Der zweite Vertragschließende hat Vorrang vor dem ersten, wenn ein Mann, der in der Tat Eigentum an einer Sache nicht hat, die gleiche Sache zweimal verkauft und wenn der zweite die Sache übernimmt."

Warum verweist Pufendorf auf diesen Text, obwohl diese Konstellation aus den Digesten sich von seinem Fall, der von einem doppelten Verkauf der Sache durch den Eigentümer ausgeht, unterscheidet? Zu vermuten ist, daß Pufendorf, dem Konsensprinzip folgend, den Eigentümer als Unberechtigen ansieht, nachdem er den Gegenstand das erste Mal verkauft hat. Insofern bleibt Pufendorf auf dem Boden des Konsensprinzips und kann aus diesem folglich die Wirksamkeit des Schutzes des zweiten Käufers nicht ableiten. Wollte Pufendorf den zweiten Vertrag als gültig ansehen, mußte er dies unter Rekurs auf D. 6.2.9.4. [sic.] tun. Pufendorf nimmt letztlich also an, daß der zweite Käufer, wenn er zuerst die Sache übereignet erhalten hat, auf der Grundlage des römischen Rechts zu schutzen ist und weicht dergestalt vom Konsensprinzip ab.

ここまで筏津の本 [6, p. 63s] の引用

論旨は明解であるが，法制史的には完全な誤りである[11]．そもそも，引用符に囲まれた部分は，ウルピアーヌス文の内容を全く伝えていない．さっそくテクストそのものを読むことにしよう[12]．

2.2 Iul.-Ulp. D 6.2.9.4

Iul.-Ulp. D 6.2.9.4

Si duobus quis separatim vendiderit bona fide ementibus, videamus, quismagis publiciana uti possit, utrum is cui priori res tradita est an isqui tantum emit. et iulianus libro septimo digestorum scripsit, ut, si quidem ab eodem non domino emerint, potior sit cui priori res tradita est, quod si a	もし，ある人が，2人の善意の買主たちに，［同一物を］別々に売ったとする．だれがより良くプーブリキアーナを使うことができるのか，2人のうち先に物を引渡された買主だろうか，それとも単に買っただけの買主だろうか，という問題を考えてみよう．そして，Iulianus が，［彼の］『ディー

---

11) WIEACKER でさえ間違ったヨーロッパ近世自然法論の売買と所有権取得論や，PUFENDORF の解釈も問題である．そのことについては，すでにフランス（Clermont-Ferrand 市）の学会（SIHDA2003）で発表済みであるが，それは別の論文にゆずらなければならない．PUFENDORF はなぜ事実の異なった設例を引照したのか．それも，非所有者なのにということが問題なのではなく，2人とも引渡されているのに，ということが重要である．

12) この難しい Digesta の箇所の解釈については夥しい論文が書かれてきた．ここでは，APATHY [1] だけを挙げる．そこから，代表的な文献をたどることができる．

> diversis non dominis, melior causa sit possidentis quam petentis. quae sententia vera est.

> ゲスタ』の7巻で書いている．もし，2人とも同一の非所有者から買った場合には，先に物が引渡された買主が優位であるが，もし，別々の非所有者から買った場合には，現に占有している買主のほうが，訴えている買主よりも，より良い法的地位 CAUSA を持つと．この判断が正しい．

2.3　買っただけ TANTUM EMIT という表現は的確である

まず，TANTUM EMIT（買っただけ）という表現が，「買っただけで，いまだに引渡を受けていない」という意味ではありえないことに注意しなくてはならない．あくまで，「はじめは買っただけ」であることは疑いない．なぜなら，プーブリキアーナの要件効果からそのことは当然直接の帰結である[13]．

MOMMSEN は editio maior（2巻本）の kritischer Apparat のなかで，tantum emit eam tum tenet?（u. i.）と書いている．しかし，むしろ [tantum] <prior> emit ―と読むのが普通である．例えば，HAUSMANINGER ［5, 194s］の Casebook の Case 132 がそうである．

この書き方は，［　］部分を削除して＜　＞で置換しようという提案で，フィレンツェ写本に tantum emit とあるのを，prior emit と読むべきだという考え方を示している．なぜなら，「買っただけで（引渡しを受けていない）」はローマ法のドグマに合わないからありえないことは一目で明らかだから，これを読み換えなくてはならないことは否定しようがなく，「先に買った（後から引渡しを受けた）」と本文の書き換えをおこなわなくてはならないと考えるわけで

---

13) プーブリキアーナはウースーカピオを擬制する．そして，それらの論理的に最初の要件が自主占有なのである．

ある．

　しかし，古典法学者にとって，最初は買っただけの買主が後から引渡しを受けたことは当たり前の事実であり，そうでなければ，QUIS MAGIS PUBLICIANA UTI POSSIT という問題が成立しない[14]ということは言うまでもないことである．なぜなら，TANTUM EMIT という省略表現が可能だった理由は，「先に買ったが，それは買っただけで引渡は後からおこなわれた」（買うのは先だったが）という事実の表現として，これ以上に的確なものはないからである．最初に（先に）買ったというのとは内容の豊かさにおいて比較にならない．この表現は，改竄（Itp.）でも機械的誤写でもなくて，このように省略表現することによって，むしろ事実関係が内容豊かに叙述されている．我々のようにそれが背景知識になってしまっているのではなくて，それが常識である世界では，本文をこのままにして，emendieren しないほうがむしろ良いのである．

2.4　ウルピアーヌスの設問とユーリアーヌスの解答のずれ

　D 6.2.9.4 の構成はお馴染のものである．それは，ウルピアーヌスによる設問と，それにたいする解答としてのユーリアーヌスの引用からなっている．最後の部分でウルピアーヌスは，ユーリアーヌスからの判断が正しいと言って，その説に賛成する．そのことによって，学者たちの間に意見の相異があったことがうかがわれる．もっとも，アンチノミーないし衝突あるいは不調和をどのように捉えるかも，近代のローマ法学者の間で論争がある[15]．

　それが，ウルピアーヌス文と部分的に衝突するネラティウス文（Nerat. D 19.1.31.2）である．

　ウルピアーヌスの設問は彼が引用するユーリアーヌスの解答に比べると，あまり詳細ではない．場合分けや区別という点で大雑把である．売主は 1 人（単数）である．売主が非所有者であるとも明言しない．もっとも，買主が善意で

---

14)　非所有者からでなければ，問題がいかにも trivial なつまらないものになるように．

15)　この点についても APATHY 論文［1］が詳しい．

あるというから，反射的に売主に処分権力がないということが論理的帰結としてでてくる．ここでは，「善意で」とは，売主に処分権力があると信じているか，少なくとも非処分権力者であると知らないという意味なのである．

2.5　D 19.1.31.2 Ner. 3 membr.

| D 19.1.31.2 Ner. 3 membr. |

Uterque nostrum eandem rem emit a non domino, cum emptio venditioque sine dolo malo fieret, traditaque est: sive ab eodem emimus sive ab alio atque alio, is ex nobis tuendus est, qui prior ius eius *1 adprehendit, hoc est, cui primum tradita est. alter ex nobis a domino emisset, is omnimodo tuendus est.

　　*　IUSTE (?)
　　*2　Glossa かもしれない（EISELE の説）

我々が2人とも，同一物を，(市民法上の) 非所有者から買った．買いも売りも，悪意 DOLO MALO なしにおこなわれた．引渡しもおこなわれた[16]．同一人から我々が買ったか，それぞれ別々の人から買ったか，いずれにせよ，我々のうち保護されるべきは，先にその権利を（その物を適法に）把握した（取得）人である．〈すなわち，先に引渡を受けた人である．〉*2（買主である）我々のうち一方が（市民法上の）所有者から買った場合には，その買主がいずれにせよ保護されるべきである．

---

16) 単に信義誠実にという意味ではない．それ以上の意味を持っている．非所有者からということを買主は知らず，売主も他人物を承知のうえで売って，盗みを犯すわけではない．ウースーカピオおよびプーブリキアーナ訴訟の要件である，善意および RES HABILIS（ウースーカピオ可能物）の点で問題がないことの表現である．

3. プーブリキアーナの方式書（再現）

3.1 告示の文言はどのようであったか

告示 Kaser [7, p. 186]

Si quis ex iusta causa traditam sibi rem nondum usucepit eamque amissa possessione petit, iudicium dabo.	もし，正当原因に基づいて引渡された人が物をいまだウースーカピオしないうちに占有を失った場合には，私は訴訟を与えよう．

告示には BONA FIDES（善意）要件はなかったと言われる．

3.1.1 プーブリキアーナの方式書 Gai inst 4.36

プーブリキアーナの方式書の雛型は，Gai inst 4.36 の伝えるところから知ることができる．

Gai inst 4.36

[...] Datur autem haec actio ei, qui ex iusta causa traditam sibi rem nondum usu cepit eamque amissa possessione petit: nam quia non potest eam rem ex iure quiritium suam esse intendere, fingiturrem usu cepisse, et ita quasi ex iure quiritium dominus factus esset, intendit velut hoc modo: iudex esto. si quem hominem a. agerius emit et is ei	[...] このアクチオ（訴訟）が与えられるのは，正当原因にもとづいて引渡された物をいまだウースーカピオしていない人が占有を失って［占有回復を］訴える場合である．すなわち，その物を市民法上の所有権にもとづいて彼の所有であると請求表示できないので，ウースーカピオが成立していると擬制して，そうしてあたかも市民法上の所有者にすでに成って

traditus est, anno possedisset, tum si eum hominem, de quo agitur, eius ex iure quiritium esse oporteret et reliqua.

いるかのように，[法務官は]次のように争点決定する．[だれそれは]審判人となれ．もし，その奴隷を原告が買い，引渡を受けており，1年間占有を継続していたとすれば，市民法上彼の所有になっているはずであるとすれば，云々．

3.1.2 告示にあらわれるプーブリキアーナの方式書の雛型

複数の史料を総合すると，方式書は次のように再現することができる[17]．

請求表示[18]

(1) Si quem hominem aulus agerius emit et si ei traditus est, anno possidisset, tum si eum hominem, de quo agitur, eius ex iure quiritium esse opoteret

もし，その奴隷を原告が買い，彼(原告)に引渡がなされており，(彼が)1年間の(継続した)占有を完了していたと仮定すれば，[取り戻しを]争われている奴隷が，市民法上の所有権で原告のものになっていたにちがいない[必然的]なら，

正当な所有権の抗弁[19]

Si ea res numerii negidii non sit

もし，その物が市民法上の所有権で被告のものでないなら，

売られて引渡された物の反抗弁[20]

Aut si numerius negidius

あるいは，被告が争われてい

---

17) BENKE/MEISSEL の演習 [3, 143ss]
18) INTENTIO.
19) EXCEPTIO IUSTI DOMINII

fundum, quo de agitur, aulo agerio vendidit et tradidit	る土地を，原告に売って引渡したのであるなら，

― 仲 裁 条 項[21] ―――――――――――――――
(2) Neque ea res restituetur	その物が返還されないかぎり，

― 判　　　決[22] ―――――――――――――――
(3) Quanti ea res erit, tantam pecuniam iudex numerium negidium aulo agerio condamnato, si non paret absolvito	その物が持ったと同額の金銭を，審判人は，被告が原告に賠償する責任があると判決せよ．もし，証明されないなら，免訴せよ（訴えを退けよ）．

3.1.3　事実の経過の誤った理解

　非所有者が最初に売った第1買主は買っただけで引渡を受けておらず，非所有者が後から売った第2買主だけが引渡を受けた．この理解では後の買主だけがウースーカピオないしはプーブリキアーナできることになってしまう．自主占有が第1の要件だから，引渡がなければウースーカピオ占有は始まらないからである．

　さらに，Apathy論文で言及されているような，2人の買主が両方とも占有を失っており，2人ともがかつてのウースーカピオ占有者として，現に占有している第三者を訴えている原告である，という考え方にも賛成できない．この解釈は，quis magis publciana uti possit という表現を文字どおりに受けとめているが，Apathy も認めるように，それはウルピアーヌスの設問部分にしか当て嵌らない．解答部分とネラティウス文とを総合的に考えると，書かれてもい

---

20)　replicatio rei venditae et traditae
21)　clausula arbitraria
22)　condemnatio

ない第三者を前提にするよりも，全体を整合的に捉えて，率直かつシンプルに理解して，次のように考えるほうが自然である．また，そのほうがずっとエレガントである．

3.1.4　事実の経過の正しい理解はこうである

　非所有者から先に買った第1買主は，買っただけで引渡を受けなかったところ，非所有者から後から買った第2買主が，先に引渡を受けた．ようやくその後になって，第1買主は後に引渡を受けた．そして後から引渡を受けた第1買主が，現に占有している．先に引渡を受けていた第2買主は，この間に占有を失ってしまっている．そして，訴訟はこの2人（第1買主と第2買主）の間で争われているのであり，占有を失った第2買主が原告として，現に占有している第1買主を被告として，占有の回復を求めて訴えているのである．このことは，プーブリキアーナの訴訟において原告たりうる資格（Aktivlegitimation）が，かつての（占有を失った）ウースーカピオ占有者であり，被告たりうる資格（Passivlegitimation）が，現に占有している人であることに適合する．ウースーカピオ研究の権威である APATHY の偉大な業績は疑うべくもない．この論文も彼から恵贈された多くの抜刷から恩恵を受けている．けれども，ただ1点については，どうしても私には賛成できない．それは，

- どちらがより良くプーブリキアーナを使えるかが問題だから，両者ともプーブリキアーナで訴えていなくてはならず(両者とも原告でなくてはならず)，
- したがって両者とも占有を喪失していなくてはならず，
- ゆえに第三者が現に占有しているのでなければならない．

という判断のことである[23]．

　私の考えでは，本文に登場しない第三者を仮定する必要はぜんぜん無い．

---

23) APATHY の論文．[1, p. 163] ULPIANUS の設問と彼が引用する IULIANUS の解答との間に目立ったずれがあることは，APATHY の指摘するとおりである．

本文に手を加える必要がなく，むしろそのままの表現をエレガントで的確であると評価し，書かれていないよけいな第三者を必要としない私の事実経過の理解のほうが良いのではないだろうか．

3.2　事実の経過のグラフ表現

設例を，ユーリアーヌスの解答にある，同一の非所有者から買った場合と，2 人の別々の非所有者から買った場合に分けて，事実の経過をグラフによって視覚化してみよう[24]．

ここで，記号は次のように使う．

D　　DOMINUS（市民法上の）所有者．
E1　　先に買った買主 1．
E2　　後から買った買主 2．
N　　同一の売主の場合の売主である非所有者．
N1　　別々の売主の場合の売主 1．
N2　　別々の売主の場合の売主 2．

- 点線は売り買いの完成を意味する．
- 実線は引渡を意味する．
- ダイアモンド（◇）は占有を現わす．

---

24)　今年（2003）になって，新版の Casebook で，GAMAUF による改訂 [5, 2003, p. 194] が，事実関係のグラフィックな表現（図表示）を付加した．それによると，(1) 先に買った（だけで引渡をその時点では受けていない）(2) 後から買って，同時に引渡しを受けた (3) 後から引渡を受けた，という順序がはっきりと示されている．しかし，本文には，[tantum] <prior> emit とある．つまり，Wien では事実関係は正しく捉えているが，いまだ das Emendieren が必要だということにはこだわっているのである．しかし，eam tum tantum prior emit でもなんでもよいが，tum tantum emit にはちがいないのではないか．それよりも，まさに，GAMAUF が図示した事実関係における生起した（事柄がおこった）順序を，そのように表現したのだと考えられる．私は，emendieren の必要がないばかりでなく，emendieren しないほうがよいのだと言いたいのである．つまり，本文を変えないで，"derjenige, der (zuerst) nur gekauft hat" と理解するほうがよいという主張である．

3.2.1　先に買った買主(E1)は買っただけ(1)でまだ引渡を受けていない

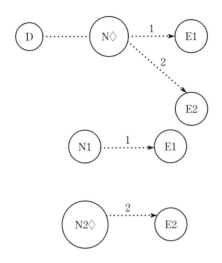

3.2.2　後から買った(2)買主(E2)が先に引渡を受ける(3)

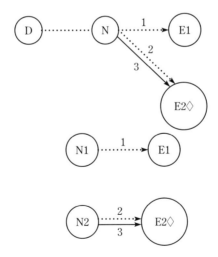

3.2.3　先に買っただけの買主(E1)が後から引渡をうける(4)

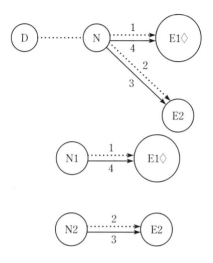

3.2.4　後から買って先に引渡を受けた買主(E2)が占有を喪失し，先に買って後から引渡を受けて現に占有している買主(E1)をプーブリキアーナ訴訟で訴える(5)

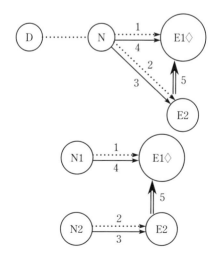

プーブリキアーナ訴訟の被告たる資格（Passivlegitimation）は，占有していることである．プーブリキアーナ訴訟の原告たる資格（Aktivlegitimation）は，資格のある占有（ウースーカピオ占有）を喪失したことである．あくまで先に引渡を受けて占有を失った人か，現に占有している人のどちらが裁判で勝つのかが問題なのである．

4. ウースーカピオの3つの機能

ウースーカピオには3つの機能がある．

1. TRADITIO A NON DOMINO の場合．（古典法では占有開始の時に善意であればよく，ウースーカピオ期間中に引渡した人に処分権力が無いことを知っても，悪意になってもさしつかえない．）
2. TRADITIO RERUM MANCIPI の場合．
3. 第3の機能は，WUBBE が指摘したもので，市民法上の所有者になっている，あるいはそうと確信している人も，REI VINDICATIO の要件を証明することがきわめて困難であることから，プーブリキアーナを用いることが少くないということである[25]．

実用上，トラーディチオや所有権にもとづく返還訴訟より，ウースーカピオやプーブリキアーナのほうが，はるかに頻繁に用いられ，残された法源史料の数も桁違いに多い[26]．承継取得の証明は，前主の処分権力さらに前主の承継取得の成立まで遡って証明することが必要になる可能性があり，それは悪魔的な

---

25) *Res aliena pignori data* (1961) はオランダ語文献で，この論文には利用できなかった．APATHY [1, p. 159 n. 4] による．KASER [7] も参照．

26) そのことに GORDON の論文 [4, p. 129] も言及しているが，それを岩村論文 [12] は「トラーディチオよりウースーカピオが重要だった」さらにトラーディチオ「正当原因は重要ではなかった」と誤解している．岩村論文は文献の理解が不十分なだけでなく，TRADITIO の2つの意味が区別できていないので，参考にならない．

証明と呼ばれるほど困難である．これと比べると，ウースーカピオの証明はは
るかに容易だった．REI VINDICATIO の要件は，「私が（市民法上の）所有者であ
る」というきわめて単純なものである．しかし，その証明は困難である．プー
ブリキアーナの擬制，ウースーカピオの制度自体が，それは，「取引の安全」
というサヴィニーの思い付きとはちがうが，法権利の安定を図る法政策的配慮
である．このことから，市民法上の所有権を取得していても，REI VINDICATIO
でなくプーブリキアーナで権利の実現を図る人がでてくる．

5. テ ー ゼ

研究成果を完結にまとめておこう．
1. 設例の事実（Sachverhalt）については，2つの法文の事実は同じであると考えることができる．
2. D 6.2.9.4 の TANTUM EMIT はそのままのほうが事案の表現として的確である．変えて読まないほうが良い．
3. 先に買ったか否かは全く関係ない．引渡の有無という問題でもない．
4. 先に買って引渡されなかった人と後から買って引渡を受けた人の争いではない．
5. 後から買って先に引渡を受けて占有を失ったウースーカピオ占有者(原告)が，先に買って後から引渡を受けて現に占有しているウースーカピオ占有者(被告)に対して，物の返還を請求して訴えているのである．
6. IULIANUS-ULPIANUS と NERATIUS の間には部分的な見解の相異がある．食い違うことは確かである．もっとも，それはアンチノミーと呼べるものではない．Neratius は1人の売主からの二重売りおよび引渡と2人の別々の売主からの二重売りとを区別しない．
7. ULPIANUS は，IULIANUS と NERATIUS の対立する見解について，IULIANUS の見解に賛成した．売主が同じか別かを区別する必要を感じるようになった．

8. 承継取得である所有権移転に依拠して論拠がたてられるとはいえ，ウースーカピオやそれを擬制するプーブリキアーナ(訴権)が原始取得であることを忘れてはならない．
9. 見解の相異も，承継取得と原始取得の関係についての捉えかたの違いと見ることもできる．

6. 補注1：古典法とユースティーニアーヌス法における所有権取得の制度

6.1 古　典　法

制度の名前	譲ることができる人	できる物
法廷譲与	所有者	すべての物
マンキパチオ	所有者	ほとんどの物
トラーディチオ	所有者	マンキピ物でない有体物
ウースーカピオ	所有者非所有者	ウースーカピオ可能物

6.2　ユースティーニアーヌス法

制度の名前	法	正当原因	ユ帝法
法廷譲与	市民法	無因性	廃止
マンキパチオ	市民法	無因性	廃止
トラーディチオ	万民法	有因性	主な取得方法
ウースーカピオ	市民法	有因性	主な取得方法

C 2.3.20

Diocl. / Maxim. AA. et cc. Martiali.

ユ帝勅法彙纂2巻3章20法文
ディオクレティアーヌス帝とマクシミリアーンヌス帝がマルティアーリスに宛て

Traditionibus et usucapionibus dominia rerum, non nudis pactis

トラーディチオによっておよびウースーカピオによって物の所有権

transferuntur.	は移転するのであって，単なる（裸の）合意によってはけっして移転しない．
a 293 pp. k. ian. aa. conss.	紀元293年1月1日

7. 補注2：所有者非所有者の4類型

　ガーイウスは，外人はただ1つの所有権しか持てないが，市民にとっては所有権には2つの種類があると言う Gai inst 2.41. 古典法では，所有権が2種あるから所有者には3種あることになる．

- 市民法上の所有者（PLENO IURE 完全な法権利で）
- 市民法上の所有者だが他に法務官法上の所有者がいる（虚有権者）．
- 法務官法上の所有者（市民法上は非所有者である．他に「所有者」がいる．）

（市民法上の）非所有者にも2種ある．

- 法務官法上の所有者だが市民法上の所有権を取得していないから非所有者である．
- 市民法上の所有権を持たないだけでなく，法務官法上の所有権も持たない非所有者である．

したがって，結局全体の組み合わせは4種である．

	所有者非所有者の4類型	市民法上の所有権	法務官法上の所有権
1	完全な法権利で所有者	◎（所有者）	△[27]
2	（市民法上の）虚有権者	○（所有者）	×
3	法務官法上の所有者	×（非所有者）	○
4	所有権を全然持たない人	×（非所有者）	×

(市民法上の) 所有権があると何が嬉しいかというと，(市民法上の) 所有権がありさえすれば，占有者に対して返還を求めて訴えることができる．その訴訟を，REI VINDICATIO と言う．

　また，MANCIPATIO や IN IURE CESSIO できるのも，(市民法上の) 所有権者である．

　ごく例外的な場合に，(市民法上の) 所有権は２つに分れる．市民法上の所有権と法務官法上の所有権が別々の人に帰属することになる．そして，この場合に，市民法上の所有権は法務官法上の所有権に負ける．なぜなら，それは本来所有権譲渡した(移転した)はずのところ，(原因にもとづいて引渡したのに)，形式が伴わなかったために，物のカテゴリーという局地的規律のゆえに，市民法上の所有権が移転しなかったからである．この場合には，そしてこの場合にかぎり，完全な法権利で所有権者であった (分れていないただ１つの所有権だった) のが，２つの所有権に分れる．

　別の表現をすれば，「所有権」DOMINIUM は移転しない．

8.　補注３：トラーディチオ，ウースーカピオの要件と効果

8.1　トラーディチオ

　トラーディチオは，以下の要件で成立する (Gai inst 2.19 ; 2.20)．
　　1．TRADITIO（中世の注釈のいう NUDA TRADITIO) 引渡
　　2．IUSTA CAUSA 正当原因（売り買い［贈与もこれに準じる］）
　　3．POTESTAS ALIENANDI 処分権力（一般に A DOMINO ［市民法上の］所有者から）

---

27)　正確に言うと，法務官法上の所有権と市民法上の所有権が両方揃うわけではなく，法務官法上の所有権というものが無い（分れていない）唯一市民法上の所有権だけがある状態である．

その効果は，即時に完全な法権利で所有権が移転することである．

ただし，マンキピ物でないことを条件とする．マンキピ物はトラーディチオで所有権移転(譲渡)することができない．マンキピ物をトラーディチオした場合には，「マンキピ物のトラーディチオ」という「問題のある事例群」になる．ガーイウスによると，「完全な法権利で所有権」が（本来の市民法上の所有権が）2つに分れる．なぜなら，売られて引渡されたにもかかわらず市民法上の所有権は売主のもとにとどまるが，法務官の保護によって買主は売主より強い立場にあり，たとえ売主に占有が戻ったとしても取り戻せるほどであるので，法務官法上の所有権が生じるからである．この場合の売主のもとにとどまる市民法上の所有権は，虚有権 NUDUM IURE QUIRITIUM とさえ呼ばれる Gai inst 1.54 ; 3.166.

8.2　ウースーカピオ

ウースーカピオは，資格のある（一定条件を備えた）占有（pro-Titel を持つ占有）が，中断なく一定期間（動産1年，不動産2年）継続したときに成立する．pro-Titel はさまざまなので理解が容易でないが，売買の場合（pro emptore）には，次のようになる．マンキピ物のトラーディチオの場合と非処分権力者による引渡の場合で異なる．

8.2.1　マンキピ物のトラーディチオの場合

1．自主占有
2．正当原因（売買原因）
3．処分権力
4．ウースーカピオ期間（1年または2年）

8.2.2　非処分権力者による引渡の場合

1．自主占有
2．正当原因（売買原因）

3. ウースーカピオ可能物（盗品や暴力で奪われた物は禁止されている）
4. 善意（処分権力があると信じた，あるいは無いと知らなかった）
5. ウースーカピオ期間（1年または2年）

参考文献

[1] Peter APATHY. Die actio Publiciana beim Doppelkauf vom Nichteigentümer. *ZSS Rom 99*, pp. 176-187, 1982.
[2] Peter APATHY. Actio Publiciana ohne Ersitzungsbesitz. In *Sodalitas, Scritti Guarino*, pp. 749-. Napoli, 1984.
[3] Nikolaus BENKE and Franz-Stefan MEISSEL. *Übungsbuch zum römischen Sachenrecht, 3. Auflage*. Manz Verlag, Wien, 1993.
[4] William M. GORDON. The importance of the iusta causa of traditio. In Peter Birks, editor, *New Perspectives in the Roman Law of Property, Essays for Barry Nicholas*, pp. 123-135, Clarendon Press, London, 1989.
[5] Herbert HAUSMANINGER and Richard GAMAUF. *Casebook zum römischen Sachenrecht*. 10., durchgesehene und ergänzte Auflage. Manzsche Verlage-und Universitätsbuchhandlung, Wien, 2003.
[6] Yasuhiro IKADATSU. *Der Paradigmawechsel der Privatrechtstheorie und die Neukonstruktion der Vertragstheorie in seinem Rahmen — Pufendorf, Wolff, Kant und Savigny —*. Münchener Universitätsschriften, Juristische Fakultät, Abhandlungen zur Rechtswissenschaftlichen Grundlagenforschung, Band 89. Aktiv Druck & Verlag GmbH, Ebelsbach, 2002.
[7] Max KASER. In bonis habere. *ZSS Rom*, Vol. 78, pp. 173-220, 1961.
[8] Berthold KUPISCH. ［津野柳一：訳］動産の所有権移転は有因的かそれとも無因的か？［...］. 比較法雑誌（中央大学）34巻2号，pp. 81-106, 2000.
[9] Theodor MOMMSEN, editor. CORPUS IURIS CIVILIS, EDITIO STEREOTYPA TERTIA DECIMA, VOLUMEN PRIMUM *Institutiones (recognovit Paulus Krueger); Digesta (recognovit Theororus Mommsen retractavit Paulus Krueger)*. Apud Weidman-nos, Berlin, 1920.
[10] 筏津安恕. 私法理論のパラダイム転換と契約理論の再編—ヴォルフ・カント・サヴィニー. 昭和堂，2001.
[11] Georg KLINGENBERG（瀧澤栄治：訳）. ローマ債権法講義. 大学教育出版，2001.
[12] 岩村益典. 引渡の正当原因. 法学論集（関西大学）42巻1号，pp. 129-168, 1992.
[13] 好美清光. 一，民法194条に基づき盗品等の引渡しを拒むことができる占有者

と右盗品等の使用収益権；二．盗品の占有者がその返還後にした民法194条に基づく代価弁償請求が肯定される場合．民商法雑誌（2001）124巻4・5号，pp. 723-741, 2001.

[14] 津野柳一．ローマ法と現代法における所有権の移転―プロレゴーメナ：「権原と取得方式」による物権取得論・研究の視角．法学新報（中央大学）96巻6・7合併号，pp. 89-138, 1990.

第 3 章
usucapio pro suo のオントロジー[1]

1. 問 題 関 心

古典期における usucapio の諸要件[2]については近年 POOL (2003)[3] が,例

---

1) 本稿には本文,脚註,法文史料の試訳において敢えてラテン語のままの箇所があるが,動詞である possidere, usucapere, vindicare, condicere (およびその活用形) については,これらの名詞形に「～する」を付けて,「possessio する」等と表記した (但し,時制や受動相に合わせて適宜活用させた). 但し,先行研究の引用箇所および要約箇所についてはその限りでない. それに関連して,ラテン語の表記は,学説彙纂の法文を引用する際にはモムゼン大版の,ガーイウスの法学提要を引用する際には GORDON [5] の,ヴァチカン断片を引用する際には RICCOBONO [20] の表記に,非法文史料を引用する際には Loeb Classical Library シリーズの表記に従ったが,本文,脚注,法文史料の試訳においては SECKEL [22] の表記に従った.
2) KASER [8, p. 146-147] は次のように述べる ([ドイツ語原語] は筆者が挿入した).
「II. Usucapio
… (中略) … usucapio の諸要件については古ローマ法におけるよりも厳密な諸規則が適用される. 古来の,とはいえローマ時代のものではない六歩格において,5つの諸要件が要約されている. res habilis, titulus, fides, possessio, tempus すなわち usucapio 可能物,取得権原 [Erwerbtitel],善意 [Redlichkeit],自主占有 [Eigenbesitz] そして期間経過である.
… (中略) … 2. usucapio には自主占有 (possessio) が必要である. それは possessio civilis のことであって,名誉法上の特示命令占有のことではない. 自主占有意思をもって行われている事実上の物支配と並んで, iusta causa possessionis が必要とされる. すなわち,この占有は,市民法そのものによるならば所有権の取得につながるであろう,何らかの原因 Grund に基づいて取得さ

えば possessio（もしくは possidere）pro 〜，または usucapio（もしくは usucapere）pro 〜として法文史料上に現れる pro-Titel の意味を詳細に検討し，そして諸要件の再検討をも提唱した[4]．さらに POOL（2010）[5] は個々の pro-

> れなければならない．…（中略）…そのような取得権原 [Erwerbstitel]（titulus）とは，例えば pro emptore, pro donato, pro dote, pro legato（すなわち per vindicationem），pro soluto（例えば問答契約あるいは legatum per damnationem に基づく），pro derelicto, pro herede といった権原 [Titel] である．
> …（中略）… iusta causa の要件は古典期のカズイスティクにおいて例外的に緩和された．とりわけ取得者が実際には存在しない取得権原の存在をもっぱら信じていた場合に（いわゆる誤想権原である．もっともそれを認めるかどうかについては争いがある．例えば Ulp. D 41.4.2.15-16. を参照，Cels-Ulp. D 41.3.27 は異なる．Herm. D 41.8.9 も見よ．Paul. D 41.8.2 は異なる．）．これらとその他のいくつかの事例について補完的な権原として pro suo が作られた．traditio の場合と同様に，usucapio の場合も権原 pro soluto は特別な地位を占める．たとえ誤って存在しない債務が弁済されても，すなわち solvendi causa によって，要件である取得権原が認められ（Paul. D 41.3.48; D 41.4.2 pr; Herm. D 41.3.46），その結果，その他の usucapio 要件が満たされるならば，期間経過後に市民法上の所有権取得が生じる．」

3) POOL [17].
4) POOL [17] の邦訳である POOL（著）＝西村（訳）[29] は，「「として〔占有〕」権原 pro-Titel は，占有獲得なしには存在しえない．既に述べた（四款）ように，それ〔＝「として〔占有〕」権原 pro-Titel〕は占有獲得により始めて成立し，占有獲得の後に存続する．従って，それは常に，占有が既にあることを前提とし，その獲得行為には全く関係しない．この点において，それは「善意」「悪意」あるいは，「暴力で」vi「隠秘に」clam「容仮により」precario のようなその他の占有特性とは根本的に異なる．従って，ローマ法史料中占有獲得および「として〔占有〕」権原 pro-Titel 関連の多数の法文中に，「買主として（又は）嫁資として引渡す」*tradere pro emptore, pro dote あるいは「買主として（又は）嫁資として受領する」*accipere pro emptore, pro dote といった表現に出会わないことは決して偶然ではない．「として〔占有〕」権原 pro-Titel は従って特定の占有の種類 Arten の特徴を示すものである．」(106-107 頁)．「一款　古典期ローマ法の時効取得には，相互に独立の三要件のみがある．すなわち，(一) 要件を備えた占有 (possessio pro) (二)〔その占有対象物が〕時効取得可能物 (res *habilis) であること (三) 一年もしくは二年の占有の継続 (continuatio possessionis)　二款　原因 (取得原因)，占有の瑕疵なきこと，「善意」は，要件を備えた占有ないし時効取得占有の，相互に理論

第 3 章　usucapio pro suo のオントロジー　65

Titel の機能について分析を進めている．その中でも 2 つのテーゼ，すなわち「Erwerbstitel と Besitztitel とを用語上区別することが重要である」および「Ersitzungsbesitz は rechtmäßigem Eigenbesitz の特別な範疇である」は，

的に独立の占有要件として，これの下位に位置し，だから上述の上位の三つの時効取得要件とは何ら関係がない」(137 頁) とする．
5) 筆者の見るところ，Pool [18] の要旨は次のとおりである．
　Erwerbstitel と Besitztitel とを用語上区別することが重要である (S. 318)．Besitztitel である pro emptore とは，①占有者が買主であること，②占有に瑕疵がないこと，③買主が bona fides であること（他人物の買いの場合），を含意する概念である (S. 319)．pro emptore という Besitztitel は legal shorthands として役立つ (S. 319)．史料上 possidere pro emptore という用例が数多く見られるのは，それが，（単なる Interdiktenbesitz と並んで）possessio の最も重要な現象形態，すなわち rechtmäßig erworbenem Eigenbesitz を言い表すのに便利だからである (S. 319)．ある人が物を pro emptore possidere していた，と言うことで，法律家は長ったらしい事実関係の叙述をしないで済ませることができる (S. 320)．
　Ersitzungsbesitz は rechtmäßigem Eigenbesitz の特別な範疇である (S. 320)．rechtmäßige Eigenbesitzer の中には，その titulierter Besitz が（usucapio による所有権取得にとってではなく）もっぱら訴訟法上の観点から（特に複数の相続法上の訴権や特示命令における被告適格にかんして）重要である者もいる (S. 321)．
　包括承継者として被相続人の所有していた物の Besitz に置かれた相続人は，pro herede possidere する．この相続人は，市民法上の所有権と Eigenbesitz と事実上の権能（古ローマの vindicatio における被告適格）を有する．そのような pro herede possidere する者は当然に，hereditatis petitio や方式書訴訟における法務官法上の法的救済についても被告適格を有する (S. 321-322)．
　無主物先占によって所有権を取得した者は ius gentium 上の Eigentümerbesitz を有し，それは古典期には possessio pro suo と呼ばれた．この Eigenbesitz は様々な相続法上の訴訟に際して，被告適格を回避するのに役立った．同様のことが当てはまるのは，例えば果実の取得や自分の材料から新しい物を製作するといった，natürlichen な所有権取得の諸事例である．そこで取得された Eigenbesitz をパウルスは possessio pro suo と呼んだ (S. 322)．
　古典期後期の法 (Paul. D 41.4.2.1) では，possessio pro emptore には 2 種類ある．悪意による他人物の Eigenbesitz と，Ersitzungsbesitz である (S. 320)．pro emptore という Besitztitel は，相続法における法的救済の被告適格を回避することを被告に可能とする (S. 327)．
　したがって，Savigny と Riccobono 以来の通説であった possessio の二重起源説

possessio pro suo および usucapio pro suo の正確な理解にとって重要な指摘であると考えられる．すなわち，一方で pro-Titel は Erwerbstitel ではなく Besitztitel であり，他方で pro suo という Besitztitel は，Ersitzungsbesitz に加えて，無主物先占や果実の取得といった Eigentümerbesitz あるいは Eigenbesitz を下位範疇とする，上位概念としての rechtmäßig erworbener Eigenbesitz を指示している．もしこの指摘が正しいとするならば，possessio pro suo に加えて，usucapio 可能物と期間経過という要件を満たすならば，usucapio pro suo が成立することになる．これに対して，POOL（2010）が指摘している（S. 325）ように，KASER（1971）[6]以来，上記引用の KASER/KNÜTEL（2014）に至るまで，usucapio の要件の1つである自主占有をもたらすためには Erwerbstitel が必要とされ，pro suo は Erwerbstitel に（表立っては）数え入れられることがない．それはこれら2つのテーゼが受け入れられていないからであると考えられる．

もっとも POOL（2003）も POOL（2010）も，possessio pro suo およびこれを要件とする usucapio pro suo については態度を留保し，関連する学説彙纂の諸法文を指示するに留まっている[7]．そこで以下では，それらの諸法文を中心に，

〔possessio civilis すなわち使用取得占有 Ersitzungsbesitz は usus に由来し，特示命令占有 Interdiktenbesitz は公有地の possessio に由来する〕は正確でない．単なる Interdiktenbesitz と並んでいるのは Ersitzungsbesitz ではなく，rechtmäßig erworbener Eigenbesitz である．rechtmäßig erworbener Eigenbesitz の下にある様々な範疇の中で，法学的ドグマ的に最も重要なのが Ersitzungsbesitz である（S. 323）.

6) KASER［9, p. 386］
7) POOL（著）＝西村（訳）［29, p. 103-104］は「まずここでは古典期ローマ法における通例の時効取得を問題とする．つまり，有効な取得原因 Erwerbsgrund ——売買，贈与，物権遺贈（legatum per vindicationem），等々——が占有獲得 Besitzerwerb の基礎となっていることを常に前提としている．この出発点をとるので，自ずから，ローマの法学者達が取得原因欠如の場合に善意獲得者に時効取得を許した事例はここでは論じないこととなる．また，取得原因があると誤想した場合に法学者の何人かが例外的に時効取得を許した事例である〔いわゆる〕権原誤想 Putativtitel 問題も除外される（注3).」とし，注3（139頁）で，D 23.3.67（Proculus 7 epistluarum），D 41.10.5（Neratius 5 membranarum），D 41.4.11（Africanus 7

possessio pro suo および usucapio pro suo について検討し，前述の２つのテーゼの妥当性を確認することとし，かりにこれらのテーゼが妥当であるとして，なぜ possessio pro suo がそのような上位概念足り得るのか，という問いに対する答えを示すことを試みる．

本論に入る前に，possessio pro suo および usucapio pro suo にかんする研究状況をここで概観しておきたい．このテーマについてはすでに十分すぎるほどの研究の蓄積がある．しかし，いくつかの研究の方法論は今日のローマ法研究のそれとは相容れないし，いくつかの研究はこのテーマを正面から扱っているとは言えない．

PERNICE[8]は pro suo という pro-Titel の用例を３つに大別した上で，いわゆる「誤想権原（titulus putativus, Putativtitel）」の問題，すなわち伝統的に usucapio の要件の１つとされてきた titulus について，titulus が有効に存在すると possessio する者が思い込んでいる場合にも，古典期法学者たちは usucapio を認めたのか，という問題を中心に論じた．結論として PERNICE は，possessio pro suo は何ら統一的，一般的，固定的な関係ではなく，usucapio pro suo が認められることがあるとしても，それは補充的なものであった，と述べた．しかし，pro suo と誤想権原とが結び付けられている学説彙纂の諸法文は，pro suo という新たな usucapio の Titel を創設しようとした編纂者たちによるインテルポラーティオを受けている，という前提に PERNICE は立っていた．ALBERTARIO[9]，PFLÜGER[10] もほぼ同様の前提に立っていた．これに対して VOCI[11] は，インテルポラーティオの影響は認めつつも，それは全体として pro suo 概念の確実性に影響を与えないとして，possessio pro suo は物の所有者による

---

　　　quaestionum），D 41.3.27（Ulpianus 31 ad Sabnum）を挙げる．
　8）　PERNICE［14, p. 391-405］．
　9）　ALBERTARIO［1, p. 292］et passim.
　10）　PFLÜGER［15, p. 42-52］．
　11）　VOCI［24, p. 192-194］．

possessio, あるいは自分は所有者であると思い込んでいる者による possessio であり, 後者は bonae fidei possessor である, と述べた. 他方で, VON LÜBTOW[12]は善意取得者の保護という現代法的関心に基づいて, 古典期ローマ法では誤想権原に基づく usucapio は認められなかった, という観点から法文解釈を試みた. VON LÜBTOW もまた, pro suo は編纂者たちによるインテルポラーティオであると考えていた. これに対して usucapio における「誤想権原」の問題についての記念碑的な研究成果を残した MAYER-MALY[13]が, pro suo の理解について古典期法学者たちの間に見解の相違がある場合には, それらのテキストがインテルポラーティオを受けた可能性はない, という前提に立って, 従来, 古典期におけるその信憑性を否定されてきた誤想権原に関連する諸法文を肯定的に評価したことは, 大きな転換点であった. もっとも MAYER-MALY 以降は, PERNICE の見解を再検討した JAKOBS[14]を例外として, bona fides と誤想権原との関係に言及した HAUSMANINGER[15], 誤想権原に基づく usucapio の場合の condictio の可否について検討した BAUER[16], いずれの研究においても pro suo に対する関心は誤想権原の問題の背後に隠れることとなった. しかし, 後述するように,「誤想権原」という表現は史料上に登場せず, また研究者によってその意味するところが必ずしも同じではない, という問題をはらんでいる[17]. その意味で POOL (2010) が再度 pro suo に光を当てたことはこのテーマにかんする研究のもう1つの転換点と言うことができるであろう.

　以上の研究状況を踏まえて, 上述の問いに答えるため, 第1に, 本稿ではモムゼン大版のテキストに拠りつつ, 敢えてインテルポラーティオの疑いを除外して法文解釈を試みることによって, インテルポラーティオを前提とした従来の研究が提供してきたのとは別の解釈可能性を提案することを目指したい. 第

---

12) VON LÜBTOW [25, p. 154-164].
13) MAYER-MALY [12].
14) JAKOBS [7].
15) HAUSMANINGER [6, p. 42-69].
16) BAUER [3].
17) 後述 2.9 を参照.

2 に，pro suo を誤想権原の問題と切り離して検討することで，古典期法学者たちの議論における pro suo という pro-Titel の有り様を明らかにしたい．

2. possessio pro suo および usucapio pro suo に関連する諸法文

2.1 プロクルス

D 23.3.67（Proculus 7 epistularum）[18)19)]

Proculus Nepoti suo salutem. Ancilla quae nupsit dotisque nomine pecuniam uiro tradidit, siue sciat se ancillam esse siue ignoret, non poterit eam pecuniam uiri facere eaque nihilo minus	プロクルスがネポスに挨拶を[20)]．結婚し，嫁資として金銭を夫に引き渡した女奴隷は，自分が女奴隷であることを知っていようといまいと，その金銭を夫のものとすることはできず，その金銭はやは

---

18) MAYER-MALY [12, p. 45-53], HAUSMANINGER [6, p. 54-55], KRAMPE [10, p. 70-74], JAKOBS [7, p. 90-94], BAUER [3, p. 145-151].

19) LENEL [11, p. 164-165] は書簡集 7 巻の再構成にあたり D 23.3.67 を D 12.6.53 と D 46.3.84 との間に位置付けている．後二者はともに前者と類似した問題，すなわち金銭の所有者は，彼の奴隷が第三者に与えた金銭を返還請求することができるか，という問題を取り扱っている．

20) モムゼン大版は Proculus Nepoti suo salutem という校訂を採用しているが，その解し方，すなわち Nepos という個人名と解するか，それとも nepos つまり孫と解するか，には争いがある．SCHIPANI [21] v. 4. 20-27 は，個人名と解した上で，a Nepote il suo saluto と訳出している．これに対して，SPRUIT [23] v. 3. Digesten 11-24, 1996 は，孫と解した上で，aan zijn kleinzoon と訳出している．WATSON [27] v. 2. も to his grandson と訳出している．KRAMPE [10, p. 1-2; 30] は，本法文に加えて，D 50.16.125（Proculus 5 epistularum）では Nepos Proculo suo salutem ... Proculus ... と，D 31.47（Proculus 6 epistularum）では Sempronius Proculus Nepoti suo salutem ... quaeris ... Proculus respondit ... となっていることから，これらの法文はプロクルスとネポスという個人間で行われていた書簡でのやり取りから抜粋されたものと考えている．本稿も KRAMPE の見解に従う．

mansit eius cuius fuerat antequam eo nomine uiro traderetur, nisi forte usucapta est. nec postea quam apud eundem uirum libera facta est, eius pecuniae causam mutare potuit. itaque nec facto quidem diuortio aut dotis iure aut per condictionem repetere recte potest, sed is cuius pecunia est recte uindicat eam. quod si uir eam pecuniam pro suo possidendo usucepit, scilicet quia existimauit mulierem liberam esse, propius est, ut existimem eum lucrifecisse, utique si, antequam matrimonium esse inciperet, usucepit. et in eadem opinione sum, si quid ex ea pecunia parauit, antequam ea dos fieret, ita, ut nec possideat eam nec dolo fecerit, quo minus eam possideret.

り，嫁資として夫に引き渡される以前に属していた者のもとに留まる．ただし，usucapio された場合はその限りでない．その夫の所で解放がなされた後であっても，その金銭の causa を変更することはできない．したがって，例えば離婚がなされた場合，〔女は〕嫁資への権利によっても，condictio によっても，正当に返還を請求することはできないが，金銭が属する者は正当にそれを vindicatio する．これに対して夫がその金銭を，もちろん妻が自由人であると思い込んだからだが，pro suo possessio して usucapio したならば，少なくとも婚姻が開始されるよりも前に usucapio した場合に，夫は利得したと私は考えるが，それがより適切である．その金銭が嫁資となるよりも前に，夫がその金銭と引き換えに何かを手に入れた結果，金銭を possessio しておらず，それを possessio しないために悪意でそうしたのでない場合にも，私は同じ見解である．

女奴隷が自由人男性に引き渡した金銭の所有権はトラーディティオ[21]によって移転しない．なぜならトラーディティオの正当原因となるべき嫁資は，正当な婚姻が成立しなければ存在し得ず[22]，奴隷と自由人との間に正当な婚姻は成立し得ないからである[23]．

この金銭が置かれたそのような causa は，後で女奴隷が解放されて自由人となり，正当な婚姻が成立したとしても変わらないとされる．このことからプロクルスは，トラーディティオの正当原因となるべき嫁資は，正当な婚姻が引渡しに先行して成立しなければ存在し得ない，と考えていることが明らかとなる[24]．それゆえ，金銭の所有者は金銭を vindicatio することができる．他方，

---

21) 津野 [30, p. 104] が「文字づらをみると，どちらの法文でも TRADITIO という語が使われている．しかし，それが意味していること（オントロジー）はまったく違うのである．もし，2つの法文の TRADITIO が同じ意味なら矛盾が生じる．D 41.1 には「物の所有権の取得について」という表題がある．そこには，はっきり「引き渡しただけではだめで，正当原因がなければいけない」つまり，学説彙纂では「引渡しで所有権が移転しない」と言い，勅法集では「所有権が移転するのはトラーディティオでないといけない」と，言っていることになるのである．ラテン語の原文を注意してみると，D 41.1.31 pr では，「たんなる引渡し NUDA TRADITIO」と言っていて，C 2.3.20 では，「トラーディティオによって TRADITIONIBUS」と言っていることに気がつくだろう．だから，2つの TRADITIO が違った意味を持つことは，はっきり区別できるのである」と述べていることに従い，本稿も「引渡し」と「トラーディティオ」を区別して表記することとする．
22) BAUER [3, p. 146] 特に Anm. 5.
23) もうひとつの可能性として考えられるのは，女奴隷がその金銭を処分する権限を欠いていた，すなわち女奴隷がその金銭の所有者（主人であれ第三者であれ）の同意を得ていなかった，もしくはその金銭が女奴隷の特有財産に属していなかった，ということである．もっとも，その可能性は低いと思われる．というのも，プロクルスは，女奴隷による自由人男性への金銭の引渡しによって，この自由人男性は possessio を取得し，usucapio の要件である期間の計算が開始した，と述べているが，もし女奴隷がその金銭の処分権限を欠いてこれを自由人男性に引き渡したならば，その金銭は盗品 res furtivae となり，盗品は usucapio 可能物の要件を満たさないので，usucapio することができなくなったと考えられるからである．盗品の usucapio 禁止については拙稿 [31] および [32] を参照．
24) BAUER [3, p. 147].

いまや自由人となり妻となった女性は，離婚が成立したとしても，夫に金銭の返還を求めることはできない．第 1 に，その女性は金銭の所有者ではないので，金銭を vindicatio することはできない．第 2 に，正当な婚姻は成立したが，それは金銭の引渡しに先行していないので，嫁資は存在せず，したがって嫁資への権利に基づく請求である actio rei uxoriae を提起することはできない．第 3 に，金銭の所有権は夫に移転していないので，condictio することもできない[25]．

これに対して，自由人男性は，金銭が引き渡された時点から，「妻が自由人であると思い込んでいた（existimauit mulierem liberam esse）」ならば，possessio pro suo するとされる．というのも，その思い込みによって正当な婚姻が成立したと信じた夫は，金銭の possessio 開始時に，possessio civilis の要件である corpus と共に，animus rem sibi habendi をも備えていた，ということができるからである．そして usucapio の要件である期間が経過すれば usucapio pro suo が完成することになる．

問題は，ここで usucapio pro suo が完成したことの帰結と，この帰結を導いたプロクルスの意図とである．プロクルスはその帰結として「夫は利得した（eum lucrifecisse）」と述べ，しかしその帰結を「婚姻が開始されるよりも前に usucapio した場合（utique si, antequam matrimonium esse inciperet, usucepi）」としている．

「夫は利得した（eum lucrifecisse）」とはどのように解されるべきか．lucrifacere という語は一般には「何かを得る」「何かを我が物にする」という意味を持つ．特に盗に関連する法文には lucri faciendi causa という表現が見られる．これに対して，嫁資に関連する諸法文におけるこの語は，夫が嫁資の所有者であるが，そのことによって「利得」している状況にある，という意味を表していて，そのような状況が解消されるべきかどうかが問題となっている文脈で用いられている[26]．本法文においてそのような状況が生じるのは，夫が usucapio

---

25) BAUER [3, p. 147-148].
26) D 24.3.10.1 (Pomponius 15 ad Sabnum) Si uir uxorem suam occiderit, dotis

pro suo し，金銭の所有者となった場合であると考えられる．この場合，夫は金銭の所有者であると主張する者からの rei vindicatio を，usucapio の抗弁で退けることができる．もっとも，そのようにして「利得」している状態が解消されるべきである場合には，condictio による返還請求を受ける可能性がある．

そのような帰結をプロクルスが「婚姻が開始されるよりも前に usucapio した場合」に限定しているのかどうか，限定しているとすればそれはなぜか，については議論がある．というのも，utique si には「少なくとも…の場合」という用法と，「…の場合だけ」という用法とがあるからである．

本法文の utique si を MAYER-MALY と KRAMPE は「…の場合だけ」と理解する．夫が usucapio の完成によって金銭を「利得」し，嫁資の客体の返還を免れるのは，婚姻が開始されるまでのことである．婚姻が開始されると usucapio

---

actionem heredibus uxoris dandam esse Proculus ait, et recte: non enim aequum est uirum ob facinus suum dotem sperare lucrifacere. idemque et e contrario statuendum est.

［試訳］学説彙纂 24 巻 3 章 10 法文 1 項（ポンポーニウス，サビーヌス註解 15 巻）夫が自分の妻を殺害した場合，妻の相続人に嫁資の訴権が付与されるべきである，とプロクルスは述べており，それは正しい．なぜなら，夫が自分の悪行と引き換えに嫁資を欲し，lucrifacere するのは衡平でないからである．同じことが逆の場合にも適用されるべきである．

D 11.7.29 pr（Gaius 19 ad edictum prouinciale）Si mulier post diuortium alii nupta decesserit, non putat Fulcinius priorem maritum, licet lucri dotem faciat, funeris impensam praestare.

［試訳］学説彙纂 11 巻 7 章 29 法文首項（ガーイウス，属州告示註解 19 巻）妻が離婚後に別の夫に嫁ぎ，死亡した場合，前の夫は，嫁資を lucrifacere するものの，葬儀費用を負担する，とフルキニウスは考えなかった．

D 35.2.6（Uenuleius 13 stipulationum）Si uir uxori heres exstiterit et in funus eius inpenderit, non uidebitur totum quasi heres inpendere, sed deducto eo, quod quasi dotis nomine quam lucri facit conferre debuerit.

［試訳］学説彙纂 35 巻 2 章 6 法文（ウェヌレイウス，問答契約録 13 巻）夫が妻の相続人となり，妻の葬儀に費用を支出した場合，相続人としてその全額を支出するとは解されず，lucrifacere している嫁資を理由として支出すべきであろう分を差し引いて〔支出すると解される〕であろう．

pro suo は中断し，それ以降は usucapio pro dote が開始するかが問題となる．しかし，usucapio pro dote は開始しない．なぜなら，正当原因としての嫁資が存在しないからである．したがって，夫は嫁資の客体の返還を免れないことになる，と[27]．

しかし，この見解に対しては，プロクルスが antequam から始まる次の文で「その金銭が嫁資となるよりも前に（antequam ea dos fieret）」と述べているが，すでにトラーディティオの正当原因としての嫁資が存在しないことは明らかである以上，usucapio pro dote 以外に「その金銭が嫁資となる」ことはあり得ないように思われる．なお，MAYER-MALY は antequam からその文の末尾までをインテルポラーティオとしている[28]．

これに対して BAUER は utique si を「少なくとも…の場合」と理解する．夫が金銭を「利得」するのは，婚姻が開始される前に usucapio pro suo が完成した場合だけでなく，「その金銭が嫁資となるよりも前に」すなわち usucapio pro dote が完成するよりも前に「夫がその金銭と引き換えに何かを手に入れ（quid ex ea pecunia parauit）」，その結果「金銭を possessio して（possideat eam）」いない場合も，である，と．それゆえ，BAUER は，usucapio pro dote は開始しない，とする MAYER-MALY と KRAMPE の見解に反論する．婚姻が開始されても usucapio は中断せず，usucapio に必要な期間が経過すれば夫は usucapio pro dote し，それによってその金銭は嫁資となる[29]．その場合には，夫は嫁資の客体の返還を免れないことになる，と[30]．

本稿も，usucapio pro dote は開始しない，とする MAYER-MALY と KRAMPE の見解は支持できない．というのも，正当原因としての嫁資が存在しない，という理由付けは妥当でないと考えられるからである．そのような理由付けの背景には，トラーディティオによる所有権移転の要件としての iusta causa と，

---

27) MAYER-MALY [12, p. 50-51], KRAMPE [10, p. 73].
28) MAYER-MALY [12, p. 51].
29) BAUER [3, p. 28-29].
30) BAUER [3, p. 149-151].

usucapio による所有権取得の要件としての pro-Titel との混同がある．すでに見たように，プロクルスは，トラーディティオの正当原因となるべき嫁資は，正当な婚姻が引渡しすなわち possessio の取得に先行して成立しなければ存在し得ない，と考えている．そのことはガーイウスをはじめとする古典期法学者たちの間でも通説となっている，と言うことができよう[31]．しかし，usucapio の要件としての pro-Titel については，pro-Titel を特徴付ける要素が possessio の取得に先行する必要がある，ということは当てはまらない[32]．すなわち，妻

---

31) トラーディティオの正当原因については，拙稿 [33] および [34]．
32) そのことは nemo sibi ipse causam possessionis mutare potest 準則について言及している D 41.3.33.1 から明らかである．

D 41.3.33.1（Iulianus 44 digestorum）Quod uulgo respondetur ipsum sibi causam possessionis mutare non posse, totiens uerum est, quotiens quis scieret se bona fide non possidere et lucri faciendi causa inciperet possidere: idque per haec probari posse. si quis emerit fundum sciens ab eo, cuius non erat, possidebit pro possessore: sed si eundem a domino emerit, incipiet pro emptore possidere, nec uidebitur sibi ipse causam possessionis mutasse. idemque iuris erit etiam, si a non domino emerit, cum existimaret eum dominum esse. idem hic si a domino heres institutus fuerit uel bonorum eius possessionem acceperit, incipiet fundum pro herede possidere. hoc amplius si iustam causam habuerit existimandi se heredem uel bonorum possessorem domino extitisse, fundum pro herede possidebit nec causam possessionis sibi mutare uidebitur. cum haec igitur recipiantur in eius persona, qui possessionem habet, quanto magis in colono recipienda sunt, qui nec uiuo nec mortuo domino ullam possessionem habet? et certe si colonus mortuo domino emerit fundum ab eo, qui existimabat se heredem eius uel bonorum possessorem esse, incipiet pro emptore possidere.

[試訳] 学説彙纂 41 巻 3 章 33 法文 1 項（ユーリアーヌス，法学大全 44 巻）自らが自分のために possessio の causa を変更することはできない，と一般に言われていることは，以下の場合に限って正しい．すなわち，ある者が自分は bona fides で possessio していないと知っていながら，利益を得る目的で possessio し始めた場合である．それは以下のことによって証明されることができる．ある者から，彼が dominus でないと知りながら土地を買った者は，pro possessore possessio することになる．しかし，同じ土地を dominus から買った場合，pro emptore possessio し始める．そして，自らが自分のために possessio の causa を変更した，とは解さ

が自由人である，と思い込んでいる夫に金銭が引き渡されたことで開始した possessio pro suo は，実際に女奴隷が解放されて自由人となり，正当な婚姻が成立することで possessio pro dote へと変更され得る．そして，possessio pro dote する者が usucapio の要件をすべて満たすならば，usucapio pro dote することになる．usucapio pro dote によってこの金銭は嫁資となる．この点で，本稿は BAUER の見解を支持する．

それでは，夫が「利得」するのは，「婚姻が開始されるよりも前に usucapio した場合」に限定されるのか．これについては，「その金銭が嫁資となるよりも前に，夫がその金銭と引き換えに何かを手に入れた結果，金銭を possessio しておらず，それを possessio しないために悪意でそうしたのでない場合にも，私は同じ見解である」という箇所をいかに理解するかが手掛かりとなる．

問題は，夫が買主として他人の金銭を売買代金として売主に支払った場合，

れない．dominus でない者から買ったが，彼は dominus であると思っていた場合も，同じことが当てはまる．また，その者が dominus から相続人に指定されたか，彼の遺産占有を受けた場合，その土地を pro herede possessio し始める．さらに，自分は〔土地の〕dominus の相続人あるいは遺産占有者である，と思い込んだ正当な理由を持っていた場合，その土地を pro herede possessio し，自分のために possessio の causa を変更する，とは解されない．それでは，これらのことが possessio を有している者に認められるとすると，dominus の生きている間も死亡した後も possessio を有していない小作人にどうして認められないことがあろうか？　確かに，小作人が，dominus が死亡した後，自分は彼の相続人あるいは遺産占有者である，と思い込んでいる者から土地を買った場合には，pro emptore possessio し始める．

この準則の古典期ローマ法における位置づけと近代法への受容について論じた，吉原［35］は D 41.3.33.1 について 282-283 頁で「非所有者であることを知りつつ取得した者が，同じ物を真の所有者から購入した場合，同人は「買主として」占有を開始する．この場合，本来単独ではなしえない「占有者としての占有」名義を，所有者の同意を得て「買主としての占有」に変更したことになる．こうした原因の変更はとくに問題はない．ユリアヌスによれば，悪意の占有者であっても，その後所有者から購入ないし相続したと信ずる場合も，「買主として」ないし「相続人として」占有する．善意であれば，非所有者からであっても，時効取得できることは，当該準則によって排除されない．」と論じている．

金銭の所有者はどこまでその返還を求めることができるか，である[33]．プロクルスが述べているように，夫が金銭を possessio していなくても，夫が悪意で，つまり金銭の所有者からの返還請求を免れる目的でそうしたのであれば，金銭の所有者は提示訴権によってその返還を求めることができる[34]．また，売買代金として売主に支払われた金銭が，売主の下で売主の金銭と混和されるまでは，金銭の所有者は売主から vindicatio することができる[35]．その場合，その売主は売買代金の支払いを求めて買主を訴えることができる[36]．これらの場合

---

33) 拙稿［36］を参照．
34) WACKE［26, p. 140］．

D 12.1.11.2（Ulpianus 26 ad edictum）Si fugitiuus seruus nummos tibi crediderit, an condicere tibi dominus possit, quaeritur. et quidem si seruus meus, cui concessa est peculii administratio, crediderit tibi, erit mutua: fugitiuus autem uel alius seruus contra uoluntatem domini credendo non facit accipientis. quid ergo? uindicari nummi possunt, si extant, aut, si dolo malo desinant possideri, ad exhibendum agi: quod si sine dolo malo consumpsisti, condicere tibi potero.

［試訳］学説彙纂 12 巻 1 章 11 法文 2 項（ウルピアーヌス，告示注解 26 巻）逃亡奴隷が金銭を君に貸し付けた場合．主人は君に condictio することができるのか，が問われる．特有財産の管理が認められた私の奴隷が君に貸し付けたならば，〔金銭は〕私のものから君の物になる．けれども，逃亡奴隷やその他の奴隷が主人の意思に反して貸し付けても，〔金銭は〕受領者のものにならない．それではどうなるのか？ もし金銭が現存していれば，金銭は vindicatio されるし，悪意で possessio が放棄されたならば，提示訴権を提起し得る．悪意なく〔金銭が〕費消されたならば，私は君に condictio することができる．

35) D 46.3.78（Iauolenus 11 ex Cassio）Si alieni nummi inscio uel inuito domino soluti sunt, manent eius cuius fuerunt: si mixti essent, ita ut discerni non possent, eius fieri qui accepit in libris Gaii scriptum est, ita ut actio domino cum eo, qui dedisset, furti competeret.

［試訳］学説彙纂 46 巻 3 章 78 法文（ヤウォレーヌス，カッシウス註解 11 巻）他者の硬貨が，その者の知らないあいだに，あるいはその意思に反して，弁済された場合．他者のものでありつづける．硬貨が分かつことができないほどに混和されたならば，受領者のものとなる，とガーイウスの書物に書かれている．その結果，所有者には，与えた者を相手方とする盗訴権が付与される．

36) D 12.1.31.1（Paulus 17 ad Plautium）Seruum tuum imprudens a fure bona fide

には，夫は condictio によって返還請求を受けることはなく，したがって「利得」していない．これに対して，売主の金銭と混和された場合は，金銭の前所有者は買主を相手方として売買代金相当額を盗訴権あるいは condictio で返還

---

emi: is ex peculio, quod ad te pertinebat, hominem parauit, qui mihi traditus est. Sabinus Cassius posse te mihi hominem condicere: sed si quid mihi abesset ex negotio quod is gessisset, inuicem me tecum acturum. et hoc uerum est: nam et Iulianus ait uidendum, ne dominus integram ex empto actionem habeat, uenditor autem condicere possit bonae fidei emptori. quod ad peculiares nummos attinet, si exstant, uindicare eos dominus potest, sed actione de peculio tenetur uenditori, ut pretium soluat: si consumpti sint, actio de peculio euanescit. sed adicere debuit Iulianus non aliter domino serui uenditorem ex empto teneri, quam si ei pretium solidum et quaecumque, si cum libero contraxisset, deberentur, dominus serui praestaret. idem dici debet, si bonae fidei possessori soluissem, si tamen actiones, quas aduersus eum habeam, praestare domino paratus sim.

［試訳］学説彙纂 12 巻 1 章 31 法文 1 項（パウルス，プラウティウス註解 17 巻）私は君の奴隷をそうと知らずに盗人から bona fides で買った．その奴隷は君に帰属していた特有財産から奴隷を買って，それが私に引き渡された．サビーヌスとカッシウスは，君は私から〔奴隷が買った〕奴隷を condictio することができる，しかし〔私が盗人から買った〕奴隷が管理した事務に基づいて私が何かを失ったならば，私も君を相手方として訴えることになる，と〔述べた〕．そしてこのことは正しい．というのは，ユーリアーヌスも，主人が買主訴権そのものを持つのに，売主は bona fides の買主から condictio するべきではない，と考えられると述べているからである．特有財産たる硬貨に相当する分にかんする限り，もし現存しているならば，主人は vindicatio することができるが，特有財産にかんする訴権で売主に代金を支払う義務を負う．〔硬貨が〕費消されたならば，特有財産にかんする訴権は消滅する．しかしユーリアーヌスは，売主は奴隷の主人に買主訴権で責を負う一方，代金全額および，自由人と契約を締結した場合に義務付けられるような何かが，義務付けられた場合には，奴隷の主人が責を負うことになる，と付け加えるべきであった．私が bona fides の possessor に弁済したが，彼を相手方として私が有するべき訴権を，私が主人に与える用意がある場合も，同じことが言われるべきである．

込み入った事案であるが，奴隷が主人のあずかり知らぬところでその特有財産の中から売主に支払った硬貨を，主人は，その硬貨が現存しているならば，vindicatio することができるが，硬貨を失った売主は，硬貨を代金として支払った

請求することができる[37]．したがって，夫は「利得」することになる．このように，夫が「利得」するかどうかは状況の推移によって両方の可能性があり，必ずしも「利得」するとは言い切れない．それゆえ，夫が金銭を「利得」するのは，婚姻が開始される前に usucapio pro suo が完成した場合だけではなく，「その金銭が嫁資となるよりも前に，夫がその金銭と引き換えに何かを手に入れた結果，金銭を possessio して」いない場合もである，とする Bauer の見解は不正確である．

　そうすると，プロクルスは，usucapio pro dote によって「その金銭が嫁資となる」場合にも，「私は同じ見解である」というのであるから，この場合にも夫が「利得」するかどうかは状況の推移によって両方の可能性があり，必ずしも「利得」するとは言い切れない，ということになるはずである．確かに，最終的に婚姻が解消される場合，妻側が actio rei uxoriae あるいは condictio によって嫁資の返還を請求すれば，夫はこれを「利得」として返還せざるを得ない場合もあり得る．しかし，逆に言えば，婚姻の解消までは妻側は condictio による返還を請求し得ないのであって，その意味で夫は「利得」しない．それゆえ，usucapio pro dote によってその金銭が嫁資となる場合に，夫は嫁資の客体の返還を免れないことになる，という Bauer の見解も不正確である．

　以上の検討から，夫が「利得」するのは，婚姻が開始される前に usucapio pro suo が完成した場合「に限られる」，と言うことはできないことは明らかである．したがって，utique si は「少なくとも…の場合」と解されるべきである．その限りで，Bauer の見解を本稿は支持する．これに対して，Bauer の見解とは異なり，「私は同じ見解である（in eadem opinione sum）」という文言は，usucapio が完成した場合と同様に，usucapio が完成する前に目的物の

　　買主である奴隷を所有する主人を特有財産訴権で訴えることができる，とされる．この特有財産訴権は付加的性質の訴権であり，本来は売主が買主に対して代金の再支払いを求める売主訴権を前提として，買主が奴隷であるがゆえにこれに付加されるものである．

[37]　D 12.1.11.2（前掲註 34），D 46.3.78（前掲註 35）．

possessioが移転された場合も，夫が「利得」する場合としない場合とがある，ということを述べている，と解すべきである．

以上の検討から明らかとなったプロクルスの見解は次のとおりである．
夫は，金銭が引き渡された時点から，妻が自由人であると思い込んでいたならば，金銭のpossessio開始時に，possessio civilisの要件であるcorpusとanimus rem sibi habendiとを備えていた，ということができるので，その金銭をpossessio pro suoする．そして，正当な婚姻が成立する前にusucapioの要件である期間が経過すれば，usucapio pro suoが完成することになる．usucapio pro suoが完成すると，夫は金銭の所有者であると主張する者からのrei vindicatioを，usucapioの抗弁で退けることができる．しかし，そのようにして「利得」している状態が解消されるべきである場合には，condictioによる返還請求を受ける可能性がある．他方，実際に女奴隷が解放されて自由人となり，正当な婚姻が成立することで，possessio pro suoはpossessio pro doteへと変更され得る．そして，possessio pro doteする者がusucapioの要件をすべて満たすならば，usucapio pro doteすることになる．usucapio pro doteによってこの金銭は嫁資となる．この場合，婚姻が解消される場合には，夫は金銭を「利得」として返還せざるを得ない場合もあり得るが，婚姻の解消までは妻側はcondictioによる返還を請求し得ないのであって，夫は「利得」しない．また，「その金銭が嫁資となるよりも前に，夫がその金銭と引き換えに何かを手に入れた結果，金銭をpossessioして」いない場合も，この金銭が売主の金銭と混和されたならば，金銭の前所有者は買主である夫を相手方として売買代金相当額を盗訴権あるいはcondictioで返還請求することができるのであって，夫は「利得」することになるが，混和されるまでは「利得」しない．このように，usucapioが完成した場合と同様に，usucapioが完成する前に目的物のpossessioが移転された場合も，夫が「利得」する場合としない場合とがある，という意味で，プロクルスは「同じ見解である」．

possessio pro suoおよびusucapio pro suoについて言えば，プロクルスは，

夫が possessio pro suo することについて，金銭の引渡しの時点から妻が自由人であると思い込んでいた，ということ以上の何かを要求していない．妻が自由人であると思い込んでいる，ということは，自分との間に正当な婚姻が成立しており，金銭のトラーディティオにとっての正当原因である嫁資が存在する，したがって金銭は「自分のものである（suum esse）」，と思い込んでいることを意味する．このように，金銭を「自分のものとして（pro suo）」possessio することを，プロクルスは possessio pro suo と呼び，usucapio 可能物と期間経過という要件を満たすことで usucapio pro suo が完成すると考えている．

本法文でプロクルスが「usucapio した（usucepit）」とだけ述べていて，pro-Titel を明示していないことは，上記の理解にとって妨げとはならない．この usuapio が usucapio pro suo であることが，プロクルスにとってもネポスにとっても，そして書簡集の読者にとっても明白であることは，本稿での検討によって明らかであり，そうであるからこそ pro suo が省略されている，と考えられる．このように，表現は単純な「usucapio した（usucepit）」であっても，それが意味していることは usucapio pro dote でもなければ，一般的な usucapio でもなく，usucapio pro suo である，ということがあり得ることに，法文解釈に際しては注意を払う必要がある．

2.2　ネラティウス

2.2.1　学説彙纂 41 巻 10 章 3 法文

D 41.10.3（Pomponius 22 ad Sabinum）[38]

Hominem, quem ex stipulatione te mihi debere falso existimabas, tradidisti mihi: si scissem mihi nihil debere, usu eum non capiam:

問答契約に基づいて君が私に奴隷を〔引き渡す義務を〕負っている，と君が誤って考えて，私に引き渡した．君が私に〔奴隷を引き

---

38) MAYER-MALY [12, p. 62-64], HAUSMANINGER [6, p. 46-48] JAKOBS [7, p. 48-51], BAUER [3, p. 85-89; 126-129].

quod si nescio, uerius est, ut usucapiam, quia ipsa traditio ex causa, quam ueram esse existimo, sufficit ad efficiendum, ut id quod mihi traditum est pro meo possideam. et ita Neratius scripsit idque uerum puto.

渡す義務を〕負っていない，と私が知っている場合，私はその奴隷を usucapio しない．これに対して私が知らない場合，私は usucapio する，というのが正しい．なぜなら，真実であると私が思い込んでいる causa に基づく引渡しは，私に引き渡された物を私が pro meo possessio する，という効果を生じさせるのに十分だからである．そのようにネラティウスは書いていて，私もそれが正しいと考える．

ポンポーニウスは，ネラティウスの見解を引用しており，これを支持している[39]．その見解によれば，引き渡された奴隷を possessio している者が，実際にはトラーディティオの正当原因である問答契約債務が存在しない，と知っている場合，その者はこの奴隷を usucapio しない．これに対して，奴隷を possessio している者が，問答契約債務が真に存在すると思い込んでいる場合，その者はこの奴隷を usucapio する．usucapio する理由として，後者の場合，問答契約債務が真に存在すると思い込んで奴隷の引渡しを受けた者は，possessio pro suo することになる（pro-Titel が pro meo となっているのは，私 ego が主語であるからにすぎない）[40]，ということが挙げられている．この理由

---

39) これに対して HAUSMANINGER [6, p. 47-48] は，uerius est も uerum puto もポンポーニウスの態度表明であると解し，ネラティウスは本法文の事例について何も判断しておらず，別の誤想権原事例についてのネラティウスの判断に対して，ポンポーニウスが uerum puto と述べた，と主張する．

40) これについて PERNICE [14, p. 392] は，pro suo という表現は日常用語に由来し，

付けについて BAUER は，ここでネラティウスとポンポーニウスは古典期の支配的見解とは異なる見解に立っていると述べている．すなわち，古典期の支配的見解によれば，causa solutionis は弁済されるべき債務が実際には存在しない場合でも有効であったが，これに対してネラティウスとポンポーニウスは，iusta causa solutionis は債務が実際に存在する場合にのみ有効である，と考えた，とする．そして，古典期の支配的見解によれば，このトラーディティオの正当原因と引渡しと（引き渡す者の処分権限と）によってトラーディティオが成立し，usucapio は問題とならないが，これに対してネラティウスとポンポーニウスの見解によれば，トラーディティオの正当原因を欠くためにトラーディティオは成立せず，それゆえ usucapio が問題となる，とする[41]．けれども，BAUER 自身が指摘するように，ここで問題となっている客体は res mancipi たる奴隷であるから，古典期の支配的見解によってもトラーディティオは成立せず，そうであるならば，ネラティウスとポンポーニウスが異なる立場を表明する意味はない．おそらく BAUER は，「causa に基づく引渡し（traditio ex causa）」を，「正当原因に基づくトラーディティオ（traditio ex iusta causa）」と読み替えているものと思われる．しかしそれは誤解である[42]．この「causa」は possessio（および usucapio）の pro-Titel を特徴付ける「（占有取得）原因」である．

ところで，D 23.3.67 で見たように，ここでも，奴隷を possessio している者が，トラーディティオの正当原因である問答契約債務が存在する，と思い込んでいるということは，奴隷は「自分のものである（suum esse）」，と思い込んでいることを意味するのであろうか．そうであれば，奴隷を「自分のものとし

法学者たちも様々な表現を用いたのであって（PERNICE が例として挙げる D 41.10.1.1（後述 2.7.2）を参照），その用法はまだ固まっておらず，pro emptore, pro donato といった専門用語としての表現と同じ段階には達していなかった，と述べている．

41) BAUER [3, p. 127].
42) 同様の誤解から，PERNICE [14, p. 401-402] は quia 以下をインテルポラーティオであると考えている．

て (pro suo)」possessio することを，ネラティウスは possessio pro suo と呼び，usucapio 可能物と期間経過という要件を満たすことで usucapio pro suo が完成すると考えている，と言うことができる．

しかし，ここで注意しなくてはならないのは，金銭とは異なり，奴隷は res mancipi である，ということである[43]．res mancipi が引き渡されたに過ぎない者は，mancipatio を欠くことを知っているのであるから，その res mancipi が「クィーリーテースの法権利に基づいて自分のものである（ex iure Quiritium suum esse）」，と思い込むことはあり得ない[44]．

この点について Bauer は以下のように考える．ネラティウスとポンポーニウスは，possessio pro suo する者とは，自分が「法務官法上の所有者である」と思い込んでいる者である，と解していた[45]．というのも，トラーディティオの正当原因である問答契約債務が存在すると思い込んで奴隷が引き渡された者は，自らを「法務官法上の所有者」であると思い込んでいる者だからである[46]．そして，ネラティウスは D 41.10.5.1 で「ある者が自分のものであると思い込んで possessio する場合，たとえその思い込みが誤っていたとしても，usucapio することになる（id, quod quis, cum suum esse existimaret, possederit, usucapiet, etiamsi falsa fuerit eius existimatio）」と述べていることから，ネラティウスは，自分のことを「法務官法上の所有者であると思い込んでいる」ことを，「自分のものであると思い込んでいる（suum esse existimare）」，と表

---

43) もっとも，ここで「君」と「私」との間での mancipatio の可能性を考慮する必要はない．すなわち，mancipere または mancipatio の tradere または traditio へのインテルポラーティオがなされている，とは考えられない．というのも，実際に「君」と「私」との間で mancipatio されたとしても，「君」および mancipatio の証人たち全員が，mancipatio の事実を否定したならば，「私」は usucapio を問題にせざるを得ないのであり，そのためには，「君」から「私」へと奴隷が引き渡された結果，「私」が possessio していることを主張する必要があるからである．

44) Bauer [3, p. 86].
45) Bauer [3, p. 128-129].
46) Bauer [3, p. 86].

現した[47]．その証左として Bauer は，in bonis esse という表現について研究した Pool（1985）[48]を引用して，in bonis alicuius esse という表現は「専門用語として正確な意味を持ち，法務官法上の所有権を言い表す仕方としてのみ用いられる」と述べて，D 41.10.5.1 のテキストは本来 <in bonis> suum esse existimaret であったが，ユースティーニアーヌス帝の法典編纂者たちが，res mancipi を res に置き換えたのに伴って，in bonis を削除したと述べている[49]．この Bauer の主張に従うならば，奴隷を possessio している者が，トラーディティオの正当原因である問答契約債務が存在する，と思い込んでいるということは，自分は「法務官法上の所有者」である，言い換えれば，奴隷は「自分のものである（suum esse）」，と思い込んでいることを意味する，と言うことができる．

　もっとも，in bonis esse その他の表現についてさらに徹底的に研究した Ankum/Roo/Pool はその結論で，bona という表現で法学者たちがまずもって理解したのは，ある者が市民法上あるいは法務官法上絶対的に保護される所有権をそれに対して有するところの物であった，と述べている[50]．そして，この長大な論文の骨子を的確に把握している津野（2009）によれば，この「「法務官法上の所有者」と表現するにふさわしい法権利上の地位」にあるのは，「所有者が売って引渡したが，それがマンキピ物だったために，市民法上の所有権が即時には移転しなかった」が，「法務官によって絶対に保護されるウースーカピオ占有者になる」買主であり，「彼は売主であるいまだ市民法上の所有者よりもっと強く法務官に保護される」，すなわち「抗弁によって占有を奪われないだけでなく，占有を失っても，市民法上の所有者からでさえ取り戻せる」[51]．そうすると，トラーディティオの正当原因である問答契約債務が存在す

---

47) Bauer [3, p. 86].
48) Pool [16].
49) Bauer [3, p. 86].
50) Ankum [2, p. 213].
51) 津野 [37, p. 23]（本書第 1 章 23 頁）．

ると思い込んで，引き渡された奴隷を possessio しているに過ぎない者が，このような「「法務官法上の所有者」と表現するにふさわしい法権利上の地位」にある，と直ちに言うことはできない．したがって，BAUER の見解をそのまま支持することはできない．

ここで注目すべきなのは，「私に引き渡された物を私が pro meo possessio する，という効果を生じさせるのに十分である (sufficit ad efficiendum, ut id quod mihi traditum est pro meo possideam)」という表現である．トラーディティオの正当原因である問答契約債務が存在すると思い込んで，引き渡された奴隷を possessio しているに過ぎない者は，自らを「法務官法上の所有者」である，すなわち奴隷は「自分のものである (suum esse)」，と思い込んでいるわけではない．しかし，ネラティウスはそのような者も，「自分のものである (suum esse)」，と思い込んで possessio pro suo する者に準じて扱おうとしていると考えられる．当然，ネラティウスの見解に反対する見解もあったであろう．しかし，ポンポーニウスはネラティウスの見解を支持したのである．

このように，奴隷を「自分のものとして (pro suo)」possessio することを，ネラティウスは possessio pro suo と呼び，usucapio 可能物と期間経過という要件を満たすことで usucapio pro suo が完成すると考えている，と言うことができる．ここでも usucapio には pro-Titel が付されていないが，プロクルス法文と同様に，この usucapio が usucapio pro suo であることは，その後に possessio pro suo が出て来ることから明らかであり，pro suo が省略されたと考えられる[52]．

---

52) そうであるとしても，ネラティウスおよびポンポーニウスが，ここで usucapio pro soluto の可能性を否定している，ということにはならない．単に，ここでの関心事は possessio pro suo であり，usucapio pro suo であったに過ぎない．古典期において，実際には問答契約債務が存在しないが，存在すると possessio する者が思い込んでいる場合も，よく知られた D 41.3.48 および D 41.4.2 pr からも明らかなように，usucapio pro soluto は認められている．

D 41.3.48 (Paulus 2 manualium) Si existimans debere tibi tradam, ita demum usucapio sequitur, si et tu putes debitum esse. aliud, si putem me ex causa uenditi

2.2.2　学説彙纂41巻10章5法文

D 41.10.5（Neratius 5 membranarum）[53]

Usucapio rerum, etiam ex aliis　　物のusucapioは，他の複数の

teneri et ideo tradam: hic enim nisi emptio praecedat, pro emptore usucapio locum non habet. diuersitatis causa in illo est, quod in ceteris causis solutionis tempus　inspicitur neque interest, cum stipulor, sciam alienum esse nec ne: sufficit enim me　putare tuum esse, cum soluis: in emptione autem et contractus tempus inspicitur et quo soluitur: nec potest pro emptore usucapere, qui non emit, nec pro soluto, sicut in ceteris contractibus.

　［試訳］学説彙纂41巻3章48法文（パウルス，便覧2巻）私が，君に債務を負っていると思い込んで引き渡した場合，君もその債務があると思い込んでいるならば，それだけでusucapioが生じる．私が，売りをcausaとして債務を負っている，と思い込んで〔目的物を〕引き渡した場合は，異なる．なぜなら，この場合には，〔bona fidesでの〕買いが先行するのでなければ，pro emptore usucapioは適用されないからである．その違いの理由は以下の点にある．すなわち，〔買い〕以外の場合には，弁済の時点が考慮されるのであって，私が問答契約で要約した時に，他人物であることを私が知っているか否かは重要でない．君が弁済する時に，君に属している，と私が考えていれば十分である．これに対して，買いの場合には契約締結の時点も弁済された時点も考慮される．〔bona fideで〕買っていない者は，pro emptore usucapioすることはできないし，〔買い〕以外の契約におけるように，pro soluto〔usucapioすること〕もできない．

　D 41.4.2 pr（Paulus 54 ad edictum）Pro emptore possidet, qui re uera emit, nec sufficit tantum in ea opinione esse eum, ut putet se pro emptore possidere, sed debet etiam subesse causa emptionis. si tamen existimans me debere tibi ignoranti tradam, usucapies. quare ergo et si putem me uendidisse et tradam, non capies usu? scilicet quia in ceteris contractibus sufficit traditionis tempus, sic denique si sciens stipuler rem alienam, usucapiam, si, cum traditur mihi, existimem illius esse: at in emptione et illud tempus inspicitur, quo contrahitur: igitur et bona fide emisse debet et possessionem bona fide adeptus esse.

　［試訳］学説彙纂41巻4章2法文首項（パウルス，告示註解54巻）possessio pro emptoreするのは，実際に買った者である．自分はpossessio pro emptoreしている，と思い込んでいるだけでは十分でなく，買いというcausaが基礎にあるのでもなければならない．けれども，私が，自分は債務を負っていると思い込んで，〔本当は債務を負っていないとは〕知らない君に引き渡した場合，君はusucapioすることになる．それでは，私が売ったと思い込んで引き渡した場合に，君が

causis concessa interim, propter ea, quae nostra existimantes possideremus, constituta est, ut aliquis litium finis esset. 1. Sed id, quod quis, cum suum esse existimaret, possederit, usucapiet, etiamsi falsa fuerit eius existimatio. quod tamen ita interpretandum est, ut probabilis error possidentis usucapioni non obstet, ueluti si ob id aliquid possideam, quod seruum meum aut eius, cuius in locum hereditario iure successi, emisse id falso existimem, quia in alieni facti ignorantia tolerabilis error est.

causa に基づいても認められたが，時には，我々のものであると思い込んで我々が possessio する物について，争いを終わらせるために定められた．1 項．ところで，ある者が自分のものであると思い込んで possessio する場合，たとえその思い込みが誤っていたとしても，usucapio することになる．もっとも，それは次のように解釈されるべきである．すなわち，possessio する者の error が許容し得る場合，それは usucapio を妨げない，ということであって，例えば私がある物を possessio する場合に，私の奴隷がその物を買った，または相続の法に従って私がその地位を承継した者の奴隷がその物を買った，と誤って思い込んでいた場合である．なぜなら他人の行為について知らないことは許容し得る error だからである．

---

usucapio することにならないのはなぜか？　言うまでもなく，他の契約の場合には，引渡しの時点で十分であるから，私がそうと知りながら他人物を問答契約で要約した場合，私が usucapio するのは，私に引き渡された時に，相手方のものであると私が思い込んでいる場合である．これに対して，買いの場合，契約が締結された時点も考慮される．それゆえ，bona fides で買ったのでなければならないし，bona fides で possessio が取得されたのでなければならない．

ネラティウスは D 41.10.5 pr で，他の causa に基づいて認められている usucapio に加えて，ある物が我々のものであると思い込んで，我々がその物を possessio する場合にも，usucapio が認められることがあり，それは争いを終わらせるためであった，と述べている．次いで D 41.10.5.1 で，自分が possessio している物は「自分のものであると思い込んでいる（suum esse existimaret）」者の「思い込みが誤って（falsa fuerit eius existimatio）」いる場合もあるが，その場合にも usucapio することがある，とする．ここでネラティウスは，「誤った思い込み（falsa existimatio）」を error と言い換えている．そして error を許容し得る error と許容し得ない error とに分けて，他人の行為について知らない結果としての，自分のものであるという思い込みは許容し得る error である，として，error が許容し得る場合には usucapio が妨げられない，とする．さらに，他人の行為について知らないことの例として，自分の奴隷または被相続人の奴隷がその物を買ったと誤って思い込んだ結果，その物を自分のものであると思い込んでいた場合を挙げている．

D 41.10.5 pr の「他の causa に基づいて（ex aliis causis）」をどのように解釈するかについては議論がある．Mayer-Maly によれば，ここでネラティウスは，「導入された（constituta est）」のは十二表法の usus auctoritas 準則であり，それは善意の possessio に基づく所有権取得の根拠であるが，「そうこうするうちに（interim）」，それとは異なる特別な場合，すなわち possessio する者が自分を所有者であると思い込んでいない場合にも，それとは異なる特別な usucapio の類型が，すなわち usucapio pro herede と usureceptio が認められた，と考えた．そして，確かにこの２つの usucapio が十二表法以前に遡ることは確実であるが，その誤った時代同定ゆえに，この法文についてはいかなるインテルポラーティオの疑いも生じさせない，と Mayer-Maly は考えた[54]．こ

---

53) Mayer-Maly [12, p. 54-66], Hausmaninger [6, p. 44-46], Jakobs [7, p. 63-66], Bauer [3, p. 80-89].
54) Mayer-Maly [12, p. 57-58].

れに対して BAUER は次のように論じた．interim はむしろ constituta est にかけられるべきである．本来，usucapio は res mancipi について認められたが，それは争いを終わらせるという目的ではなく，他の目的で，すなわち res mancipi がトラーディティオの正当原因に基づいて引き渡された場合に mancipatio の欠如を治癒するという目的で認められた．「その間に（interim）」，possessio する者が自分は引き渡された res mancipi の法務官法上の所有者であると信じたに過ぎない場合のためにも usucapio は導入されたが，これが争いを終わらせる目的で認められた．つまり，usucapio 期間の経過後は，所有者と possessio する者との間の，原因行為が有効か無効かについての争いは決着がつけられた，と[55]．

もっとも，結論から言って MAYER-MALY の見解も BAUER の見解も支持できない．そもそも MAYER-MALY が causa をどのような意味に解しているのかが不明確である．かりに MAYER-MALY が causa を，possessio する者が自分を所有者であると思い込んでいない「場合」と解したとするならば，MAYER-MALY も BAUER も「他の causa に基づいて（ex aliis causis）」を，causa を「場合」と解するか「目的」と解するかの違いはあるにせよ，本来 usucapio が認められた causa とは異なる「別の causa（aliis causis）」においても usucapio が認められた，と解している点では共通している．しかし，ここでは causis が causa の複数形であることに注意すべきである．すなわち，MAYER-MALY の見解に立つならば，possessio する者が自分を所有者であると思い込んでいない場合とは別の，少なくとももう1つの「場合」を，BAUER の見解に立つならば，res mancipi がトラーディティオの正当原因に基づいて引き渡された場合に mancipatio の欠如を治癒するという目的とは別の，少なくとももう1つの「目的」を，示さなければならないが，いずれの見解においてももう1つの causa は示されていないのである．他方，MAYER-MALY が causa を usucapio の「類型（Typ）」と解したとするならば，なるほど usucapio pro herede と usureceptio

---

55) BAUER [3, p. 88].

という2つの「類型」が認められたのであるから，causis という複数形には合致することになる．しかし，そうすると本法文の冒頭は，「物の usucapio は，複数の類型の usucapio に基づいても認められた（Usucapio rerum, etiam ex aliis causis concessa）」となるが，usucapio が usucapio に基づいて認められた，というのは論理的に破たんしている．Bauer の見解についてはさらに，本来 usucapio が res mancipi について認められたのは mancipatio の欠如を治癒するという目的であったことは否定し得ないが，そもそも usucapio によって mancipatio の欠如を治癒する必要が生じるのは，mancipatio の当事者間に争いが生じた場合であるから，結局のところ usucapio は争いを終わらせるという目的で定められたのではないか，という反論が可能である．

　それでは「他の（複数の）causa に基づいて（ex aliis causis）」をどのように解釈すべきであろうか．ここで思い起こすべきなのは，D 41.10.3 でポンポーニウスによって引用されるネラティウスが，「causa」を possessio（および usucapio）の pro-Titel を特徴付ける「（占有取得）原因」という意味で用いていた，ということである．そして，possessio（および usucapio）の pro-Titel を特徴付ける「（占有取得）原因」が複数存在することは周知の通りである．「他の（複数の）causa に基づいて（ex aliis causis）」をこのように解するとするならば，他の複数の「（占有取得）原因」に基づいて認められている usucapio に加えて，我々が物を我々のものであると思い込んで possessio する，すなわち possessio pro suo する場合にも認められる usucapio とは，usucapio pro suo に他ならない，ということになる．この帰結は D 41.10.3 の内容とも整合的である．

　「たとえその思い込みが誤っていたとしても（etiamsi falsa fuerit eius existimatio）」について Bauer は，D 41.10.3 について検討した際に見たように，ネラティウスは D 41.10.5.1 において，自分のことを「法務官法上の所有者であると思い込んでいる」ことを，「自分のものであると思い込んでいる（suum esse existimare）」，と表現した，と考えた．Bauer によれば，この推論は従来のテキスト解釈が解決できなかった一連の難点を解決する．etiamsi falsa fuerit eius existimatio が意味しているのは，占有者（possessio する）の思い込みが誤っていなかった場合にも，占有者は usucapio する，ということである．しかし，占有者が，自分は市民法上の所有者であると信じている場合，そのことはまったく意味を成さない．これに対して，占有者が，自分は法務官法上の所有者であると信じている場合，筋が通る．というのも，たとえその思い込みが誤っていなかったとしても，彼は usucapio するであろうからである．また，D 41.10.5.1 の第 2 文で，前述のことは，占有者の許容しうる error は usucapio にとって妨げとならない，と解されるべきである，とネラティウスは述べている．占有者が錯誤に陥ったがゆえに usucapio が必要であったならば，ネラティウスはそのように言うことはできなかったであろう．この言い回しが示唆しているのはむしろ，占有者が錯誤に陥らなかった場合にも，usucapio が必要であった，ということである．そのことが当てはまるのは，占有者が誤って自分は法務官法上の所有者であると思い込んだ場合だけである，と[56]．

　ここで BAUER は，占有者が自分は市民法上の所有者であると信じていて，しかもその思い込みが誤っていなかった，つまり占有者は真に市民法上の所有者であったとするならば，usucapio は問題になり得ない，という前提に立っているものと思われる．しかし，この前提は誤っている．というのも，自分は市民法上の所有者であると思い込んでいて，実際に mancipatio またはトラーディティオを経た真の市民法上の所有者である者であっても，mancipatio の相手方および証人たち全員が，またはトラーディティオの相手方が，mancipatio またはトラーディティオの事実を否定したならば，真の市民法上の所有者は usucapio を問題にせざるを得ないからである．したがって，ここで問題となっている事例は，res mancipi がトラーディティオの正当原因に基づいて引き渡された事例だけであって，それゆえネラティウスは D 41.10.5.1 において，自分のことを「法務官法上の所有者であると思い込んでいる」ことを，「自分のものであると思い込んでいる（suum esse existimare）」，と表現した，とい

---

56) BAUER [3, p. 86-87].

うBAUERの見解を支持することはできない．

　そうすると，D 41.10.5では「物res」一般が問題になっている，ということを疑う理由は何もない．もちろん，res mancipiが引き渡された事例をも含むのは確かである．その場合，ネラティウスはD 41.10.3におけるのと同様の間接的な理由付けによって，res mancipiを「自分のものとして（pro suo）」possessioすることをpossessio pro suoと呼んだであろう．それ以外の場合，すなわち我々がある物を「我々のものである（nostra esse）」と思い込んでpossessioする場合にはより直接的に，その物を「自分のものとして（pro suo）」possessioすることをpossessio pro suoと呼んだであろう．そして，いずれの場合にも，usucapio可能物と期間経過という要件を満たすことでusucapio pro suoが完成すると考えている，と言うことができるであろう．D 41.10.5では，possessioにもusucapioにもpro-Titelが付されていないが，D 41.10.3におけるネラティウスの見解から，possessioはpossessio pro suoのことであり，usucapioはusucapio pro suoのことである，と推測することができる．

　以上のことから，ネラティウスはD 41.10.5でpossessio pro suoおよびusucapio pro suoを極めて一般的な，言い換えれば射程範囲の広いものと考えていることになる．それについてBAUERは次のように主張する．D 41.10.5として伝えられているテキストは強く歪められていて，その見解のより確実な再構成はほとんど不可能である．というのは，この文章が正しいとするならば，ローマ法のusucapioはgutgläubigen Eigenbesitzと変わるところは何もないからである．そうであったとすれば，様々な事例において，例えばある物をgutgläubigで無権限者から，あるいは無効な売買，無効な嫁資設定，無効な贈与に基づいて権限を有するあるいは有しない譲渡者から取得した者がusucapioしたであろうだけでなく．自分は相続したと不当に思い込んでいた者も，他人物を放棄された物と誤って思い込んで領得した者も，他人物を単純に自分の物と取り違えた者も，usucapioしたであろう．というのも，これら

すべての場合に possessio している者は，自分のものを possessio していると思い込んでいるからである．しかし，gutgläubigen Eigenbesitz に基づく一般的な usucapio をローマ法はまったく知らなかったのである．それにもかかわらず，ネラティウスは，gutgläubiger Eigenbesitzer はその錯誤が許容しうる場合には usucapio する，としか述べておらず，彼が挙げている2つの事例は，possessio している者が，自分の奴隷がその物を買った，と誤って思い込んでいるならば，その錯誤は許容しうる錯誤である，ということ以外の状況については問題としていない．そうであるならば，奴隷が主人に他人物を引き渡して，自分はその物を買った，と真実に反して主張した場合はもちろんのこと，possessio している自身が物を第三者から借りていたのに，自分の奴隷がそれを買ったと誤って思い込んだ場合も，さらには物が自分の奴隷に贈与されたとか，奴隷がその物を相続したとか，その物が放棄されて自分の奴隷がそれを領得したと，誤って思い込んだ場合にも，主人は usucapio することができたということになる．しかし，usucapio の法についての他のあらゆる証拠はこれとまったく異なる絵を示している．それゆえ，このテキストが偽りであるという推測は避けられず，ネラティウスの見解が縮減されるか変更されるかして歪められたことは明らかである，と[57]．そして，BAUER によれば，ネラティウス自身が問題とした error とは，当然に causa traditionis の有効性についての error であったのに対して，古典期より後の加筆者は，この error は取得行為がなされたかどうかについての error であると誤解して，奴隷が物を買ったと思い込んでいたという事例を書き足した，とされる[58]．

しかしながら，ネラティウスが許容し得る error の例として挙げる，自分の奴隷または被相続人の奴隷がその物を買ったと誤って思い込んだ，という事案は，BAUER の主張するほど際限なく広い射程を有するであろうか．例えば，自分の奴隷がその物を買った，と主人が誤って思い込むからには，主人が奴隷にその物が属する種類の物を買うように指示していたり，代金となるべき金員を

---

57) BAUER [3, p. 82-84].
58) BAUER [3, p. 88].

供与していたり,といった売買にまつわる事情が当然に想定されるが,そういった事情が存在しない場合にも,主人の思い込みは許容し得る error とされるであろうか.また,奴隷自身が主人に他人物を引き渡したことと,主人が物を第三者から借りていたこととは,同列に取り扱うことができるであろうか.したがって,ネラティウスが許容し得る error の例として挙げる事案が,Bauer の主張するほど際限なく広い射程を有するとは考えられない.前述のようにネラティウスは D 41.10.5 で,「自分のものである (suum esse)」という possessio する者の「誤った思い込み (falsa existimatio)」を error と言い換え,その error の中でも許容し得る error と許容し得ない error とを区別して,許容し得る error のみが possessio pro suo および usucapio pro suo を正当化する,と考えているのであって,許容し得る error は,usucapio pro suo が認められる場面を,単なる gutgläubigen Eigenbesitz よりも狭く絞る機能を果たしている.したがって,少なくとも,他人物を単純に自分の物と取り違えた者の error は許容し得る error とはされず,usucapio pro suo は認められないであろう[59].

---

59) Hausmaninger [6, p. 44-46] は前述の Mayer-Maly の見解を支持して次のように主張する.すなわち Gai inst 2.59 は「他の複数の causa に基づいて (ex aliis causis)」という文言で,他人の物であると知りながら usucapio することの例として usureceptio を挙げていて,Gai inst 2.43 以下の bona fides で取得した場合と対比させている.ネラティウスもまた D 41.10.5 pr で,aliae causae の下での bona fides でない所有権取得の事例と,「我々のものであると思い込んで我々が possessio する物 (ea, quae nostra existimantes possideremus)」の usucapio とを対比させている.これら両者の分類の類似性は否定できない,と.そこから Hausmaninger は大胆に,D 41.10.5.1 の cum suum esse existimaret とは bona fides のことであり,このように広範な捉え方に深くはまり込んでしまった bona fides に制約をかけようとしたのが probabilis error であった.そうすることでネラティウスは誤想権原をすでに承認された usucapio 要件である bona fides の定義に組み入れようとした,と主張する.このように Hausmaninger は誤想権原を bona fides の特別な事例と捉えようとする (Hausmaninger [6, p. 68]).すなわち,古典期法学者たちは誤想権原に基づく usucapio を認めようとしたが,fides と causa とを要件とするドグマーティクな考え方に固執し,しかし実際には bona fides,すなわち「有効な義務付け行為が存在すると信じていること (Glaube an die Existenz eines

2.3 ポンポーニウス

2.3.1 学説彙纂41巻3章32法文首項

D 41.3.32 pr（Pomponius 32 ad Sabinum）[60]

| Si fur rem furtiuam a domino emerit et pro tradita habuerit, desinet eam pro furtiua possidere et incipiet pro suo possidere. | 盗人は，盗品を所有者から買って，引き渡された物として所持した場合，その物を盗品としてpossessioするのを止めて，pro suo possessio し始めることになる． |

ポンポーニウスはサビーヌス註解32巻でusucapioの要件について論じており，ここではusucapio可能物の要件が論じられている[61]．盗品は原則としてusucapio可能物の要件を満たさない．その例外として，盗品の所有者が盗人にその物を売ったならば，その時は盗人によるusucapioの権利は妨げられない，とされる[62]．ポンポーニウスの説明によればそれは，盗品を所有者から買

---

gültigen Verpflichtungsgeschäfts）」で足りるとした，と（HAUSMANINGER [6, p. 55-56]）．しかしながら彼自身が指摘しているように（HAUSMANINGER [6, p. 44]），誤想権原事例で登場するexistimatioを明示的にbona fidesと表現する史料は1つもない．HAUSMANINGERの分析によればbona fidesとは，第1に「引き渡された者が〔引き渡した者の〕所有権あるいは譲渡権限について信じていること（Glaube an Eigentum oder Veräußerungsbefugnis des Tradenten）」であり，第2に「譲渡者の行為能力について信じていること（Glaube an die Geschäftsfähigkeit des Veräußerers）」であり（HAUSMANINGER [6, p. 42]），その分析は非常に説得的であるが，それとpossessioする者が「有効な義務付け行為が存在すると信じていること（Glaube an die Existenz eines gültigen Verpflichtungsgeschäfts）」との間には大きな隔たりがあると言わざるを得ない．

60) MAYER-MALY [12, p. 111-112], HAUSMANINGER [6, p. 72-74], BAUER [3, p. 58-60; 129-130].
61) LENEL [11, p. 140-142].
62) 拙稿 [31, p. 266].

D 47.2.85（84）（Paulus 2 ad Neratium）Quamuis res furtiua, nisi ad dominum

った盗人がその物を「引渡された物として pro tradita」所持した結果，盗品として possessio するのを止めて，possessio pro suo し始めるからである．しかし，そもそも盗人はその物を盗んで possessio したのであるから，その物が res mancipi である場合はもちろんのこと，res nec mancipi である場合も，その物を「自分のものである（suum esse）」，と思い込んで possessio しているとは厳密な意味では言えない．というのも，前者の場合は mancipatio を欠いているからであり，後者の場合はトラーディティオを欠いているから，すなわちトラーディティオの正当原因となるべき買いは，買いが引渡し（短手の引渡し traditio brevi manu）に先行して成立しなければ存在し得ないからである[63]．もっとも，前述のようにポンポーニウスは D 41.10.3 で，トラーディティオの正当原因である問答契約債務が存在すると思い込んで，引き渡された res mancipi である奴隷を possessio しているに過ぎない者を，「自分のものである（suum esse）」，と思い込んで possessio pro suo する者に準じて扱おうとするネラティウスの見解を支持した．本法文でもポンポーニウスは，盗品が res mancipi であれ res nec mancipi であれ，厳密な意味では possessio する者がその物を「自分のものである（suum esse）」と思い込んでいるとは言えなくても，possessio pro suo する者に準じて扱おうとしたのであろうう者に準じて扱おうとしたのであろう[64]．

---

　　redierit, usucapi non possit, tamen, si eo nomine lis aestimata fuerit uel furi dominus eam uendiderit, non interpellari iam usucapionis ius dicendum est.
　　［試訳］学説彙纂 47 巻 2 章 85（84）法文（パウルス，ネラティウス註解 2 巻）盗品は，所有者に復帰してからでなければ，usucapio されることができない．とはいえ，盗品について訴訟物評価がなされたならば，あるいは所有者が盗人にその物を売ったならば，その時は usucapio の権利は妨げられない，と言われるべきである．
63)　トラーディティオの正当原因となるべき嫁資についてプロクルスが同様に考えていたことにつき，前掲註 24）対応本文を参照．
64)　ここでポンポーニウスが possessio pro emptore および usucapio pro emptore の可能性を否定している，ということにはならない．単に，ここでのポンポーニウスの関心事は盗品の usucapio 禁止の例外であり，盗品としての possessio と possessio pro suo を区別することであった．

2.3.2　学説彙纂 41 巻 10 章 4 法文首項

D 41.10.4 pr（Pomponius 32 ad Sabinum）

Si ancillam furtiuam emisti fide bona ex ea natum et apud te conceptum est ita possedisti, ut intra constitutum usucapioni tempus cognosceres matrem eius furtiuam esse, Trebatius omni modo, quod ita possessum esset, usucaptum esse. ego sic puto distinguendum, ut, si nescieris intra statutum tempus, cuius id mancipium esset, aut si scieris neque potueris certiorem dominum facere, aut si potueris quoque et feceris certiorem, usucaperes: sin uero, cum scires et posses, non feceris certiorem, contra esse: tum enim clam possedisse uideberis, neque idem et pro suo et clam possidere potest.

盗まれた女奴隷を君が bona fides で買い，君の所で懐胎され，その女奴隷から生まれた子を君が possessio していたが，usucapio が成立する期間内に，その子の母が盗品であると君が知った場合，少なくともそのように possessio された子は usucapio される，とトレバーティウスは〔述べている〕．私は以下のように区別されるべきであると考える．すなわち，〔usucapio が成立する〕期間内に，その子が誰のマンキピウム権に属するか，君が知らなかった場合，あるいは知ったが dominus に知らせることができなかった場合，あるいは〔知ってその後で〕知らせることができてなおかつ〔dominus に〕知らせた場合，usucapio することができる．これに対して，君が知ってかつ〔dominus に知らせることが〕できたにもかかわらず，知らせなかった場合，usucapio することはできない．なぜなら，その場合，君は秘密裏に possessio したと解

> され，同じ人が pro suo possessio
> し，かつ秘密裏に possessio する
> ことはできないからである．

　ここでは，盗品である女奴隷の子を possessio する者は，その子を usucapio することができるか，が問題となっている[65]．キケローやカエサルの同時代人であるトレバーティウスは，盗まれた女奴隷が，これを bona fides で買って possessio する者の所で子を懐胎した場合，子の usucapio を認めている．これに対してポンポーニウスは，possessio する者の振る舞いに応じて usucapio することができる場合とできない場合とを分けている．そして，前者の場合には possessio の pro-Titel を possessio pro suo と，後者の場合には clam possessio と解している．このことはどのように説明されるべきであろうか．

　D 41.10.3 でネラティウスの見解を支持したポンポーニウスは，ネラティウスが D 41.10.5 で，「自分のものである（suum esse）」という possessio する者の「誤った思い込み（falsa existimatio）」を error と言い換え，その error の中でも許容し得る error と許容し得ない error とを区別して，許容し得る error

---

65）　拙稿［32, p. 158-164］での分析が示すように，大多数の古典期法学者たちの見解によれば，女奴隷が，盗まれる前に懐胎していた場合，あるいは盗まれた後で盗人の所で懐胎した場合，誰の所で出産しようとも，生まれた子は盗品である．さらに，盗人の相続人の所で懐胎した場合も，生まれた子は盗品である．したがって，懐胎後に女奴隷をトラーディティオの正当原因に基づいて bona fides で取得し possessio する者であっても，その子を usucapio することはできない．なぜなら，盗の瑕疵が付着している possessio する者の所で懐胎された子は，盗品とされるからである．他方，盗まれた女奴隷が，これをトラーディティオの正当原因に基づいて bona fides で取得し possessio する者の所で懐胎した場合，生まれた子はもはや盗品ではない．possessio および usucapio の要件である causa について，ユーリアーヌスは causa の範囲に何ら制限を加えていない．ウルピアーヌスもユーリアーヌスの見解に従う．これに対して，パウルスは売買を causa とする場合を除いて usucapio を認めない．もう1つの要件である bona fides については，古典期法学者たちの多くが，女奴隷を possessio する者が子の usucapio を開始する時点すなわち子が生まれる時点で bona fides であることを要求する．

のみが possessio pro suo および usucapio pro suo を正当化する，と考えていることをも，支持したであろう．それゆえポンポーニウスは本法文で，possessio する者は，女奴隷の子を「自分のものである（suum esse）」と誤って思い込んでいた，すなわち error に陥っていたが，その error が許容し得る error である場合には，女奴隷の子の possessio pro suo および usucapio pro suo は正当化される，と考えた．そして，usucapio が成立する期間内に，その子が誰のマンキピウム権に属するか，「君」が知らなかった場合，「君」は error に陥っていたが，ポンポーニウスによれば，その error は許容し得る error であった．そのことは，usucapio が成立する期間内を通じて「君」が知らなかった場合には常に当てはまったが，usucapio が成立する期間中に知った場合にも当てはまる場合があった．それは，知ったが，その後で dominus に知らせることができる状況になかった場合，あるいは知った後で，dominus に知らせることができる状況にあって，なおかつ知らせた場合，であった．これらの場合には，当初の error は，その後で error に陥っている状態から脱したとしても，依然として許容し得る error であるとされたであろう．これに対して，知って，dominus に知らせることができる状況にあったにもかかわらず，知らせなかった場合には，「君」は女奴隷の子を「秘密裏に clam」possessio したとされた．この場合，当初の error はもはや許容し得る error であるとは解されなかったであろう．ここでポンポーニウスは possessio pro suo と clam possessio とを区別し，同じ人が possessio pro suo し，かつ「秘密裏に clam」possessio することはできない，と考えた．したがって，「君」は possessio pro suo することはできず，それゆえ usucapio pro suo することはできない，とされた．

2.3.3　学説彙纂 41 巻 10 章 4 法文 1 項

D 41.10.4.1（Pomponius 32 ad Sabinum）

Si pater cum filiis bona quae habebat partitus sit et ex ea causa	父が持っていた bona を家子たちに分配し，家子たちが，その分配

post mortem patris ea teneant, quod inter eos conueniret, ut ea diuisio rata esset: usucapio his procedet pro suo in his rebus, quae alienae in bonis patris inueniuntur.	が追認されることが家子たちの間で合意されていた，という理由で，父の死後にそのbonaを保持する場合，父のbonaに含まれていたことが明らかとなった他人物については，家子たちのためにusucapio pro suoが生じる．

　管見の限りでは，近時の研究者たちはD 41.10.4.1にまったくと言っていいほど関心を寄せていない[66]．後述するように，POTHIERはD 41.6.4と関連付けてD 41.10.4.1に言及している．D 41.6.4は，家父が家子に他人物を贈与した場合に，usucapioが認められるかどうかを問題としている．

　家父が家子に特定の財産の管理を委ねてその使用収益を認める特有財産の制度はローマにおいて古くから存在したが，法の上では特有財産は家父に帰属し，家父はいつでも家子から特有財産を回収することができ[67]，家子が死亡した場合にも特有財産はこれを保持した家子に帰属せず，家父の相続財産の一部を構成した[68]．したがって，家父から家子への贈与は法の上では何の効力も生じさせない．他方，usucapio pro donatoするには，物が贈与されたと信じているだけでは足りず，実際に贈与されたことを要する[69]．それゆえ，家父が家子

---

66) HAUSMANINGER [6], JAKOBS [7], BAUER [3] は一切取り扱っていない．MAYER-MALY [12, p. 136] は，古典期法学者の著作にpro suoが登場した例を列挙している箇所で，「承継取得がまったくあるいは瑕疵ある仕方でしか存在せず，占有意思がその権原をも一義的に規定している（... liegt kein oder doch nur mangelhafter derivativer Erwerb vor, immer auch bestimmt primär der Besitzwille den Titel)」事例類型と関連付けるべきである，と言及するだけで，検討を加えていない．

67) KASER [9, p. 344].

68) 船田 [38, p. 150-151].

69) D 41.6.1 pr（Paulus 54 ad edictum）Pro donato is usucapit, cui donationis causa res tradita est: nec sufficit opinari, sed et donatum esse oportet.
　［試訳］学説彙纂41巻6章1法文首項（パウルス，告示註解54巻）pro donato

に他人物を贈与しただけで死亡した場合，贈与された家子は贈与の客体をusucapio pro donato することはできない[70]．

これに対してポンポーニウスは D 41.6.4 で，家父が家子に贈与し，これを相続人から廃除した場合に，その贈与を家父の相続人が追認したならば，その追認の日から家子は贈与された物を usucapio することになる，と述べている[71]．家父から家子への贈与は法の上では何の効力も生じさせない，とする前述の準則は，家父の相続財産の一部を構成するはずの贈与の客体が受贈者に帰属することが，家父の相続人たちにとって不利益を及ぼすことを防止することが目的であった．したがって，相続人たちが家父の贈与を追認することでその不利益を甘受する用意があるならば，贈与を有効とすることは妥当である，とポンポーニウスは考えたのであろう[72]．

---

usucapio するのは，贈与のカウサで物が引渡された者である．そのように信じているだけでは足りず，〔実際に〕贈与されたことを要する．

70) D 41.6.1.1（Paulus 54 ad edictum）Si pater filio quem in potestate habet donet, deinde decedat, filius pro donato non capiet usu, quoniam nulla donatio fuit.
［試訳］学説彙纂 41 巻 6 章 1 法文 1 項（パウルス，告示註解 54 巻）父が自分の権力に服する息子に贈与したが，その後で死亡した場合，息子は pro donato usucapio しない．なぜなら贈与は成立しなかったからである．

71) D 41.6.4（Pomponius 32 ad Sabinum）Si pater filiae donauerit, quae in potestate eius erat, et eam exheredauerit: si id heres eius ratum habeat, exinde ea usucapiet donationem, qua ex die ratam heres donationem habuerit.
［試訳］学説彙纂 41 巻 6 章 4 法文（ポンポーニウス，サビーヌス註解 32 巻）父が自分の権力に服していた娘に贈与し，彼女を相続人から廃除した．それを父の相続人が追認した場合，彼女が贈与〔された物〕を usucapio することになるのは，相続人がその贈与を追認した日からである．

72) 夫婦間贈与もまた無効とされたが，離婚後に同様の追認が認められるかについては，古典期法学者の間で見解の対立が存在した．

D 41.6.1.2（Paulus 54 ad edictum）Si inter uirum et uxorem donatio facta sit, cessat usucapio. item si uir uxori rem donauerit et diuortium intercesserit, cessare usucapionem Cassius respondit, quoniam non possit causam possessionis sibi ipsa mutare: alias ait post diuortium ita usucapturam, si eam maritus concesserit, quasi nunc donasse intellegatur. possidere autem uxorem rem a uiro donatam Iulianus

このD 41.6.4についてはPothier[73]が,「しかし,最初から贈与が成立していなくても,その後に新たな事情が生じ,それに基づいて贈与が有効になる場合,usucapio されることができるであろう (Sed etsi ab iuitio non constiterit donatio, si noua causapostea extiterit ex qua conualesceret, poterit usucapi.)」と述べた後で,「同様の理由で (Simili ratione)」と述べてD 41.10.4.1を引用している.Pothierはその趣旨を明示していないが,D 41.10.4.1の事案を,家父が家子たちにbonaを贈与し,その贈与を家子たちが相続人として自ら追認した場合,と解していることは明らかである.

D 41.6.4ではusucapioのPro-Titelは明示されていない.しかし,ポンポーニウスが,贈与を有効とすることは妥当である,と考えたのであれば,そのPro-Titelはpro donatoであり,そのことは自明であるから省略されたのであろう.これに対して,D 41.10.4.1ではusucapioのPro-Titelはpro suoであると明示されている.そこにはpro donatoと明示することができない何らかの理由があったはずである.

D 41.6.4では,家父による贈与を家父の相続人が追認した場合,家子が贈与

---

putat.

［試訳］学説彙纂41巻6章1法文2項(パウルス,告示註解54巻) 夫婦間で贈与がなされた場合,usucapioはない.同様に,夫が妻にある物を贈与し,離婚した場合も,usucapioはない.なぜなら妻自身がpossessioのcausaを自分のために変更することはできないからである,とカッシウスは答えている.離婚後,夫が妻に許せば,あたかもその時点で贈与がなされたと解されて,妻がusucapioすることになる,と述べる者もいる.これに対して,妻は夫から贈与された物をpossessioする,とユーリアーヌスは考えている.

D 41.6.3 (Pomponius 24 ad Quintum Mucium) Si uir uxori uel uxor uiro donauerit, si aliena res donata fuerit, uerum est, quod Trebatius putabat, si pauperior is qui donasset non fieret, usucapionem possidenti procedere.

［試訳］学説彙纂41巻6章3法文(ポンポーニウス,クウィントゥス・ムーキウス註解24巻) 夫が妻に,あるいは妻が夫に贈与したが,贈与されたのが他人物であった場合,贈与した者がさらに貧しくならない限り,possessioする者のusucapioは進行する,というトレバーティウスの見解が正しい.

73) Pothier [19] LIB. XLI. PANDECTARUM TIT. VI. Pro donato, IV.

された物を usucapio することになるのは，その追認の日からであるとされている．したがって，追認によって有効とされるのは，家父からの，ではなく家父の相続人からの，相続廃除された家子への贈与である．他方，D 41.10.4.1 でも D 41.6.4 と「同様の理由で」，すなわち家父による家子たちへの bona の分配が贈与と解され，その贈与が家父の相続人である家子たちによる追認によって有効とされるがゆえに，usucapio が認められるとすると，その贈与もまた家父からの，ではなく家父の相続人からの贈与，ということになる．しかし，家父の相続人からの，家父の相続人への贈与，というのは論理的に成り立たない．したがって，家父による家子たちへの bona の分配を贈与と解することはできない．それゆえ，ポンポーニウスは usucapio の Pro-Titel を pro donato と明示することができなかった，と考えられるのであって，POTHIER の見解を支持することはできない．

他方でポンポーニウスは D 41.5.3 で，相続人が他人物を相続財産に属する物であると思い込んでいる場合に，多くの法学者たちが，相続人は usucapio することができる，と考えていたことを伝えている[74]．この usucapio は usucapio pro suo であると考えられる[75]．相続人が相続財産を「自分（たち）のものであ

---

74) D 41.5.3（Pomponius 23 ad Quintum Mucium）Plerique putauerunt, si heres sim et putem rem aliquam ex hereditate esse quae non sit, posse me usucapere.
  ［試訳］学説彙纂 41 巻 5 章 3 法文（ポンポーニウス，クウィントゥス・ムーキウス註解 23 巻）私が相続人であり，他人物を相続財産に属する物であると思い込んでいる場合に，多くの法学者たちが，私は usucapio することができる，と考えていた．

75) これに対して，MAYER-MALY [12, p. 71-73] は usucapio pro herede であると主張する．MAYER-MALY は D 41.5.1 を，死亡したと誤って思い込まれた者がまだ生きている場合，usucapio pro herede は「客観的な障害（objektiven Hindernis）」にぶつかる，すなわち被相続人が死亡するまでは相続による取得はできない，という法準則によって妨げられる，という意味内容と解した．その上で，D 41.5.3（前掲註 74）におけるように possessio する者が真の相続人である場合，前述の障害は取り除かれ，usucapio pro herede を認める余地が生まれ，それは相続財産に属しない物にも拡大された，と．
  MAYER-MALY の見解に対しては BAUER [3, p. 66-67] が適切に反論している．

る（suum esse）」と考えるのは至極当然であり，かりにその中に他人物が混ざっていたとしても，その責は被相続人にこそあれ，相続人にはあずかり知らぬことであるから，相続人の error は許容し得る error であると考えられたのであろう．

　同様のことが D 41.10.4.1 にも当てはまる．家父がその bona を家子たちに分配し，家子たちが，父の死後にその分配を追認することを合意して，その bona を保持する場合，家子たちがその bona を「自分（たち）のものである（suum esse）」と誤って思い込んでいた，すなわち error に陥っていたことは

---

　usucapio pro herede が認められるのは，相続人でない者だけである．相続人でない者が，相続人がまだ possessio していなかった相続財産を possessio した場合に，usucapio pro herede が認められる．D 41.5.3 において「私」は相続人であるから，その possessio が「私」に usucapio pro herede をもたらす根拠とはなり得ない．また，Gai inst 2.52 によれば，usucapio pro herede は possessio する者が，他人物であることを知っているか否かを問わなかった．これに対して，D 41.5.3 で「私」が相続財産に属していない物を usucapio することが認められるのは，それが他人物であることを知らない場合である．したがって，この usucapio は usucapio pro herede ではあり得ない，と．もっとも BAUER は，この usucapio を相続財産という誤想取得権原に基づくものと解しており，本稿の理解とは異なる．

　D 41.5.1（Pomponius 32 ad sabinum）Pro herede ex uiui bonis nihil usucapi potest, etiamsi possessor mortui rem fuisse existimauerit.
［試訳］学説彙纂 41 巻 5 章 1 法文（ポンポーニウス，サビーヌス註解 32 巻）たとえ possessor が死亡した者のものであったと思い込んでいたとしても，生きている者の bona から usucapio pro herede されることは何であれできない．

　Gai inst 2.52: Rursus ex contrario accidit, ut qui sciat alienam rem se possidere, usucapiat, uelut si rem hereditariam, cuius possessionem heres nondum nactus est, aliquis possederit; nam ei concessum est usucapere, si modo ea res est, quae recipit usucapionem. quae species possessionis et usucapionis pro herede uocatur.
［試訳］ガーイウス，法学提要 2 巻 52 節
　これに対して，反対に，他人物であると知りながら possessio する者が usucapio する場合がある．例えば，相続人がまだ possessio を取得していなかった相続財産に属する物を，ある者が possessio した場合である．すなわち，その物が usucapio することができる物であるならば，その者に usucapio が認められた．このような possessio および usucapio は pro herede と呼ばれる．

明らかであった．そして，D 41.5.3 と同様，D 41.10.4.1 における error は許容し得る error であった．それゆえ，ポンポーニウスは D 41.10.4.1 で usucapio pro suo を認めたと考えられる．

2. 3. 4　学説彙纂 41 巻 10 章 4 法文 2 項

D 41.10.4.2（Pomponius 32 ad Sabinum）[76]

Quod legatum non sit, ab herede tamen perperam traditum sit, placet a legatario usucapi, quia pro suo possidet.	遺贈されていないが，相続人によって誤って引き渡された物は，受遺者によって usucapio されるのが通説である．なぜなら，〔受遺者は〕pro suo possessio するからである．

　本法文では，相続人が誤って思い込んだ遺贈が物権遺贈か債権遺贈かが明示されていない[77]．物権遺贈であるとすると，相続人と受遺者は，その物はすでに物権遺贈によって受遺者のものである，と思い込んでいたことになる．これに対して，債権遺贈であるとすると，相続人と受遺者は，相続人が遺贈義務に基づいてその物を受遺者に引き渡す義務を負っており，その義務を正当原因とするトラーディティオによって，その物は受遺者のものとなった，と思い込んでいたことになる．

　ところで，引き渡された物が遺贈されていないにもかかわらず，テキストは引き渡された者を「受遺者（legatarius）」と表現している．JAKOBS はこの表現から以下のように推論する．受遺者には実際にある物が遺贈されたのであるが，相続人が誤って別の物を引渡したのである．そして，本法文の遺贈が物権

---

76) MAYER-MALY [12, p. 66-73], HAUSMANINGER [6, p. 55], JAKOBS [7, p. 80-83], BAUER [3, p. 131-135].

77) ローマ法研究者たちの見解の相違については，MAYER-MALY [12, p. 66], BAUER [3, p. 132].

遺贈であることはあり得ない．もし物権遺贈であるならば，ポンポーニウスの判断は結論において，受遺者は2つの物，すなわち物権遺贈の客体である物と，相続人が受遺者に誤って引渡し，受遺者が usucapio する物を持つことになる．しかしながら，この結論は受け入れられない．それゆえ，本法文の遺贈は債権遺贈と考えられるべきである．債権遺贈であるならば，ポンポーニウスの判断が受け入れられない結論をもたらすことはない．相続人が他人物を，債権遺贈に基づいて義務づけられている，と誤って思い込んで引き渡した場合，受遺者はその物を usucapio することができる．usucapio の完成によって遺贈は履行されたと解され，受遺者はもはや，実際に彼に遺贈された物を請求するいかなる権利も持たない．この判断には疑問がないわけではない．それは実際に遺贈された物が，相続人が引き渡した物よりも価値の高いものであった場合である．もっとも，usucapio の完成後は，実際に遺贈された物が何であったか，という問題はもはや取り上げられないこととされるのは，納得することができる，と[78]．

BAUER は JAKOBS の立論に異を唱えている．JAKOBS の立論は，受遺者が誤って引渡された物を usucapio することができるのは，相続人がその義務を負っている，と受遺者が信じた場合だけである，ということを無視している[79]．これに対して，受遺者が，自分はこの物を請求する権利を有していない，と知っている場合，usucapio は認められないであろう（その証左として D 41.10.3 を挙げている）．後者の場合，受遺者は実際に遺贈され，もしかしたらより価値の高い物を請求する権利の方は失わないであろうし，そうであるならば，受遺者が善意であり，誤って引渡された物を usucapio した場合よりも良い状況に立つであろう．これはあり得ない．むしろ我々は，受遺者は債権遺贈に基づくその権利をいかなる場合にも失わない，すなわち，たとえ受遺者が善意で，誤って引渡された物を usucapio したとしても，なお実際に遺贈された物を請求することができる，ということから出発すべきである．結論として受遺者は2

---

78) JAKOBS [7, p. 81].
79) MAYER-MALY [12, p. 66] は，受遺者の善意は充分推定される，と考えている．

つの物を有することになる．けれども，この結論は受け入れられないとは言えない．存在しない遺贈債務に基づいて誤って引渡された物は原則としてコンディクティオされることができない，ということを JAKOBS は看過している，と[80]．

そして BAUER は別の理由から，本法文で問題となっているのは債権遺贈である，と考える．受遺者が債権遺贈であると信じている場合，彼の usucapio は相続人の引渡しに基づく．たとえその引渡しが受遺者に所有権をもたらさなかったとしても，引渡し自体は行われたのである．これに対して，受遺者が物権遺贈であると信じている場合，実際の usucapio の根拠を欠くことになる．というのも，受遺者がそれによってその物を取得したと信じているところの物権遺贈は，受遺者の思い込みでしかないからである．この場合，usucapio は，受遺者が自分はこの物の所有者になったと思い込んでいることにのみ基づくことになる．しかし，所有者になったという思い込みはポンポーニウスにとって usucapio の充分な根拠ではなかった．というのも，ポンポーニウスは D 41.3.29[81]で，共同相続人であり，相続財産の共同所有者となった，と誤って思

---

80) BAUER [3, p. 133] (Anm. 28).
81) D 41.3.29 (Pomponius 22 ad Sabinum) Cum solus heres essem, existimarem autem te quoque pro parte heredem esse, res hereditarias pro parte tibi tradidi. propius est, ut usu eas capere non possis, quia nec pro herede usucapi potest quod ab herede possessum est neque aliam ullam habes causam possidendi. ita tamen hoc uerum est, si non ex transactione id factum fuerit. idem dicimus, si tu quoque existimes te heredem esse: nam hic quoque possessio ueri heredis obstabit tibi.
［試訳］学説彙纂 41 巻 3 章 29 法文（ポンポーニウス，サビーヌス註解 22 巻）私が唯一の相続人であるのに，君も一部についての相続人であると私が考えて，相続財産の一部を君に引き渡した．妥当であるのは，君はそれを usucapio することができない，ということである．なぜなら，相続人によって possessio される物が，usucapio pro herede されることはできないし，君はその他に何らの possessio する原因を有していないからである．もっとも，このことが正しいのは，そのことが和解に基づいて行われたのではない場合に限られる．同じことを我々が言うのは，君も自分が相続人であると考えている場合である．なぜなら，ここでも真の相続人の possessio が君の妨げとなるからである．

い込んでいる者は usucapio することができない，なぜなら彼の誤った思い込みは彼に causa possidendi をもたらさない，と述べているからである[82]．それゆえ，ポンポーニウスは，ある物を possessio する者が，その物は物権遺贈されたと誤って思い込んでいる場合に，usucapio を認めなかったに違いない，と[83]．

　D 41.10.3 を挙げて，受遺者が，自分はこの物を請求する権利を有していない，と知っている場合，usucapio は認められない，とする BAUER の JAKOBS に対する反論は正当である．しかしながら，受遺者が物権遺贈であると信じている場合，実際の usucapio の根拠を欠くことになる，とする BAUER の見解も支持することはできない．所有者になったという思い込みはポンポーニウスにとって usucapio の充分な根拠ではなかった，と BAUER は主張する．しかし，その根拠として BAUER が挙げている D 41.3.29 においてポンポーニウスが否定しているのは，自分が相続人であると思い込んで，相続財産に属する物の引渡しを受けた者が usucapio pro herede することである．その理由は，まさに「君」は，自分が相続人であると誤って思い込んでいること以上に，possessio pro herede する原因を何ら有していないからであって，possessio pro suo および usucapio pro suo は問題としていない．これに対して possessio pro suo が問題となっている D 41.10.4.2 では，possessio する者は，自分は受遺者であると誤って思い込んでいるのであって，D 41.3.29 とは事案が異なる．そして，これ

---

82) これに対して MAYER-MALY [12, p. 68-71] は以下のように考える．ここでポンポーニウスが usucapio を認めるのを妨げているのは，相続人に問題があるからだけではなく，causa を欠いているからでもない．むしろ，usucapio pro herede されることができるのは，heres がまだ possessio していない物だけである，という準則へのこだわりである．heres の possessio がすでに開始されたという usucapio にとっての「客観的な障害（objektiven Ersitzungshindernis）」は非常に強いので，単なる pro suo possessio では usucapio をもたらすことができない，と．そして，このことの証左として，前述の D 41.5.1（前掲註 75）および D 41.5.3（前掲註 74）を引き合いに出している．

83) BAUER [3, p. 133].

までの検討で明らかになったように，ポンポーニウスは，possessio する者が「自分のものである（suum esse）」と誤って思い込んでいる，すなわち error に陥っている場合でも，その error が許容し得る error であるならば，possessio pro suo および usucapio pro suo は正当化される，と考えていた．したがって，ポンポーニウスは，D 41.3.29 のように自分が相続人であると誤って思い込んでいるだけでは，その error は許容し得る error ではないのに対して，D 41.10.4.2 のように自分は受遺者であると誤って思い込んでいる場合には，その error は許容し得る error である，と考えていると言うことができる．

その判断の違いについてポンポーニウスは明らかにしていない．おそらく，自分は受遺者であると誤って思い込むことは，相続人もまた遺贈義務を負っていると誤って思い込んで物を引き渡した場合には容易に起こり得るのであって，引き渡された者の思い込みに対する非難可能性は低いのに対して，自分は相続人であると誤って思い込むことは，たとえ真の相続人もまたそのように誤って思い込んで物を引渡したのであるとしても，遺言書が存在するかどうか，そして遺言書が存在する場合には自分が相続人指定されているかどうか，を確認することで容易に回避し得るのであって，それにもかかわらずこれを怠った結果として生じる思い込みに対する非難可能性は高い，という判断がなされたのであろう．

結論として，本法文で相続人が誤って思い込んだ遺贈が物権遺贈か債権遺贈かについても，そして，実際には何も遺贈されなかったのか，それとも JAKOBS の主張するように，受遺者には実際にある物が遺贈されたが，相続人が誤って別の物を引渡したのか，についても，いずれの可能性も排除できない．結局のところ，いずれの場合にも受遺者すなわち possessio する者は引き渡された物を possessio pro suo し，usucapio pro suo する．かりに JAKOBS の想定する事案であったとすると，相続人と受遺者とが物権遺贈と思い込んだ場合には，結果として受遺者は２つの物，すなわち物権遺贈の客体である物と，受遺者が usucapio する物を所有することになる．これに対して債権遺贈と思い込んだ場合には，受遺者は相続人から引き渡された物を usucapio し，それ

によって遺贈義務は履行されたと解され，受遺者はもはや，実際に彼に遺贈された物を請求するいかなる権利も持たないことになる．

2.4 ケルスス

D 41.3.27（Ulpianus 31 ad Sabinum）

Celsus libro trigensimo quarto errare eos ait, qui existimarent, cuius rei quisque bona fide adeptus sit possessionem, pro suo usucapere eum posse nihil referre, emerit nec ne, donatum sit nec ne, si modo emptum uel donatum sibi existimauerit, quia neque pro legato neque pro donato neque pro dote usucapio ualeat, si nulla donatio, nulla dos, nullum legatum sit. idem et in litis aestimatione placet, ut, nisi uere quis litis aestimationem subierit, usucapere non possit.

2.4.1 先行研究による法文理解

管見の限り，先行研究[84]および当該法文の各国語訳[85]はいずれも，pro suo usucapere eum posse および nihil referre（のみ）を（qui）existimarent の目的語とする読み方を採用している．その読み方に従うならば，ウルピアーヌスは本法文で，ケルススが次のような見解を有する人びとを批判している（Celsus ... errare eos ait）ことを伝えている．すなわち，bona fides で物の possessio を取得した者は usucapio pro suo することができる（cuius rei ... eum posse），そして，買ったあるいは贈与されたと思い込んでいるならば，実際に買ったかどうか，贈与されたかどうかは問題とならない（nihil referre ... sibi existimauerit），とする見解である．そして，ほとんどのローマ法研究者たち

---

84) PERNICE [14, p. 398], ALBERTARIO [1, p. 293-294], PFLÜGER [15, p. 51-52], VON LÜBTOW [25, p. 157-158], MAYER-MALY [12, p. 34-37], HAUSMANINGER [6, p. 49-50], JAKOBS [7, p. 74-79], BAUER [3, p. 61-64].
85) ドイツ語訳として OTTO [13] Bd. 4, 1832．英語訳として WATSON [27] v. 4．オランダ語訳として SPRUIT [23] v. 5. Digesten 35-42, 2000 を参照した．

は quia 節をケルススによる批判の理由付けとする読み方を採用している.

しかしながら,この法文の理解にあたっては,法文の修正も含めて,様々な可能性が指摘されてきた.以下ではひとまずそれらを概観し,その後で私見を述べる.

2.4.1.1 法文修正の試み

VON LÜBTOW, PFLÜGER, PERNICE といったローマ法研究者たちはインテルポラーティオの可能性を指摘している.研究者たちの関心の対象は,quia 節と pro suo usucapere の 2 箇所に大別される.

quia 節について,VON LÜBTOW と PFLÜGER は,ケルススによって批判される見解が emptio と donatio を引き合いに出しているのに対して,quia 節では donatio についてのみ言及され,emptio については言及されないことを問題としている.これに対して PERNICE は,ケルススによって批判される見解が usucapio pro suo の成立を主張するのに対して,quia 節では usucapio pro legato, pro donato, pro dote について触れるに留まっていることを問題としている.

VON LÜBTOW によれば,ケルススは,「買ったと思い込んでいるが本当は買っていない者が usucapio することができる」という見解を批判し,quia 節によってこれを理由付けていることになる.しかしそれでは,donatio については言及しているが emptio については言及していない quia 節が,usucapio pro emptore することができないことの理由付けにならない.そこで VON LÜBTOW は,quia 節から pro legato と pro dote を削除して pro emptore を挿入し,「なぜなら emptio, donatio が nulla の場合,usucapio pro emptore または usucapio pro donato することはできないからである」と修正することを提案する[86].他方,PFLÜGER は「スタイル上の欠陥がある」とだけ述べて,quia 節の削除を主張する[87].これに対して MAYER-MALY は,VON LÜBTOW については,ウルピアー

---

86) VON LÜBTOW [25, p. 157-158].
87) PFLÜGER [15, p. 51].

ヌスがサビーヌス註解 31 巻で dos について論じていることと整合しないと，そして PFLÜGER については，法文のスタイル上の欠陥だけでもって，法文の内容の真偽を問題にすることはできないと，批判している[88]．

　PERNICE は，ケルススの相手方は usucapio pro suo を想定しているのであって，買っていない者は pro emptore usucapio することができない，とケルススが推論することは「完全に的外れ (vollständig verfehlt)」である，と指摘する．それゆえ，PERNICE は pro suo usucapere eum posse の削除を主張する[89]．また VON LÜBTOW と PFLÜGER は pro suo のみの削除を主張する．これに対してMAYER-MALY は，そのような推論には重大な解釈上および思考上の欠陥がある，と批判し，pro suo usucapere posse はケルススの見解ではなく，彼が批判する相手の見解であり，PERNICE らが主張するような内的矛盾はこのテキストに存在しない，と述べる[90]．

2.4.1.2 法文解釈

　前述のようにインテルポラーティオー説を批判した MAYER-MALY は，quia 節では emptio について言及されていないことを次のように説明しようとする．すなわち，ウルピアーヌスはサビーヌス註解 31 巻で嫁資について，ケルススは法学大全 34 巻でアウグストゥスの婚姻立法について論じていた．ケルススもウルピアーヌスも，嫁資または遺贈にかんする誤想権原の問題を論じていた．ケルススはさしあたり，伝統的に誤想権原が否定されていた usucapio pro emptore を例として挙げてから，法学者たちの中には誤想権原を広く認める者もいたところの，その他の権原に論を移したのであって，それは巧みな戦略に基づくものであったかもしれない，と[91]．

　JAKOBS は，quia 節はケルススによって持ち出された論拠であり，それが論

---

88) MAYER-MALY [12, p. 34-35].
89) PERNICE [14, p. 398].
90) MAYER-MALY [12, p. 36].
91) MAYER-MALY [12, p. 35].

拠となり得るのは，ケルススの相手方の見解においても，それが受け入れられる場合だけである，したがって donatio, dos, legatum における法的状況についてはいかなる見解の相違も存在しない，として MAYER-MALY を批判している．JAKOBS によれば問題は，このような法的状況を含む quia 節が，買ったと思い込まれた場合に usucapio pro suo が認められるということと，合致しないということである．その原因は 2 通り考えられる．1 つは quia 節が間違っている，というものであり，VON LÜBTOW はそのように考えて quia 節を再構成した．もう 1 つは quia 節が理由付けているところのものが間違っている，というものである．したがって，この法文の前半に注目すべきであり，それも pro suo usucapere eum posse にではなく（というのもそれを削除したところで何ももたらさないから），ケルススの相手方の拠って立つところの「事例（Fall）」に注目すべきである，と[92]．

JAKOBS は本法文の事例について，従来の理解，すなわちここでは 2 つの事例が問題となっていて，一方の事例では possessio する者は自分は買ったと思い込んでおり，他方の事例ではその物が自分に贈与されたと思い込んでいた，という理解に対して，ここで問題となっているのは 1 つの事例であり，この事例では善意で possessio を取得した者が，自分は買ったか，あるいは自分に贈与されたかである，と思い込んでいた，と主張する．そして，その物を possessio する者が買ったかどうか，その物が彼に贈与されたかどうか，は問題とされない．言い換えれば，この 2 つの取得原因のうちどちらが実際に存在するかは明らかにされる必要がなく，possessio する者は usucapio することができる．もっとも pro emptore あるいは pro donato usucapio することは当然認められず，実際の取得原因が特に名付けられることがない場合にいつも現れる権原，まさに pro suo だけが考慮される．以上がケルススの相手方の見解であった，と JAKOBS は考える[93]．

JAKOBS によれば，これに対してケルススは quia 節で，donatio, dos,

---

92) JAKOBS [7, p. 76].
93) JAKOBS [7, p. 76-77].

legatum といった法的状況を挙げているが，これが彼の論拠となり得るのは，彼の相手方の見解がこれらの法的状況との矛盾に陥る場合である．そして，ケルススがその Digesta の 34 巻およびその周辺でアウグストゥスの婚姻法について論じていたことも考え合わせれば，「贈与が無効（nulla donatio）」である法的状況として考えられるのは，夫婦間贈与の禁止である，と推測する．JAKOBS によれば，ケルススの論拠は次のように理解することができる．すなわち，possessio する者が，買ったあるいは贈与された結果として持っていると思い込んでいる場合に pro suo usucapio を認めることは，実際の取得原因を明らかにすることがないので，夫婦間贈与の禁止をかいくぐることにつながるであろう．というのも，（ケルススの相手方の議論によれば，）取得者と譲渡者とが夫婦であることが問題となる場合，そして，一方が，他方が自分に贈与しようとしているのか売ろうとしているのかを知らない場合，そのような場合にどちらの権原が実在するのか，という問題は，pro suo usucapio についてのその理論を適用する際には，明らかにされる必要がないからである．usucapio は pro suo で，したがって贈与の禁止とは関わらない権原に基づいて成立する．実際に贈与が存在し，かつそれが禁止されているゆえに無効であるにもかかわらず，usucapio は成立し得るとされるからである，と[94]．

　以上の推論については，JAKOBS 自身が認めているように，ケルススが donatio と並んで挙げている dos, legatum といった法的状況については説明できていない，と指摘せざるを得ない．

　また，JAKOBS の推論の根底を為している仮説，すなわち本法文で問題となっているのは，possessio する者は買ったか，あるいは自分に贈与されたかである，と思い込んでいた，という 1 つの事例であるとの仮説も，本法文の文言と抵触する可能性がある．「買ったのかどうか，donatio されたのかどうか（emerit nec ne, donatum sit nec ne）」という文言は，これが 1 つの事例について言われているのであれば，次の 4 つの可能性を表していることになる．すな

---

94) JAKOBS [7, p. 78].

わち，①「買った，かつ，贈与された」，②「買っていない，かつ，贈与された」，③「買った，かつ，贈与されていない」，④「買っていない，かつ，贈与されていない」である．他方で JAKOBS は，ケルススの相手方にとっても実在する取得原因があらゆる usucapio の要件であったが，possessio する者が考えている 2 つの取得原因が実際に存在する取得原因を含んでいる場合には，どちらが実際に存在するかは明らかにされる必要がないと彼らは考えた，と述べている[95]．しかしながら，④「買っていない，かつ，贈与されていない」場合には，possessio する者が考えている 2 つの取得原因のいずれも実際は存在しない．このことは，ケルススの相手方にとっても実在する取得原因があらゆる usucapio の要件であった，とする JAKOBS の主張と矛盾する．

2.4.2 私　　見

本稿は，前述の先行研究および当該法文の各国語訳とは異なり，pro suo usucapere eum posse および nihil referre を，errare eos と共に，いずれも Celsus ... ait の目的語とする読み方を採用したい．その読み方に従うならば，ウルピアーヌスは本法文で，ケルススが次のような見解を有する（Celsus ... ait）ことを伝えている．すなわち，誤って思い込んでいる者（qui existimarent）は error に陥っている（errare eos），彼らの中で自分の物の possessio を bona fides で取得した者は usucapio pro suo することができる（cuius rei ... eum posse）[96]，そして emptio したあるいは donatio されたと思い

---

95) JAKOBS [7, p. 77].

96) OLD によれば，quisque は単数形でありながら複数形を指すことがある．そして，先行する語を受けることがある．後者の例として，Suet. 1.42.2 がある．したがって，ここでは quisque は先行する eos, qui existimarent を受けていると考えられる．また，しばしば複数属格の代名詞を伴って，「彼ら（それら）の中で」という意味を表すことがある．その例として，Caes. Gal. 7.48.2 がある．

Suet. 1.42.2: De pecuniis mutuis disiecta nouarum tabularum expectatione, quae crebro mouebatur, decreuit tandem, ut debitores creditoribus satis facerent per aestimationem possessionum, quanti quasque ante ciuile bellum comparassent,

第 3 章　usucapio pro suo のオントロジー　117

込んでいるならば，実際に emptio したかどうか，donatio されたかどうかは問題とならない（nihil referre ... sibi existimauerit），と．

　誤って思い込んでいる者は error に陥っている，と述べている点で，ケルススはネラティウスによって提唱され，ポンポーニウスによって支持された用語法に従っている．そうであるならば，例えば emptio したあるいは donatio されたと誤って思い込んでいる者が，その possessio に瑕疵なく bona fides で possessio する場合，その者は「自分の物である（suum esse）」と誤って思い込んでいるのであるから，possessio pro suo することができる，とケルススが考えたであろうことは十分に推測することができる．それゆえ，さらにその他の要件を満たせば usucapio pro suo することができる，とケルススが考えたこともまた確実である．もっとも，ケルススもまた error を許容し得る error と許容し得ない error とに分けて，前者の場合にのみ usucapio pro suo を認めていたかどうかは，本法文からは明らかでない．

　問題は，すべての研究者たちを悩ませてきた nihil referre 以下の，とりわけ

---

deducto summae aeris alieni, si quid usurae nomine numeratum aut perscriptum fuisset; qua condicione quarta pars fere crediti deperibat.
［試訳］スエトニウス『ローマ皇帝伝』1 巻 42 章 2 節「借金については，何度もかき立てられてきた帳消しへの期待を打ち砕いて，最終的に，債務者はその財産を，内戦前にそれらを取得した金額で評価して，債権者に弁済せよ，但し何であれ利息として現金で支払われたり手形が振り出されたりした場合には，借金の総額から差し引くべし，と決定した．これによって負債額の約 4 分の 1 が無効とされた．」
Caes. Gal. 7.48: Interim ei qui ad alteram partem oppidi, ut supra demonstrauimus, munitionis causa conuenerant, primo exaudito clamore, inde etiam crebris nuntiis incitati, oppidum a Romanis teneri, praemissis equitibus magno concursu eo contenderunt. 2. Eorum ut quisque primus uenerat, sub muro consistebat suorumque pugnantium numerum augebat.
髙橋［39, p. 255-256］第七巻四八「他方，上述のように，城市の反対側の防備に向かった敵は，まず喊声を耳にし，次に城市がローマ軍に占拠されているという報告もしきりに入って気が気でなく，騎兵隊を先発させてから，全速力でそこへ急いだ．彼らは到着した者から順次，城壁の下へ陣取り，味方の数を増やしながら戦った．」

quia 節の理解である．

　まず，emptio したあるいは donatio されたと思い込んでいること自体が usucapio pro suo にとっては問題にならない，ということは前述のとおりである．

　次に，nihil referre の次に挙げられている emptio および donatio と，quia 節で挙げられている donatio, dos, legatum および pro donato, pro dote, pro legato とが，一見したところ一致していない，という問題を検討する．

　前提として，贈与もなく，嫁資もなく，遺贈もない場合，pro legato usucapio も pro donato usucapio も pro dote usucapio も有効でない，ということについては古典期法学者たちの見解から明らかである[97]．

　ところで donatio の用法には贈与（狭義の donatio）の他に，無償の供与あるいは免除（広義の donatio）もある．そこで本稿は，この無償の供与の中には嫁資と遺贈とが含まれるのではないか，つまり本法文で emptio と並置されている donatio は広義の donatio であり，贈与だけでなく嫁資と遺贈をも指し示している，という仮説を提唱する．

　遺贈についてそのように考えることができることは，D 31.36 から明らかで

---

97)　贈与については D 41.6.1 pr（前掲註 69）．嫁資については前述 2.1 および後述 2.7.1．遺贈については D 41.8.1 および D 41.8.2．

　　D 41.8.1（Ulpianus 6 disputationum）Legatorum nomine is uidetur possidere cui legatum est: pro legato enim possessio et usucapio nulli alii, quam cui legatum est, competit.
　　［試訳］学説彙纂 41 巻 8 章 1 法文（ウルピアーヌス，討論録 6 巻）遺贈という名称［の権原］で possessio すると解されるのは，遺贈された者である．なぜなら，遺贈された者以外に pro legato possessio および usucapio が認められることはないからである．

　　D 41.8.2（Paulus 54 ad edictum）Si possideam aliquam rem, quam putabam mihi legatam, cum non esset, pro legato non usucapiam:
　　［試訳］学説彙纂 41 巻 8 章 2 法文（パウルス，告示註解 54 巻）私がある物を possessio する場合，その物が私に遺贈されたと私が考えていたが，遺贈されていなかった場合，私は usucapio pro legato しない．

ある[98]．嫁資については管見の限り明確な証拠を見出すことができない．もっとも，D 23.3.1 が伝えているように，嫁資は本来，常に夫のもとにあるように，と与えられる（当然，すでに見たように，婚姻終了の際にはその返還が問題となるが，それは別論である）[99]．そして，D 23.3.2 および D 24.3.1 が伝えているように，嫁資は，子を産み育てることによって国家に貢献するという公的な利益のために存在する制度であって，実際には妻の生活を維持する目的で用いられることもあるだろうけれども，嫁資を設定する妻の側が直接的にその対価を得る関係と言うことはできない[100]．したがって，永続的かつ無償の供与という点で，嫁資も広義の donatio に含まれる，とケルススは少なくとも考えたのであろう．

　この仮説が正しければ，この広義の donatio は無償の占有取得原因に基づいて possessio する場合一般を指していることになる．これに対して，広義の

98）　D 31.36（Modestinus 3 pandectarum）Legatum est donatio testamento relicta.
　　［試訳］学説彙纂 31 巻 36 法文（モデスティーヌス，法学総覧 3 巻）遺贈とは遺言によってなされた贈与である．

99）　D 23.3.1（Paulus 14 ad Sabinum）Dotis causa perpetua est, et cum uoto eius qui dat ita contrahitur, ut semper apud maritum sit.
　　［試訳］学説彙纂 23 巻 3 章 1 法文（パウルス，サビーヌス註解 14 巻）嫁資の目的は永続的であり，供与する者の願いによって，常に夫のもとにあるように行われる．

100）　D 23.3.2（Paulus 60 ad edictum）Rei publicae interest mulieres dotes saluas habere, propter quas nubere possunt.
　　［試訳］学説彙纂 23 巻 3 章 2 法文（パウルス，告示註解 60 巻）妻たちが嫁資を安全に持つことは，それゆえに結婚することを可能にすることから，国家にとって有益である．
　　D 24.3.1（Pomponius 15 ad Sabinum）Dotium causa semper et ubique praecipua est: nam et publice interest dotes mulieribus conseruari, cum dotatas esse feminas ad subolem procreandam replendamque liberis ciuitatem maxime sit necessarium.
　　［試訳］学説彙纂（ポンポーニウス，サビーヌス註解 15 巻）嫁資の目的は常に至る所で他に優先する．というのも，嫁資が妻たちに保持されることは，子孫を産み育てて，彼らで国家を満たすために女性たちが嫁資付きであることが必要不可欠であるがゆえに，国家にとって有益だからである．

donatio と対置される emptio は有償の占有取得原因に基づいて possessio する場合一般を指していることになる．そして，emptio がない場合，usucapio pro emptore が有効でないことは，古典期法学者たちの見解から明らかである[101]．このように有償であれ無償であれ possessio の取得原因が実際には存在しない場合でも，usucapio が認められる余地がある．それが usucapio pro suo である．そして，usucapio pro suo にとっては，emptio あるいは広義の donatio が存在すると思い込んでいるだけで実際には存在しなくても，問題にならない．「なぜなら（quia）」，贈与もなく，嫁資もなく，遺贈もない場合，pro legato usucapio も pro donato usucapio も pro dote usucapio も有効でないが，贈与または嫁資または遺贈が存在すると思い込んでいるならば，usucapio pro suo は有効だからであり，emptio がない場合，usucapio pro emptore は有効でないが，emptio が存在すると思い込んでいるならば，usucapio pro suo は有効だからである．以上が，本稿における quia 節の理解である．

それでは，quia 節に emptio および pro emptore について言及がないのはなぜか．この問題に答えるための直接的な証拠を本法文から導き出すことはできない．すなわち，ケルススがここで emptio に言及した理由は不明である．しかし，少なくともウルピアーヌスが本法文で，ケルススによる emptio への言

---

101) D 41.4.2 pr（前掲註 52）; D 41.4.2.6（Paulus 54 ad edictum）Cum Stichum emissem, Dama per ignorantiam mihi pro eo traditus est. Priscus ait usu me eum non capturum, quia id, quod emptum non sit, pro emptore usucapi non potest: sed si fundus emptus sit et ampliores fines possessi sint, totum longo tempore capi, quoniam uniuersitas eius possideatur, non singulae partes.
［試訳］学説彙纂 41 巻 4 章 2 法文 6 項（パウルス，告示註解 54 巻）私がスティクスを買ったが，知らないうちにスティクスの代わりにダーマが私に引き渡された．プリスクスは次のように述べている．私はダーマを usucapio することはない．なぜなら，買われていない物が，pro emptore usucapio されることはできないからである．これに対して，土地が買われ，境界線を超えて余分に possessio された場合，〔それを含めた〕土地全体が長期間〔の possessio〕によって取得される．なぜなら，土地全体が〔買われて〕possessio されるのであって，個々の部分が〔買われて〕possessio されるのではないからである．と．

及に基づいて，議論を展開していたことを明らかにすることは可能である．その証左となるのが，ほとんどの研究者によって顧みられていない，最後の一文である．ここでは訴訟物評価について言及されている．そして，「同じこと（idem）」すなわち広義の donatio である贈与，嫁資，遺贈について述べられたことが，訴訟物評価についても当てはまる．したがって，ある者が訴訟物評価を本当に受け入れたのでない限り，その者は usucapio することができない，とされている．

　それではなぜ，広義の donatio について述べられたことが，訴訟物評価についても当てはまるのであろうか．ここで重要なのは，古典期法学者たちが訴訟物評価を emptio と同視していることである[102]．というのも，vindicatio によって訴えられた possessio する者は，原告の提示する訴訟物評価額を支払うことで有責判決を免れることができるだけでなく，vindicatio の客体を possessio し続けることができるが，これはあたかも代金と引き換えに物を買って引き渡されたものと同視することができるからである．他方，ケルススは広義の donatio と emptio を並置していた．ということは，emptio についても，買いがない場合，usucapio pro emptore することはできない，とケルススが考えていたことはほぼ確実である．それゆえウルピアーヌスは，買いに似た訴訟物評価についても，vindicatio の被告が訴訟物評価額の提示を受けたと思い込んでいただけで，実際には受けていなかった場合には，usucapio することができない，と論じたのであろう．したがって，この usucapio は usucapio pro emptore であろう．ケルススが emptio についてそのように論じていなかったのならば，ウルピアーヌスが訴訟物評価について言及していることを説明する

---

102) D 41.4.1（Gaius 6 ad edictum prouinciale）Possessor, qui litis aestimationem optulit, pro emptore incipit possidere.
　［試訳］学説彙纂 41 巻 4 章 1 法文（ガーイウス，属州告示註解 6 巻）訴訟物評価額を提供した possessor は，pro emptore possessio し始める．
　　D 41.4.3（Ulpianus 75 ad edictum）Litis aestimatio similis est emptioni.
　［試訳］学説彙纂 41 巻 4 章 3 法文（ウルピアーヌス，告示註解 75 巻）訴訟物評価は買いに似ている．

ことはできないように思われる.

以上の理解に則った本法文の試訳は以下のとおりとなる.

ケルススは34巻で次のように述べている. 誤って思い込んでしまった者たちはerrorに陥っている, 誰であれその物のpossessioをbona fidesで取得した者は, pro suo usucapioすることができる, 自分では買ったあるいは無償で与えられたと思い込んでいる場合, 買ったのかどうか, 〔あるいは〕無償で与えられたのかどうか, は重要でない, なぜなら,〔無償で与えられたのでない場合, すなわち〕贈与〔donatio〕もなく, 嫁資〔dos〕もなく, 遺贈〔legatum〕もない場合, pro legato usucapioもpro donato usucapioもpro dote usucapioも有効でない〔が, usucapio pro suoすることはできる〕からである, と. 同じことは訴訟物評価にも当てはまる. すなわち, ある者が訴訟物評価を本当に受け入れたのでない限り, usucapio〔pro emptore〕することはできない〔が, usucapio pro suoすることはできる〕.

残された問題は, emptioしたかどうか, 無償で与えられたかどうかがusucapio pro suoにとって重要でないならば, 実際にemptioした場合, あるいは無償で与えられた場合にも, possessioする者はusucapio pro suoすることをケルススは認めていることになるが, そうすると, usucapio pro suoすることができる者が同時にusucapio pro emptoreあるいはusucapio pro donato, usucapio pro dote, usucapio pro legatoすることもケルススは認めていたのか, ということである. この点については, 以下でウルピアーヌスの見解を検討する際に論じることとする[103].

2.5 ガーイウス

D 41.3.5 (Gaius 21 ad edictum prouinciale)[104]

Naturaliter interrumpitur　　ある者が暴力でpossessioから追

---
103) 後述2.7.2を参照.
104) MAYER-MALY [12, p. 133-134], HAUSMANINGER [6, p. 53].

> possessio, cum quis de possessione ui deicitur uel alicui res eripitur. quo casu non aduersus eum tantum, qui eripit, interrumpitur possessio, sed aduersus omnes. nec eo casu quicquam interest, is qui usurpauerit dominus sit nec ne: ac ne illud quidem interest, pro suo quisque possideat an ex lucratiua causa.

> い出された場合，または，ある者から物が奪われた場合，当然にpossessioは中断される．その場合，奪った者だけでなく，あらゆる者を相手方としてpossessioが中断される．そして，その場合，usucapioを中断させた者がdominusであるか否か，は重要でない．さらに，pro suopossessioしていたのか，possessio ex lucrativa causaしていたのか，は問題ですらない．

　ガーイウスによれば，usucapioの要件であるpossessioの期間が経過する前にpossessioする者がpossessioを物理的に喪失した場合，possessioの期間の計算は中断される．問題は，possessioの中断はpossessioを奪った者に対してのみ効力を生じるのか，それとも対世的に効力を生じるのか，であった．もし前者であれば，possessioを奪った者がdominusでなければ，dominusとの関係ではpossessioは中断せず，したがってusucapioの要件を満たす可能性が残るはずである．しかし，ガーイウスの結論は後者であった．それゆえ，possessioを奪った者がdominusかどうかは重要でなかった．

　ここで現れるのが，possessio pro suoとpossessio ex lucrativa causaとの対比である．ではpossessio ex lucrativa causaとは何か[105]．lucrativaという形容

---

105) そのような問いを投げかけたMAYER-MALY [12, p. 133-134] は，causa lucrativaは対価を支払わない取得，特に死を原因とする取得である，と述べた上で，ガーイウスはpro suoで原始取得を念頭に置いており，dominus sit nec neとac ne illudとの間には，承継取得によるusucapioへの示唆が抜けている可能性もある，と主張する．

詞は，前述2.1で見たlucrifacereという，一般に「何かを得る」「何かを我が物にする」という意味を持つ語と関連している．そして，possessio ex lucrativa causaの意味についてはガーイウス自身が明らかにしている．すなわち，Gai inst 2.52[106]は，他人物であると知りながらpossessioする者がusucapioする場合の例として，相続人が相続財産のpossessioをまだ取得していない間に，その相続財産に属する物をある者がpossessioした事案を挙げて，このようなpossessioとusucapioとをpro heredeと呼んでいる．それに続くGai inst 2.56[107]は，このようなpossessioおよびusucapioはlucrativaとも呼ばれる．なぜなら，そのような者は他人物と知りながらlucrifacereする者であるから，と述べている．したがって，possessio ex lucrativa causaとは，ある物を，それが他人物と知りながら我が物にしてpossessioすることを意味する[108]．これに対して，これまで再三明らかにされてきたように，possessio pro suoは「自分の物である（suum esse）」と思い込んでpossessioすることを意味する．それゆえ，両者の関係は自明である．

　しかし，実は前述の事案そのものはすでにガーイウスの時代には解決されていた．というのも，ハドリアーヌス帝の意向を受けた元老院議決によって，相続人が物をusucapioした者を相手方として相続財産の返還を請求した場合，あたかもusucapioされなかったかのように，その訴えが認められるようになったからである[109]．

---

106) ラテン語原文と試訳は前掲註75．
107) 　Gai inst 2.56: Haec autem species possessionis et usucapionis etiam lucratiua uocatur: nam sciens quisque rem alienam lucrifacit.
　　［試訳］ガーイウス，法学提要2巻56節
　　　ところで，この種のpossessioおよびusucapioはlucratiuaとも呼ばれる．なぜなら，他人物と知りながらlucrifacereする者だからである．
108) HAUSMANINGER [6, p. 53].
109) 　Gai inst 2.57: Sed hoc tempore iam non est lucratiua: nam ex auctoritate diui Hadriani senatus consultum factum est, ut tales usucapiones reuocarentur; et ideo potest heres ab eo, qui rem usucepit, hereditatem petendo proinde eam rem consequi, atque si usucapta non esset.

ここで D 41.3.5 に戻ると，possessio の中断が possessio を奪った者に対してのみ効力を生じるとされるのであれば，possessio を奪った者が dominus でない限り，usucapio の要件を満たす可能性が残るはずであった．もっとも，その possessio が possessio ex lucrativa causa であったならば，かりに usucapio の期間経過の要件が満たされたとしても，相続人の相続財産返還請求によって，usucapio が覆される可能性があった．それゆえ，pro suo possessio していたのか，それとも possessio ex lucrativa causa していたのかが問題となる余地があった．しかし，possessio の中断は対世的に効力を生じる，というのがガーイウスの結論であった．それゆえ，usucapio の要件を満たす可能性は残らず，pro suo possessio か，possessio ex lucrativa causa かは問題となる余地すらなかった，と考えられる．

2.6 パーピニアーヌス

Vat. 260（Papinianus 12 responsarum）[110]

Filius emancipatus, cui pater peculium non ademit, res quidem pro donato uel pro suo, quod iustam causam possidendi habet, usu capit, sed debitores conuenire non potest neque lites peculiares prosequi, si non sit in rem suam cognitor datus aut nominum	家父権免除された家子は，父が特有財産を彼から回収しなかった場合，なるほどその財産を pro donato usucapio する，あるいは possessio する正当な理由を持っていることを理由として pro suo usucapio するが，債務者を訴えることはできないし，自分の訴訟

[試訳] ガーイウス，法学提要 2 巻 57 節
　けれども，こんにちではすでに lucrativa ではない．なぜなら，神皇ハドリアーヌスの助言に基づいて元老院議決がなされ，このような usucapio は元に戻されたからである．それゆえ，相続人は，物を usucapio した者から，相続財産の返還を求めることで，あたかも usucapio されなかったかのように，その物を取得することができる．

110) Mayer-Maly [12, p. 122-123].

delegationes interuenerunt. Plane quod ei soluitur patre non dissentiente, debitorem liberat, nec interest an emancipatum ignoret uel ei non esse peculium ademptum, cum rei substantia plus polleat existimatione falsa.	について代訴人が与えられたか，債権譲渡が為されたのでない限り，特有財産にかんする訴訟を承継することもできない．父と袂を別っていない間に家子に弁済されたものが，債務者を解放することは明らかであり，〔債務者が〕家父権免除を，あるいは特有財産が家子から回収されていないことを，知らないことは重要でない．なぜなら，実体は誤った思い込みよりも重視されるべきだからである．

　2.3.3で述べたように，家父が家子に他人物を贈与しただけで死亡した場合，贈与された家子は贈与の客体を usucapio pro donato することはできないのに対して，ポンポーニウスによれば，家父が家子に贈与し，これを相続人から廃除した場合に，その贈与を家父の相続人が追認したならば，その追認の日から家子は贈与された物を usucapio pro donato することになる．後者の事例と，パーピニアーヌスが伝える，家父が家父権免除された家子から特有財産を回収しないままで死亡した事例は，特有財産の未回収を黙示の贈与と考えるならば，類似していると言うことができる．したがって，Vat. 260 でも家父の相続人が追認したならば，usucapio pro donato が認められたであろう．また，「possessio する正当な理由（iustam causam possidendi）」は，D 41.10.5.1 でネラティウスが提唱した「許容し得る error」を思い起こさせる．したがって，そのような追認が実際には得られていないが，得られたと家子が誤って思い込んで「possessio する正当な理由（iustam causam possidendi）」がある場合には，possessio pro suo および usucapio pro suo が認められた，と考えられる．ケルススの D 41.3.27 と同様に[111]，ここでも，usucapio pro suo することができ

る者が同時に usucapio pro donato することをパーピニアーヌスは認めていたのか，という問題が残る．

2.7 ウルピアーヌス

2.7.1 学説彙纂 41 巻 9 章 1 法文

D 41.9.1（Ulpianus 31 ad Sabinum）[112]

Titulus est usucapionis et quidem iustissimus, qui appellatur pro dote, ut, qui in dotem rem accipiat, usucapere possit spatio sollemni, quo solent, qui pro emptore usucapiunt. 1. Et nihil refert, singulae res an pariter uniuersae in dotem darentur. 2. Et primum de tempore uideamus, quando pro dote quis usucapere possit, utrum post tempora nuptiarum an uero et ante nuptias. est quaestio uolgata, an sponsus possit（ hoc est qui nondum maritus est）rem pro dote usucapere. et Iulianus inquit, si sponsa sponso ea mente tradiderit res, ut non ante eius fieri uellet, quam nuptiae secutae sint, usu quoque capio cessabit: si

pro dote と呼ばれる usucapio の titulus は極めて正当である．その結果，嫁資〔dos〕として物を受け取った者は，pro emptore usucapio する者がそうであるように，一定の期間が経過すれば usucapio することができる．1 項．個々の物が嫁資として与えられたのか，それとも一度に全体がか，は重要でない．2 項．はじめに期間について検討しよう．ある者が pro dote usucapio することができるのはいつか．婚姻の時点より後か，それとも婚姻の前でもできるか．これは，婚約した男（まだ夫になっていない者）は物を pro dote usucapio することができるのか，という問題に一般化される．ユーリアーヌスは次のように

---

111) 前述 2.4.2 を参照．
112) MAYER-MALY [12, p. 98-99] et passim., HAUSMANINGER [6, p. 50-52; 66-69], JAKOBS [7, p. 87-94], BAUER [3, p. 148]（Anm. 16）; BAUER [3, p. 149]（Anm. 19）.

tamen non euidenter id actum fuerit, credendum esse id agi Iulianus ait, ut statim res eius fiant et, si alienae sint, usucapi possint: quae sententia mihi probabilis uidetur. ante nuptias autem non pro dote usucapit, sed pro suo. 3. Constante autem matrimonio pro dote usucapio inter eos locum habet, inter quos est matrimonium: ceterum si cesset matrimonium, Cassius ait cessare usucapionem, quia et dos nulla sit. 4. Idem scribit et si putauit maritus esse sibi matrimonium, cum non esset, usucapere eum non posse, quia nulla dos sit: quae sententia habet rationem.

述べている．婚約した女が婚約した男に物を引き渡したが，婚姻が成立する前にその男のものになって欲しい，とは考えていない場合，usucapio もないことになる．これに対して女がそのように考えているかどうかが明らかでない場合，そのように考えていると判断されるべきであって，物は直ちにその男のものとなるし，他人物であれば usucapio されることができる，とユーリアーヌスは述べている．彼の見解は妥当であると私には思われる．ところで，婚姻の前には pro dote usucapio するのではなく，pro suo usucapio するのである．3項．ところで，婚姻継続中には配偶者間で pro dote usucapio が成立する余地がある．これに対して婚姻がない場合，usucapio はない，なぜなら嫁資もないからである，とカッシウスは述べている．4項．同じ者が書いている．夫が婚姻はあると考えていたが，なかった場合も，usucapio することはできない，なぜなら嫁資はないからである，と．この見解が合理的である．

本法文，とりわけ 2 項から 4 項にかけては，前述の D 23.3.67 と比較される形で，ローマ法研究者たちの検討の対象となってきた．そこで，まずは 2 項から 4 項の内容を検討した上で，D 23.3.67 との関連性について論じることとする．

2.7.1.1 学説彙纂 41 巻 9 章 1 法文 2 項

ウルピアーヌスは D 41.9.1.2 で問題を一般化した上で，ユーリアーヌスが論じた具体例を引用している．論点は，婚約したが，まだ婚姻は成立しておらず，夫になっていない男は，婚姻成立前に妻となるべき女が嫁資として引き渡した他人物を usucapiopro dote することができるのか，である．その可否についてユーリアーヌスは，どのような意図で女が引き渡したか，を基準として場合を分けている．すなわち，婚姻成立前にその物が直ちに男のものになることを，女が望んでいない場合と，望んでいるかいないかが明確でない場合とである．そして，前者の場合，usucapio することはないとされるのに対して，後者の場合，望んでいると判断されるべきであり，したがって usucapio することができるとされる．ウルピアーヌスはこのユーリアーヌスの見解を肯定する．そして，婚姻成立前には usucapiopro dote ではなく，usucapiopro suo することになる，と結論付ける[113]．

---

113) Fragmenta Vaticana 111 によれば，この見解はユーリアーヌスに遡る．MAYER-MALY［12, p. 50］, JAKOBS［7, p. 89］.

Vat. 111 (Paulus 8 responsarum) L. Titius a Seia uxore sua inter cetera accepit aestimatum etiam Stichum puerum et eum possedit annis fere quattuor; quaero, an eum usuceperit. Paulus respondit, si puer, de quo quaeritur, in furtiuam causam non incidisset neque maritus sciens alienum in dotem accepisset, potuisse eum aestimatum in dotem datum post nuptias anno usucapi. Quamuis enim Iulianus et ante nuptias res dotis nomine traditas usucapi pro suo posse existimauerit et nos quoque idem probemus, tamen hoc tunc uerum est, cum res dotales sunt. Cum uero aestimatae dantur, quoniam ex empto incipiunt possideri, ante nuptias pendente uenditione, non prius usucapio sequi potest quam nuptiis secutis.

［試訳］ヴァチカン断片 111 節（パウルス，回答録 8 巻）ルーキウス・ティティウ

ユーリアーヌスの基準は一見すると唐突な印象を受けるが，しかしウルピアーヌスにとっては，いわゆる「婚姻成立前の嫁資としての供与 (datio dotis nomine ante nuptias)」の場合の物の帰属にかんする一般的な基準であった．すなわち，D 23.3.7.3[114)]でウルピアーヌスは，ある物の処分権限を有する妻が

> スが自分の妻セーイアからその他諸々と共に，金銭評価された幼い奴隷であるスティクスをも受け取って，スティクスをほぼ4年間 possessio した．私は問う．〔ティティウスは〕スティクスを usucapio したか，と．パウルスは答える．もし問題となっている幼い奴隷が盗品の状態にあったのでなく，夫が他人物と知りながら嫁資として受け取ったのでもない場合，金銭評価され嫁資として与えられたスティクスは，婚姻後1年で usucapio されることができた，と．というのも，たとえユーリアーヌスが婚姻前に嫁資として引き渡された物も usucapio pro suo することができると考えていて，我々も同じ見解を支持するとしても，それは嫁資が物である場合に限って正しいからである．これに対して，物が金銭評価されて与えられた場合，その物は emptio に基づいて possessio されるのであるから，婚姻前には売買が停止されるので，婚姻が成立するまでは usucapio が生じることはあり得ない．

114) D 23.3.7.3 (Ulpianus 31 ad Sabinum) Si res in dote dentur, puto in bonis mariti fieri accessionemque temporis marito ex persona mulieris concedendam. fiunt autem res mariti, si constante matrimonio in dotem dentur. quid ergo, si ante matrimonium? si quidem sic dedit mulier, ut statim eius fiant, efficiuntur: enimuero si hac condicione dedit, ut tunc efficiantur, cum nupserit, sine dubio dicemus tunc eius fieri, cum nuptiae fuerint secutae. proinde si forte nuptiae non sequantur nuntio remisso, si quidem sic dedit mulier, ut statim uiri res fiant, condicere eas debebit misso nuntio: enimuero si sic dedit, ut secutis nuptiis incipiant esse, nuntio remisso statim eas uindicabit. sed ante nuntium remissum si uindicabit, exceptio poterit nocere uindicanti aut doli aut in factum: doti enim destinata non debebunt uindicari.

［試訳］学説彙纂23巻3章7法文3項（ウルピアーヌス，サビーヌス註解31巻）物が嫁資として与えられた場合，夫の bona となり，期間の加算が妻の人格に基づいて夫に認められるべきである，と私は考える．ところで，婚姻継続中に嫁資として与えられた場合，物は夫のものになる．それでは，婚姻前の場合はどうか？　確かに，直ちに夫のものになるように妻が与えた場合，そのようになる．これに対して，結婚した時にそのようになる，という条件で与えた場合，婚姻が成立した時に夫のものになる，と我々が言うべきであることに疑いはない．したがって，解消通知が送付されたならば婚姻が成立しない場合に，確かに，物が直ちに夫のものになるように妻が与えたならば，解消通知が送付された場合，妻はその物を condictio

その物を直ちに夫のものになるように与えた場合，直ちに夫のものになるが，結婚した時に夫のものになる，という条件で与えた場合，婚姻が成立した時に夫のものになる，と「我々が言うべきであることに疑いはない (sine dubio dicemus)」，と述べている．ウルピアーヌスがこの基準をユーリアーヌスから受け継いだと仮定するならば，D 41.9.1.2 でユーリアーヌスは，婚姻成立前に引き渡した物が直ちに男のものになることを女が望んでいる場合には当然，usucapio することができる，と考えたであろう．他方，女が望んでいるかいないかが明確でない場合に，望んでいると判断されるべき理由についても，ユーリアーヌスは明らかにしていない．これについてもウルピアーヌスは D 23.3.7.3 で，結婚した時に夫のものになるという「条件で (hac condicione)」与えた場合，と述べている．これと反対に，直ちに夫のものになるように妻が与えた場合については，そのような「条件で (hac condicione)」とは述べていない．したがって，後者の場合についてウルピアーヌスは，特に条件を付さずに与えた場合である，と理解していたものと考えられる．ここでもウルピアーヌスがこの理解をユーリアーヌスから受け継いだと仮定するならば，D 41.9.1.2 でユーリアーヌスは，女が望んでいない場合は，そのような「条件で」与えた場合であり，これに対して，女が望んでいるかいないかが明確でない場合は，特にそのような条件を付さずに与えた場合であり，婚姻成立前に引き渡した物が直ちに男のものになることを女が望んでいる場合と同様に取り扱うことができる，と考えたであろう．

ところで，D 41.9.1.2 でユーリアーヌスが，物は直ちにその男のものとなる，と述べていることについて，トラーディティオの正当原因は何か，ということが問題になる．これについては JAKOBS は，夫の所有権取得は datio ob causam

---

すべきであろう．これに対して，婚姻が成立した時に夫のものになるように与えたならば，解消通知が送付された場合，直ちに物を vindicatio することになる．しかし，解消通知が送付される前に vindicatio しようとした場合，悪意の抗弁あるいは事実抗弁が vindicatio しようとする者にとって妨げとなる．なぜなら，嫁資のために設定されたものは vindicatio されるべきではないからである．

に基づいて生じる，と，また BAUER は，通説ではこの datio dotis nomine ante nuptias は datio ob rem であり，トラーディティオの正当原因が存在する，とそれぞれ述べている[115]．そして，JAKOBS ならびに BAUER によれば，ウルピアーヌスが，婚姻成立前には pro suo usucapio することになる，と述べているのは，女が他人物を引き渡した場合にも，特定の名称で呼ばれることはないが，実際に存在しかつ有効なこの「原因」に基づいて，男は usucapio pro suo するからである，とされる[116]．

そうであるとしても，ウルピアーヌスは冒頭の論点に対して，この D 41.9.1.2 でユーリアーヌスの見解を引用することで，男が usucapio pro suo することになることは明らかにしたが，なぜ婚姻成立前には usucapiopro dote することにはならないのか，については答えていない．その答えを明らかにしているのが D 41.9.1.3 および D 41.9.1.4 である．

2.7.1.2　学説彙纂 41 巻 9 章 1 法文 3 項および 4 項

ウルピアーヌスは D 41.9.1.3 で，婚姻が成立し，それが継続している間は，配偶者間で usucapiopro dote が成立する余地がある，と断言する．しかし，ここでもその理由は明らかにされない．次いでウルピアーヌスは，婚姻がない場合，usucapio はない，というカッシウスの見解を引用する．カッシウスによればその理由は，婚姻がなければ，嫁資もまたないから，である．さらに D 41.9.1.4 では，同じくカッシウスの見解を伝えていて，これを合理的である，と評価している．それによれば，夫が婚姻はあると考えていたが，実際にはなかった場合，やはり usucapio することはできないとされ，ここでもその理由は，嫁資はないから，である．以上のことからは，婚姻なくして嫁資なし，嫁資なくして usucapio なし，という関係を読み取ることができる．D 41.9.1.2 で婚姻成立前には usucapio pro dote することにならないと言われるのも，この関係に則っているように思われる．しかし，そうすると，EHRHARDT が指摘す

---

115) JAKOBS [7, p. 89], BAUER [3, p. 146-147].
116) JAKOBS [7, p. 89], BAUER [3, p. 148-149] (Anm. 19).

るように，ウルピアーヌスが D 41.9.1.2 で婚姻成立前には usucapio pro suo することになると述べているのは，D 41.9.1.3 および D 41.9.1.4 で見出されたこの関係とは矛盾するのではないか，という疑問が生じる[117]．

この疑問をテキスト批判によらずに[118]解決するために MAYER-MALY は，D 41.9.1.2 でユーリアーヌスが婚姻前に与えられた嫁資の usucapio を認めたのは，少なくとも婚姻が事後的に生じることを要件としていたからである，と考えた．他方，MAYER-MALY によれば，ウルピアーヌスは D41.9.1.3 で，「期待された婚姻が行われない場合の usucapio pro dote の運命という問題（Frage des Schicksals der usucapio pro dote bei Unterbleiben der erwarteten Ehe)」について，カッシウスの見解に従っており，D 41.9.1.4 でもカッシウスに倣って，婚姻が誤想されている場合には完全に有効な婚姻がないことから usucapio pro dote を認めていない[119]．

これに対して JAKOBS は，MAYER-MALY は間違っていると指摘する．JAKOBS によれば，期待された婚姻が行われない場合，usucapio によって取得された所有権は causa data causa non secuta ゆえにコンディクティオされる．そうでなくても，婚姻を期待する中で生じた usucapio は pro dote ではない．Ehrhardt によって主張された矛盾が解消するのは，cessare matrimonium が婚姻の無効を意味する場合である．そして，D 41.9.1.3 および D 41.9.1.4 で扱われているのは dos の設定が無効の場合の usucapio という問題である．注意すべきは，usucapio は pro dote という権原に基づくものだけでなく，その他の取得原因に基づくものも，完全に否定されている（usucapere eum non esse)，ということである[120]．

BAUER も，D 41.9.1.2 では MAYER-MALY が主張するのとは異なり，婚姻が少

---

117) EHRHARDT [4, p. 87]．
118) 例えば EHRHARDT（前掲註 117) は，D 41.9.1.4 では婚姻が成立していないにもかかわらず「夫（maritus)」が用いられていることを理由に，D 41.9.1.4 のみならず D 41.9.1.3 をも偽である，と指摘する．
119) MAYER-MALY [12, p. 98] 特に Anm. 91．
120) JAKOBS [7, p. 88] 特に Anm. 164．

なくとも事後的に生じる、ということは要件とされていない、と考える。そして、D 41.9.1.2 でウルピアーヌスはユーリアーヌスに賛同するが、そのユーリアーヌスは有効な datio dotis nomine ante nuptias に基づいて、有因的な usucapio pro suo を認めたのであった。これに対して D 41.9.1.3-4 では、ウルピアーヌスはカッシウスと共に、有効な婚姻を、それゆえ有効な嫁資の合意を欠く場合に、無因的な usucapio を拒絶した。したがって、伝えられているウルピアーヌスの判断は決して矛盾していない、と[121]。

D 41.9.1.2 では婚姻が事後的に生じることが要件とされていた、という Mayer-Maly の見解を支持することはできない。というのも、Jakobs, Bauer の言うように、usucapio pro suo は、usucapio pro dote と異なり、婚姻の発生を要件とすることはないからである。また、D 41.9.1.3 の cessare matirmonium は、婚姻が行われないことである、という Mayer-Maly の見解にも疑問が残る。Mayer-Maly が引き合いに出す D 25.2.17 pr[122] であるが、そこで挙げられている事例は、内縁の妻という言葉が示すように、婚姻の基礎となる事実が存在することを前提としている。むしろ「婚姻がない（cessare matrimonium）」の意味は、Jakobs も指摘するように、婚姻の基礎となる事実は存在するが、その効果は、その発生を妨げる事情によって、生じない、ということである。

他方で、Mayer-Maly の言うように、D 41.9.1.3 および D 41.9.1.4 では usu-

---

121) Bauer [3. p. 148-149] (Anm. 19).
122) D 25.2.17 pr (Ulpianus 30 ad edictum) Si concubina res amouerit, hoc iure utimur, ut furti teneatur: consequenter dicemus, ubicumque cessat matrimonium, ut puta in ea, quae tutori suo nupsit uel contra mandata conuenit uel sicubi alibi cessat matrimonium, cessare rerum amotarum actionem, quia competit furti.
［試訳］学説彙纂 25 巻 2 章 17 法文首項（ウルピアーヌス、告示註解 30 巻）内縁の妻が物を持ち去った場合、盗訴権で拘束される、という法を我々は用いる。したがって我々は次のように言おう。婚姻がない場合、例えば女性が自分の後見人に嫁いだり、指令に反して合意したり、その他の仕方で婚姻がない場合には、持ちされた物の訴権もない、なぜなら盗訴権が認められるからである、と。

capio pro dote が問題となっている．pro dote という pro-Titel は省略されているが，ここで婚姻なくして嫁資なし，嫁資なくして usucapio pro dote なし，ということが言われていることは明らかである．また，前述のように，usucapio pro suo は婚姻の発生を要件とすることはないから，婚姻がないことを usucapio pro suo を否定するための理由付けとすることもできない．したがって，usucapio pro dote だけでなく，usucapio pro suo も含むあらゆる usucapio が否定されている，という JAKOBS の見解を支持することはできない．

同様の理由で，D 41.9.1.3-4 でウルピアーヌスは無因的な usucapio を拒絶した，という BAUER の見解にも疑問が残る．もしその見解が正しいならば，D 41.9.1.3「婚姻がない場合（si cesset matrimonium）」および D 41.9.1.4「夫が婚姻はあると考えていたが，なかった場合（si putauit maritus esse sibi matrimonium, cum non esset）」，datio dotis nomine ante nuptias も無効なのであろうか？　婚姻が生じている，ということが D 41.9.1.3 および D 41.9.1.4 では datio dotis nomine ante nuptias の要件とされている，と BAUER が考えているのであれば，そうであるかもしれない．しかし，その場合には，なぜ D 41.9.1.2 ではこれが要件とされておらず，D 41.9.1.3 および D 41.9.1.4 では要件とされているのか，その違いを説明すべきであろう．

したがって，D 41.9.1.2 と同様に D 41.9.1.3 でも D 41.9.1.4 でも，一方で婚姻なくして嫁資なし，嫁資なくして usucapio pro dote なし，という関係を読み取ることができ，他方で usucapio pro suo が成立する余地は残されている．その意味で，本法文に EHRHARDT の指摘するような矛盾は存在しない．

2.7.1.3　ウルピアーヌス『サビーヌス註解』31 巻

ウルピアーヌスが D 41.9.1 で usucapio pro suo を論じた趣旨は何であっただろうか．LENEL の再構成によると，ウルピアーヌス『サビーヌス註解』31 巻の表題は「嫁資の法について（De iure dotium）」であり，その下に 3 つのセクション，「嫁資の種類について（De dotium generibus）」，「嫁資の果実について（De dotis fructu）」，「嫁資として与えられた物について（De rebus in dotem datis)」が設けられていた,とされる.そして,「嫁資として与えられた物について (De rebus in dotem datis)」のセクションでは,前述[123]のD 23.3.7.3 を含む D 23.3.7[124] の後に (D 23.3.9 pr および D 23.3.9.1[125] を挟んで)

---

123) 前掲註 114.

124) D 23.3.7 (Ulpianus 31 ad Sabinum) Dotis fructum ad maritum pertinere debere aequitas suggerit: cum enim ipse onera matrimonii subeat, aequum est eum etiam fructus percipere. 1. Si fructus constante matrimonio percepti sint, dotis non erunt: si uero ante nuptias percepti fuerint, in dotem conuertuntur, nisi forte aliquid inter maritum futurum et destinatam uxorem conuenit: tunc enim quasi donatione facta fructus non redduntur. 2. Si usus fructus in dotem datus sit, uideamus, utrum fructus reddendi sunt nec ne. et Celsus libro decimo digestorum ait interesse, quid acti sit, et nisi appareat aliud actum, putare se ius ipsum in dote esse, non etiam fructus qui percipiuntur.

［試訳］学説彙纂23巻3章7法文（ウルピアーヌス,サビーヌス註解31巻）嫁資の果実は夫に帰属すべきである,と衡平は示唆する.というのも,彼自身が婚姻の負担を引き受けるのであるから,彼が果実も収取するのが衡平である.1項.果実が婚姻継続中に収取された場合,嫁資に属することにはならない.これに対して,婚姻前に収取された場合,嫁資に充当される.但し,例えば何かが将来の夫と妻との間で合意されていた場合はその限りでない.というのも,その場合,あたかも贈与がなされたかのように,嫁資は返還されないからである.2項.用益権が嫁資に与えられた場合,果実は返還されるべきかどうか,検討しよう.ケルススは法学大全10巻で述べている,何が意図されたかが重要である,そして,別のことが意図されていたことが明らかでない限り,用益権そのものは嫁資に含まれると自分は考えるが,収取された果実も〔含まれるとは考え〕ない,と.

125) D 23.3.9 (Ulpianus 31 ad Sabinum) Si ego Seiae res dedero, ut ipsa suo nomine in dotem det, efficientur eius, licet non in dotem sint datae: sed condictione tenebitur. quod si pro ea res ego dem, si quidem ante nuptias, interest qua condicione dedi, utrum ut statim fiant accipientis an secutis nuptiis: si statim, nuntio misso condicam: sin uero non statim, potero uindicare, quia meae res sunt. quare et si sequi nuptiae non possunt propter matrimonii interdictionem, ex posteriore casu res meae remanebunt. 1. Si res alicui tradidero, ut nuptiis secutis dotis efficiantur, et ante nuptias decessero, an secutis nuptiis dotis esse incipiant? et uereor, ne non possint in dominio eius effici cui datae sunt, quia post mortem incipiat dominium discedere ab eo qui dedit, quia pendet donatio in diem nuptiarum et cum sequitur condicio nuptiarum, iam heredis dominium est, a quo discedere rerum non posse dominium

D 41.9.1，そして D 41.3.27 の順序で各法文が配置されている．Lenel はこの配置の理由を説明していない．推測するに，D 23.3.7.3，D 23.3.9 pr，D 23.3.9.1 では婚姻成立前に婚約が解消された場合における，婚姻前に嫁資として与えられた物の vindicatio と condictio とが話題となっており，物が直ちに夫のものとなるように与えられた場合と，婚姻成立時に夫のものとなるように与えられた場合とが分けられている．前者の場合，所有権が夫に移転した後であるから condictio の問題となり，後者の場合，所有権が夫に移転する前であるから vindicatio の問題となる．この場合分けを受けて，D 41.9.1 では与えられた物が他人物であったというヴァージョンが展開され，usucapio pro dote ではなく

inuito eo fatendum est. sed benignius est fauore dotium necessitatem imponi heredi consentire ei quod defunctus fecit aut, si distulerit uel absit, etiam nolente uel absente eo dominium ad maritum ipso iure transferri, ne mulier maneat indotata.

［試訳］学説彙纂 23 巻 3 章 9 法文（ウルピアーヌス，サビーヌス註解 31 巻）私がセーイアに，彼女自身が自分の名で嫁資として与えるよう，物を与えた場合，たとえ〔物が〕嫁資として与えられなかったとしても，〔物は〕彼女のものになるだろう．しかし，〔彼女は〕condictio によって拘束されることになる．これに対して，彼女の代わりに私が物を与える場合，たしかに婚姻前ならば，どのような条件で与えたかが重要である．すなわち直ちに受領者のものになるようにとか，それとも婚姻が成立した後でとか．直ちに，であるならば，解消通知が送られた後で私は condictio することになる．これに対して，直ちに，でないならば，私は vindicatio することができる．なぜなら物は私のものだからである．したがって，通婚の禁止のゆえに婚姻が成立し得ない場合も，後者の事例によれば，物は私のものであり続けることになる．1 項．私がある者に，婚姻が成立した後で嫁資となるように，と物を引渡し，婚姻成立前に私が死亡した場合，婚姻が成立したならば嫁資に属することを始めるのか？ 与えられた者の所有権に服することにならないのではないか，と私は危惧する．なぜなら，贈与は婚姻の日まで停止するのであって，〔与えた者の〕死亡後，所有権は与えた者の手から離れることを始める以上，婚姻成立という条件が成就する時点では，すでに所有権は相続人にあるからであり，相続人が望まない限り，物の所有権は相続人から離れ得ない，ということが認められるべきだからである．しかし寛大なことに，嫁資に有利なように，死者が行ったことに同意する義務が相続人に課せられる．あるいは，〔相続人が〕逡巡する場合または不在である場合，たとえ相続人が望まなくても若しくは不在であっても，妻が嫁資のないままでいることのないよう，所有権が市民法上当然に夫に移転される．

usucapio pro suo が認められることがユーリアーヌスの見解を引用して論じられている. そして今度は usucapio pro dote を含む種々の usucapio と usucapio pro suo との関係について, ケルススの見解を引用して論じられている. そうすると, ウルピアーヌスが D 41.9.1 で usucapio pro suo を論じた趣旨は, 嫁資として与えられた物の帰属の問題であったと考えられる.

さらに言えば, ここで注意すべきなのは, D 23.3.7[126]で問題とされていたのは嫁資の果実の帰属であった, ということである. 特に D 23.3.7.1 で, 婚姻成立前に嫁資として引き渡された物の果実が婚姻成立前に夫によって収取された場合, 原則としてその果実は嫁資に充当され, したがって婚姻終了時には妻側からの返還請求の対象となる. 但し, 将来の夫婦間で特段の合意がなされた場合はその限りでないとされる. ウルピアーヌスはこの結論を D 23.3.7 pr の冒頭で示した衡平の観点から支持していると考えられる. それでは, どのような合意がなされたならば, 婚姻成立前に夫によって収取された果実が嫁資に充当されるのを免れることができるであろうか. 1つの可能性として考えられるのが, 婚姻成立前に嫁資として引き渡された物が直ちに夫のものとなる, という合意である. 婚姻なくして嫁資なしであるから, 引き渡された物の果実は嫁資に充当されず, その物に対する所有権に基づいて夫に帰属する, と考えられる. つまり, 嫁資として与えられた物の果実の帰属が, ウルピアーヌスが D 41.9.1 で usucapio pro suo を論じた真の趣旨であったと考えられる.

2.7.1.4　D 23.3.67 と D 41.9.1 との関係

従来のローマ法研究者たちは次のように考えている. D 41.3.27 でウルピアーヌスは, いわゆる誤想権原に基づく usucapio pro suo を否定するケルススの見解を肯定的に引用している, それゆえウルピアーヌス自身も D 41.9.1.3 および D 41.9.1.4 でカッシウスを引用して usucapio pro suo を否定している, その結果, D 23.3.67 におけるプロクルスの見解とは相容れない, と[127].

---

126)　前掲註 124.
127)　MAYER-MALY [12, p. 98-99], BAUER [3, p. 148-149] (Anm. 19). KRAMPE [10, p.

これに対して本稿では，D 41.3.27 でも D 41.9.1.3 および D 41.9.1.4 でもウルピアーヌスは usucapio pro suo を肯定している，という可能性を指摘した．これを前提とすると，D 23.3.67 と D 41.9.1 との関係はどのように説明することができるであろうか．

　嫁資の目的物を引渡された夫側がトラーディティオによって直ちに所有権を取得することを妨げたのは，D 23.3.67 においては正当な婚姻の欠如であったのに対して，D 41.9.1 においては他人物つまり妻側の譲渡権限の欠如であった．これに対して，嫁資の目的物を引渡された夫側が possessio pro suo することによって usucapio pro suo する余地がある，という点，および，usucapio pro dote については，婚姻なくして嫁資なし，嫁資なくして usucapio pro dote なし，という関係を読み取ることができる点では，D 23.3.67 と D 41.9.1 とで見解の相違は見られないように思われる．

　他方で，前述のように，ウルピアーヌスが『サビーヌス註解』31 巻で婚姻前に嫁資として与えられた物およびその果実の帰属について論じる中で，D 41.9.1 では usucapio pro suo について言及したとするならば，usucapio pro suo の後に婚約が解消された場合，ウルピアーヌスは妻側からの condictio を認めたものと考えられる．逆に，婚約が解消されるまでは，婚姻成立時に夫のものとなるように与えられた場合に vindicatio が exceptio によって退けられるように，condictio も認められなかったものと考えられる[128]．

　72] は，D 23.3.67 の propius est ut existimem を引き合いに出して，プロクルスとカッシウスとの間に見解の相違があった可能性は高い，と指摘する．

128)　通説が condictio の要件の 1 つとして挙げるのが，datio すなわち一方から他方への，市民法上の所有権をもたらすことによる供与である．この datio は，当初は未完成であっても，事後的に完成すれば足りるとされ，その一例として挙げられるのが usucapio である．KASER [8, p. 286]．

　例えばユーリアーヌスは D 39.6.13 pr で，他人物が死を原因として贈与され，その物が受贈者によって usucapio された場合，真の所有者はその物を condictio することができないが，死を原因として贈与した者は，もし健康を回復したならば，condictio することができる，と述べている．

　D 39.6.13 pr (Iulianus 17 digestorum) Si alienam rem mortis causa donauero

これに対して，BAUER は D 23.3.67 にかんする検討の結論で，誤想権原に基づく usucapio が完成した場合，possessio する者は彼に usucapio の機会を与えた者から正当な理由なく所有権を取得したとは解されず，usucapio された物は condictio され得ない，と述べている．BAUER によれば，このことは誤想権原に基づく usucapio の場合に当てはまる原則であり，そのことは D 41.10.3, D 41.10.5 pr, D 41.10.4.2 から導き出される，と[129]．なるほど，D 41.10.5 pr でネラティウスが，我々のものであると思い込んで我々が possessio する物について，争いを終わらせるために usucapio が定められることもあった，と述べた後で，自分の奴隷または被相続人の奴隷がその物を買ったと誤って思い込んだ場合に，usucapio pro suo が妨げられないとしつつ，condictio も認めることはあり得ない，とする BAUER の推論は説得的である[130]．しかし，D 41.10.4.2 で問題となっているのは債権遺贈である，という前提から出発する BAUER の見解は，本稿の検討の結果明らかとなったように，物権遺贈の可能性も否定す

---

eaque usucapta fuerit, uerus dominus eam condicere non potest, sed ego, si conualuero.

[試訳] 学説彙纂 39 巻 6 章 13 法文首項（ユーリアーヌス，法学大全 17 巻）私が他人物を死因贈与し，その物が usucapio された場合，真の所有者はその物を condictio することができないが，私は，健康を回復したならば，できる．

その理由についてはパウルスが D 39.6.33 で，このような場合，datio は真の所有者からではなく，「usucapio の機会を与えた者から (ab eo, qui occasionem usucapionis praestitisset)」であった，と解されるべきである，と述べている．

D 39.6.33 (Paulus 4 ad Plautium) Qui alienam rem mortis causa traditam usucepit, non ab eo uideretur cepisse, cuius res fuisset, sed ab eo, qui occasionem usucapionis praestitisset.

[試訳] 学説彙纂 39 巻 6 章 33 法文（パウルス，プラウティウス註解 4 巻）死を原因として引き渡された他人物を usucapio した者は，その物が属したところの者からではなく，usucapio の機会を与えた者から取得した，と解されるべきである．

逆に言えば，健康を回復するまでは，condictio も認められなかったと考えられる．

129) BAUER [3, p. 151] 特に Anm. 28.
130) BAUER [3, p. 131].

ることができない以上，疑問とせざるを得ない．

またBAUERは，D 41.10.3が採録されたサビーヌス註解22巻がcondictioについて扱っていたこと[131]から次のように推測する．すなわち，この法文では，奴隷を引き渡すという問答契約債務が真に存在すると思い込んで奴隷の引渡しを受けた者が，この奴隷をusucapioするか，という問題だけでなく，引き渡した者がusucapioした者を相手方としてこの奴隷をcondictioすることができるか，という問題も論じられており，ポンポーニウスはcondictioを否定していた．そしてユースティーニアーヌス帝の法典編纂者たちはcondictioの問題を削除してpro suoという表題の章（D 41.10）に採録した．もしポンポーニウスがcondictioを否定していなかったならば，編纂者たちはDe condictione indebitiという表題の章（D 12.6）に採録したであろう，と[132]．そのような可能性も否定することはできない．もっとも，所有者でない者が物のpossessioのみを法的な原因なくして給付した場合，その物を受領してpossessioする者からcondictioすることができるか，については古典期法学者たちの間に論争があったとされる[133]．したがって，BAUERの前述の結論は，ネラティウスとポ

---

131) LENEL [11, p. 130-133].
132) BAUER [3, p. 130].
133) KASER [8, p. 286]．例えばパウルスはD 12.6.15.1でcondictio possessionisを認めている．

D 12.6.15（Paulus 10 ad Sabinum）Indebiti soluti condictio naturalis est et ideo etiam quod rei solutae accessit, uenit in condictionem, ut puta partus qui ex ancilla natus sit uel alluuione accessit: immo et fructus, quos is cui solutum est bona fide percepit, in condictionem uenient. 1. Sed et si nummi alieni dati sint, condictio competet. ut uel possessio eorum reddatur: quemadmodum si falso existimans possessionem me tibi debere alicuius rei tradidissem, condicerem. sed et si possessionem tuam fecissem ita, ut tibi per longi temporis praescriptionem auocari non possit, etiam sic recte tecum per indebitam condictionem agerem.
［試訳］学説彙纂12巻6章15法文（パウルス，サビーヌス註解10巻）非債弁済のcondictioはnaturalisである．それゆえ弁済された物に付随するものもcondictioの対象となる．例えば女奴隷から生まれた子あるいは寄洲によって付随するものである．のみならず，弁済を受領した者がbona fidesで収取した果実も，condictioの

ンポーニウスとの間の共通理解としては首尾一貫していたと言うことはできても，誤想権原に基づく usucapio の場合に当てはまる原則とまで言えるかは疑問が残る．

　私見では，D 23.3.67 と D 41.9.1 との間に見解の相違はなかった．いずれの法文においても，正当な婚姻が成立することで，possessio pro suo は possessio pro dote へと変更され得る．そして，possessio pro dote する者が usucapio の要件をすべて満たすならば，usucapio pro dote することになる．usucapio pro dote によって目的物は嫁資となる．この場合，婚姻の解消までは妻側は condictio による返還を請求し得ないが，婚姻が解消された場合には，妻側は夫の「利得」に対して condictio による返還を請求することができる．

2.7.2　学説彙纂 41 巻 10 章 1 法文

D 41.10.1（Ulpianus 15 ad edictum）[134]

Pro suo possessio talis est. cum dominium nobis adquiri putamus, et ex ea causa possidemus, ex qua adquiritur, et praeterea pro suo: ut puta ex causa emptionis et pro emptore et pro suo possideo, item donata uel legata uel pro donato uel pro legato etiam pro suo possideo. 1. Sed si res mihi ex	pro suo possessio するとはこういうことである．所有権が我々に取得されると我々が考える場合に，それに基づいて〔所有権が〕取得されるところの causa に基づいて，我々は possessio するとともに pro suo possessio する．例えば，買いの causa に基づいて，私は pro emptore possessio すると

対象となるであろう．1 項．また，他人の貨幣が与えられた場合も，condictio が付与される．その結果，貨幣の possessio が再移転される．私が君に，債務を負っていると誤って考えて，ある物の possessio を引き渡した場合，私が condictio するのと同様である．また，私が possessio を君のものと為し，その結果，長期間の前書によって君から取り上げられなくなった場合も，私が非債弁済の condictio によって君を相手方として訴えるのは正しい．

134）MAYER-MALY [12, p. 130-133], HAUSMANINGER [6, p. 48-51].

causa iusta puta emptionis tradita sit et usucapiam, incipio quidem et ante usucapionem pro meo possidere. sed an desinam ex causa emptionis post usucapionem, dubitatur: et Mauricianus dicitur existimasse non desinere.

とともに pro suo possessio する．同様に，私は贈与された物を pro donato possessio するとともに，あるいは遺贈された物を pro legato possessio するとともに pro suo possessio する．1 項．ところで，例えば買いという正当原因に基づいて物が私に引き渡され，私が usucapio〔pro emptore〕する場合，なるほど usucapio の前には私は pro meo possessio することも始める．しかし usucapio〔pro emptore〕の後には買いの causa に基づき〔pro meo possessio するのを〕止めるのか，ということが問われる．止めないとマウリキアーヌスは考えていた，と伝えられている．

possessio pro suo とは何かについての古典期法学者による説明を目にすることができるのは，学説彙纂ではネラティウスの D 41.10.5 pr を除けば，ウルピアーヌスの本法文と後述のパウルスの D 41.2.3.21 および D 41.10.2 とにおいてである．しかし，後述するように，ウルピアーヌスとパウルス各々の説明は pro suo という pro-Titel の理解において対立している，と考えられてきた．

ウルピアーヌスによれば，買い，贈与，遺贈といった，それに基づいて所有権が取得されるところの causa，すなわちトラーディティオの正当原因に基づいて possessio する場合，possessio する者は possessio pro emptore し，あるいは possessio pro donato し，あるいは possessio pro legato するが，それと同

時に possessio pro suo する，とされる．

　ここから明らかになるのは次の 2 点である．第 1 に，トラーディティオの正当原因に基づく possessio には共通して，その possessio を pro suo と評価し得る要素が含まれている，ということである．この点については 2.7.3 で後述する．第 2 に，例えば possessio pro emptore しつつ possessio pro suo する者は，usucapio の要件を満たすならば，usucapio pro emptore することも，usucapio pro suo することもできる，ということである．この第 2 の点に関連して，ウルピアーヌスは D 41.10.1.1 で，usucapio pro emptore が完成した場合，買いの causa に基づいて possessio pro meptore する者は，possessio pro suo することを止めるのか，という問題について検討している．これはおそらく，usucapio pro emptore が完成して「自分の物」となった物を，なお「自分の物として (pro suo)」possessio することがあり得るのか，という疑問が背景にあったものと考えられる．ウルピアーヌスは，アントーニーヌス・ピウス帝の時代に活躍した法学者であるマウリキアーヌスの見解を引用して，possessio pro suo することを止めない，と述べている．したがって，usucapio pro emptore が完成しても，なお usucapio pro suo の完成を主張する余地も残されることになる．

　この第 2 の点は，usucapio pro dote が問題となる場合に重要な意味を持つ．すなわち D 41.9.1.3 でカッシウスは，婚姻継続中には配偶者間で usucapio pro dote が成立する余地があるが，婚姻がない場合には usucapio はない，と述べているが，「婚姻がない場合」とは，婚姻成立前だけでなく，婚姻終了後も含み得る．そして，前述のウルピアーヌスの見解に従うならば，possessio pro dote する者は同時に possessio pro suo するのであって，usucapio pro dote が完成しても，なお usucapio pro suo の完成を主張することができる．なぜなら，婚姻終了によって，夫は妻側からの condictio による嫁資の客体の返還請求に応じなければならないが，それ以外に金銭の所有者であると主張する者からの rei vindicatio に対しては，依然として usucapio の抗弁で対抗し得るからである．したがってここでも，カッシウスは，婚姻がない場合には usucapio pro dote はない，と述べているのであって，usucapio 一般を否定しているのでは

ない,ということが確認される.もっとも,カッシウスその人が,possessio pro dote する者は同時に possessio pro suo する,と考えていたかどうかは,その可能性はあるが,この法文からは確定できない.

また,ケルススが D 41.3.27 で,usucapio pro suo することができる者が同時に usucapio pro emptore あるいは usucapio pro donato, usucapio pro dote, usucapio pro legato することを,そしてパーピニアーヌスが Vat. 260 で usucapio pro suo することができる者が同時に usucapio pro donato することを認めていたのか,という問題についても,両者がウルピアーヌスと見解を一にしていた,と仮定するならば,両者とも認めていた,と答えることができる[135].D 41.3.27 でケルススの見解を伝えているのがウルピアーヌスその人であることから,またウルピアーヌスがパーピニアーヌスの高弟であることから,その仮定の蓋然性は高いと言えるであろう.

ウルピアーヌスによるこのような possessio pro suo の理解は,2.5 で前述したガーイウスによる possessio pro suo と possessio ex lucrativa causa との対比とも整合的である.すなわちガーイウスによれば,possessio ex lucrativa causa

---

135) HAUSMANINGER [6, p. 49-50] は,D 41.3.27 でケルススとウルピアーヌスが bona fides で物の possessio を取得した者に usucapio pro suo を認めることを拒絶している,と考える根拠を D 41.10.1 pr と関連付けて次のように説明する.ケルススとウルピアーヌスがその理由として pro donato 等の有効な Titel が存在しないことを挙げているのは,例えば D 41.10.3 でネラティウスとポンポーニウスが伝える usucapio pro suo の特徴,すなわち有効な Titel が存在しない場合に登場するのが usucapio pro suo である,ということと相容れない.しかし,ケルススとウルピアーヌスが,有効な Titel が存在しないがゆえに pro suo という pro-Titel を拒絶しようとしている,ということは,D 41.10.1 pr における pro suo という pro-Titel の概念と一致する,と.ここで HAUSMANINGER は D 41.10.1 pr の文意をまったく逆に誤解している.HAUSMANINGER の理解が正しいとするならば,D 41.10.1 pr でウルピアーヌスは,それに基づいて所有権が取得されるところの(有効な)causa に基づいて possessio する者だけが possessio pro suo する,と述べていることになる.しかし実際にウルピアーヌスが伝えているのは,それに基づいて所有権が取得されるところの causa に基づいて possessio する者は,possessio pro suo すると言うこともできる,ということである.

とは，ある物を，それが他人物と知りながら我が物にして possessio すること
である．そして，そのような possessio の例として，ある者が，相続財産の
possessio が相続人によって取得されていないことを知りながら，その相続財
産に属する物を possessio した場合を挙げて，それを possessio pro herede と
呼んでいる．他方で，ウルピアーヌスは相続財産返還請求訴訟の被告適格につ
いて，相続財産に属する権利あるいは物を possessio pro herede する者または
possessio pro possessore する者に限定されるべきである，と述べている[136]．ま
た，法務官は告示に基づいて受遺者に，遺贈の債務を免れる目的で遺言を無視
して無遺言相続しようと相続財産を possessio する者を相手方として，
possessio する者が遺言に基づく相続人であることを擬制した訴権を認めたの
に対して[137]，コンスタンティーヌス帝の時代に活躍した法学者であるヘルモゲ
ニアーヌスは，訴訟の被告適格を possessio pro herede する者あるいは
possessio pro possessore する者に限定して，pro emptore, pro dote, pro
donato といったその他の pro-Titel で possessio する者を除外している[138]．とい
うのも，possessio pro emptore, pro dote, pro donato する者は同時に pos-

---

136) D 5.3.9 (Ulpianus 15 ad edictum) Regulariter definiendum est eum demum teneri petitione hereditatis, qui uel ius pro herede uel pro possessore possidet uel rem hereditariam.
［試訳］学説彙纂 5 巻 3 章 9 法文（ウルピアーヌス，告示註解 15 巻）相続財産返還請求訴権で訴えられる者は原則として，相続財産に属する権利あるいは物を pro herede possessio する者または pro possessore possessio する者に限定されるべきである．

137) KASER [9, p. 747].

138) D 29.4.30 (Hermogenianus 3 iuris epitomarum) Qui omissa causa testamenti pro emptore uel pro dote uel pro donato siue alio quolibet titulo, exceptis pro herede et pro possessore, possideat hereditatem, a legatariis et fideicommissariis non conuenitur.
［試訳］学説彙纂 29 巻 4 章 30 法文（ヘルモゲニアーヌス，法の抄録 3 巻）遺言の causa を無視して，pro emptore あるいは pro dote あるいは pro donato，または pro herede と pro possessore を除くその他の権原で，相続財産を possessio する者は，受遺者および信託受遺者から訴えられることはない．

sessio pro suo するのであって，possessio ex lucrativa causa する者とは区別されるべきだからである．このように，ウルピアーヌスとヘルモゲニアーヌスは，相続財産にまつわる訴訟の被告適格について possessio pro suo と possessio pro herede または possessio pro possessore とを区別している[139]．

2.7.3　学説彙纂 29 巻 2 章 20 法文

D 29.2.20（Ulpianus 61 ad edictum）

Pro herede gerere uidetur is, qui aliquid facit quasi heres. et generaliter Iulianus scribit eum demum pro herede gerere, qui aliquid quasi heres gerit: pro herede autem gerere non esse facti quam animi: nam hoc animo esse debet, ut uelit esse heres. ceterum si quid pietatis causa fecit, si quid custodiae causa fecit, si quid quasi non heres egit, sed quasi alio iure dominus, apparet non uideri pro herede gessisse. 1. Et ideo solent testari liberi, qui necessarii existunt, non animo heredis se gerere quae gerunt,

pro herede gerere[140]すると解されるのは，相続人として何かを行う者である．ユーリアーヌスは一般論として次のように書いている．何かを相続人として行う者だけが pro herede gerere すると解される．けれども，pro herede gerere することは意思よりも事実の問題である，とは言えない．なぜなら，相続人であることを欲する，という意思でなければならないからである．と．そうではなくて，何かを親切心から行った場合，何かを管理の目的で行った場合，何かを相続人として行ったのではなく，何らかの権利に基づく

---

139)　古典期ローマ法においてこのような区別が果たした役割については，本稿の射程を超えるため，別稿に譲りたい．

140)　Seckel［22］の gerere（S. 228-229）の項目の説明によれば，pro herede gerere とは，相続人であることを欲する，という意図であることがそこから推論されるところの，言い換えれば，相続の開始がそれによって暗黙のうちに示されるところの，行為を実行することである．

sed aut pietatis aut custodiae causa aut pro suo. ut puta patrem sepeliuit uel iusta ei fecit: si animo heredis, pro herede gessit: enimuero si pietatis causa hoc fecit, non uidetur pro herede gessisse. seruos hereditarios pauit iumenta aut pauit aut distraxit: si hoc ut heres, gessit pro herede: aut si non ut heres, sed ut custodiat, aut putauit sua, aut dum deliberat, quid fecit, consulens ut saluae sint res hereditariae, si forte ei non placuerit pro herede gerere, apparet non uidcri pro herede gessisse. proinde et si fundos aut aedes locauit uel fulsit uel si quid aliud fecit non hoc animo, quasi pro herede gereret, sed dum ei, qui substitutus est uel ab intestato heres exstaturus, prospicit, aut res tempore perituras distraxit: in ea causa est, ut pro herede non gesserit, quia non hoc animo fuerit.

dominusとして行った場合，pro herede gerereすると解されないことは明らかである．1項．したがって，必然相続人になる子たちは，自分が行ったことは相続人のつもりで行ったのではなく，親切心から，あるいは管理の目的で，あるいはpro suo行ったのである，と証言するのが常である．例えば，ある者が父を埋葬した，あるいは父の為に葬儀を行った場合，相続人のつもりで行ったのであれば，その者はpro herede gerereした．これに対して，親切心からこれを行った場合，pro herede gerereしたとは解されない．相続財産に属する奴隷たちを養った，あるいは家畜を養ったか，処分した．これを相続人として行った場合，pro herede gerereした．相続人としてではなく，管理の目的で行った場合，あるいは自分のものであると思い込んだ場合，あるいは熟慮するまでに相続財産に属する物が無傷であるよう配慮して何かを行った場合，もしpro herede gerereすることが彼にとって望ましくない場合には，pro

> herede gerere したと解されないことは明らかである．それゆえ，農場あるいは建物を貸し出した，あるいは強化した場合，あるいは pro herede gerere するつもりでなく，補充相続人指定された者あるいは無遺言相続人となるであろう者にとって利益となる限りで何かを行った場合，あるいは時とともに消滅するであろう物を処分した場合も，pro herede gerere しない状況にある．というのもそのような意思ではないからである．

　本法文は，相続人が相続財産を取得する要件について論じている．家外相続人が相続を開始するのは，相続の開始に召喚された彼が，相続を承認するかどうかについての熟慮決定期間内に相続を承認することによって，あるいは彼が「相続人として振る舞う (pro herede gerere)」ことによってである．当然，相続を承認しなかった家外相続人は自分の相続権を最終的に放棄することができた．これに対して，家内相続人の場合，相続の開始はなく，家内相続人は相続の承認なしに相続人の地位を占めた．しかし彼は法務官法上，相続を「拒絶する (se abstinere)」ことができた．もっとも，家内相続人が「相続人として振る舞う (pro herede gerere)」場合，もはや相続の拒絶は認められなかった．これらはいずれも，債務超過に陥っている相続財産を承継することを免れる機会を相続人に与えるためであった[141]．

　「相続人として振る舞う」ことについて，ウルピアーヌスはユーリアーヌス

---

141) Gai inst 2.152-169.

の一般論を紹介している．それによれば，何かを相続人として行う者だけが「相続人として振る舞う」と解され，何かを相続人として行うには，相続人であることを欲する，という意思で行われたのでなければならない．これに対して，ウルピアーヌスによれば，親切心から，あるいは管理の目的で，あるいは何らかの権利に基づく dominus として何かを行った場合，「相続人として振る舞う」とは解されない．このような区別が設けられたのは，例えば父の埋葬もしくは葬儀，または相続財産に属する奴隷もしくは家畜の養育もしくは処分，農場もしくは建物の管理もしくは賃貸等はいずれも「相続人として振る舞う」ことと解される余地があったからである．したがって，これらの行為を行う可能性が高い家内相続人たちは，望まない相続を回避するために，自分は相続人のつもりで行ったのではなく，親切心から，あるいは管理の目的で，あるいは pro suo すなわち「自分のものであると思い込んで（putauit sua）」行った，と証言するのが常であった．

　ここで注目すべきは，「何らかの権利に基づく dominus として」，「自分のものであると思い込んで（putauit sua）」そして「自分のものとして（pro suo）」が対応している点である．すなわち，奴隷もしくは家畜の処分，農場もしくは建物の賃貸といった使用収益処分行為を，「何らかの権利に基づく dominus として」すなわち所有権もしくは用益権に基づく所有者もしくは用益権者として行うことは，「自分のものであると思い込んで（putauit sua）」行うことであり，「自分のものとして（pro suo）」行うことである，とウルピアーヌスは考えている．ウルピアーヌスのこのような pro suo の用法を踏まえるならば，「自分のものとして（pro suo）」の possessio とは，dominus として使用収益処分を行うという意思を備えた possessio であると考えられる．そして，買い，贈与，遺贈（そして嫁資も）といったトラーディティオの正当原因に基づく possessio もまた，dominus として使用収益処分を行うという意思を備えた possessio であることは明らかである．したがって，2.7.2 で前述した第1の点に関連して，トラーディティオの正当原因に基づく possessio に共通して含まれる，possessio を pro suo と評価し得る要素とは，dominus として使用収益

処分を行うという意思である，と考えられる．

2.8 パウルス

2.8.1 学説彙纂 41 巻 2 章 3 法文 21 項

D 41.2.3.21（Paulus 54 ad edictum）[142]

Genera possessionum tot sunt, quot et causae adquirendi eius quod nostrum non sit, uelut pro emptore: pro donato: pro legato: pro dote: pro herede: pro noxae dedito: pro suo, sicut in his, quae terra marique uel ex hostibus capimus uel quae ipsi, ut in rerum natura essent, fecimus. et in summa magis unum genus est possidendi, species infinitae.

possessio の類は，我々の物でない物を取得する causa の数と同じだけ存在する．例えば pro emptore, pro donato, pro legato, pro dote, pro herede, pro noxae dedito, pro suo, すなわち我々が大地や海から，あるいは敵から取得した物について，または我々が自らこの世に存在するように作った物について．要するに，むしろ possessio することの類は 1 つで，種が無限に存在する．

パウルスは pro-Titel で識別される様々な possessio を列挙している．そして，最後の pro suo についてはその具体例として，無主物先占，戦利品の獲得，加工を挙げている．冒頭の文と最後の文とが相容れないことについて，従来は最後の文がインテルポラーティオを受けているとして説明されてきた[143]．これに対して Pool（2003）は，パウルスは冒頭で立てた命題に対して，例を挙げて検討した結果が矛盾することから，結論で冒頭の命題を修正した，と考える[144]．しかしいずれにせよ，パウルスがここで possessio pro suo として原始的

---

142) Mayer-Maly [12, p. 129-131], Hausmaninger [6, p. 52], Pool [17, p. 45-46], Pool [18, p. 319-327].
143) Mayer-Maly [12, p. 129].

な取得手段による possessio を挙げていることに変わりはない．

2.8.2　学説彙纂 41 巻 10 章 2 法文

D 41.10.2（Paulus 54 ad edictum）[145]

Est species possessionis, quae uocatur pro suo. hoc enim modo possidemus omnia, quae mari terra caelo capimus aut quae alluuione fluminum nostra fiunt. item quae ex rebus alieno nomine possessis nata possidemus, ueluti partum hereditariae aut emptae ancillae, pro nostro possidemus: similiter fructus rei emptae aut donatae aut quae in hereditate inuenta est.	pro suo と呼ばれる possessio の種がある．このようにして我々が possessio するのは，例えば，海や大地や空で捕獲した物あるいは河川の寄洲作用で取得した物すべてである．他人物として possessio される物から生まれた物も同様であり，例えば相続財産に属する女奴隷あるいは買われた女奴隷から生まれた子を我々はpro nostro possessio する．同様に，買われた物あるいは贈与された物の果実あるいは相続財産に含まれる物の果実をも．

　さらにパウルスは D 41.10.2 で，D 41.2.3.21 で挙げていない possessio pro suo の具体例を追加している．すなわち，河川の寄洲作用による取得，他人物である女奴隷から生まれた子の取得，そして他人物の果実の取得である．

　パウルスのこのような見解は，これまでの検討において他の古典期法学者たちの possessio pro suo 理解には見られなかったことは確かである．これに対して，ウルピアーヌスは例えば D 41.10.1 でも possessio の原始取得について言及していない．それゆえ，両者の見解の関係が大きな議論の的となってき

144）　POOL [17, p. 45-46].
145）　MAYER-MALY [12, p. 129-130], HAUSMANINGER [6, p. 52].

た．ALBERTARIO と PFLÜGER は D 41.10.1 のテキストの信憑性を否定することで，両者の見解は一致していた，と説明しようとした[146]．VOCI は，pro suo という権原は論理的に一貫したものではなく，単なる用語法上の便法であり，それによって法学者たちは付随的な事例に名前を与えようとした，として両者の見解を矛盾なく解釈しようとした[147]．これに対して MAYER-MALY は，彼らは古典期法学者たちの論争の程度をしばしば過小評価しているのであって[148]，伝えられているテキストによれば，ウルピアーヌスはパウルスとはまったく別の pro suo possessio のイメージを描いていた[149]，と主張する．そして，そのことの証左として次の D 41.2.3.4 を挙げている．

2.8.3　学説彙纂 41 巻 2 章 3 法文 4 項

D 41.2.3.4（Paulus 54 ad edictum）

Ex plurimis causis possidere eandem rem possumus, ut quidam putant et eum, qui usuceperit et pro emptore, et pro suo possidere: sic enim et si ei, qui pro emptore possidebat, heres sim, eandem rem et pro emptore et pro herede possideo: nec enim sicut dominium non potest nisi ex una causa contingere, ita et possidere ex una dumtaxat causa possumus.

我々は同じ物を複数の causa に基づいて possessio することができる．例えば次のように考える者たちがいる．usucapio した者は，pro emptore でも pro suo でも possessio する，と．というのも，pro emptore possessio した者を私が相続する場合，私は同じ物を pro emptore でも pro herede でも possessio するからである．なぜなら，dominium が 1 つの causa に基づくのでなければ生じないの

146）ALBERTARIO［1, p. 292-293］, PFLÜGER［15, p. 43-44］．
147）VOCI［24, p. 194］．
148）MAYER-MALY［12, p. 128］．
149）MAYER-MALY［12, p. 130］．

> と同様に,我々はただ1つの causa に基づいて possessio することしかできない,ということではないからである.

　一見するとウルピアーヌスの見解に親和的であると思われるこのテキストについて MAYER-MALY は,パウルスとウルピアーヌスとの論争を覆い隠すために古典期より後の加筆者あるいは学説彙纂の編纂者によって手が加えられている,と考える.すなわち,冒頭の文および「例えば次のように考える者たちがいる(ut quidam putant)」以下はパウルスによるウルピアーヌスの見解の引用であり,本来パウルスはこれを批判していたのであって,「なぜなら(enim)」以下も,パウルス自身の見解は,「dominium が1つの causa に基づくのでなければ生じないのと同様に,我々はただ1つの causa に基づいて possessio することしかできない(sicut dominium non potest nisi ex una causa contingere, ita et possidere ex una dumtaxat causa possumus)」であった,と[150].そして MAYER-MALY は,本稿でも検討した古典期法学者たちの見解を概観した上で,ウルピアーヌスの見解はパーピニアーヌスにその出発点を見出すことができるに過ぎず,むしろパウルスの見解の方がそれ以前の古典期法学者たちの見解に近い,と結論付けた[151].

　しかし,この MAYER-MALY の結論を支持することはできない.D 41.3.27 におけるケルススの見解[152],D 41.3.5 におけるガーイウスの causa lucrativa の理解[153],D 41.10.1.1 におけるマウリキアーヌスの引用の趣旨[154],にかんする MAYER-MALY の解釈は本稿のそれとは相容れない.ネラティウスの possessio

---

150) MAYER-MALY [12, p. 131-132].
151) MAYER-MALY [12, p. 132-135].
152) 前述 2.4 を参照.
153) 前述 2.5 を参照.
154) 前述 2.7.2 を参照.

pro suo および usucapio pro suo 理解についても，他の pro-Titel を排除するものではない[155]．D 23.3.67 におけるプロクルスが usucapio pro suo を原始取得として理解した形跡はない．D 41.10.4 pr におけるポンポーニウスは，なるほど女奴隷から生まれた子について論じているが，その他の箇所では他の pro-Titel を否定してはいない[156]．

もっとも，パウルスの見解が古典期法学者たちの見解と相容れなかったことを示す証拠もない．D 41.2.3.21 および D 41.10.2 における possessio pro suo の具体例は，まさに単なる例示に過ぎない．D 41.2.3.4 も，ウルピアーヌスとパウルスとの見解の対立という先入観を排して見るならば，両者の見解が近いことの証左となる．

したがって，ウルピアーヌスの見解もパウルスの見解も，pro suo という pro-Titel を各々異なる角度から，すなわち一方でトラーディティオの正当原因に基づく possessio について，他方で原始的な取得手段による possessio について，説明している，と考えるべきである．そして，pro suo は Voci の言うような単なる用語法上の便法ではない．2.7.3 における分析の結果として明らかになった理解，すなわちトラーディティオの正当原因に基づく possessio に共通して含まれる，dominus として使用収益処分を行うという意思が，possessio を pro suo と評価し得る要素である，という理解は，possessio の原始取得にも当てはまることは明らかである[157]．

---

155) 前述 2.2 を参照．
156) 前述 2.2.1 註 52 および 2.3.2 註 64 を参照．
157) Hausmaninger [6, p. 48-56] は，D 41.10.1 pr，D 41.3.27，D 41.9.1.2，Vat. 111，D 41.2.3.21 そして D 41.10.2 の検討から次のように主張する．有効な Titel が存在しない場合に登場する，というのが usucapio pro suo の性質である．pro suo という Titel は，それ自体は問題がなく，長く認められている possessio および所有権の取得を専門用語として把握することを可能とするために，用語法上の欠缺を埋める役割を果たした．possessio pro suo の多様な意味のすべてをまとめることができる共通の分母は，「ある物を法的な承認を伴って自分のものとして possessio する」と言うことができる．そのような共通のコンセプトによってすべての古典期法学者たちが結び付けられるのであって，例えばウルピアーヌスとパウルスのテキストも

2.9 pro suo といわゆる「誤想権原」

ここまでの検討で明らかとなったように，possessio (および usucapio) pro suo の文脈では，possessio する者の「思い込み (existimatio)」が重要な役割を果たしているのであるが，他方で誤想権原の問題においても，possessio する者は titulus が有効に存在すると思い込んでいる，とされることから，前述のように pro suo と誤想権原の問題とは結び付けられて論じられてきた[158]．

そもそも，「誤想権原 (titulus putativus)」という表現は史料上には存在しないのであって，その表現はパンデクテン法学において定着し，今日では一般に用いられるようになったに過ぎない[159]．そして，この表現については，研究者によってその意味するところが必ずしも同じではないことに注意すべきである[160]．JAKOBS は，およそ存在しないのに，possessio する者が存在すると誤って思い込んでいるが，実際には存在しない取得原因についてのみ，「誤想権原」という表現を用いている[161]．冒頭で引用した KASER/KNÜTEL (2014)[162] も JAKOBS に従っているように思われる．これに対して，多くの研究者はこの表現を，JAKOBS の用法に加えて，possessio する者は有効であると誤って思い込

根本的に一致する．すなわち一方で両者にとって pro suo という Titel は補充的な性格であり，他方で両者にとって pro suo という Titel は一般的な意味を持つ．例えば原始的な取得あるいは一定の usucapio 事例において，名前を持つあるいは有効な個別の Titel を欠く場合，上級概念としての pro suo という Titel への回帰が生じ，この上級概念はあたかも用語法上の欠缺を埋めるかのように具体的な Titel としての役割を果たした．しかし，HAUSMANINGER はここから pro suo と誤想権原に基づく usucapio との関係に論を展開させた結果，なぜ possessio pro suo がそのような上位概念足り得るのか，という問題を検討するに至らなかった．この問いに対する本稿の答えについては後述 3 を参照．

158) 前述 1 を参照．
159) BAUER [3, p. 61] (Anm. 1)．
160) BAUER [3, p. 61] (Anm. 1)．
161) JAKOBS [7, p. 51-52]．
162) KASER [8, p. 146]．

んでいるが，実際には無効である取得原因についても用いている[163]．

　pro suo と誤想権原との関係について Pernice は，次の仮説を提唱した．すなわち pro suo は古典期ローマ法において「無名の Titel（namentlosen Titel）」であったが，pro suo と誤想権原とを関連付けようとした編纂者たちのインテルポラーティオが学説彙纂の諸法文において誤想権原の事例と pro suo とを結び付けた．それによって編纂者たちは pro suo という新たな usucapio の Titel を創設し，（pro emptore 等の）tituli veri を補完しようとした，と[164]．これに対して Mayer-Maly は，pro suo possidere の基本的意味が原始的な占有取得の典型的な諸事例に求められるという認識から，誤想権原に基づく usucapio を認めようとした一部の古典期法学者たちが，その基本的な意味からの転用として，possessio pro suo を引き合いに出した，と主張し，pro suo と誤想権原とが結び付けられている法文として，D 23.3.67, D 41.3.27, D 41.10.3, D 41.10.4.2 を挙げた[165]．他方，usucapio が成立するには有効な取得原因が存在しなければならない，というのが古典期ローマ法の原則であったとして，古典期における誤想権原に基づく usucapio を全面的に否定する Jakobs は，これらの法文について，D 41.10.3 では pro soluto，その他の法文では Pernice が提唱した「無名の Titel」としての pro suo が存在するのであって，誤想権原の事例ではない，と主張し，古典期ローマ法だけでなく，ユースティーニアーヌス帝の法においても，pro suo は「無名の Titel」であった，と結論付けた[166]．

　この議論については次の学説彙纂の法文が重要な示唆を与えてくれる．

D 41.4.11（Africanus 7 quaestionum）[167]

Quod uolgo traditum est eum, qui　　〔ユーリアーヌスは〕次のように

---

163) Mayer-Maly [12, p. 105-107], Kaser [9, p. 421], Bauer [3, p. 61]（Anm. 1）.
164) Pernice [14, p. 404-405].
165) Mayer-Maly [12, p. 136-138].
166) Jakobs [7, p. 94-96].
167) Mayer-Maly [12, p. 30-44] et passim, Hausmaninger [6, p. 56-57], Jakobs [7, p.

existimat se quid emisse nec emerit, non posse pro emptore usucapere, hactenus uerum esse ait, si nullam iustam causam eius erroris emptor habeat: nam si forte seruus uel procurator, cui emendam rem mandasset, persuaserit ei se emisse atque ita tradiderit, magis esse, ut usucapio sequatur.

述べている．自分では何かを買ったと思い込んでいるが，〔実際には〕買っていない者は，pro emptore usucapio することができない，ということは一般に受け入れられているが，そのことが正しいのは，買主がその error の正当な理由を持たない場合に限られる．なぜなら，例えば奴隷あるいは委託事務管理人が，物を買うよう命じられて，自分が買ったと主人あるいは本人に思い込ませて〔物を〕引き渡した場合，usucapio が生じる，というのが多数説であるから，と．

ユーリアーヌスは，引渡しによって取得した物を possessio する者が，実際には買っていないにもかかわらず，買ったと思い込んでいる場合について，そのような思い込みを error と位置付けている．そして，そのような error に基づいて possessio する者は usucapio pro emptore することはできない，というのが一般的な理解であることを示唆している．しかしユーリアーヌスは，そのような一般的理解の背景には，その error に正当な理由があるかどうか，という判断基準が存在することを指摘する．すなわち，ある error に基づいて possessio する者が usucapio pro emptore することはできないとされる場合，その error には正当な理由がない，という判断がなされていると分析する．ユーリアーヌスはその根拠として，自分の奴隷または委託事務管理人がその物を

66-71], BAUER [3, p. 69-89].

第3章　usucapio pro suo のオントロジー　*159*

買ったと誤って思い込んで，その物を自分の物であると思い込んでいた場合には，usucapio が生じる，という多数説を引き合いに出している．したがって，このような場合には possessio する者の error には正当な理由があると多数説は判断している，とユーリアーヌスは考えているものと思われる．

　possessio する者が，実際には買っていないにもかかわらず，買ったと思い込んでいるという事例および「その error の正当な理由（iustam causam eius erroris）」という文言は，D 41.10.5.1 でネラティウスが提唱した「許容し得る error」を思い起こさせる[168]．もっとも，ut usucapio sequatur の usucapio は usucapio pro suo とは考えられない．なぜなら，本法文でその可否が問題となっているのは usucapio pro emptore だからである．そうすると，D 41.10.5.1 を誤想権原の事例とし，これを pro suo と結び付けたのはネラティウスではなく，学説彙纂の編纂者たちである，と主張する PERNICE の仮説が正しいとすれば[169]，なぜ編纂者たちは，PERNICE の主張によれば誤想権原の事例と解し得る D 41.4.11 でも，pro suo と結び付けなかったのか，という疑問が生じる．

　JAKOBS は本法文を次のように解釈した．奴隷はその物を実際に取得した，すなわちその物はその奴隷に贈与されたか，その奴隷がその物を pro soluto 取得した，と推測されるべきである．しかし，奴隷は売買代金を騙し取るために，主人にこの真の取得原因については何も告げず，自分はその物を買ったと思い込ませた．この場合，たとえ実際には売買が存在しなくても，有効な取得

---

168)　BAUER [3, p. 70]（Anm. 9）によれば，例えば HAUSMANINGER [6, p. 57] は，本法文では被相続人の奴隷の代わりに委託事務管理人が挙げられているが，その場合，委任に基づく引き渡し債務の弁済として委託事務管理人から引き渡された本人は possessio pro soluto することになるから，uel procurator は後代の挿入である，と主張するが，WUBBE [28, p. 418]（Anm. 6）は，MAYER-MALY [12, p. 42-43] の見解を支持して，委託事務管理人が債務の弁済として引き渡した，と考える場合には誤想権原は問題にならないのであって，ユーリアーヌスが誤想権原を問題にし得るのは，委託事務管理人が，自分は買った，と本人に思い込ませて，本人が possessio pro emptore する場合だけである，と考えている．

169)　PERNICE [14, p. 396]（Anm. 5）．

原因は存在し，この error について主人は正当な理由を有するので，ユーリアーヌスは usucapio を認めた，と[170]．

これに対して BAUER は，JAKOBS の解釈は説得的でない，と考える．すなわち，奴隷が物を pro donato あるいは pro soluto 取得したとするならば，その奴隷がその物を特有財産として，あるいは主人の了解を得て所持したならば即時に，さもなければ，自分の奴隷がその物を所持していると主人が知った時点で，主人はその物を possessio pro donato あるいは pro soluto し始め，usucapio pro donato あるいは pro soluto することになったであろう．そして，その奴隷がその物を自分の主人に買ったと称して引き渡した後でも，主人は当然に possessio pro suo および usucapio pro donato あるいは pro soluto するであろう，と[171]．そして，ユーリアーヌスは誤想権原に基づいて，すなわち possessio する者が誤って思い込んだに過ぎない取得行為を理由として，usucapio を認めることはなかった．というのも，D 41.4.9 および D 41.4.10[172]

---

170) JAKOBS [7, p. 69].
171) BAUER [3, p. 71-72].
172) 　D 41.4.9 (Iulianus 3 ad Urseium Ferocem) Qui ob pactionem libertatis ancillam furtiuam a seruo accepit, potest partum eius quasi emptor usucapere.
［試訳］学説彙纂 41 巻 4 章 9 法文（ユーリアーヌス，ウルセイウス・フェロークス註解 3 巻）盗まれた女奴隷を自由の約束のために奴隷から受け取った者は，その子をあたかも買主のように usucapio することができる．

　D 41.4.10 (Iulianus 2 ad Minicium) Seruus domino ancillam, quam subripuerat, pro capite suo dedit: ea concepit: quaesitum est, an dominus eum partum usucapere possit. respondit: hic dominus quasi emptor partum usucapere potest, namque res ei abest pro hac muliere et genere quodammodo uenditio inter seruum et dominum contracta est.
［試訳］学説彙纂 41 巻 4 章 10 法文（ユーリアーヌス，ミニキウス註解 2 巻）奴隷が，盗んだ女奴隷を自分の自由のために主人に与えた．女奴隷は懐胎した．問われたのは，主人は女奴隷の子を usucapio することができるか，ということである．〔ミニキウスは〕次のように答えた．この場合，主人はあたかも買主のように子を usucapio することができる．なぜなら，主人はその奴隷をこの女奴隷と引き換えに失うのであって，そのような仕方で奴隷と主人との間に言わば売買が締結されたからである．

においてユーリアーヌスが女奴隷の子の usucapio を主人に認めたのは，女奴隷を取得したと自分の奴隷によって誤って思い込まされたことに基づいてではなく，主人と奴隷との間の解放の合意を売買に準じるものとして，奴隷による女奴隷の引渡しを Übereignung として理解する必要がある，と考えたからであり，他方で D 41.4.11 では奴隷の行為は売買に準じるものとして考慮されておらず，事例はユーリアーヌスでもアフリカーヌスでもなく古典期より後の加筆者に由来する，と主張した[173]．

　D 41.4.9 および D 41.4.10 で問題となっているのは奴隷によって引き渡された女奴隷から生まれた子の usucapio であり，女奴隷の子の usucapio は，前述の D 41.10.4.2 および D 41.10.2 から[174]明らかなように usucapio pro suo である．これに対して，D 41.4.11 で問題となっているのは奴隷によって引き渡された物の usucapio であり，usucapio pro emptore の可否である．したがって，D 41.4.9 および D 41.4.10 の検討から得られた結論でもって，D 41.4.11 の内容について判断することはできず，Bauer の見解を支持することはできない．

　本法文は，possessio する者が，実際には買っていないにもかかわらず，買ったと思い込んでいる事例であって，これは前述のあらゆる研究者の定義によっても，いわゆる誤想権原の事例とされるべきものである．それでは，ユーリアーヌスが usucapio pro suo でなく usucapio pro enptore について論じていることはどのように説明されるべきであろうか．Pernice のように学説彙纂の編纂者たちが誤想権原に基づく usucapio の事例を pro suo と関連付けた，と推測すると，彼らが D 41.4.11 ではインテルポラーティオし損ねたと考えるべきことになるが，それは妥当ではない．むしろ，その推測自体が誤っていると考えるべきであろう．本稿での検討が明らかにするのは，古典期法学者たちは眼前の事例を各個に pro suo と名付けた，ということである．もっとも，前述の Jakobs による pro suo 理解も不十分である．すなわち古典期法学者たちは，pro suo が「無名の Titel」であるから，pro emptore をはじめとする pro-Titel

---

173) Bauer [3, p. 72-80].
174) 前述 2.3.2 および 2.8.2 を参照．

に該当しない事例に pro suo を用いたのではない．問題となる possessio が「自分のものとして（pro suo）」と評価し得る場合に，pro suo を用いたのである．これは後にウルピアーヌスとパウルスの時代に至って，トラーディティオの正当原因に基づく possessio ならびに原始的な取得手段による possessio に，dominus として使用収益処分を行うという意思が含まれる場合に，pro suo を用いるという形で洗練されることになる．

　ユーリアーヌスが D 41.4.11 で usucapio pro suo について論じなかった理由は不明であり，この事例から誤想権原と usucapio pro suo との関係について推測することは得るところが少ない．むしろ重要なのは，この事例で possessio する者は usucapio pro emptore する，とユーリアーヌスは考えていた，ということであり，それはなぜか，ということである．ユーリアーヌスの時代にそれが多数説であったことは，ネラティウスの D 41.10.5.1 およびポンポーニウスの D 41.3.32 pr[175] から推測することができる．もっとも周知のように，possessio する者が，実際には買っていないにもかかわらず，買ったと思い込んでいる事例について，パウルスの D 41.3.48 および D 41.4.2[176] は usucapio pro emptore を認めていない．それゆえ，古典期法学者たちの間に見解の相違があったことが予想される．したがって，この問題については古典期法学者たちの possessio pro emptore および usucapio pro emptore 論を検討する必要があるが，それは本稿の射程を超えているため，今後の課題としたい．

3.　検討結果と今後の課題

　検討の結果，古典期において possessio pro suo および usucapio pro suo にかんしては次のように考えられていたことが明らかとなった．
　プロクルス，ネラティウス，ポンポーニウス，ケルスス，そしてウルピアーヌスは，possessio する者が possessio の客体を「自分のものである（suum

---

175)　前述 2.2.2 および 2.3.1 を参照．
176)　前掲註 52．

esse)」と思い込んでいる場合に，「自分のものとして（pro suo）」possessio する，と言う意味で possessio pro suo と呼んだ．そして，possessio pro suo する者が，usucapio 可能物と期間経過という要件を満たすことで，usucapio pro suo が完成すると考えた．ガーイウスは，相続人でない者が相続財産を possessio pro herede する例を挙げて，他人物であると知りながら possessio する者，すなわち「自分のものである（suum esse）」と思い込んでいない者の possessio を possessio ex causa lucrativa とも呼んで，possessio pro suo と対比している．

　ネラティウスとポンポーニウスは，「自分のものである（suum esse）」という possessio する者の「誤った思い込み（falsa existimatio）」を error と言い換え，その error の中でも許容し得る error と許容し得ない error とを区別して，許容し得る error のみが possessio pro suo および usucapio pro suo を正当化する，と考えている．この見解はユーリアーヌスとパーピニアーヌスにも見られるものである．

　他方，カッシウスはおそらく，そしてケルスス，パーピニアーヌス，ウルピアーヌスは確実に，possessio pro emptore，pro donato，pro dote，pro legato する者は同時に possessio pro suo するのであって，usucapio の要件を満たすならば，usucapio pro emptore，pro donato，pro dote，pro legato すると同時に usucapio pro suo することができる，と考えている．

　また，ウルピアーヌスとヘルモゲニアーヌスは相続財産にまつわる訴訟の被告適格を possessio pro herede する者あるいは possessio pro possessore する者に限定し，pro emptore，pro dote，pro donato といったその他の pro-Titel で possessio する者を除外しているが，これは上述の possessio ex causa lucrativa と possessio pro suo との区別とも整合的である．

　さらに，ウルピアーヌスとパウルスは各々異なる角度から「自分のものとして（pro suo）」の possessio 概念を洗練させている．すなわち，トラーディティオの正当原因に基づく possessio ならびに原始的な取得手段による possessio に，dominus として使用収益処分を行うという意思が含まれる場合

に pro suo を用いている．

　以上の検討結果に基づいて，冒頭で紹介した POOL（2010）の分析を再検討する．

　第 1 に，「Erwerbstitel と Besitztitel とを用語上区別することが重要である」というテーゼは本稿の各所における法文解釈に際して十分に確認された．従来の研究においてはしばしばトラーディティオの正当原因と possessio および usucapio の pro-Titel とが混同され，その推論を誤らせてきた．逆に，このテーゼをよく認識することで，古典期法学者たちが時に省略した usucapio の pro-Titel を正しく理解することができることが明らかとなった．

　第 2 に，「Ersitzungsbesitz は rechtmäßigem Eigenbesitz の特別な範疇である」というテーゼもまた，本稿の検討結果からその妥当性が確認された．rechtmäßig erworbener Eigenbesitz である possessio pro suo は，usucapio pro suo をもたらす Ersitzungsbesitz の他に，相続財産にまつわる訴訟の被告適格を回避するのに役立つ titulierter Besitz と，無主物先占や果実の取得といった原始的な取得手段による Eigenbesitz とを下位範疇とする上位概念である．

　第 3 に，しかしながら，POOL（2010）はまだ，なぜ possessio pro suo がそのような上位概念足り得るのか，という問いに答えていなかった．これに対して本稿では 1 つの答えを示すことができる．すなわち possessio pro suo は，possessio する者が possessio の客体を「自分のものである（suum esse）」と思い込んでいる，という状態を核としている，ということである．この「自分のものである（suum esse）」という，古く legis actio sacramento in rem にまで遡るとともに，古典期のウルピアーヌスによってもなお用いられている観念は，ローマ人の法意識に深く根差した観念であって，前述のように種々の機能を果たす possessio を指示する観念として，これ以上に適した観念をローマ人は生み出すことがなく，またその必要もなかったと考えられる．

　最後に，本稿で明らかとなった今後の課題をいくつか挙げる．

第1に，本稿では possessio pro suo の評価要素として，dominus として使用収益処分を行うという意思を挙げたが，その中でも収益にかかわるものとしての，possessio と果実の収取との関係は，一方で bona fides との関わりで，他方で vindicatio ないし condictio との関わりで，解明すべき問題の1つである．この問題についてはさしあたり，本稿で取り扱った嫁資の帰属の問題を手掛かりに検討していきたい．

第2に，possessio する者が，実際には買っていないにもかかわらず，買ったと思い込んでいる場合に，usucapio pro emptore が認められるかについて，古典期法学者たちの間に見解の相違があったことが予想される．この問題に答えるためには，古典期法学者たちの possessio pro emptore および usucapio pro emptore 論を検討しなければならない．

第3に，ウルピアーヌス以降の法学者たちは，hereditatis petitio に代表される相続財産にまつわる訴訟の被告適格について，possessio pro herede および possessio pro possessore とその他の pro-Titel とを区別している．この区別が有する意味について明らかにするためには，古典期の訴訟法の観点からそこで usucapio が果たした役割を考察する必要がある．

このように possessio と usucapio にかんしては課題が山積しているが，これらについては他日を期したい．

参 考 文 献

［1］ ALBERTARIO, Emilio: Possessio pro suo et possessio pro alieno. In: *Studia et documenta historiae et iuris*. 1 (1935), Roma: Pontificia universitas lateranensis, S. 290-298

［2］ ANKUM, Hans: ROO, Marjolijn van Gessel-de: POOL, Eric: Die verschiedenen Bedeutungen des Ausdrucks in bonis alicuius esse / in bonis habere im klassischen römischen Recht, In: *Zeitschrift der Savigny-Stiftung für Rechtsgeschichte. Romanistische Abteilung*. 107 (1990), Weimar: H. Böhlau, S. 155-215

［3］ BAUER, Karen: *Ersitzung und Bereicherung im klassischen römischen Recht und die Ersitzung im BGB*. Berlin: Duncker & Humblot, 1988

[4] EHRHARDT, Arnold: *Justa causa traditionis*. Berlin und Leipzig: W. de Gruyter & Co., 1930

[5] GORDON, William Morrison; Robinson, OliviaFiona: *The Institutes of Gaius*. New York: Cornell University Press, 1988

[6] HAUSMANINGER, Herbert: *Die bona fides des Ersitzungsbesitzers im klassischen römischen Recht*. Wien-München: Herold, 1964

[7] JAKOBS, Horst Heinrich: Error falsae causae.In: Jakobs, Horst Heinrich u. a. (Hrsg.): *Festschrift für Werner Flume zum 70. Geburtstag*. Bd. 1, Köln: O. Schmidt, 1978, S. 43-99

[8] KASER, Max.; Knütel, Rolf.: *Römisches Privatrecht*. 20. Aufl.München: C. H. Beck, 2014

[9] KASER, Max: *Das römische Privatrecht*. Bd. 1, 2. Aufl. München: C.H. Beck'sche Verlagsbuchhandlung, 1971

[10] KRAMPE, Christoph: *Proculi Epistulae: Eine frühklassische Juristenschrift*. Karlsruhe: C.F. Müller, 1970

[11] LENEL, Otto: *Palingenesia iuris civilis*. vol. II, Graz: Akadem. Dr. u. Verlagsanst., 1960

[12] MAYER-MALY, Theo: *Das Putativtitelproblem bei der Usucapio*. Graz-Köln, H. Böhlaus Nachf., 1962

[13] OTTO, Karl Eduard: SCHILLING, Bruno: SINTENIS, Karl Friedrich Ferdinand: *Das Corpus iuris civilis (Romani)*. Leipzig: C. Focke, 1831-1839. Reprint. Aalen: Scientia Verlag, 1984-1985

[14] PERNICE, Alfred.: *Labeo, römisches Privatrecht im ersten Jahrhunderte der Kaiserzeit*. Bd. 2, Abt. 1, 2. Aufl. Halle: Max Niemeyer, 1895

[15] PFLÜGER, Heinrich Hackfeld: *Zur Lehre vom Erwerbe des Eigentums nach römischem Recht*. München: Duncker & Humblot, 1937

[16] POOL, Eric: Lateinische Syntax und juristische Begriffsbildung: in bonis "alicuius" esse und bonitarisches Eigentum im klassischen römischen Recht.In: *Zeitschrift der Savigny-Stiftung für Rechtsgeschichte. Romanistische Abteilung*. 102 (1985), Weimar: H. Böhlau, S. 470-481

[17] POOL, Eric: Zur Bedeutung und Stellung der ‚causa' im System klassischer Ersitzungsvoraussetzungen. In: Sondel, J.; Reszczynski, J.; Ścislicki, P. (Hrsg.): *Ius Romanum et orbis iurisprudentiae universalis. Studia in honorem Vieslai Litewski*. Krakow: Jagiellonian University press, 2003, S. 37-60

[18] POOL, Eric: "Die (iusta) causa, die der Besitzernennenunddartunmuss": Erwerbsgrund (emptio) oder Besitztitel (proemptore) ? In: *Libellus ad Thomasium:*

essays in Roman Law, Roman-Dutch Law and Legal History in Honour of Philip J. Thomas. Pretoria: Unisa Press, University of South Africa, 2010, S. 314-334
[19]　POTHIER, Robert Josef: *Pandectae Justinianeae, in novum ordinem digestae.* Tom. III, Parisiis: Dondey-Dupré, 1823
[20]　RICCOBONO, S.; Baviera, J.; FERRINI, C.; Furlani, J.; ARANGIO-RUIZ, V.: *Fontes iuris romani antejustiniani.* pars altera, Florentiae: apud S. a. G. Barbèra, 1968
[21]　SCHIPANI, Sandro u. a.: *Iustiniani Augusti Digesta seu Pandectae.* Milano, Giuffrè, 2005
[22]　SECKEL, Emil. (Hrsg.): *Heumanns Handlexikon zu den Quellen des romischen Rechts.* 9. Aufl. Jena: G. Fischer, 1907
[23]　SPRUIT, Johannes Emil: FEENSTRA, Robert: BONGENAAR, Karel E.M.: *Corpus iuris civilis: tekst en vertaling.* Zutphen: Walburg Pers, 1993-2010
[24]　VOCI, Pasquale: *Modi di acquisto della proprietà.* Milano: Giuffrè, 1952
[25]　VON LÜBTOW, Ulrich: Hand wahre Hand. In: *Festschrift zum 41. deutschen Juristentag in Berlin.* Berlin: F. Vahlen, 1955, S. 120-237
[26]　WACKE, Andreas: Die Zahlung mit fremdem Geld.In: *Bullettino dell'Istituto di Diritto romano "Vittorio Scialoja".* 79 (1976), Milano: Giuffrè, S. 49-144
[27]　WATSON, Alan: *The Digest of Justinian.* Philadelphia: University of Pennsylvania Press, 1985
[28]　WUBBE, Felix: (Literatur) Theo Mayer-Maly, Das Putativtitelproblem bei der usucapio. In: *Zeitschrift der Savigny-Stiftung für Rechtsgeschichte. Romanistische Abteilung.* 81 (1964), Weimar: H. Böhlau, S. 416-424
[29]　エリック・ポール（著）：西村重雄（訳）：時効取得要件における「原因」の意義―古典期ローマ法研究―. In: 法政研究 70（2003），Nr. 3, S. 103-150
[30]　津野義堂：法知の科学 XIII.：津野文庫，2013
[31]　宮坂渉：盗品 RES FURTIVAE の使用取得 USUCAPIO の禁止と権力下への復帰 REVERSIO IN POTESTATEM. In: 早稲田法学会誌 61（2011），Nr. 2, S. 245-289
[32]　宮坂渉：盗品 RES FURTIVAE の使用取得 USUCAPIO の禁止と権力下への復帰 REVERSIO IN POTESTATEM（2・完）. In: 早稲田法学会誌 62（2011），Nr. 1, S. 151-182
[33]　宮坂渉：古典期ローマ法における物の引渡し（traditio）について―引渡しの正当な原因（iusta causa traditionis）の分析を中心に. In: 早稲田法学会誌 55（2005），S. 267-318
[34]　宮坂渉：第 6 章　引渡の正当原因 IUSTA CAUSA TRADITIONIS にかんするコンセンサス. In: 津野義堂（編著）：法文化（歴史・比較・情報）叢書⑤コンセンサスの法理.：國際書院，2007, S. 155-196

［35］　吉原達也：「何人も自己自ら占有の性質を変更することを得ず（Nemo sibi ipse causam possessionis mutare potest）」――一つのローマ法準則の過去と現在――．In: 西村重雄，児玉寛（編）：日本民法典と西欧的法伝統．：九州大学出版会，2000，S. 275-297
［36］　宮坂渉：金銭の取戻し（vindicatio nummorum）．In: 早稲田法学会誌 56（2006），S. 197-245
［37］　津野義堂：「法務官法上の所有権」のオントロジー．In: 比較法雑誌 42 巻 4 号（2009），S. 1-35［本書第 1 章］
［38］　船田亨二：ローマ法．第 4 巻．：岩波書店，1971
［39］　髙橋宏幸（訳）：カエサル戦記集　ガリア戦記．：岩波書店，2015

第 4 章
usucapio libertatis のオントロジー

1. は じ め に

　通例，usucapio というと，市民法上の所有権取得に関するそれが想起される．しかし，ローマの物権法に関わる学説の中では，これとは別の機能を有する usucapio についてもまた言及されている．いわゆる物権的権利には，用益権，地役権，地上権，それから公有地の排他的支配権があるが，こうした権利についても usucapio による取得が問題になり得る[1]．また，共和政期のスクリボニウス法（lex Scribonia）は，usucapio により地役権を取得することはできないと定めた[2]．このことは逆にいえば，それ以前に地役権の usucapio が認められていたか，あるいはこれを認めるとする見解が存在したことを窺わせる．さらに，古典期後期になると，こうした物権的権利を市民法上の方式によらずして取得した者の保護のために actio Publiciana を付与すべきとする学説が現れる[3]．また，物権的権利の消滅の文脈のなかでも usucapio はあらわれる．農

---

[1] 例えば用益権の使用取得については，WESENER [23, p. 202ff.] をみよ．
[2] D 41.3.4.28 (Paul. 54 ad ed.).
[3] D 6.2.12.2 (Paul. 19 ad ed.) は，公有地の usucapio はできないとしつつも，公有地上に私人が有する排他的権利の取得者の保護のため，actio Publiciana を用いることができるとする．また，D 6.2.12.3 (Paul. 19 ad ed.) は，非所有者から善意で superficiaria insula を購入した superficiarius が actio Publiciana で訴えることができるとする．

　D 6.2.11.1 (Ulp. 16 ad ed.) は，usus fructus が traditio によって設定された場合に

地地役権や用益権は，不使用（non utendo）により消滅するとされているが，都市地役権は，「地役権からの自由の usucapio」(usucapio libertatis) という制度により消滅するものとなっている．こうした状況を踏まえると，usucapio の理解のためには，その典型をなす所有権取得のためのそれのみならず，その周辺に位置づけられるこうした usucapio についても考察することが求められるといえよう．そこで，本稿では，特に usucapio libertatis に焦点をあてることにしたい．

usucapio libertatis は[4]，承役地所有者によってつくりだされた，地役権に反する状態が 2 年間継続することによって成立する．その効果は，地役権の消滅である．これは，所有権取得のための usucapio とは様々な点で異なっている．すなわち，ここでは善意（bona fides）や権原（causa）や使用取得可能物（res habilis）に相当する要件は問題になっていない．したがって，承役地所有者が地役権の存在を知りつつも，一方的に地役権に反する状態を工事により作り出したとしても，usucapio libertatis は成立し，地役権は消滅することになる．このように一見したところ承役地所有者にとって有利な制度のように見えるこの usucapio libertatis の制度趣旨については，これまで十分に検討されてきているわけではない[5]．そこで本稿では，当時のローマ人の訴権法的思考に立脚しつつ，また当時の都市内における地役権をめぐる紛争の解決システムの全体像を捉えた上で――すなわち，建築紛争システムのオントロジー的構造を明らかにした上で――，この制度が果たしていた役割が何であったかを考えることにしたい．

　　　は，その保護のため actio Publiciana が与えられると述べている．
　4)　詳しくは後述 2.3 参照．
　5)　例えば，KASER [7, p. 446]; KASER/KNÜTEL [8, p. 167]; MÖLLER [13, p. 185ff., 327ff.]．

2. 都市地役権

2.1 内　　容

2.1.1 概　　要

Lenel の再構成によると，法務官告示は，次の都市地役権の類型についての規定を有していた[6]．すなわち，より高く建てさせない権利（servitus altius non tollendi），荷重をかけさせる権利（servitus oneris ferendi），材木を差し込ませる権利（servitus tigni immittendi），雨滴を落とさせる権利（servitus stillicidii）の 4 類型である．しかしこのリストアップは，明確な史料の記述に基づくものではない．Lenel が依拠しているのは，まずは Digesta の 8 巻 5 章に採録されている，ウルピアヌスの『告示注解』（ad edictum）14 巻の記述である．ウルピアヌスは，農地地役権に続けて都市地役権について類型毎に解説しており，ここで取り上げられている類型が，より高く建てさせない権利，荷重をかけさせる権利，材木を差し込ませる権利，そして煙や蒸気のインミッシオンである．最後のものが法務官告示に規定されていないことは容易に想像されるところであるが，それを除いた 3 類型についてここで解説されていることから，Lenel は，これらの類型が法務官告示に規定されていたと推論している．Lenel は，さらに，雨滴を落とさせる権利もまた，キケロやウァッロの記述から[7]，これが共和政期から存在していることを理由として，法務官告示上の類型であったことを肯定している．このように，Lenel の再構成は，確かに一定の説得力を有するものであるが，確固たる根拠に基づくものでない．

古典期ローマ法で保護されていた都市地役権の類型がこれに限られてはいないことは，いくつかの法史料から明らかである．ネラティウスは，より高く建てて隣の屋敷の（採光を）妨害する権利，他人のドムスや屋敷を通る排水溝を

---

6) Lenel [11, 192f.].
7) Cic., de orat., 1, 38, 173; Varro, de linguae latinae, 5, 27.

もつことを許容させる権利,(他人の土地上に)張りだし物をもつことを許容させる権利をあげている[8].またガイウスは,より高く建てて隣人の採光を妨げる権利,より高く建てさせない権利,雨滴を(隣地の)屋根または敷地内に落とす権利,雨滴を落とさせない権利,他人の壁に材木を差し込ませる権利,他人の土地に庇やバルコニーを張りだたせる権利,その他これに類似する権利をあげている[9].

ガイウスが都市地役権の諸類型を列挙する中で,「その他」をあげていることから,地役権として保護される類型はこの他にもさらに存在し得たことがわかる.地役権という権利の性質上,(1)その権利の内容が要役地にとって利益となるものであること (utilitas), (2)要役地と承役地とが近隣に存在すること (vicinitas), (3)上記の利益が継続的に享受可能であること (perpetua causa)は要求されるが[10],こうした要求の範囲内であれば,型強制にしばられることなく,新たなタイプの地役権の創出は可能であったとみてよいだろう[11].

以下でみていく都市地役権の諸類型は,いくつかの観点から分類することができる.まずその権利の内容という観点から分類すると,(1)水の排水にかかわるもの,(2)採光にかかわるもの,(3)他人の土地・建物上での建築にかかわるもの,(4)インミッシオンにかかわるものに分類される.また別の観点からも地役権の分類は可能である.地役権は,土地・建物の利用のあり方を拡大し,その便益性を増大させることを目的とする.土地・建物の所有者は自ら所有する土地・建物の範囲を超えて他人の土地・建物を利用することは本来でき

---

8) D 8.3.2 pr (Ner. 4 reg.) [Rusticorum] <Urbanorum> praediorum servitutes sunt licere altius tollere et officere praetorio vicini, vel cloacam habere licere per vicini domum vel praetorium, vel protectum habere licere.「都市地役権には,より高く建てて隣の屋敷の(採光を)妨害する権利,他人のドムスや屋敷を通る排水溝をもつことを許容させる権利,(他人の土地上に)張り出し物をもつことを許容させる権利がある.」

9) D 8.2.2 (Gai. 7 ad ed. provinc.).

10) KASER/KNÜTEL [8, p. 165].

11) RAINER [18, p. 415ff.].

ない.ところが地役権を取得することにより,これが可能となる.地役権の目的の一つはここにある.ところで,土地・建物の所有者は,その土地・建物を私法上当然に無制限に利用することができたわけではない[12].この制限を取払い,より高度に――すなわち所有権の内在的制限を超えて――自己の所有する土地・建物を利用するためにも地役権は用いられる.

2.1.2 雨滴を落とす権利

servitus stillicidii とは,X 地と Y 地とが隣接している場合にあって,X 地に降った雨を Y 地に落とすことを内容とする権利である.この権利の内容については,パウルスの『サビヌス注解』がまとまった形で論じている.

D 8.2.20.3 (Paul. 15 ad Sab.)

§3 Si servitus stillicidii imposita sit, non licet domino servientis areae ibi aedificare, ubi cassitare coepisset stillicidium.

§4 Si antea ex tegula cassitaverit stillicidium, postea ex tabulato vel ex alia materia cassitare non potest.

§5 Stillicidium quoquo modo adquisitum sit, altius tolli potest: levior enim fit eo facto servitus, cum quod ex alto, cadet lenius et interdum direptum nec perveniat ad locum servientem: inferius

雨滴を落とさせる地役権が設定された場合,承役地の所有者は,雨滴がしたたり落ち始める場所に建築をしてはならない.

もともとは瓦から雨滴が落ちていた場合において,あとから板や他の資材から落ちるようにかえることはできない.

雨滴を落とす地役権が何らかの方法により取得された場合,より高く建てることはできる.なぜなら,この工事により地役権(の負担)は軽くなるのだから.なぜなら,高いところから落ちてくる水

---

12) RODGER [20, p. 33f.].

demitti non potest, quia fit gravior servitus, id est pro stillicidio flumen. eadem causa retro duci potest stillicidium, quia in nostro magis incipiet cadere, produci non potest, ne alio loco cadat stillicidium, quam in quo posita servitus est: lenius facere poterimus, acrius non. et omnino sciendum est meliorem vicini condicionem fieri posse, deteriorem non posse, nisi aliquid nominatim servitute imponenda immutatum fuerit.

§6 Qui in area, in qua stillicidium cadit, aedificat, usque ad eum locum perducere aedificium potest, unde stillicidium cadit: sed et si in aedificio cadit

滴はより穏やかにおちてきて，その一部は分散して地役権の設定されている場所におちなくなるのだから．これに対し，建物をより低くすることはできない．なぜなら，地役権（の負担）は重くなるのだから．すなわち雨滴ではなく雨水となるのだから．同じ理由により，雨滴を逆向きに導くことはできる．なぜなら，これによりむしろわれわれの土地の中に雨滴が落ちるようになるのだから．（これに対して）地役権が設定されている場所以外のところに雨滴が落ちるようにすることはできない．（負担を）軽くすることはできるが重くすることはできないのである．要するに，隣人の状況をよりよくすることはできるがより悪くすることはできないのである．ただし内容を明示の上で地役権の設定に関し変更を加えた場合はこの限りではない．

雨滴が落ちる土地に建築する者は，まさしく雨滴が落ちるその場所まで建物をひっぱってくることができる．しかし，建造物に雨滴が落ちるとしても，その落ちる場

stillicidium, supra aedificare ei conceditur, dum tamen stillicidium recte recipiatur.	所の上に建物を建てることも彼には許されている．もちろんそのときには，雨滴が適切に受け止められるようになっていなければならない．

　雨滴をX地からY地へと落とすということは，それが可能な形に建物を建設することを意味する．上に引用したパウルス文によると，この権利が設定された場合には，X地の所有者もY地の所有者も建築に関し制限を受けることになる．

　まずX地の建物については，この地役権の設定時の雨滴の流れをかえてはならないし，また建物をより低くすることでY地に落ちる雨滴の衝撃を強めてはならない．逆により高くすることで雨滴の衝撃を弱めることは可能とされる．

　Y地の建物については，雨滴が落ち始めるところに建物を建設することはできないとされる．その下の部分については建設自体は可能であるが，雨滴を受け止めることができなくなるような形での建設はできない．

2.1.3　雨滴を落とさせない権利

　雨滴に関しては，すぐ上でみた雨滴を落とす権利とあわせ，雨滴を落とさせない権利というものも存在する[13]．これは次のガイウス文とユスティニアヌスの法学提要の中にでてくる．

D 8.2.2 (Gai. 7 ad ed. provinc.)

Urbanorum praediorum iura talia sunt: altius tollendi et officiendi	都市地役権には次のようなものがある．より高く建てて隣人の採

---

13)　RODGER [20, p. 141ff.].

luminibus vicini aut non extollendi: item stillicidium avertendi in tectum vel aream vicini aut non avertendi: item immittendi tigna in parietem vicini et denique proiciendi protegendive ceteraque istis similia.

光を妨害する権利，より高くたてさせない権利．雨滴を隣人の屋根や敷地に落とす権利，または落とさせない権利．また材木を隣人の壁に差し込む権利，（隣地上に）差しのばす権利，張りだたせる権利，その他これに類似する権利．

Inst Iust 2.3.1

Praediorum urbanorum sunt servitutes, quae aedificiis inhaerent, ideo urbanorum praediorum dictae, quoniam aedificia omnia urbana praedia appellantur, etsi in villa aedificata sunt. item praediorum urbanorum servitutes sunt hae: ut vicinus onera vicini sustineat: ut in parietem eius liceat vicino tignum immittere: ut stillicidium vel flumen recipiat quis in aedes suas vel in aream, vel non recipiat: et ne altius tollat quis aedes suas, ne luminibus vicini officiatur.

都市地役権とは，建物に付随する地役権であり，あらゆる建物は——たとえ別荘内に立てられているとしても——都市地と称されるので，これは都市地役権とよばれる．都市地役権には次のものがある．隣人の荷重を支えること，隣人が自己の壁に材木を差し込むことを許すこと．また雨滴や流水を自己の建物や敷地で受け止めること，または受け止めないこと．隣人の採光を妨害しないようにするため自己の建物をより高く建てないこと．

　ここで問題にしたいのは，ガイウス文の"aut non avertendi"と法学提要の"vel non recipiat"である．隣接するX地とY地とがある場合にあって，Y地の所有者がX地の所有者に対し，X地に降った雨滴を落とさせないことを内容とする

地役権を設定し得ることがここに示されている．

　このタイプの地役権については，上述の2法文の他，法史料中に情報を得ることはできない．無論，ガイウス文の"aut non avertendi"がインテルポラティオであるという処理の仕方もあろうが，法学提要の記述のみからそれを肯定するのも無理があろう[14]．

　既にRODGERが指摘しているように[15]，所有権の無制限性というものを前提にしないで考えるならば，雨滴を落とさせない権利というものも古典期の議論の文脈の中にうまく適合させることができる．仮にX地上に降った雨はすべてX地上で処理することが求められ，一滴たりともY地上に落としてはならないということであれば——すなわち，仮に一滴たりともX地からY地に雨滴がおちるならば，Y地の所有者は，servitus stillicidiiの否認訴権（actio negatoria）で訴えることができるということが帰結するのであれば——，雨滴を落とさせないことを内容とする地役権というものが存在する余地はない．しかし，後述のD 8.5.8.6以下において通常レベルの煙や湿気の侵入は受忍すべきとされているが，これと同様，雨滴についても一定レベルについては隣地に落とすことが許容されていた可能性がある．そうであるとすれば，こうしたレベルの雨滴すら落とさせないために，この雨滴を落とさせない権利というものが存在したとみることも可能であろう[16]．

2.1.4　より高く建てさせない権利

　より高く建てさせないことを内容とする地役権（servitus altius non tollendi）の内容についてまとまった形で解説する記述はない．いくつかの断片的記述をみていくことにしよう．

---

14)　RODGER [20, p. 142ff.].
15)　RODGER [20, p. 144ff.].
16)　KASER, [7, p. 442] は，これとは異なり，雨水を利用する必要性がある特段の状況においてこの地役権が問題になるとする．

> D 8.2.12 (Iav. 10 ex Cass.)
>
> Aedificia, quae servitutem patiantur ne quid altius tollatur, viridia supra eam altitudinem habere possunt: at si de prospectu est eaque obstatura sunt, non possunt.
>
> より高くしてはいけないという地役権上の負担が負われている建物は，その高さを超える樹木をもつことはできる．しかし，景観に関する地役権が設定されており，樹木がこれを妨害しそうであるならば，こうした樹木をもつことはできない．

　この史料によると，servitus altius non tollendi が設定してあるとしても，承役地所有者は，自らの土地上に樹木を植えることができる．これは地役権上の高さ制限をこえて樹木が繁茂したとしても，要役地所有者が地役権に基づき訴えることはできないということを意味している[17]．逆に言うと，この地役権は建築という形で建物を一定の制限よりも高く建てることを禁止することを目したものであることがわかる．

　通例，地役権が存在するためには，承役地と要役地とが隣接していることが求められる．しかし，次の法文から，servitus altius non tollendi については，この要件が若干緩められていることがわかる[18]．

> D 8.5.4.8 (Ulp. 17 ad ed.)
>
> Si cui omnino altius tollere non liceat, adversus eum recte agetur
>
> ある者が誰との関係においてもより高くすることが許されていない

---

17) D 8.2.7 (Pomp. 26 ad Q. Muc.) もみよ．ここでもおそらく servitus altius non tollendi が問題になっており，その地役権に反する形で樹木が繁茂した場合に usucapio libertatis が成立するかという問がたてられ，Pomponius はこれを否定している．

18) この点については D 8.2.1 pr (Paul. 21 ad ed.) もみよ．

| ius ei non esse tollere. haec servitus et ei, qui ulteriores aedes habet, deberi poterit. | のであれば，その者に対して，「君にはより高く建てることはできない」という主張が適法に通ることになる．この地役権は，間をおいて離れている建物をもつ者のためにも設定できる． |

D 8.5.5 (Paul. 21 ad ed.)

| Et ideo si inter meas et Titii aedes tuae aedes intercedant, possum Titii aedibus servitutem imponere, ne liceat ei altius tollere, licet tuis non imponatur: quia donec tu non extollis, est utilitas servitutis. | それゆえ，私の建物とティティウスの建物との間に君の建物がはさまっている場合であっても，ティティウスの建物を承役地とする形で，ティティウスがより高く建ててはならないことを内容とする地役権を，君にはこうした義務を課すことなく設定できる． |

　高く建てることを禁止する目的は，専ら要役地にある建物の採光を保護することにある．この点は，D 8.2.2 (Gai. 7 ad ed. provinc.) の "altius tollendi et officiendi luminibus vicini" という表現に最も典型的に現れている[19]．古代ロー

---

19) 　この他にも，以下のような表現が法史料中にでてくる．D 8.2.4 (Paul. 2 inst.) "ne ius sit vicino invitis nobis altius aedificare atque ita minuere lumina nostrorum aedificiorum."; D 8.2.6 (Gai. 7 ad ed. provinc.) "veluti si aedes tuae aedibus meis serviant, ne altius tollantur, ne luminibus mearum aedium officiatur,"; D 8.2.10 (Marcell. 4 dig.) "Gaurus Marcello: binas aedes habeo, alteras tibi lego, heres aedes alteras altius tollit et luminibus tuis officit :"; D 8.4.16 (Gai. 2 rer. cott.) "Potest etiam in testamento heredem suum quis damnare, ne altius aedes suas tollat, ne luminibus aedium vicinarum officiat"; D 8.5.6 pr (Ulp. 17 ad ed.) "altius extulerit aedificia sua, ut iam ego non videar luminibus tuis obstaturus,"; D 8.5.15 Ulp. 6 opin. "Altius aedes

マの都市の住居は,通例,隣と接する形で建てられており,そのため採光を確保するための窓を家の側面にあけるためには隣との調整が必要となる.すなわち家の側面の壁に窓を設けるためには,その窓をふさぐことがないよう隣の建物を少なくとも部分的に低くさせておく必要がある[20].こうした形に建設がなされている例として,エルコラーノ遺跡のInsula V, 17-18 と Insula V, 8 をあげることができる[21].

2.1.5 より高く建てる権利

より高く建てさせない権利(servitus altius non tollendi)とならび,より高く建てる権利(servitus altius tollendi)という地役権もまた史料に登場する[22]. ネラティウスとガイウスが都市地役権の諸類型を列挙するにあたり,この地役権について言及している.

D 8.3.2 pr (Ner. 4 reg.)
... licere altius tollere et officere praetorio vicini ...

…より高く建てて隣人の屋敷の(採光を)妨害することができる…

Gai inst 2.14
... ius altius tollendi aedes et officiendi luminibus vicini aedium ...

…建物をより高く建てて,隣人の建物の採光を害する権利…

---

suas extollendo, ut luminibus domus minoris annis viginti quinque vel impuberis,"; Gai inst 2.14 "aut non extollendi, ne luminibus vicini officiatur."; Gai inst 2.31 "aut non tollendi, ne luminibus vicini officiatur,".

20) D 7.1.13.7 Ulp. 18 ad Sab.; D 7.1.30 Paul. 3 ad Sab.; C 3.34.1 (Ant. 211) では,高く建てることによる採光妨害の事例が取り上げられている.
21) この建物の詳細については,PIRSON [15, p. 72]; LOSANSKY [12, p. 92] をみよ.
22) この地役権に関する近年の文献としては,RODGER [20, p. 19ff.]; RAINER [16, p. 39ff.]; MÖLLER [13, p. 148ff.] がある.

> Gai inst 2.31
>
> ... vel altius tollendi aedes aut non tollendi, ne luminibus vicini officiatur, ...
>
> 建物をより高く建てる権利、あるいは隣人の採光を妨害する形でより高く建てない権利

> D 8.2.2 (Gai. 7 ad ed. provinc.)
>
> ... altius tollendi et officiendi luminibus vicini aut non extollendi ...
>
> …より高く建てて隣人の採光を妨害する権利、あるいはより高く建てない権利…

> Epit Gai II 1.3
>
> ... Praediorum urbanorum iura sunt stillicidia, fenestrae, cloacae, altius erigendae domus aut non erigendae, et luminum, ut ita quis fabricet, ut vicinae domui lumen non tollat. ...
>
> 都市地役権には、雨滴に関するもの、窓に関するもの、排水溝に関するもの、ドムスをより高く建てること、あるいは建てさせないことに関するもの、また採光に関するもの——これは隣のドムスの採光を奪うことがない形に建設することがないようにするためのもの——がある。

またパウルスは、要役地と承役地とが隣接していることが地役権の存続のためには必要であるとしつつも、この両者の間に別の土地がはさまっているときでも地役権が存在し得ることを説明するにあたり、より高く建てる権利について次のように言及している。

> D 8.2.1 pr (Paul. 21 ad ed.)
>
> Si intercedat solum publicum vel
>
> 公有地や公道が間にある場合、そ

via publica, neque itineris actusve neque altius tollendi servitutes impedit: sed immittendi protegendi [prohibendi] <protegendi>[23] item fluminum et stillicidiorum servitutem impedit, quia caelum, quod supra id solum intercedit, liberum esse debet.

れが通行権や家畜通行権やより高く建てる権利の障害となることはない．しかし，差し入れたり張りだたせたりする権利や，流水や雨滴を落とす権利の障害となる．なぜなら，こうした土地の上にはさまる空間は，地役権の負担から免れていることが求められるのだから．

D 8.4.7.1 (Paul. 5 ad Sab.)

Interpositis quoque alienis aedibus imponi potest, veluti ut altius tollere vel non tollere liceat vel etiam si iter debeatur, ...

他人の建物が間にはさまっているとしても，地役権を設定することは可能である．例えば，より高く建ててよいこと，またはより高く建ててはならないこと，通行することについて地役権が設定されている場合に．…

以上の史料から，ネラティウス，ガイウス，パウルスがより高く建てることを内容とする地役権という類型を認めていたことを明確に読み取ることができる．他方，ウルピアヌスは次のように述べている．

D 8.2.9 (Ulp. 53 ad ed.)

Cum eo, qui tollendo obscurat vicini aedes, quibus non serviat, nulla competit actio.

高くすることで隣の建物を暗くしようとする者を相手方とする訴権は，この建物を要役地とする形で

---

23) MOMMSEN, Maior の当該法文の注5をみよ．独訳も同様に修正している．

> 地役権が設定されてないならば，
> 何も存在しない．

　これによると，ウルピアヌスは，地役権の負担を負っていない建物所有者は，自らの建物を自由に高くすることができると考えている．そうであるならば，より高くすることを内容とする地役権が存在する必要はない．実際，ウルピアヌスに由来するテキストの中に，より高くする権利について言及している例を見出すことはできない．

　筆者としては，ここに古典期における見解の対立があるとみるのが妥当であるように思われる．すなわち，ネラティウス，ガイウス，パウルスといった法学者たちは，より高く建てる権利を地役権として承認していたが，ウルピアヌスはこれを否定しているということである．ネラティウスやガイウスはもちろんのこと，パウルスの著作活動も概ねウルピアヌスに先行していること[24]，その後の勅法ではウルピアヌスの見解が採用されていることから[25]，ウルピアヌ

---

24) LENEL, Pal, II, Sp. 1247 によると，パウルスの『告示注解』はセウェルス帝以前，『サビヌス注解』はセウェルス帝下で執筆されている．他方，ウルピアヌスの『告示注解』も『Sabinus 注解』もカラカラ帝下で執筆されている．ウルピアヌスの『告示注解』の執筆年代については，HONORÉ [6, p. 158ff.] もみよ．

25) C 3.34.8 (Diocl./Maxim. AA. et CC. Aniceto.) Altius quidem aedificia tollere, si domus servitutem non debeat, dominus eius minime prohibetur. in pariete vero tuo si fenestram Iulianus vi vel clam fecisse convincatur, sumptibus suis opus tollere et integrum parietem restituere compellitur.<a. 293 D. k. Ian. Sirmi AA. conss.>「ドムスが地役権に服していないのならば，その所有者は建物をより高くすることを禁止されることはない．これに対し，君の壁の中にユリアヌスが窓を vis または clam によりつくったことが立証されるならば，彼の費用により工事が取り去られ，もとの壁に戻すよう強制される．」

　C 3.34.9 (Diocl./Maxim. AA. et CC. Zosimo.) Si in aedibus vicini tibi debita servitute parietem altius aedificavit Heraclius, novum opus suis sumptibus per praesidem provinciae tollere compellitur. sed si te servitutem habuisse non probetur, tollendi altius aedificium vicino non est interdictum. <a. 293 pp. V k. Iul. Sirmi AA. conss.>「もし隣人の建物上に君が地役権を有しているにもかかわらず，ヘラクリ

スの下で学説変更がなされ、その見解が支配的になったとみてよいのではなかろうか[26]。

ところで、より高く建てる地役権における「より高く」の基準は何であろうか。土地所有者の所有権が何らかの形で制限されており、この制限を相隣関係において取り去るということでなければ、この地役権の存在する意義は説明できない。まずその制限としてすぐに思い浮かぶのは公法上の高さ制限である。ストラボンが伝えるところによるとアウグストゥス帝は公共の道路のそばの建物の高さを 70 プース（約 21 メートル）に制限した[27]。その後、ネロ帝やトラヤヌス帝もまたこうした高さ制限を行っている[28]。またＣ 8.10.1 からも公法上の高さ制限の存在を窺い知ることができる。こうした公法上の高さ制限を相隣関係において取り去るために、より高くする権利が存在したという見方もできるかもしれない。しかし、通例、公法上の規則は私人間の合意で排除することはできないとされていることからすると[29]、このような見方をとることには無理があろう。

ところで、D 8.2.11 pr（Ulp. de off. cons.）には、次のようにある。

D 8.2.11 pr (Ulp. 1 de off. cons.)

Qui luminibus vicinorum officere aliudve quid facere contra commodum eorum vellet, sciet se formam ac statum antiquorum aedificiorum custodire debere.	隣人の採光を妨げ、隣人の快適さに反する形に何かを建設しようとする者は、旧来からの建物の形態や状態を守らねばならない。

ウスが壁をより高くしたならば、この新たな工事は、彼の費用負担により属州総督を通じて取り払うよう強制される。しかし君が地役権を有していることの証明がなされないならば、隣人が建物を高くすることが禁止されるわけではない。」

26) なぜこうした学説変更が必要であったかについては下で考察する。
27) Strab. 5, 3, 7.
28) Tacitus, Ann. 15, 43; Aur. Vict., ep., 13, 13.
29) D 2.14.38 (Pap. 2 quaest.); D 50.17.45.1 (Ulp. 30 ad ed.).

この史料はより高く建てる権利に直接言及するものではないが，ここにある「旧来からの建物の形態や状態」が，建物所有者の所有権の内在的制限を指しているという理解も可能かもしれない[30]．この表現とC 3.34.1[31]にでてくるvetus formaという表現[32]はよく似ている．この表現で示されている制限を取り去るために，より高く建てる権利というものが存在したという見方もあり得よう．しかし，この表現は，ウルピアヌス以降に現れてくるものであり，servitus altius tollendiがむしろそれ以前のものであるとするならば，この見方に賛同するわけにはいかない．このvetus formaは，むしろservitus altius non tollendiの発生とかかわるものとみるべきであろう．

しかしこのvetus formaやforma antiquorumという表現自体は比較的新しいものであるとしても，旧来からの形態を遵守させるという発想自体がウルピアヌス以前より存在したとみることはできよう．この点は次のパウルス文がてがかりとなる．

D 7.1.30 (Paul. 3 ad Sab.)

Si is, qui binas aedes habeat, aliarum usum fructum legaverit, posse heredem Marcellus scribit alteras altius tollendo obscurare luminibus, quoniam habitari potest etiam obscuratis aedibus. quod usque adeo temperandum est, ut non in totum aedes obscurentur, sed modicum lumen, quod	二つの隣接する建物を有している者がその一つの用益権を遺贈した．この場合，マルケルスが書いているところによると，相続人はもう一方の建物を高くし，採光を害することができる．なぜなら採光を害されても住むことはできるのだから．しかしこのことは，次のような形で調整が計られねばな

---

30) MÖLLER [13, p. 176ff.] はそのように理解している．
31) 後述 2.2.3 参照．
32) この他．C 3.34.7 (Diocl./Maxim. 286) にも "contra veterem formam atque sollemnem morem" という類似の表現がでてくる．

habitantibus sufficit, habeant.

らない．すなわち建物全体が影に入るのではなく，居住者たちにとって十分な，節度ある採光が残されるように．

ここに引用されているマルケルスの見解は次の法文にも伝わる．

D 8.2.10 (Marcell. 4 dig.)

Gaurus Marcello: binas aedes habeo, alteras tibi lego, heres aedes alteras altius tollit et luminibus tuis officit: quid cum illo agere potes? et an interesse putes, suas aedes altius tollat an hereditarias? et de illo quaero, an per alienas aedes accessum heres ad eam rem quae legatur praestare debet, sicut solet quaeri, cum usus fructus loci legatus est, ad quem locum accedi nisi per alienum non potest. Marcellus respondit: qui binas aedes habebat, si alteras legavit, non dubium est, quin heres alias possit altius tollendo obscurare lumina legatarum aedium: idem dicendum est, si alteri aedes, alteri aliarum usum fructum legaverit. non autem

ガウルスがマルケルスに質問した．私は二つの隣接する建物を有しており，その内の一つを君に遺贈し，相続人が他の一つをより高くし，君の採光を妨害した．君は相続人に対して何を訴えることができるのであろうか．また，相続財産である建物をより高くした場合と，もともと自分のものである建物をより高くした場合とで違いがあると君（マルケルス）は考えるか．また私は次のことについても質問したい．相続人は，遺贈された物に入るため，他人の建物を通る権利（accessus）を給付しなければならないのだろうか．ある場所の用益権が遺贈された場合にあって，そこに入るためには他人の土地を通過しなければならない場合に問題になることと同様の形

semper simile est itineris argumentum, quia sine accessu nullum est fructus legatum, habitare autem potest et aedibus obscuratis. ceterum usu fructu loci legato etiam accessus dandus est, quia et haustu relicto iter quoque ad hauriendum praestaretur. sed ita officere luminibus et obscurare legatas aedes conceditur, ut non penitus lumen recludatur, sed tantum relinquatur, quantum sufficit habitantibus in usus diurni moderatione.

で，マルケルスは解答した．二つの隣接する建物を有している者がその一方を遺贈した場合には，相続人がもう一方をより高くして受遺者の建物の採光を害することができることに疑いはない．一方に建物が他方に建物の用益権が遺贈された場合も同様である．通行権についての議論と常に類似しているわけではない．なぜならアクセスができないと遺贈された用益権は無意味になるが，建物が影に入ったとしても住むことはできるのだから．敷地の用益権が遺贈された場合にはこれとは異なり，アクセスする権利が与えられるべきである．なぜなら汲水権が遺贈された場合には汲水するために通行権もまた給付されねばならないのであるから．しかし，採光を害したり，影をつくってもよいということは次のような形で理解されねばならない．すなわち完全に光がささないという形になってはならず，居住者たちが日中，慎ましく利用するに十分な程度には残しておかねばならないという形で．

相互に接合した建物Xと建物Yとがある．これは両者とも元来はAの所有物であった．Aは，この両者ともBに相続させたが，この内の建物Xの用益権をCに遺贈した．このときBが建物Yを高く改築することができるのかについて問題となっている．

マルケルスは，基本的にBは自由に高くすることができるとしつつも，そこには一定の限界があるとする．すなわちここに居住する者たちにとって「十分な節度ある採光」あるいは「慎ましく利用するに十分な採光」は残される必要があるとする．このような制限を遺言や用益権に基礎付けることは困難であり，この制限は所有者といえども踏み越えてはいけない，所有権に内在する制限を指しているとみてよいと思われる．

このマルケルスの見解にみられる建築制限こそがパウルスをはじめ，より高く建てる権利を地役権として肯定する法学者たちが想定していた所有権の制限であろう[33]．

2.1.6 眺 望

好ましい眺望を変化させないことを内容とする地役権も存在する[34]．この地役権の内容については次の3史料が伝えている．

D 8.2.12 (Iav. 10 ex Cass.)

Aedificia, quae servitutem patiantur ne quid altius tollatur, viridia supra eam altitudinem habere possunt: at si de prospectu est eaque obstatura sunt, non possunt.	より高くしてはならないという地役権上の負担が負われている建物は，その高さを超える樹木をもつことはできる．しかし，景観に関する地役権が設定されており，樹木が景観を妨害しそうであるならば，こうした樹木をもつことはで

---

33) RODGER [20, p. 56ff.]．この点については RAINER [16, p. 250ff.] もみよ．
34) D 8.1.15.1 (Pomp. 33 ad Sab.); D 8.2.3 (Ulp. 29 ad Sab.).

きない．

D 8.2.16 (Paul. 2 epit. Alf. dig.)

Lumen id est, ut caelum videretur, et interest inter lumen et prospectum: nam prospectus etiam ex inferioribus locis est, lumen ex inferiore loco esse non potest.

採光とは，そこから空がみえるようにするためのものであり，採光と景観とは別物である．なぜなら，景観は，より低いところにもかかわるものであるのに対し，採光は，より低いところからくることはないのであるから．

D 8.2.15 (Ulp. 29 ad Sab.)

Inter servitutes ne luminibus officiatur et ne prospectui offendatur aliud et aliud observatur: quod in prospectu plus quis habet, ne quid ei officiatur ad gratiorem prospectum et liberum, in luminibus autem, non officere ne lumina cuiusquam obscuriora fiant. quodcumque igitur faciat ad luminis impedimentum, prohiberi potest, si servitus debeatur, opusque ei novum nuntiari potest, si modo sic faciat, ut lumini noceat.

採光を害してはならないことを内容とする地役権と，景観を害してはならないことを内容とする地役権とでは，別種のことが遵守されねばならない．景観についての地役権では，より魅力的な景観と開放性とを害するような何かにより地役権者が害されることがないように，より多くのことが遵守されねばならない．これに対し採光についての地役権では，採光が害されて暗くなるようなことをしてはならないとされる．それゆえ，この地役権が設定されているならば，採光の妨害になるようなことを禁止することができる．また採

> 光を害するような工事がなされる
> ならば，新工事禁止通告をするこ
> ともできる．

　この3史料によると，いずれの法学者も，眺望に関する地役権を採光に関する権利（すなわち，より高く建てさせない権利）と類似するものとして捉えている．しかし，眺望に関する地役権は，それとは異なり，承役地上の樹木の繁茂も規制できること，承役地における建築に関し，一定の高さより上のみならず下も規制できることなど，より多くのことを承役地所有者に要求できるとされている．

2.1.7　荷重を建物にかける権利

　荷重を建物にかける権利（servitus oneris ferendi）がある場合，地役権者は，隣接する建物の壁の上に自らの建物の一部をのせることができる．この地役権の内容については，ウルピアヌス『告示注解』17巻がまとまった形で次のように論じている．

> D 8.5.6 (Ulp. 17 ad ed.)
>
> §2 Etiam de servitute, quae oneris ferendi causa imposita erit, actio nobis competit, ut et onera ferat et aedificia reficiat ad eum modum, qui servitute imposita comprehensus est. et Gallus putat non posse ita servitutem imponi, ut quis facere aliquid cogeretur, sed ne me facere prohiberet: nam in omnibus servitutibus refectio ad
>
> 荷重を負担するために設定された地役権に関しても訴権がわれわれに帰属する．その目的は，設定された地役権において定まる限度に至るまで，荷重を支えさせるため，また（それが可能なように）建物を修繕させるためである．ガッルスの見解によると，ある者が何等かのことをすることを強制されるようにという形で地役権を設

eum pertinet, qui sibi servitutem adserit, non ad eum, cuius res servit. sed evaluit Servi sententia, in proposita specie ut possit quis defendere ius sibi esse cogere adversarium reficere parietem ad onera sua sustinenda. Labeo autem hanc servitutem non hominem debere, sed rem, denique licere domino rem derelinquere scribit.

§5 Modus autem refectionis in hac actione ad eum modum pertinet, qui in servitute imposita continetur: forte ut reficiat lapide quadrato vel lapide structili vel quovis alio opere, quod in servitute dictum est.

§6 Veniunt et fructus in hac actione, id est commodum quod

定することはできないのであって，地役権は，私がすることを禁止しないようにするためのものである．なぜなら，およそ地役権においては，修繕は，地役権者が負担するものであって，承役物の所有者が負担するものではないのだから．しかし，セルウィウスの次の見解の方が優っている．それはすなわち，上の事例では，自己の荷重を支えるため壁を修復するよう相手方に強制できる権利が自己にあるとして自らを守ることができるというものである．ラベオは，「この地役権は，人間が義務を負っているのではなく，物が負っているのであり，それゆえ（承役地）所有者は物を放棄することが許される」と書いている．

この訴権における修理の程度は，地役権の設定の際に定められていた程度を限度とする．例えば，切り石によるのか建築用材によるのか，そのほか地役権（設定時）において言明された他の建造物によるのか．

この訴権では果実もまた対象となる．すなわちもし彼の隣人の建物

> haberet, si onera aedium eius vicinus sustineret.
> §7 Parietem autem meliorem quidem, quam in servitute impositum est, facere licet: deteriorem si facit, aut per hanc actionem aut per operis novi nuntiationem prohibetur.

> の荷重を支えていれば権利者が有していた利益がこれにあたる.
> もちろん壁を地役権の設定時より良いものにすることは許されている. もしより悪くしようとするならば, この訴権により, または新工事禁止通告により禁止される.

　以上の史料によると, 荷重をかけさせる権利が設定された場合, 承役地の所有者が荷重をうけとめている壁を修理する義務を負う. 通例, 地役権は作為を内容とすることはできないが, この地役権はその例外をなすといえる[35]. ただし, ラベオによると, 承役地所有者は, この物, すなわち壁を放棄して, この修理する義務を免れることができる. 承役地所有者が壁を放棄すれば, 多くの場合, 要役地所有者がこの壁の占有を取得し, 自ら修理するということになる.

　承役地所有者が修理するに際しては, 地役権設定時に決められた程度でこれをする必要がある. もちろんそれよりも質の高いものにすることは許される.

　どの程度まで荷重をかけることができるかについては, 次のパウルス文が言及している.

> D 8.2.24 (Paul. 15 ad Sab.)
> Cuius aedificium iure superius est, ei ius est in infinito supra suum aedificium imponere, dum inferiora aedificia non graviore servitute oneret quam pati debent.

> 権利に基づき上の方に建造物をもつ者は, 制限なく自らの建物の上に（建造物を）置くことができる. ただし, 下の建物が耐えきれない負担を負うことはない.

---

35) この点については MÖLLER [13, p. 200ff.] 参照.

2.1.8 材木を壁に差し込ませる権利

材木を壁に差し込ませる権利 (servitus tigni immittendi) の内容についても，ウルピアヌスの『告示注解』17 巻が説明している．

> D 8.5.8.1-2 (Ulp. 17 ad ed.)
>
> Competit mihi actio adversus eum, qui cessit mihi talem servitutem, ut in parietem eius tigna immittere mihi liceat supraque ea tigna verbi gratia porticum ambulatoriam facere superque eum parietem columnas structiles imponere, quae tectum porticus ambulatoriae sustineant.
> §2 Distant autem hae actiones inter se, quod superior quidem locum habet etiam ad compellendum vicinum reficere parietem meum, haec vero locum habet ad hoc solum, ut tigna suscipiat, quod non est contra genera servitutium.
>
> 彼の壁に材木を差し込むことを私に許すという地役権を私に与えた者を相手方として，私に訴権が付与される．それは材木の上に例えば歩廊をつくり，さらにこの壁の上に，歩廊の屋根を支えるための柱を設置するという目的でなされる．
>
> 材木を差し込む権利の訴権と荷重をかける権利の訴権とでは，次の点で相互に異なっている．すなわち荷重をかける権利では，上方の者が隣人に彼の壁の修繕を強制することができるが，材木を差し込む権利では，材木を支えることのみを目的とする．このことは地役権の種に反しない．

ここに明確に示されているように，材木を差し込む権利は，承役地にある壁に材木を差し込むことのみを内容とする．荷重をかける権利のように，壁の修理を求めることはこの地役権においてはできない．

2.1.9　境界線を超えて建築する権利

建物 X と建物 Y とが隣り合っている場合にあって，建物 X の構造物の一部を建物 Y との間の境界線をこえ，その上方へと差し入れたり，張りだせたい場合，この地役権 (servitus protegendi proiciendive) が用いられる．この地役権について言及している例はいくつかあるものの[36]，具体的な地役権の内容についての記述はみいだせない．おそらくは，バルコニーや庇のような構造物を隣地へと張り出させることを内容とする権利であろう[37]．

2.1.10　排水溝設置

他人の土地の下に排水溝を設置し，これを利用することを内容とする地役権も存在する[38]．しかしこの地役権の具体的内容について解説する史料は見あたらない．

2.1.11　日常的な生活から発生するレベルをこえて発生した煙を承役地へと排出する権利

ウルピアヌスは，『告示注解』17巻の都市地役権についての解説の末尾で，他人の土地上への煙や蒸気の排出（インミッシオ）について取り上げている．少し長くなるが全文を以下に引用する．

D 8.5.8.5 (Ulp. 17 ad ed.)

Aristo Cerellio Vitali respondit non putare se ex taberna casiaria fumum in superiora aedificia iure	アリストがケレッリウス・ウィタリスに次のように解答した．「チーズ屋から出た煙を上の建物に入

---

[36] D 8.5.17 pr (Alf. 2 dig.); D 8.3.2 pr (Ner. 4 reg.); D 8, 2, 27 pr (Pomp. 33 ad Sab.); D 47.7.6.2 (Pomp. 20 ad Sab.); D 8.2.2 (Gai. 7 ad ed. provinc.); D 8.2.1 pr (Paul. 21 ad ed.); D 8.2.20 pr (Paul. 15 ad Sab.).

[37] D 50.16.242.1 (Iav. 2 ex post. Labeonis).

[38] D 8.1.7 (Ulp. 13 ad leg. Iul. et Pap.); D 8.3.2 pr (Ner. 4 reg.).

immitti posse, nisi ei rei servitutem talem admittit. idemque ait: et ex superiore in inferiora non aquam, non quid aliud immitti licet: in suo enim alii hactenus facere licet, quatenus nihil in alienum immittat, fumi autem sicut aquae esse immissionem: posse igitur superiorem cum inferiore agere ius illi non esse id ita facere. Alfenum denique scribere ait posse ita agi ius illi non esse in suo lapidem caedere, ut in meum fundum fragmenta cadant. dicit igitur Aristo eum, qui tabernam casiariam a Minturnensibus conduxit, a superiore prohiberi posse fumum immittere, sed Minturnenses ei ex conducto teneri: agique sic posse dicit cum eo, qui eum fumum immittat, ius ei non esse fumum immittere. ergo per contrarium agi poterit ius esse fumum immittere: quod et ipsum videtur Aristo probare. sed et interdictum uti possidetis poterit locum habere, si quis prohibeatur, qualiter velit, suo uti.

り込ませることは，上の建物の所有者がこうした地役権をチーズ屋に許している場合を除き適法であるとは考えない」と．アリストはまた述べている．「上にあるところから下にあるところへ水やその他の何かを差し入れることは許されない．なぜなら，自分の土地の中である者がすることができるのは，他人の土地に何かを差し入れない限り，すなわち煙や水のインミッシオをしない限りにおいてであるから．それゆえ上の方の者は下の方の者を相手方として『そういうことをする権利はない』として訴えることができる.」アリストがいうには，「アルフェヌスはそれゆえに，次のように書いている．私の土地にそのかけらが落ちてくるような形で彼の土地で石を切り出す権利は彼にはないとして訴えることができると.」それゆえアリストは次のように述べている．「チーズ屋用物件をミントゥルノの人々から賃借した者は，上にいる者によって煙のインミッシオを禁止されうる．しかしミントゥルノの人々は，賃借人訴権によ

§6 Apud Pomponium dubitatur libro quadragensimo primo lectionum, an quis possit ita agere licere fumum non gravem, puta ex foco, in suo facere aut non licere. et ait magis non posse agi, sicut agi non potest ius esse in suo ignem facere aut sedere aut lavare.

§7 Idem in diversum probat: nam

って責を負う.」アリストがいうには,「煙を差し込んだ者を相手方として,『その者には煙のインミッシオをする権利はない』として訴えの提起ができる.」それゆえこれとは反対に,「煙のインミッシオをする権利がある」として訴えを提起することもできる. このこと自体にアリストは賛同しているように思える. しかし, もし自分が使いたいように使うことをある者が禁止されるならば uti possidetis 特示命令をつかう余地がある.

ポンポニウスの『講義集』41巻の下で次の疑問がもたれた. ある者が「ひどくはない煙を――例えば炉からでる煙を――自己の建物（土地）の中で出すことができる」, あるいは「それができない」と訴えることができるかと. ポンポニウスが言うには, むしろこういう訴えはできないと. これはあたかも, 自分の土地の中で火をおこす権利があるとか, 座る権利や水浴びをすることができると訴えることができないことと同様である.

ポンポニウスはこれとは逆のこと

第 4 章　usucapio libertatis のオントロジー　197

et in balineis, inquit, vaporibus cum Quintilla cuniculum pergentem in Ursi Iuli instruxisset, placuit potuisse tales servitutes imponi.	に賛同している．すなわち，クィンティッラがウルフス・ユリウス市で水道坑を設置した際，浴場の湿気に関してはこうした地役権を設定することができるとされるに至っていると彼は述べている．

　以上の史料においては，チーズ屋は煙を隣へと排出できるのか，炉からの煙を隣へと排出できるのか，浴場からでる湿気を排出できるのかが問題となっている．チーズ屋の煙については，アリストは，地役権がない限り排出は許されないとする．炉からの煙についてポンポニウスは日常的なものであれば地役権がなくとも排出が可能であるとする．浴場からの湿気についてポンポニウスは地役権が必要であるとする．ウルピアヌスが，この 3 つの事案解決を通していいたいことは，日常通常生ずるレベルの排出については，特段地役権がなくとも排出が可能であるが，それを超えるものについては地役権がないといけないということであろう[39]．

2.2　発　　　生

2.2.1　市　民　法

　同じく地役権であっても，農地地役権が手中物（res mancipi）であるのに対し，都市地役権は非手中物である[40]．そのため，設定についても次のガイウス文にあるような相違が生じることになる[41]．

Gai inst 2.29	
Sed iura praediorum urbanorum	都市地役権は，法廷譲渡すること

---
39) RAINER [17, p. 358ff.].
40) Gai inst 2.14a.
41) 都市地役権の設定に関しては，KASER [7, p. 443f.]; KASER/KNÜTEL [8, p. 165f.].

> in iure cedi possunt; rusticorum vero etiam mancipari possunt.
>
> ができる．これに対し，農地地役権は握取行為が可能である．

ここに示されているように，都市地役権は，法廷譲渡という方式により設定されることを要する[42]．しかし，土地を握取行為により譲渡するにあたり，地役権を留保するという形であれば（例えば，Aが土地Xと土地Yとを有しており，土地YをBに譲渡するに際し，土地Xを要役地とする形で地役権を設定する場合），握取行為により地役権を設定することも可能であったと考えることができる．この点は，用益権の設定に関する次の記述が参考になる．

> Vat. fr. 47. Item.
>
> Per mancipationem deduci usus fructus potest, non etiam transferri. per do lego legatum et per in iure cessionem et deduci et dari potest.
>
> 握取行為を通して用益権を控除することはできるが，これを通して用益権を移転することはできない．また物権遺贈や法廷譲渡を通してであれば，控除も供与も可能である．

これは用益権についての記述であるが同じことが地役権の設定にもあてはまると見てよいと思われる．

この他，遺贈により地役権を設定することも可能である[43]．

2.2.2 法務官法

以上のような市民法上の設定方法に加え，法務官法上，より緩やかな方法による設定が認められている．

---

42) 法廷譲渡（in iure cessio）という方式の具体的内容については，Gai inst 2.24 をみよ．

43) D 33.3.1 (Iul. 1 ex Minic.); D 8.2.10 (Marcell. 4 dig.); D 8.2.36 (Pap. 7 quaest.).

まず，ガイウスによると，属州の土地については，問答契約や合意による地役権の設定が可能とされた[44]．

また，ラベオ，ケルスス，ヤウォレヌス，ユリアヌス，マルケルスは，売買（emptio venditio）による地役権の設定について言及している[45]．パピニアヌスは，贈与（donatio）による地役権の設定に言及している[46]．また，ウルピアヌスは，「引渡または認容 per traditionem ... vel per patientiam」による地役権の設定が可能であるとする[47]．

2.2.3　勅　　法

さらに，カラカラ帝は，長期間にわたる事実の継続による地役権の発生を認めている[48]

C 3.34.1 (Ant. A. Calpurniae.)

Si quas actiones adversus eum, qui aedificium contra veterem formam extruxit, ut luminibus tuis officeret, competere tibi existimas, more solito exercere non prohiberis. is, qui iudex erit, longi temporis consuetudinem vicem servitutis obtinere sciet, modo si is qui pulsatur nec vi nec clam nec

古くからの形態に反した形で建物を建て，その結果君の採光を害した者を相手方とする訴権を，君が旧慣にしたがって提起することを君が妨げられることはない．審判人となる者は，長期の慣行が地役権の効力を取得することを知っておかねばならない．もし訴えられた者が，暴力にも隠秘にも懇願的

---

44) Gai inst 2.31.
45) D 18.1.80.1 (Lab. 5 post. a Iav. epit.); D 8.1.20 (Iav. 5 ex post. Labeonis.); D 21.2.10 (Cels. 27 dig.); D 8.5.16 (Iul. 7 dig.); D 8.4.6.3a (Ulp. 28 ad Sab.).
46) D 8.4.17 (Pap. 7 quaest.).
47) D 8.3.1.2 (Ulp. 2 inst.); D 6.2.11.1 (Ulp. 16 ad ed.).
48) C 3.34.1 (Ant., 211). この勅法については，RODGER [20, p. 116ff.]; RAINER [16, p. 264ff.]; MÖLLER [13, p. 177ff.] を参照．

> precario possidet.<a. 211 pp. III id. Nov. Gentiano et Basso conss.>
>
> 借用にもよらずして占有しているのであれば.

　カルプルニア——この勅法の名宛人——の隣人（A）が自己の所有地内の建物をより高く建てた．これは，古くからの慣行（vetus forma）に反するものであり，またこの建築によりカルプルニアの採光が害された．この事案にあって，カルプルニアは，Aを訴えて，建造物を元に戻させることができるのかが問題となっている．

　この勅法の解釈にあたっては，ここで問題となっている地役権が，より高く建てさせない権利（altius non tollendi）であるとみるのか，それとも，より高く建てる権利（altius tollendi）とみるのかで大きく解釈が異なることになる[49]．

　まずは，ここでより高く建てる権利が問題になっているとして考えてみよう．この場合，冒頭にでてくる quas actiones は，この地役権の否認訴権（actio negatoria）ということになろう．つまり，カルプルニアの方から，隣人は建てる権利がないにもかかわらず建てたが，その権利はないのだから元に戻せと主張していることになる．勅法では，vetus forma に反して建設したとあるが，vetus forma より高く建てるためには，より高く建てる権利という地役権が必要であるということが前提となっているとみることができる．そして，それにもかかわらずこの地役権を取得せずに建設したとして，「君」すなわちカルプルニアは，否認訴権でもってこの地役権の不在を確認し，もともとの状況に戻させることを求めて隣人を訴えるということになる．続いて，is, qui iudex erit 以下について考えてみよう．ここには，長期の慣行（longi temporis consuetudo）により，地役権の効力（vicis servituti）を取得するとある．地役権を取得するのが誰であるかは示されていないが，より高く建てる権利が問題になっているとすると，これは隣人のことと解する他ないであろう．仮に隣人

---

49) RODGER [20, p. 117].

が長期の慣行により，より高く建てる権利を取得するならば，もちろんカルプルニアの訴えは認められないことになる．しかし，modo si 以下に示されている場合には，慣行による地役権取得は否定される．すなわち，隣人が暴力，隠秘または懇願により（高く建てた状態の建物を）「占有」（possidere）しているならば，隣人はこの地役権を取得できず，servitus altius tollendi をもつことはできない．したがって，カルプルニアに否認訴権は認められることになる．

以上のように，本勅法にあって，より高く建てる地役権が問題になっているという前提で解釈すると，元来，スクリボニウス法（lex Scribonia）に基づき地役権の使用取得は禁止されているにもかかわらず，それと類似する形の「長期の慣行」に基づき，より高く建てる地役権の取得が認められているということになる．ただし，ある種の占有の瑕疵のようなものがある場合にはこの取得が否定されている．このように，この解釈によると，スクリボニウス法を（少なくとも部分的に）廃止した上で，長期の慣行に基づく地役権の取得という新たな制度をこの勅法は持ち込んでいることになる．

これに対し，より高く建てさせない権利（servitus altius non tollendi）が問題になっているとすると，話しは大きくかわる．まずここでカルプルニアが提起しようとしている訴権は，この地役権の認諾訴権ということになる．すなわちカルプルニアは，自分が隣人の土地上にこの地役権を有しているにもかかわらずこの隣人が建築を行ったので，この建築を取り壊せというものになる．このような解釈によると，長期の慣行により vetus forma に則った形での地役権の発生が認められたことになる．ここにもスクリボニウス法の修正を看取できる．ここまでは特に問題ない．しかし，この解釈をする際の最大の難点は modo si 以下をいかに解釈するかにある．ここでは彼（is）が「暴力によっても隠秘によっても懇願にもよらずして占有している」場合はこの限りではないとする．どうして隣人がこうした形で建築をし，建築物を占有しているとき，カルプルニアが地役権の認諾訴権を提起することができることになるのかうまく説明できない．むしろカルプルニアが占有していたからと言わねばならない

はずである[50]．そこで，この勅法で，より高く建てさせない地役権が問題になっていると考える論者は，この部分に史料の欠損ないしは改竄があると考えることになる[51]．

　私としては，この難点は，modo si は，直前ではなくその前にかかるとすることで克服可能であると考える．すなわち，暴力にも隠秘にも懇願にもよらずして隣人が占有をしている場合に地役権が発生するということではなく，そうした形での建築とそれに続く占有がある場合にのみ，地役権の認諾訴権でもって訴えねばならないということになるということである．逆に，仮に隣人が暴力や隠秘や懇願による建築を行ったのであれば，カルプルニアとしては quod vi aut clam 特示命令[52]または懇願的借用に関する特示命令[53]でもって取り壊しを求めることができるのであって，わざわざ認諾訴権でもって訴える必要はないということである．

　このように，ここで問題になっている地役権が，より高く建てる権利であるのか，それとも，より高く建てさせない権利であるかにより，この勅法の意味は異なることになる．すなわち，前者ということであれば，vetus forma とは所有権に内在する制限のことを意味し，これに反する建築を行うためには servitus altius tollendi が必要であるということを前提とした上で，瑕疵のない形で工事が行われた場合に，建築主（すなわち隣人）が長期の慣行によりこの地役権を取得することを認めたということになる．これに対し，後者の地役権，すなわち，より高く建てさせない権利が問題になっているとすると，vetus forma に一致した長期の慣行に基づき，カルプルニアがこの地役権を取得することを認めているものとなる．

　いずれの解釈も一応は文言上，成り立つものであり，結局，この勅法の解釈は，より高く建てる権利（servitus altius tollendi）が古典期に存在したのか否

---

50)　このような理解の下で修正を加える見解を RODGER [20, p. 117f.] が紹介している．
51)　RAINER [16, p. 267].
52)　後述 3.2 参照．
53)　後述 2.2.5 参照．

かという問題に帰着する．前に述べたように，確かにこの地役権が古典期に存在した痕跡はある．しかし，ことウルピアヌスはこの地役権に言及してはいない．またこの勅法が制定された時点にあって，ウルピアヌスがカラカラ帝の下にいたこと[54]を勘案すると，この勅法で servitus altius tollendi が問題になっていると考えることには無理がある．したがって，この勅法の中心的な意味は，長期の慣行による servitus altius non tollendi の取得を認めるものと見てよいだろう．

2.2.4　使用取得

スクリボニウス法（制定年不詳・共和政期）によると，地役権を使用取得することはできないものとされている[55]．しかし，古典期後期以降，長期間占有（longi temporis praescriptio）による取得が可能であった可能性も指摘されている[56]．

2.2.5　懇願的借用

懇願的借用（precarium）により地役権に相当するような便益の享受を受けることもできる[57]．例えば建物 X からでてくる雨滴を懇願的借用として建物 Y が受け止めることが許容されるということがある[58]．この状況は，外観上，地役権が設定されているのと同じである．しかし，ここでは，あくまでも権利が発生しているわけではなく，便益を提供する側（すなわち建物 Y の所有者）は，任意のときに便益の提供を停止することができる．これを相手方（すなわち建物 X の所有者）が拒絶する場合には，懇願的借用に関する特示命令（interdictum de precario）の申請が可能である．

---

54)　HONORÉ [6, p. 22f.].
55)　D 41.3.4.28 (Paul. 54 ad ed.). なお，パウルスは，別の箇所で，「servitus は無体物だから」これを usucapio することはできないといっている（D 8.1.14 pr (Paul. 15 ad Sab.)）．
56)　KASER [7, p. 445].
57)　D 43.26.2.3 (Ulp. 71 ad ed.).
58)　D 43.26.3 (Gai. 25 ad ed. provinc.).

2.3 消　　滅

　地役権を消滅させる市民法上の方式としてはまずは法廷譲渡がある[59]。この他，農地地役権については，不使用という消滅原因がある[60]。これに相応する都市地役権の消滅原因が以下でみる usucapio libertatis である。また承役地と要役地とが同一人物の所有に帰す場合にも，地役権は消滅する[61]。

　ローマでいつから usucapio libertatis が認められていたか，はっきりとしたことはわからない。D 8.2.7 (Pomp. 26 ad Q. Muc.) によると，すでにクィーントゥス・ムーキウスがこの制度に言及していることから，共和政期末には既に存在していたとはいえる。

　usucapio libertatis が成立するためには，まずは，地役権に反する状態が存在することが必要になる。例えば，より高く建てさせない地役権が存在しているにもかかわらず，承役地の所有者がそこに高い建物を建てるとか[62]，材木を差し込む権利があるにもかかわらず，材木が抜かれた上で材木を差し込むことができない状況になっている場合[63]，雨滴を落とす地役権があるものの，承役地上に雨滴が落とせなくなるような形で建設がなされている場合[64]がこれにあたる。

　usucapio libertatis が成立するためには，このような地役権に反する状態が単に存在するのみでは不十分であり，前記状態が承役地所有者の工事によりつくりだされたことが要求される。したがって，例えば樹木が繁茂して地役権に反する状態が作られたとしても[65]，また窓からの採光を確保するためより高く建てさせない地役権が設定されている場合において要役地所有者が窓を閉め続

---

59) KASER [7, p. 445f.].
60) D 8.2.6 (Gai. 7 ad ed.provinc.).
61) D 8.6.1 (Gai. 7 ad ed. provinc.).
62) D 8.2.6 (Gai. 7 ad ed. provinc.); D 8.2.32 pr-1 (Iul. 7dig.); D 8.5.6 pr (Ulp. 17 ad ed.).
63) D 8.2.6 (Gai. 7 ad ed. provinc.); D 8.6.18.2 (Paul. 15 ad Sab.).
64) D 8.6.8 pr (Paul. 15 ad Plaut.).
65) D 8.2.7 (Pomp. 26 ad Q. Muc.).

けていたにすぎない場合には，また材木を差し込む地役権が設定されている場合にあって地役権者が単に材木を抜いたに過ぎない場合には[66]，usucapio libertatis は成立しない[67]．

最後に，地役権に反する状態が維持されたまま一定年数が経過することが必要となる．その経過前に地役権が行使された状態に状況が復するならば，使用取得は中断する[68]．この年数が何年であるかを示す記述は法史料中に確認できない．おそらくは，用益権の不使用による消滅と同様，2年であろう[69]．

都市地役権は，煙や湿気のインミッシオンに関するものを除き，建物を特定の形状にすること，あるいは特定の形状にさせないことをその内容とする．パウルスは，都市地役権は，地役権が行使された状況の建物を占有することにより保持されるという[70]．逆にいうと，こうした占有を承役地所有者によって奪われることにより，usucapio libertatis の成立にむけた状況になる．地役権者の有するこの「占有」は，後述のように新工事禁止通告や，quod vi aut clam 特示命令によって強力に保護されている．usucapio libertatis が成立するのは，こうした救済手段に地役権者に訴えないまま時間が経過した場合のみである．

懇願的貸借（precarium）として地役権に反する状態がつくりだされる場合があるが，このときには，usucapio libertatis は成立しない[71]．

3. 都市内の地役権をめぐる建築紛争の解決システム

それでは，地役権の有無をめぐり紛争が生じた場合の解決手続についてみて

---

66) D 8.2.6 (Gai. 7 ad ed. provinc.).
67) ただし D 8.5.6 pr (Ulp. 17 ad ed.) をみよ．この事例では承役地所有者が地役権に反する状態をつくったのではなく，要役地と承役地の間にある土地でなされた建築の結果，地役権に反する状態が創出されている．
68) D 8.2.32, 1 (Iul. 7 dig.); D 8.5.6 pr (Ulp. 17 ad ed.).
69) Vat. fr. 46.; Paul. Sent. 3, 6, 30.
70) D 8.2.20 pr (Paul. 15 ad Sab.).
71) D 8.2.32 pr (Iul. 7 dig.); D 8.4.17 (Pap. 7 quaest.).

いくことにしよう．この手続の中心をなすのはもちろん地役権の返還請求訴権
である．この訴権に基づく裁判の中で地役権の有無が最終的に確定されること
になる．しかしそこに至る前に，当事者は暫定的ではあるものの別の法手段を
用いることも可能である．地役権をめぐる紛争の解決手続を理解するために
は，この種の法手段もあわせて総合的に理解することが求められる．

3.1 比較対象としての農地地役権の保護

都市地役権の紛争解決システムに入る前に，まずは農地地役権がいかに保護
されているかについて，通行権（via）を例にとり簡単にみておくことにした
い．

土地Ｘと土地Ｙが隣接している場合にあって，土地Ｘの所有者のＡは，自
分には土地Ｙを通行する地役権（via）があると主張し，土地Ｙを通行しよう
としたが，土地Ｙの所有者のＢがこれを妨害した．この場合，Ａは私的な通
行権に関する特示命令を法務官に申請することができる．この申請をうけた法
務官の下で，紛争が生じたときからさかのぼること一年以内に，Ａが瑕疵のな
い形で——すなわち暴力にも隠秘にも懇願にもよらずに——通行した事実があ
るか否かが審査され，これが肯定される場合，通行を妨害しようとする暴力は
特示命令により禁止される[72]．すなわち，Ａは訴権を行使することなく通行可
能な状態を回復することができる．

この場合，地役権の有無についてなお承役地所有者（Ｂ）が争いたければ，
Ｂの方から，「地役権がない」ことの確認を求めて訴えなければならない．す
なわち，地役権の返還請求訴権の否認訴権で訴えることになる．その際，承役
地所有者が地役権の不在を証明しなければならない．すなわち，（1）法廷譲渡
等により消滅させられたこと，あるいは，（2）不使用により消滅していること
を証明しなければならない．

一年以内にＡが通行した事実がないか，あるいは通行したとしても瑕疵の

---

72) D 43.19.1 pr (Ulp. 70 ad ed.).

ある形で通行したのであれば（例えばBの妨害を実力で排除して通行した場合がこれにあたる），上記の特示命令による保護をAは受けない．したがってBは実力行使でAの通行を妨害することができる[73]．この場合，Aがなおも地役権の存在を主張するならば，Aの方から地役権の返還請求訴権の認諾訴権で訴える必要がある．

農地地役権に関する紛争においては，このように，特示命令手続の中でまずは過去一年内における権利行使の事実の有無が審査される．都市地役権に関しては，これに相当する特示命令は法務官告示中に存在しない．しかし，次にみる法手段がこれにかわる機能を果たしている．

3.2　quod vi aut clam 特示命令

3.2.1　概　　要

quod vi aut clam 特示命令について法務官告示は次のように規定している[74]．

Quod vi aut clam factum est, qua de re agitur, id cum experiendi potestas est, resituas.	当該の工事が暴力または隠秘によりなされており，申請者に訴える権限が生じて1年以内であれば，君は工事を元に戻さねばならない．

この特示命令は，建築主（この規定のいう「君」にあたる）が工事を開始した際に，その近隣の土地の所有者が法務官に申請する特示命令であり，その申請が認められるならば，法務官は建築主に対し工事が開始される以前の状況に戻すこと，すなわち工事の結果できあがった建築物を取り壊すことを命じたも

---

73) なおAがさらに強大な暴力でBの実力行使を排除し通行するならば，AはBを actio iniuriarum で訴えたり，あるいは int. uti possidetis により，この暴力を排除することができることになろう．

74) Lenel, [11, p. 482f.]．以下の記述についての詳細は，拙著[27, p. 115ff.]を参照．

のである．

　この特示命令を申請できるのは，最も典型的には，工事が行われている土地の近隣の土地を所有する者である．他方，相手方となるのは，工事をしている建築主である．

　この特示命令の対象となる工事は，土地の中でなされている工事であり，建物の建築や取り壊しがその典型例である．この他，横木，鍵，柵，彫像を建造物から引き抜く行為にも適用がある．他方，農地から果実を取り去る行為はここでいう工事にはあたらない．

　この特示命令の申請が認められるためには，この種の工事が暴力または隠秘でなされていることを要する．また申請時から遡って一年以内になされたものであることを要する．暴力による工事とは，工事をやめるよう求める禁止行為（prohibitio）がなされたにもかかわらず続行された工事である．この禁止行為は，通例，小さな石を投げるという象徴的行為の形をとる．隠秘による工事とは，工事開始前に事前に通知をしないで開始された工事のことをいう．

　この特示命令の相手方は，自分には建築する権利（所有権や地役権など）があると主張することでこの特示命令に対抗することはできない．したがって仮にこうした権利があるとしても，暴力または隠秘による工事であれば，現状回復が命じられる．しかし，暴力または隠秘で行われた工事を元に戻すという抗弁で対抗することはできる．

　quod vi aut clam 特示命令とは，近隣の人々に対し権利主張をする機会を確保すること，またそれが行われた場合に確実に公的な紛争解決手続に建築主を服させるための制度であると理解できるであろう．建築主は，自らの工事に関して紛争が存在していると認識している場合はもちろん，それが生じ得ることが危惧されるならば事前通知をしなければならないし，その結果禁止行為を受けるならば，工事を一旦中断させなければならない．こうした要請を実現させるため，法務官は，違反者に対し権利の有無に関係なく取り壊しを命じているのである．

3.2.2 地役権との関連性

地役権を守るために quod vi aut clam 特示命令を用いることはできるのかについてここでみておきたい[75]．この点は，次の史料から肯定可能である．

> **D 8.5.6.1 (Ulp. 17 ad ed.)**
>
> Sciendum tamen in his servitutibus possessorem esse eum iuris et petitorem. et si forte non habeam aedificatum altius in meo, adversarius meus possessor est: nam cum nihil sit innovatum, ille possidet et aedificantem me prohibere potest et civili actione et interdicto quod vi aut clam: idem et si lapilli iactu impedierit. sed et si patiente eo aedificavero, ego possessor ero effectus.
>
> この地役権においては，占有者すなわち権利の占有者と，原告とがいることを知っておかねばならない．もし私が私の土地の中により高くした建物を有していないならば，私の相手方が占有者である．すなわち，何も新しい工事がなされていないならば，この相手方が占有しており，私が建築を開始するならば，市民法上の訴権や quod vi aut clam 特示命令により私を禁止することができる．また投石によって妨害することもできる．しかし，相手方の認容の下で私が建設を終えるならば，私が占有者となる．

この法文では，より高く建てさせないことを内容とする地役権の存否について争いになっている．すなわち近接する建物 X（所有者は「相手方」）と建物 Y（所有者は「君」）とがあり，相手方は建物 Y 上に，より高く建てさせない

---

75) この特示命令の申請権者については，D 43.24.11.14ff. (Ulp. 71 ad ed.) をみよ．

権利（servitus altius non tollendi）があると主張し，君はこれを否定している．現状において君が，より高く建ててはいない状況にあって（つまり外観上は，この地役権が行使されているかのような状態になっている），君が改築を開始した場合には，相手方は，「市民法上の訴権」や投石の他，quod vi aut clam 特示命令の申請も可能であるとする．ここから，地役権を守るという目的のためにもこの特示命令を用いることが可能であったことがわかる[76]．

3.3 新工事禁止通告

3.3.1 概　　要

新工事禁止通告制度（operis novi nuntiatio）とは，新たに開始された工事を，その適法性の審査のため一旦中断させるための制度である[77]．これは，私人によってなされる通告（新工事禁止通告）に始まる．この通告がなされると，建築主は工事を中断し，公権力の下での紛争解決手続に服さねばならない．仮に，通告されたにもかかわらず工事を続行するならば，通告後になされた工事は権利関係の如何にかかわらず取り壊しを命じられる．

この制度は，上でみた quod vi aut clam 特示命令――特に禁止行為がなされた場合――と類似しているように見えるが，後者が既になされた工事の取り壊しを目指すものであるのに対し，これから先の工事を中断させることが目的とされている．

新工事禁止通告を行うことができるのは，もっとも典型的には，工事が行われている土地の近隣に土地を所有する者である．しかしその範囲は徐々に広げられ，近隣の土地の用益権者，地上権者も可能とされている．

通告の相手方は，直接的には建築現場で工事に従事している人であり，この者の性別・年齢・身分は問われない．ただし，彼らに通告することで，建築主に対し通告の効果が生じ，これ以降の工事の続行が禁止される．

新工事禁止通告の対象となる行為は，典型的には建物の建設または破壊であ

---

76) この点については，D 43.24.15.8 (Ulp. 71 ad ed.) もみよ．
77) この制度についての詳細は，拙著 [27, p. 122ff.] 参照．

り，作物の刈り取りや樹木の切断はこれにはあたらない．また建物の補修もこれにあたらない．

新工事禁止通告は何時でも行うことができる．通告に際し法務官などの立ち会いは必要ではない．通告は工事現場で行うことを要する．

仮に通告後も工事を継続するならば，その工事が建築主の権利に基づくものであるとしても，法務官告示に基づき，取り壊しを命じられることになる．したがって建築主は，工事を止めた状態のままで通告者とともに法務官の下での紛争解決手続に服さねばならない．

法務官の下でまず問題となるのは，中断されている工事の再開許可（remissio）を出すべきか否かである．仮に通告者に建築を差し止める権利（所有権か地役権）があることが明らかであれば，法務官は再開許可を出さない．この場合，建築主から対物訴訟を提起し勝訴しない限り，建築主は工事を行うことができない．逆にこうした権利が存在しないことが明らかであれば，単純に再開許可が出ることになる．

こうした権利の有無について紛争が存在し，即座に判断をつけることができない場合には，法務官は「新工事禁止通告に関する担保問答契約（stipulatio de operis novi nuntiatio）」の締結を条件として工事再開を認める．

3.3.2 投石による禁止との役割分担

ウルピアヌスによると，新工事禁止通告がなされた場合，被通告者が占有者として扱われるという．この点は次の2史料に明言されている．

D 39.1.1.6 (Ulp. 52 ad ed.)

In operis autem novi nuntiatione possessorem adversarium facimus.	新工事禁止通告がなされた場合，われわれは相手方を占有者とする．

D 39.1.5.10 (Ulp. 52 ad ed.)

Meminisse autem oportebit, quotiens quis in nostro aedificare vel in nostrum inmittere vel proicere vult, melius esse eum per praetorem vel per manum, id est lapilli ictum prohibere quam operis novi nuntiatione: ceterum operis novi nuntiatione possessorem eum faciemus, cui nuntiaverimus. at si in suo quid faciat, quod nobis noceat, tunc operis novi denuntiatio erit necessaria. et si forte in nostro aliquid facere quis perseverat, aequissimum erit interdicto adversus eum quod vi aut clam aut uti possidetis uti.

次の点は注意しなければならない．ある者がわれわれの土地の中で建設をしたり，われわれの土地に何かを突入れたり，われわれの土地上に何かを張りだたせたならば，法務官を通じて，または手による禁止——すなわち小石を投げて行う禁止——の方が新工事禁止通告よりも良い．そうではなく新工事禁止通告をするならば，これによってわれわれは通告の相手方を占有者としてしまうことになる．これに対し，ある者がその者自身の土地の中で，何かわれわれに害になるような工事をするならば，その時には新工事禁止通告が必要である．もしある者がわれわれの土地の中で工事を続行するならば，この者を相手方として quod vi aut clam 特示命令または uti possidetis 特示命令を用いるのが極めて衡平に適っている．

　Bが何らかの建築工事を開始したためAがBに新工事禁止通告をした場合，Bが占有者として扱われるという．すなわちBが工事をしている場所は，Bが占有者としてあつかわれることになる．逆にいうと，Aはこの場所についての占有の主張をしていないものとしてあつかわれる．

それではAがこの場所を自らが占有していると主張したいならばどうすればいいのであろうか．この点の答えは，D 39.1.5.10に明確にあるように，投石による禁止[78]を行うことである．これにより占有をめぐる争いがあるものとして扱われ，この争いの決着はuti possidetis特示命令により解決が図られることになる[79]．新工事禁止通告制度にも，自らの権利を守るという目的があり[80]，おそらく元来はそのために最も効果的な方法が新工事禁止通告であったと想像されるが，ウルピアヌスは，むしろ投石による禁止を通じて占有の主張をしていくべきとしている．

　地役権の準占有をめぐる争いにあって一方の当事者が地役権の準占有を主張する場合にも同様のことがあてはまったと想像される[81]．

3.3.3　地役権との関連性

　新工事禁止通告は，地役権を保護するという目的のためにも用いることができる．この点は，次の史料に明示されている．

D 39.1.5.9 (Ulp. 52 ad ed.)

Et belle Sextus Pedius definiit triplicem esse causam operis novi nuntiationis, aut naturalem aut	セクストゥス・ペディウスが適切にも定義しているように，新工事禁止通告の原因は3つある．すな

---

78) 投石による禁止については，D 43.24.20.1 (Paul. 13 ad Sab.) と D 43.24.1.6 (Ulp.71. ad ed.) をみよ．
79) 後述 3.5.3 参照．
80) D 39.1.1.16 (Ulp. 52 ad ed.); D 39.1.1.19 (Ulp. 52 ad ed.); D 39.1.5.7-9 (Ulp. 52 ad ed.).
81) D 8.5.4.7 (Ulp. 17 ad ed.) や D 8.5.6.1 (Ulp. 17 ad ed.) における prohibitio はこうした投石による禁止と考えてよいのではなかろうか．D 8.5.6.7 (Ulp. 17 ad ed.) では地役権 (servitus tigni immittendi) をめぐる争いにおいて operis novi nuntiatio による prohibitio が問題になっているが，ここでは承役地の壁の補修であり，壁自体が承役地所有者が占有していることに争いはないためであると考えることができる．

| publicam aut impositiciam: naturalem, cum in nostras aedes quid immittitur aut aedificatur in nostro, publicam causam, quotiens leges aut senatus consulta constitutionesque principum per operis novi nuntiationem tuemur, impositiciam, cum quis postea, quam ius suum deminuit, alterius auxit, hoc est postea, quam servitutem aedibus suis imposuit, contra servitutem fecit. | わち自然的なものと公的なものと設定的なものである．自然的な原因とは，我々の建物に何かが突入れられた場合，または我々の（土地に）建設がなされた場合に存在する．公的な原因とは，法律，元老院議決，元首の勅法を新工事禁止通告により我々が遵守する場合に存在する．設定的な原因とは，自己の権利を減少させた後に，別の誰かの権利を増大させた場合に存在する．すなわち，地役権を自己の建物に負わせた者がこの地役権に反する行動をとった場合に存在する． |

この他，禁止解除（remissio）の手続に関する解説の中に，次のような記述がある．

D 43.25.1.3 (Ulp. 71 ad ed.)

| Ius habet opus novum nuntiandi, qui aut dominium aut servitutem habet. | 新工事禁止通告をする権利を有するのは，所有権または地役権を有する者である． |

　新工事禁止通告がなされた場合，建築主は通告者と法務官の下に行き，ここで通告者に差し止める権利（ius prohibendi）があるか否かが審査され，これが肯定される場合には，禁止通告は解除されない[82]．上記引用は，この差し止める権利として所有権とならんで地役権をあげている．ここからも，地役権を

守るために新工事禁止通告を用いることができたことを確認することができる[83]．

3.4 uti possidetis 特示命令

本来，uti possidetis 特示命令は，所有物返還請求訴権（rei vindicatio）の前段階として，当事者のいずれが占有者となるかを決定する手続である[84]．しかし，この特示命令は，都市内の建築紛争における次の特殊な機能もまた有している．

都市内で新たな建築工事が開始された場合にあって，この工事により自らの権利が侵害されると考える者は，投石による禁止行為を行うことができる[85]．この禁止行為にもかかわらず，建築主が工事を続行した場合，上述の quod vi aut clam 特示命令により，権利関係の如何にかかわらず工事前の状況に戻すことが命じられる．そのため，所有者が自己の占有する土地上で工事を開始する場合であっても，この禁止行為を受けるならば，一旦，工事を停止しなければならなくなる．このとき，この所有者はいかにして自らの土地上での工事を再開することができるのであろうか．この点についての答えは次の2史料から明らかになる．

D 41.2.52.1 (Ven. 1 interd.)

Eum, qui aedificare prohibeatur, possidere quoque prohiberi manifestum est.	建築することを禁止された者が，占有することもまた禁止されていることは明白である．

---

82) D 43.25.1 (Ulp. 71 ad ed.).
83) この他，D 8.5.6.7 (Ulp. 17 ad ed.) もみよ．なお，ユリアヌスは通行権の事例にあって新工事禁止通告制度の援用を否定している（D 39.1.14 (Iul. 49 dig.)）．
84) この特示命令については，拙著 [27, p. 84ff.] 参照．
85) D 43.24.20.1 (Paul. 13 ad Sab.).

> D 43.17.3.2 (Ulp. 69 ad ed.)
>
> Hoc interdictum sufficit ei, qui aedificare in suo prohibetur: etenim videris mihi possessionis controversiam facere, qui prohibes me uti mea possessione.
>
> 自己の土地の中での建築を禁止された者にとっては，この特示命令で十分である．なぜなら，私の占有物を私が使用することを君が禁止するならば，君は，私に対して占有について争っているとみられるのだから．

土地XをA占有するAが，この土地上で建築を開始したところ，BがAに対し禁止行為 (prohibitio) をしたとする．この禁止行為は，ウェヌレイユスとウルピアヌスによると，BがAに対し占有について争いを提起していることを意味する．したがって，Aとしてみると，この禁止行為を排除するためには，自らが占有者であることの確認を求めればよいことになり，そのために uti possidetis 特示命令が用いられるということになるわけである[86]．

3.5 地役権の返還請求訴権 (vindicatio servitutis)

3.5.1 actio confessoria と actio negatoria

Lenel の再構成によると，法務官告示 §73 には，通行地役権，より高く建てさせない地役権，荷重をかける地役権，材木を差し込ませる地役権，雨滴を落とす地役権についての規定があり，ここには，承役地の所有者が地役権の存在を否定するための否認訴権 (actio negatoria) とあわせ，要役地の所有者が地役権の存在を主張するための認諾訴権 (actio confessoria) がそれぞれ規定されていた[87]．前者は，「もし原告に通行権があることが明らかであるならば，… Si paret Ao Ao ius esse per fundum illum ire agere, quanti ea res ...」というも

---

86) この点については，この他，D 39.1.5.10 (Ulp. 52 ad ed.) の末尾およびD 43.17.3.4 (Ulp. 69 ad ed.) もみよ．

87) Lenel, [11, p. 191ff.].

のであり，これは，地役権の存在を主張する要役地所有者が提起する．これに対して後者は地役権の存在を否定しようとする承役地所有者が提起するものであり，その文言は，「もし訴訟の対象となっている土地に関し，被告がこれを原告の意思に反した形で通行する権利を有さないことが明らかであるならば，… Si paret No No ius non esse per fundum illum ire agere invito Ao Ao, ...」と再構成されている．ここでは，通行権（iter）の例をあげたが，Lenel は通行権の他，より高く建てさせない権利，荷重をかける権利，材木を差し込ませる権利，雨滴を落とす権利についても，それぞれ2つのタイプの方式書のひな型が記載されていたと考えている．

3.5.2 応訴強制

対物訴権にあっては，本来，被告に応訴義務はない．そこで所有物返還請求訴権にあっては，quem fundum 特示命令により被告に応訴を強制することになる．Lenel は，D 39.1.15[88] と D 39.2.45[89] から，これと同様の手続が都市地役

---

88) D 39.1.15 (Afr. 9 quaest.) Si prius, quam aedificatum esset, ageretur ius vicino non esse aedes altius tollere nec res ab eo defenderetur, partes iudicis non alias futuras fuisse ait, quam ut eum, cum quo ageretur, cavere iuberet non prius se aedificaturum, quam ultro egisset ius sibi esse altius tollere. idemque e contrario, si, cum quis agere vellet ius sibi esse invito adversario altius tollere, eo non defendente similiter, inquit, officio iudicis continebitur, ut cavere adversarium iuberet nec opus novum se nuntiaturum nec aedificanti vim facturum. eaque ratione hactenus is, qui rem non defenderet, punietur, ut de iure suo probare necesse haberet: id enim esse petitoris partes sustinere.「建物が建てられる前に，『隣人にはより高く建てる権利がない』として訴えが提起され，隣人が応訴しない場合には，法務官の役割は次のこと以外にはないと彼（ユリアヌス?）はいう．すなわち，『自分により高く建てる権利がある』と反対に訴える前に建築しないことにつき担保提供するよう被告に命じること以外に．これとは逆に『自分には相手方の意思に反した形でより高く建てることができる権利がある』と訴えようと望んでいるが，相手方が応訴しないとする．同様に彼（ユリアヌス?）がいうには，法務官の職務には，相手方に対し『新工事禁止通告をしないこと，建築する者に対して暴力を行使しないこと』について担保提供させるよう命じることが含まれる．こうした理由により，応訴しない者は，次の

権にもあったと推測している．

3.5.3 原告と被告の振り分け

　地役権をめぐる紛争にあっても，用益権と同様，地役権者の方から認諾訴権（actio confessoria）で訴えるべきなのか，それともこの存在を否定している所有者の方から，否認訴権で訴えるべきなのかという問題がある[90]．

　この問題については，より高く建てさせない権利（servitus altius non tollendi）と材木を差し込ませる権利（servitus tigni immittendi）に関し論じたウルピアヌスの見解が伝わっている．前者についての史料が D 8.5.6.1 (Ulp. 17 ad ed.) である[91]．

D 8.5.6.1 (Ulp. 17 ad ed.)	
Sciendum tamen in his servitutibus possessorem esse eum iuris et petitorem. et si forte non habeam aedificatum altius in meo, adversarius meus possessor	この地役権においては，占有者，すなわち権利の占有者と，原告とがいることを知っておかねばならない．もし私が私の土地の中により高くした建物を有していないな

限りで制裁を受ける．すなわち，自己の権利を証明することが必要とされるという限りで．すなわち原告たる役割を引き受けるということで．」

89) D 39.2.45 (Scaev. 12 quaest. a q. fund. pet.) Aedificatum habes: ago tibi ius non esse habere: non defendis. ad me possessio transferenda est, non quidem ut protinus destruatur opus (iniquum enim est demolitionem protinus fieri), sed ut id fiat, nisi intra certum tempus egeris ius tibi esse aedificatum habere.「君は建物を有している．私は『君には持つ権利がない』として訴える．君は応訴しない．占有は私に移転しなければならない．しかし，これはすぐに工事を破壊するためではない（なぜなら，すぐに取り壊しがなされるのは不適当だから）．そうではなく，一定期間の間に，君が私に対し『君には建物をもつ権利がある』として訴えさせるためである．」

90) RODGER [20, p. 92ff.].

91) この法文については，RODGER [20, p. 91ff.]; RAINER [16, p. 203] n. 2; COLOGNESI [3, p. 32f.] を参照．

est: nam cum nihil sit innovatum, ille possidet et aedificantem me prohibere potest et civili actione et interdicto quod vi aut clam: idem et si lapilli iactu impedierit. sed et si patiente eo aedificavero, ego possessor ero effectus.	らば，私の相手方が占有者である．すなわち，何も新しい工事がなされていないならば，この相手方が占有しており，私が建築を開始するならば，市民法上の訴権や quod vi aut clam 特示命令により私を禁止することができる．また投石によって妨害することもできる．しかし，相手方の認容の下で私が建設を終えるならば，私が占有者となる．

　Aの所有する建物Xの隣に，Bの所有する建物Yがある．B（法文中の「私」）がこの建物Yをより高く増築しようとしたところ，AがYY上に，より高く建ててはならない地役権（servitus altius non tollendi）を有すると主張し，Bはこの存在を否定した．この法文では，このとき，いずれが possessor であるのかが問題となっている．その意味は，後述するように，Aがこの地役権の認諾訴権（actio confessoria）で訴えるべきなのか，Bが否認訴権で訴えるべきなのかが問題となっていることと考えることができる．すなわち possessor が被告となり，そうでない方が原告となる．この点については，Ulp. ad ed. のすぐ後の記述（D 8.5.8.3）におけるのと同様である．

　この法文の解釈にあたりまず難しい問題となるのは，冒頭の "esse eum iuris et petitorem" である．この問題は，すぐ後にでてくる "civili actione" をいかに理解するかと関連性を有する．通例，この actio civilis は，Aが提起する認諾訴権を意味していると解されている[92]．しかし，このように解すると，Aが possessor であるにもかかわらず，actio confessoria で訴えていることになる．

---

92)　RODGER [20, p. 95]; RAINER [16, p. 203 n. 2] また独訳も同様である．

そこで，この法文冒頭の possessorem esse eum iuris et petitorem を possessorem esse iuris et eum petitorem と修正の上で，「権利の占有者が原告となることもある」という意味に理解し，つじつまをあわせることが必要となる．

しかし，actio civilis は，地役権の認諾訴権を意味しているとは限らない．仮に売買を通じて地役権が設定されたのであれば[93]，売主訴権により地役権の主張をすることも可能であろう．このように理解するならば，冒頭部分を修正する必要はなく，上掲のように修正を施すことなく「占有者，すなわち権利の占有者と，原告とがいることを知っておかねばならない．」と解することも可能である．以上の解釈によると，ウルピアヌスは，現状にあって建物Yが低い状態のままであるならば，Aが地役権という権利の占有を有していると考えていることになる．対物訴権において占有者は被告の地位にたつ．したがって，Bが原告として否認訴権で訴えるべきということになる．他方，Bが高く増築する工事を開始した時点でAがこれに異論を唱えず，この工事が完了したのであれば，Bがこの地役権に関して占有者となるとウルピアヌスはいう[94]．したがって，この時点に至ってAが地役権の存在を主張するならば[95]，Aの方から認諾訴権で訴えねばならないことになる．以上の理解は，次にみる D 8.5.8.3 のそれと完全に一致する．

材木の差し込みに関する地役権における原告・被告の地位の配分に関する学説を，D 8.5.8.3 が伝える．

D 8.5.8.3 (Ulp. 17 ad ed.)	
Sed si quaeritur, quis possessoris, quis petitoris partes sustineat,	誰が占有者で誰が原告となるかについて問題になるならば，すでに

---

93) D 8.1.20 (Iav. 5 ex post. Labeionis); D 8.4.6.3a (Ulp. 28 ad Sab.); D 8.5.16 (Iul. 7 dig.); D 18.1.80, 1 (Lab. 5 post. a Iav. Epit.); D 21.2.10 (Cels. 27 dig.).
94) 地役権の準占有については，さしあたり RUIZ [21, p. 125ff.] を参照.
95) なおAがこの後2年間にこの主張を行わないならば，仮にAが地役権を有していたとしても，usucapio libertatis によりこの地役権は消滅する．

> sciendum est possessoris partes sustinere, si quidem tigna immissa sint, eum, qui servitutem sibi deberi ait, si vero non sunt immissa, eum qui negat.
>
> 木材が差し込まれているのであれば，地役権が自分のために負われていると主張する者が占有者となる．これに対し，まだ差し込まれていないならば，これを否定している者が占有者となる．

　ここでは，建物X（所有者はA）を構成する木材を建物Y（所有者はB）の壁に差し込むことを内容とする地役権があるかないかについて問題になっている．ウルピアヌスは，既に木材が差し込まれているのであれば，Aが占有者であるという．したがって，この場合，Bの方から地役権がないことの確認を求め否認訴権を提起しなければならない．逆に，差し込まれていない状態であるならば，Aの方から認諾訴権を提起しなければならない．

　以上の2つの法文から，原告・被告の振り分けに関するウルピアヌスの見解は明確になる．すなわち，ここでは建築物の現状（status quo）[96]が決定的な役割を果たしていることが理解できる．このstatus quoと権利関係とが合致しないと主張する当事者が原告の役割を与えられるというものである．ここでは，占有保護の発想が都市地役権に応用されているとみることができる．

　最後に，こうした原告・被告の役割を割り振るための法手段について考察しておく必要がある．都市地役権のほとんどは建物を特定の形状にする，またはさせないことを内容とする．したがって，地役権の実現・妨害は，多くの場合，建築工事という形で図られる．この建築工事が暴力や隠秘による場合，quod vi aut clam 特示命令により，原状回復を図ることができる．また懇願的

96）　ただし，これは今あるまさにその状況と完全に一致するものではない．瑕疵のない形で存続している現状のことをさす．現在の状況が，瑕疵のある形，すなわち暴力や隠秘や懇願的貸借によって変更を加えられているのであれば，この変更が生じる前の状態に quod vi aut clam 特示命令，または懇願的貸借に関する特示命令により戻される．

借用（precarium）として地役権に相応する状況が創出されている場合には，precariumに関する特示命令を用いることができる．このように，多くの場合には，地役権のいわゆる準占有をめぐる争いは，これらの特示命令による解決が可能である．

しかし，建築という形をとらない地役権の存否が問題になっているとき，すなわちインミッシオンに関する地役権が問題になっている場合はこの限りではない．D 8.5.8.5 ではこの場合にあって uti possidetis 特示命令が用いられている[97]．おそらくは，quod vi aut clam 特示命令のカバーできないこの領域を uti possidetis 特示命令が補完しているということであろう．

それから投石による禁止に対抗するため建築主が uti possidetis 特示命令を用いた場合にあって，禁止者が地役権の準占有を主張した場合にも，uti possidetis が補完的役割を果たしたものと想像される．この場合には，uti possidetis 特示命令の枠内にあって，禁止者に地役権の準占有があるか否かもあわせて考慮されたのではなかろうか[98]．

3.6 小　　　活

地役権をめぐる紛争の最終的決着は，対物訴権，すなわち地役権の返還請求訴権（vindicatio servitutis）のなかで図られる．しかし，古代ローマの都市内の紛争解決システムにあっては，これに付帯する手続や，地役権の準占有状態（あるいは地役権がない状態）を保護する手続も存在し，これらが複合的に機

---

[97] RUIZ [21, p. 134ff.].
[98] 例えば，所有者と用益権者との間で，いずれが当面，使用・収益をすることができるのかが争われた場合，uti possidetis 特示命令の手続の枠内で，用益権者に用益権の準占有を認めるべきか，それとも所有者の占有を認めるべきかが判断される（D 43.17.4 (Ulp. 70 ad ed.)）．これと同様の処理が地役権をめぐる紛争においてもなされた可能性はあるだろう．また，D 8.5.4.7 (Ulp. 17 ad ed.) も参照．ここでは，外観上は servitus altius non tollendi が存在するような状況にあって，これに反する建築の実行が禁止されている．ここで建築主が uti possidetis 特示命令を通じて，この禁止を解くことができるということにはなっていない．

能している.

　地役権の返還請求訴権には，要役地所有者（地役権者）が地役権の存在の確認を求める認諾訴権（actio confessoria）と，承役地所有者が地役権の不存在の確認を求める否認訴権（actio negatoria）とがある．これらの訴権にあっては，所有物返還請求訴権（rei vindicatio）と同様，原告となるものが権利の存在・不存在の挙証責任を負う．地役権は土地に付随するものであり，要役地や承役地が譲渡されてもこの権利はかわらず存続する[99]．また長い間に権利関係がわからなくなってしまっている場合もあり得よう．そうであれば，挙証責任を負わされることは，実質的には紛争に敗れることにつながりかねない．

　ウルピアヌスが展開している議論によると，建築の現状（status quo）を基準として原告と被告の役割が割り振られるものとされている．すなわち，建築の現状が，外観上，地役権が行使されている状態であるならば，地役権がないと主張する側（承役地所有者）が原告となって否認訴権を提起しなければならない．これに対し，外観上，地役権が行使されていない建築状態であるならば，地役権があると主張する側（要役地所有者）の方から認諾訴権でもって訴えねばならない．

　ただし，ここでいう建築の状態は，常に，文字通りの現状を意味しているわけではない．どちらか一方が暴力（vis），隠秘（clam），懇願的借用（precarium）により建築状態を改変している場合には，quod vi aut clam 特示命令または懇願的借用に関する特示命令（interdictum de precario）によって，それ以前の建築状態に戻される．この場合には，この戻された建築状態を基準として，原告・被告の役割が割り振られることになる．

　以上の地役権をめぐる紛争解決システムを，以下，より高く建てることができるか否かをめぐってトラブルが生じた場合を例にとり，具体的にみていくことにしよう．

---

99) D 8.4.12 (Paul. 15 ad Sab.).

図1

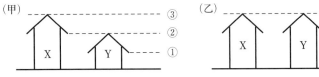

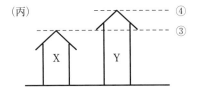

　(ケース甲1) 現状が上記図1の甲である場合にあって，建物Xの所有者Aが建物Yは高すぎるとして，すなわち建物Yは①の高さまでしか建ててはならないとして，取り壊しを主張したとする．この場合には，Aの方からservitus altius non tollendi（より高く建てさせない権利）の認諾訴権で訴えねばならない．通常の街並よりも建物Yが低い状況にあるこの事例では，servitus altius tollendi（より高く建てる権利）が問題になる余地はない．

　(ケース甲2) 建物Yの所有者Bが建物Yを再築して元通りの高さに建物を建て直すことを計画し，この建築計画についてAに通告（denuntiatio）したところ，Aはこの建築に関し禁止行為（prohibitio）を行った．その理由は，Aは①の高さを基準とする形のservitus altius non tollendiを有しており，①の高さより高く建物Yを建ててはならないというものであった．このときBが建築を強行すると，quod vi aut clam 特示命令により建築の取り壊しが命じられる．しかし，Bは，uti possidetis 特示命令を用いてAによる禁止（prohibitio）をとくことができる．Aが地役権の存在を主張したければ，自ら原告となってservitus altius non tollendi の認諾訴権で訴えねばならない．

　(ケース甲3) 建築状況甲にあって，Bが建物を③の高さまで高く建てようとした．すなわち建物Xと同じ高さにまで建てようとした．このとき，Aが

これに反対し，禁止行為（prohibitio）をした．このとき，Bは，ケース甲2の場合とは異なり，uti possidetis 特示命令を申請しても，この禁止行為を排除することはできない．このときAは，おそらくは uti possidetis 特示命令手続の枠内で，servitus altius non tollendi の準占有を主張できる．そのため，Bの方から servitus altius non tollendi の否認訴権で訴えねばならない．

（ケース甲4）Bが建物Yをより高くし，建物状況乙の状態にしてしまった．まずこの建築が暴力，隠秘，懇願的借用によるものであれば，Aは quod vi aut clam 特示命令または懇願的借用に関する特示命令でもって取り壊しを求めることができる．ただし，前者は建築後1年以内に限られる．この手続の中では地役権の存否は問題にされない．仮に②の高さを基準とする形で servitus altius non tollendi が設定されていたのであれば，一年を経過し二年が経過するまでの間，Aは地役権の返還請求訴権の提起が可能である．しかし，単に以前の建築状況が甲であったというだけではこの訴えは認められない．なおさらに時間が経過し，工事後二年が経過すると，servitus altius non tollendi は usucapio libertatis により消滅する．

（ケース乙1）建築状況乙にあって，Aが建物Yは高すぎるとして，取り壊しを求めたとする．この場合は，上記のケース甲1と同じ処理がなされる．またここでも servitus altius tollendi が問題になる余地はない．

（ケース乙2）建築状況乙にあって，Bが元通り建て直そうとした．この場合の処理もケース甲2と同じである．

（ケース乙3）Bが建物Yをより高くしようと計画しているとする．この事例にあっては，servitus altius tollendi を認める学者（ネラティウス，ガイウス，パウルス）と，それを否定する学者（ウルピアヌス）により問題処理の仕方はかわる．

servitus altius tollendi を認める立場によると，通常の高さ，すなわち③の高さよりも高くする以上，Bはこの地役権を取得している必要がある．仮にBが建築を強行しようとするならば，Aはこれを禁止することになる．この地役権の準占有を有さないBは，この禁止を uti possidetis 特示命令でとくことは

できない.そこで,Bとしては,servitus altius tollendi の認諾訴権でもってAを訴える必要がある.

他方,servitus altius tollendi を認めない立場にたつと,この事例もまた servitus altius non tollendi の問題として処理されることになる.まずBが建築を強行しようとしたり,あるいは暴力または隠秘により工事を実行した場合には,Aは禁止行為によりこれをやめさせることができる.このときBは建築を停止しないといけないし,その禁止を uti possidetis 特示命令を用いて除去することはできない.そこでBとしては,servitus altius non tollendi の否認訴権でもってAを訴えることになる.

(ケース乙4) それでは,もしBがAの禁止行為をかいくぐり,建設を行い,建築状況丙の状態になったならばどうなるのであろうか.この場合にも,servitus alitus tollendi の肯定論者と否定論者とでは問題処理の仕方がかわる.

まず前者からみていこう.このとき,まずAは quod vi aut clam 特示命令により取り壊しを求めることができる.しかし,もしBの建築が暴力でも隠秘でもないか,あるいはそうであったとしても建築後1年が経過したのであれば,Aは quod vi aut clam 特示命令の申請はできない.このときには,Aは,servitus altius tollendi の否認訴権を提起しなければならない.なおBが地役権がないにもかかわらず建築をした後,さらに何年も経過したとする.このときいつまでもAはBを訴え,建物Yを③の高さまで戻させることができるのであろうか.スクリボニウス法によると,地役権の使用取得はできないとされている[100].そうすると,いつまでたったとしても,Aにより取り壊し請求が可能であることになってしまう.

他方,servitus altius tollendi の否定論者によればどうなるのだろうか.quod vi aut clam 特示命令については肯定論者のそれと違いはない.この特示命令の

---

[100] C 3.34.1 において servitus altius tollendi が問題になっているという読み方をすると,この勅法は,lex Scribonia を一部修正し,時間の経過による地役権(ないしは地役権に類似する権利)を取得することを認めたということになる.しかし筆者としてこの解釈には賛同できないことはすで上で述べた通りである.

申請ができない場合，否定論者によると，Aがservitus altius non tollendiの認諾訴権でもって訴えねばならないことになる．ここで重要な意味を持つのが211年のカラカラ帝の勅法（C 3.34.1）である．帝によると，長期の慣行によりこの地役権の取得が肯定されることになる．したがって，旧来の高さ，すなわち③の高さより高く建ててはならないという地役権をAが有していることになる．なおservitus altius tollendiの有無で考える場合と異なり，その後一定年数がたった後には，Aによる地役権の主張は否定される．なぜなら，Bが建物Yを旧来の街並の高さから高くした後，二年が経過するならば，usucapio libertatisが成立するからである．すなわち建物Xの所有者が上記のように長期の慣行により地役権を有するにいたっていたとしても，それに反する状態が2年継続したことにより，このservitus altius non tollendiは消滅することになる．

普通の高さ（vetus forma）よりも高く建てたいということであれば，もともとはservitus altius tollendiを取得する必要があった．しかしこの方法だと，servitus altius tollendiの否認訴権を提起されるという可能性をいつまでも排除できない．現状を尊重する形での問題解決を実現するためには，servitus altius non tollendiの問題にした上で，時間の経過によりこの権利が消滅するという形をとった方がよい．これがカラカラ帝の勅法の趣旨であったのではないかと想像される．

4. まとめ——建築紛争システムの中におけるusucapio libertatis

絶対無制限の所有権概念の起源はしばしばローマ法にもとめられる．ここから出発すると，建築紛争にあってローマ法では建築自由の原則[101]が存在したかのように思えてしまう．しかしこういう考え方をすると，ローマ法史料を整

---

101) この概念については，高橋 [26, p. 37ff.] をみよ．

合的に解釈することはできない．ローマの建築紛争解決システムの核心にあるのは，むしろ現状（status quo）の尊重であるというべきである．

　現状を尊重する態度は，まずは新工事禁止通告や quod vi aut clam 特示命令といった法務官法上の手続の中に現われている．すなわち現状を変更しようとする形で新たに建築を開始しようとする者は，まずは近隣の人々の了承をとるか，少なくとも近隣の人々に権利主張の機会を与えねばならない．これを怠り建築を開始するならば，権利関係の如何にかかわらず，建築工事を元の状態にもどすよう強制される．

　この現状の尊重という原則は，さらに地役権の有無をめぐる紛争にも影響を与える．すなわち，建築紛争にあって，権利関係が現状とは違うと主張する当事者に原告の役割が割り振られる．登記制度がないローマ市内にあっては，挙証責任を割り振られることは，時に権利主張が否定されるに等しい効果をもたらしかねない．

　さらに実体的な権利関係も，現状に則した形できまることになる．すなわち，地役権が存在したとしても，これに反する形に建築物がつくられて 2 年継続した場合，usucapio libertatis が成立し，地役権は消滅するとされる．これは，現状を尊重する態度が権利関係にまで及んだためとみてよいだろう．古典期ローマ法にあっては，当事者の意思を尊重する形で比較的容易に様々な内容の地役権の発生が認められている一方，地役権の有無を制度的に確認する登記制度といったものは整備されていない．そうした中にあって，所有者による建物利用や建築を安定的に確保していくためには，この usucapio libertatis という制度が必要不可欠であったといえる．しかしこの点は所有者を特に優遇するというものではない．地役権を侵害するような建築行為に対しては各種の法手段が十分に用意されており，強引な建設をやめさせることは可能になっていた．usucapio libertatis が成立するのは，こうした法手段による権利主張を近隣住民がとらない場合に限られており，ローマ法にしてみると，こうした権利主張をしない権利者は保護に値しないということであったと考えられる．

補足資料：usucapio libertatis に関する史料

1. Iulianus

> D 8.2.32 pr (Iul. 7 dig.)
>
> Si aedes meae serviant aedibus Lucii Titii et aedibus Publii Maevii, ne altius aedificare mihi liceat, et a Titio precario petierim, ut altius tollerem, atque ita per statutum tempus aedificatum habuero, libertatem adversus Publium Maevium usucapiam: non enim una servitus Titio et Maevio debebatur, sed duae. argumentum rei praebet, quod, si alter ex his servitutem mihi remisisset, ab eo solo liberarer, alteri nihilo minus servitutem deberem.
>
> 私の建物に，ルキウス・ティティウスの建物とプブリウス・マエウィウスの建物の双方を要役地とする形で，私がより高くしてはならないという内容の地役権が設定されているとする．この場合にあって，私がより高く建てることをティティウスに懇願した．そして，一定の期間にわたって高くした建物を有したことにより，私は，プブリウス・マエウィウスとの関係において自由を使用取得する．なぜなら，一つの地役権をティティウスとマエウィウスとに対して負っているのではなく二つの地役権を負っているのだから．その理由は，この内の一方が地役権を私のために放棄した場合には，この者との関係においてのみ（地役権から）解放されるのであって，他の者との関係ではこれにもかかわらず地役権を私は負っているという点に求められる．

D 8.2.32.1 (Iul. 7 dig.)

Libertas servitutis usucapitur, si aedes possideantur: quare si is, qui altius aedificatum habebat, ante statutum tempus aedes possidere desiit, interpellata usucapio est. is autem, qui postea easdem aedes possidere coeperit, integro statuto tempore libertatem usucapiet. natura enim servitutium ea est, ut possideri non possint, sed intellegatur possessionem earum habere, qui aedes possidet.

建物が占有されるならば，地役権からの自由が使用取得される．なぜなら，より高い建物を有していたが，一定期間が経過する前に占有をやめるならば，使用取得が中断されるのだから．しかし，その後になってこの同じ建物の占有を開始するならば，一定期間中断することなく経過することにより，自由を使用取得する．なぜなら，占有の本性からすると，これを占有することはできないが，建物を占有しているものは，こうした地役権の占有を有していると見なされるのだから．

2. Gaius

D 8.2.6 (Gai. 7 ad ed. provinc.)

Haec autem iura similiter ut rusticorum quoque praediorum certo tempore non utendo pereunt: nisi quod haec dissimilitudo est, quod non omnimodo pereunt non utendo, sed ita, si vicinus simul libertatem usucapiat. veluti si aedes tuae aedibus meis serviant, ne altius

農地地役権と同様，この都市地役権もまた，一定期間の不使用により消滅する．ただし，次の相違点がある．すなわち，常に不使用により消滅するのではなく，隣人が自由を使用取得することにより消滅するという点で．たとえば君の建物を承役地とする形で私の建物が，採光を害するような形で高く

tollantur, ne luminibus mearum aedium officiatur, et ego per statutum tempus fenestras meas praefixas habuero vel obstruxero, ita demum ius meum amitto, si tu per hoc tempus aedes tuas altius sublatas habueris: alioquin si nihil novi feceris, retineo servitutem. item si tigni immissi aedes tuae servitutem debent et ego exemero tignum, ita demum amitto ius meum, si tu foramen, unde exemptum est tignum, obturaveris et per constitutum tempus ita habueris: alioquin si nihil novi feceris, integrum ius suum permanet.

建ててはならないことを内容とする地役権を有しているとしよう．そして，私が一定期間にわたり，私の窓をしめていたとしよう．こういうときには，君が一定期間にわたり建物を高くしていた場合にかぎり地役権は消滅する．そうではなく，君がなにも新たな工事をしなかったのであれば，地役権は保持される．同じく，君の建物が材木を差し込むことを内容とする地役権を負担しているとしよう．私がこの材木を抜き取った場合において私が権利を喪失するのは，君が抜き取った後の穴を埋め戻し，一定期間にわたりそのままにしておいた場合である．そうではなく，君が何もしなかったのであれば，私の権利は無傷のままにとどまる．

3. Pomponius

D 8.2.7 (Pomp. 26 ad Q. Muc.)

Quod autem aedificio meo me posse consequi, ut libertatem usucaperem, dicitur, idem me non consecuturum, si arborem eodem loco sitam habuissem, Mucius ait,

私の建物に基づいて私が自由を使用取得することができるといわれるにしても，ムキウスが適切にも言うところによると，樹木を私がその同じ場所に立っているがまま

et recte, quia non ita in suo statu et loco maneret arbor quemadmodum paries, propter motum naturalem arboris.

にしておいた場合には，私がこの自由を取得するわけではない．なぜなら，樹木は，壁とは異なり，樹木の自然の力により，自らのたっている状態と場所にとどまっているわけではないのだから．

4. Papinianus

D 8.4.17 (Pap. 7 quaest.)

Si precario vicinus in tuo maceriam duxerit, interdicto "quod precario habet" agi non poterit, nec maceria posita donatio servitutis perfecta intellegitur, nec utiliter intendetur ius sibi esse invito te aedificatum habere, cum aedificium soli condicionem secutum inutilem faciat intentionem. ceterum si in suo maceriam precario, qui servitutem tibi debuit, duxerit, neque libertas usucapietur et interdicto "quod precario habet" utiliter cum eo agetur. quod si donationis causa permiseris, et interdicto agere non poteris et servitus donatione tollitur.

隣人が懇願により君の土地の中に壁を引き込んだとする．この場合隣人が「懇願により有しているので」という特示命令により訴えを起こすことはできない．壁を設置することにより地役権の贈与が完成したことにならないし，君の意思に反して建物を有する権利があるとの請求表示を行うことに意味はない．なぜなら，建物は土地の権利関係にしたがうので，この請求表示は無意味なものとなるのだから．そうではなく，君に対して地役権を負っている隣人が，懇願により隣人の土地の中に壁を引き込んだ場合，地役権からの自由が使用取得されることはないし，隣人を相手方として「懇願により有しているので」という特示命令を

申請することもできない．もし贈与を原因として君がこれを許可したのであれば，特示命令を君が申請することもできないし，地役権は贈与により消滅する．

5. Paulus

D 8.2.20 pr (Paulus 15 ad Sab.)

Servitutes, quae in superficie consistunt, possessione retinentur. nam si forte ex aedibus meis in aedes tuas tignum immissum habuero, hoc, ut immissum habeam, per causam tigni possideo habendi consuetudinem. idem eveniet et si menianum in tuum immissum habuero aut stillicidium in tuum proiecero, quia in tuo aliquid utor et si quasi facto quodam possideo.

地上物の中に存在する地役権は，占有により保持される．たとえば，私の建物から君の建物へと差し込まれた木材を私が有しているならば，このことゆえに，私は材木をそのようにしておくという状態を占有している．同じことが次の場合にも生じる．私がバルコニーを君の土地に差し込んでいるか，君の土地へと庇をはり出している場合にも．なぜなら，私は，ある種の事実のようなものを占有しているにしても，君の土地の中で何かを使用しているのだから．

D 41.3.4.28 (Paul. 54 ad ed.)

Libertatem servitutium usucapi posse verius est, quia eam usucapionem sustulit lex Scribonia, quae servitutem

地役権（から）の自由を使用取得できることはより正当である．なぜならスクリボニウス法が禁止しているのは，地役権を設定する使

constituebat, non etiam eam, quae libertatem praestat sublata servitute. itaque si, cum tibi servitutem deberem, ne mihi puta liceret altius aedificare, et per statutum tempus altius aedificatum habuero, sublata erit servitus.

用取得であって，地役権を消滅させ自由を給付する使用取得までも禁止してはいないのだから．それゆえ，私が君に地役権の負担—例えば私がより高くは建ててはならないといった内容の負担—を負っている場合にあって，一定の期間にわたり私がより高く建てた状態を保つならば，地役権は消滅する．

D 8.6.18, 2 (Paul. 15 ad Sab.)

Si, cum ius haberes immittendi, vicinus statuto tempore aedificatum non habuerit ideoque nec tu immittere poteris, non ideo magis servitutem amittes, quia non potest videri usucepisse vicinus tuus libertatem aedium suarum, qui ius tuum non interpellavit.

君が差し入れる権利を有しており，隣人が一定期間にわたり，建物を有しておらず，それゆえに君は差し入れることができなかった．この場合は，地役権は消滅しない．なぜなら，君の隣人は，自らの建物が君の権利を妨害することで自由を使用取得したとみることはできないのだから．

D 8.6.8 pr (Paul. 15 ad Plaut.)

Si stillicidii immittendi ius habeam in aream tuam et permisero ius tibi in ea area aedificandi, stillicidii immittendi ius amitto. et similiter si per tuum fundum via mihi

私が君の土地に雨滴を落とす権利を有していたが，私が君に，その敷地に建物を建てることを許可した．この場合，私は雨滴をおとす権利を喪失する．これは，君の農

第 4 章 usucapio libertatis のオントロジー　235

debeatur et permisero tibi in eo loco, per quem via mihi debetur, aliquid facere, amitto ius viae.	地を通る通行権が私のために設定されている場合にあって，私が君に，通行権が設定されているその場所に別の何かを建てることを許容した場合に，私が通行権を喪失することと同様である．

6. Ulpianus

D 8.5.6 pr (Ulp. 17 ad ed.)

Et si forte qui medius est, quia servitutem non debebat, altius extulerit aedificia sua, ut iam ego non videar luminibus tuis obstaturus, si aedificavero, frustra intendes ius mihi non esse ita aedificatum habere invito te: sed si intra tempus statutum rursus deposuerit aedificium suum vicinus, renasceretur tibi vindicatio.	例えば私と君の建物の間に建物を所有する者が，自分は地役権の負担を負っていないとして，自らの建物をより高くたてた．その結果，私（承役建物の所有者）は君（要役建物の所有者）の採光を害することはできなくなったようにみえた．そこで私は建物をより高くたてた．この場合，君が私に対し「君の意思に反して君がこのように建てることはできない」と請求したとしても無意味である．しかし，一定の期間内に隣人（間の建物を所有する者）が自己の建物を取り除くならば，君は地役権の返還請求訴権を再取得する．

参考文献

[1] BEHRENDS, Okko/KNÜTEL, Rolf/KUPISCH, Berthold/SEILER, Hans Hermann: *Corpus Iuris Civilis, Text und Übersetzung, Band I: Institutionen,* Heidelberg 1990; *Band II: Digesten 1-10,* Heidelberg 1995; *Band III: Digesten 11-20,* Heidelberg 1999; *Band IV: Digesten 21-27,* Heidelberg 2005; *Band V: Digesten 28-34,* Heidelberg 2012. (「独訳」とある場合にはこのシリーズの翻訳を指すものとする)

[2] BEHRENDS, Okko: Selbstbehauptung und Vergeltung und das Gewaltverbot im geordneten bürgerlichen Zustand nach klassischem römischen Recht, in: SZ 119 (2002), 44ff.

[3] COLOGNESI, Capogrossi: Actor and Defendant in Negatoria Servitutis, in: *Critical Studies in Ancient Law, Comparative Law and Legal History,* Oxford 2001, 31ff.

[4] FINKENAUER, Thomas: *Vererblichkeit und Drittwirkungen der Stipulation im klassischen römischen Recht,* Tübingen 2010.

[5] HEUMANN, Hermann Gottlieb/SECKEL, Emil: *Handlexikon zu den Quellen des römischen Rechts,* 11. Aufl., unveränd. Abdr. d. Ausg. 1907, Graz 1971.

[6] HONORÉ, Tony: *Ulpian. Pioneer of Human Rights,* Oxford 2002.

[7] KASER, Max: *Das Römische Privatrecht. Erster Abschnitt,* 2. Aufl., München 1971.

[8] KASER, Max/ KNÜTEL, Rolf: *Römisches Privatrecht,* 20. Aufl., München 2014.

[9] LENEL, Otto: *Palingenesia iuris civilis,* I: Leipzig 1889; II: Leipzig 1889.

[10] ── *Das edictum perpetuum,* 2. Aufl, Leipzig 1907.

[11] ── *Das edictum perpetuum,* 3. Aufl, Leipzig 1927.

[12] LOSANKY, Gernot: *Die Obergeschossareale der Stadthäuser in Herculaneum,* Wiesbaden 2015.

[13] MÖLLER, Cosima: *Die Servituten,* Göttingen 2010.

[14] NÖRR, Dieter: Die Entstehung der longi temporis praescriptio, Berlin 1969.

[15] PIRSON, Felix: *Mietwohnungen in Pompeji und Herkulaneum,* München 1999.

[16] RAINER, Johannes Michael: *Bau- und nachbarrechtliche Bestimmungen im klassischen römischen Recht,* Graz 1987.

[17] ── Die Immissionen: Zur Entstehungsgeschichte des § 906 BGB, in: Georg KLINGENBERG (hrsg.), *Vestigia iuris romani. Festschrift für Gunter Wesener zum 60. Geburtstag am 3. Juni 1992,* Graz 1992, 351ff.

[18] ── Zum Typenzwang der Servituten: vom römischen Recht zum BGB, in: *Collatio ivris romani,* Bd.2, 1995, 415ff.

[19] ── Das interdictum quod vi aut clam im römischen Baurecht, in: *Iuris vincula. Studi in onore di Mario Talamanca VII,* Napoli 2001, 1ff.

[20] RODGER, Alan: *Owners and Neigbours in Roman Law,* Oxford 1972.

[21] RUIZ, Schahin Seyed-Mahdavi: *Die rechtlichen Regelungen der Immissionen im römischen Recht und in ausgewählten europäischen Rechtsordnungen,* Göttingen 2000.
[22] VAN DEN BERGH, Govaer: Cheese or Lavender? Elegantae circa D. 8, 5, 8, 5, in: *Essays in honour of Ben Beinart,* Vol. III, 1979, 185ff.
[23] WESENER, Gunter: Zur Frage der Ersitzbarkeit des ususfructus, in: *Studi in onore di Giuseppe Grosso,* Vol. 1, Torino 1968, 202ff.
[24] ―― Zur Dogmengeschichte des Rechtsbesitzes, in: *Festschrift Walter Wilburg zum 70. Geburtstag.* Graz 1975, 453ff.
[25] 佐藤篤士（監訳），ガーイウス『法学提要』敬文堂，2002.
[26] 高橋寿一「『建築自由・不自由原則』と都市法制―わが国の都市計画法制の一特質―」in: 原田純孝編『日本の都市法 II』東京大学出版会，2001, 37ff.
[27] 森光『ローマの法学と居住の保護』中央大学出版部，2017.

第 5 章
ヨーロッパ近世自然法の二重譲渡論における売買と所有権の移転
——グロティウス『戦争と平和の法』2巻12章15節2項およびプーフェンドルフ『自然法と万民法』5巻5章5節——

Aristotelis Ars Rhetorica 1, 5, 7 (1361a)[1]

Πλούτου δὲ μέρη νομίσματος πλῆθος, γῆς,
χωρίων κτῆσις, ἔτι δὲ ἐπίπλων κτῆσις καὶ
βοσκημάτων καὶ ἀνδραπόδων πλήθει καὶ μεγέθει καὶ
κάλλει διαφερόντων, ταῦτα δὲ πάντα καὶ ἀσφαλῆ
καὶ ἐλευθέρια καὶ χρήσιμα. ἔστι δὲ χρήσιμα μὲν
μᾶλλον τὰ κάρπιμα, ἐλευθέρια δὲ τὰ πρὸς ἀπόλαυσιν
κάρπιμα δὲ λέγω ἀφ᾽ ὧν αἱ πρόσοδοι, ἀπολαυστικὰ
δὲ ἀφ᾽ ὧν μηδὲν παρὰ τὴν χρῆσιν γίγνεται,
ὅ τι καὶ ἄξιον. ὅρος δὲ ἀσφαλείας μέν τὸ ἐνταῦθα
καὶ οὕτω κεκτῆσθαι ὥςτ᾽ ἐφ᾽ αὑτῷ εἶναι τὴν χρῆσιν
αὐτῶν. τοῦ δὲ οἰκεῖα εἶναι ὅταν ἐφ᾽ αὑτῷ ᾖ ἀπαλλοτριῶσαι
ἢ μή, λέγω δὲ ἀπαλλοτρίωσιν δόσιν καὶ
πρᾶσιν. ὅλως δὲ τὸ πλουτεῖν ἐστὶν ἐν τῷ χρῆσθαι

---

1) アリストテレスの『修辞学』1巻5章7節「財産 wealth について」Loeb Classical Library, LCL 193 (The "Art" of Rhetoric). [4, p. 50 ss] 詳しくはこの論文の 2.3 (p. 19) を参照せよ。

μᾶλλον ἢ ἐν τῷ κεκτῆσθαι· καὶ γὰρ ἡ ἐνέργειά
ἐστι τῶν τοιούτων καὶ ἡ χρῆσις πλοῦτος.

1. 概略と問題設定

　この論文は，ローマ法と現代法における所有権の取得に関する諸問題のうち[2]，いわゆる二重売買[3]と引渡[4]と所有権の移転[5]を扱う．それは，ローマ古典法においては二重引渡であり，理性法論においては二重譲渡である[6]．

---

2) この問題への導入として津野柳一の論文 [26, とくに p. 90 ss] を参照することができる．

3) WIEACKER [16, p. 297] や筏津安恕 [20, p. 49 et passim] のように
「二重売買」Doppelkauf を論じる著者たちは，この問題に関して Grotius の関連箇所を読み違えている．また，Doppelkauf も "Verkauf und Kauf" も（「二重買い」Doppelkauf ieS と同様に）この問題と直接には関係しない．関係するのは，本当は「二重売り」Doppelverkauf である．IKADATSU [8, p. 63 passim] は売買をドイツ語で Verkauf und Kauf と書いているが，ここでも「二重売買」を指している（言いたかったのは本来 Doppelkauf のことである）．

4) 引渡 Übergabe.

5) 所有権の移転 Eigentumsübertragung.

6) 「引渡」ということばは史料上の TRADITIO がそうであるように二つの意味をもつ．中世の註釈学者は「裸の引渡」と「着衣の引渡」を区別することを知っていた．
　ここでは，「引渡」ということばで，Gai inst 2.20 の「引渡」が，「トラーディティオ」で Gai inst 2.19 (IPSA TRADITIONE) や C 2.3.20 (TRADITIONIBUS) の TRADITIO (Tradition) が意味されなければならない．

Gai inst 2.19 Nam res nec mancipi ipsa traditione pleno iure alterius fiunt, si modo corporales sunt et ob id recipiunt traditionem.

Gai inst 2.20 Itaque si tibi vestem vel aurum vel argentum tradidero sive ex venditionis causa sive ex donationis causa sive quavis alia ex causa, statim tua fit ea res, si modo ego eius dominus sim.

C 2.3.20 Diocl./ Maxim. AA. et CC. Martiali. Traditionibus et usucapionibus dominia rerum, non nudis pactis transferuntur.

この論文は，ヨーロッパ近世自然法論（理性法論）[7]のはじまりの時期に，二重売り[8]と引渡と所有権譲渡（処分）[9]の三項関係[10]について，理性法論の代表的な著者である HUGO GROTIUS (Huig de Groot 1583-1645)[11] と SAMUEL PUFENDORF（1632-1694)[12] の二人が書いていることをてがかりとして，次の問題を解決することを目標とする．それは，

設問 1　GROTIUS と PUFENDORF は古典期ローマ法の個別解決法 Kasuistik とどのような関係にあったのか？

設問 2　PUFENDORF はなぜ（理由），なんのために（目的），Digesta 6 巻 2 章 9 法文 4 項の引照 Allegation をおこなったのか？

設問 3　いったい PUFENDORF は，Ulpianus (Iulianus) D 6.2.9.4 をどのように理解していたのだろうか[13]？

---

7) 理性法論 Vernuntrechtslehre ということばで，17・18 世紀中央ヨーロッパの自然法論を意味する．これは，WIEACKER [16] の用語法にならったものである．同じ意味で啓蒙期自然法論という名前も用いられる（例えば好美清光 [25, p. 309-311]）．しかし，例えば三島淑臣 [23] の『理性法思想の成立―カント法哲学とその周辺』という書名が示すように，法思想史では，Kant 以後のドイツ観念論の著者たちを批判的理性の法思想という意味で「理性法思想」と呼ぶことがあるから，混同しないように注意したい．

8) 二重売り Doppelverkauf. Grotius JBP 2.12.15.2 (*si res bis sit vendita*) [6, p. 69], Pufendorf JNG 5, 5, (*Quod si autem quis eadem rem duobus vendiderit,*) [11, p. 486].

9) 処分 Verfügung．所有権譲渡 Veräußerung．法律行為 Rechtsgeschäft による所有権の移転 Eigentumsübertragung.

　　日本語の「譲渡」そのものの意味は私には謎である．たいへんあいまいに使われていて，きまって売買や有償性が入っており，「売って引渡す」や「売り」の意味で使われることさえあるように思われてならない．

10) 三項関係 dreistellige Relation.

11) 史料と文献については ERIK WOLF [17, p. 303-310] と WIEACKER [16, p. 297-301] だけを挙げる．なお，阿南成一「理性法論」[22, p. 89-121] が参考になる．柳原正治の本 [24] もある．

12) ERIC WOLF の本 [17, p. 311-370] だけを挙げる．

13) あるいは誤解していたのかもしれない．この論文では Ulpianus (Iulianus) D 6.2.9.4 の解釈は設問の問題解決のために必要な範囲で言及するにとどめ，ローマ法

という設問である[14]．

そのために，理性法論者たちの二重売り Doppelverkauf 論をとりあげる．なぜなら，彼らの二重売り論は，この問題を解決するための法素材として最適だからである[15]．

1.1 二重売りとはいったいどのような問題なのだろうか

比較法研究（法比較）において，比較はどのような条件で可能になるのだろうか？ 二重売りの問題は，ヨーロッパではきまって動産について論じられてきた．不動産（土地）には登記があって，別の規律が妥当するからである．このことは，近代法にはきまって即時（善意）取得が制度化されているが，日本

（古代法）プロパーの意味での Digestenexegese 自体は独立の別の論文 [26] で扱うことにする．この箇所は，もちろんプーブリキアーナ訴訟 ACTIO PUBLICIANA（日本語文献はプーブリクス訴権と訳していることがある）に関する Digestatitel 6 巻 2 章（*De Publiciana in rem actione*）に法文として採録されている古典文の断片 Fragment であるが，この解釈 Exegese は生易しいものではない．この箇所を単純だと素朴に誤解できるのは素人だけである．ローマ法の基礎知識さえあれば，IULIANUS-NERATIUS アンチノミーの問題はしばらくおいてこの ULPIANUS 文自体の理解にかぎっても，これが Digesta 最大の難問の一つだといえるほど難しい問題をはらんでいることに気がつくはずである．PUFENDORF はローマ法に無知だったのだろうか？ それとも当時の（現代的慣用 usus modernus の）実用法律家とも現代の専門家（ローマ法研究者）とも違った態度でローマ法源 Rechtsquelle（または史料 Quelle）を引照しているのだろうか？

14) 設問 1 をこのように表現することは，意識的に WIEACKER ［この論文の 4.1 (p. 29)］にならっている．そこで示唆されているもう一つの設問は「GROTIUS と PUFENDORF は後世の体系構成法 Systematik とどのような関係にあるのか？」であるが，それは，THOMASIUS と WOLFF に関連して別の論文でとりあげることにしたい．

15) この論文の 2.1 (p. 9) を参照せよ．
この論文は Dogmengeschichte という意味での法制史 Rechtsgeschichte である．GROTIUS や PUFENDORF が考えていた概念のほんとうの中身を，彼らが明示的に書き残している史料そのものに即して，彼らの思考を歴史の文脈の中で理解しようとする．

では民法192条の即時（善意）取得の規定があるために，二重譲渡（あるいはそもそも物権変動論）がもっぱら不動産（土地および定着物）について論じられ，公示方法の問題に矮小化されているのといちじるしい対照をなしている．ドイツには物権変動という概念がないにもかかわらずしばしば，「ドイツでは物権変動はどのようにおこなわれるか？」という設問がなされるほどである．

ヨーロッパにおいて二重売りの問題の標準的な設例は次のような場合である．

二重売りの設例　EK 9（イー・ケー・ナイン）

AGO は，2000 年型の Civic Type R を売って，BMW の 4 ドアセダンを買うことを決意した．そして，月曜日に BRUTUS との間で車を 6000 で売ることに合意し，金曜日に BRUTUS が現金を用意して車の引取りに AGO の車庫に来ることになった．ところが，火曜日に AGO は車が人気のある希少車（最終型 EK9）で売値の倍の価値があることを知って後悔した．水曜日に CATO が現われ，車を 10000 で買いたいともちかけた．AGO はすでに売ってしまったと告げたが，CATO が，「うまく頼みこめなかったことにしてもらえるよ」と説得し，現金を机の上に並べて見せたので，とうとう CATO に売ることに合意し，現金と引き換えに中古車を引渡した．

設問0　BRUTUS はその EK 9 がぜひとも欲しいのだが，どのような法的手段で手に入れることができるだろうか？

設問1　BRUTUS は CATO にたいして車の引渡を法的に強制する手段があるだろうか？

設問2　車がさらに TIRO に転売され引渡されていた場合に，BRUTUS は TIRO を訴えることができるだろうか？

設問3　自動車には登録が必要だということは意義をもつだろうか？

設問4　代金を支払ったかどうかが物をだれが手に入れるかということに関係するだろうか？（D 6.2.8）

設問5 「所有者から売られて引渡された普通の物は即時に買って引取った人の所有となる」というローマ市民法のルールが，その時々の結論（例えば21世紀の日本の民法による判決あるいは17世紀のドイツの自然法論による判断）を決定するだろうか[16]？

ここにみられるような二重売りの設例は，悪意（典型的には背信的悪意者）の場合であって，ローマ法との比較には注意が必要である．WIEACKER [15, p. 521] や好美清光の論文 [25, eg p. 395] は，ドイツ民法典826条（不法行為法）が問題になる事例であり，無因主義と整合的であり，これでもって jus ad rem 論と結び付けることはできないと思われる[17]．

---

16) ここでは，2001年夏学期にフライブルク大学（ドイツ）の当時助手 Franz Clemens LEISCH が提供した演習（Übungsklausur）http://www.fsjura-augsburg.de/index.html?fachschaft/leisch/ss2001/leischss01-1-loesung.html の表現も参考にした．

そこでも引照されているが，インターネットの Web サイト上で公開されている多くの設例や好美論文 [25, p. 393] でも引照されている判決として，RGZ 103 S. 419 (1922) がある．それは，好美論文の要約によると，「第一買主 X に売られたが，まだ引渡されていない家具調度品を，第二買主 Y が，そのことを知りながらより高値を提供して買取り，第一契約違反を誘致．X は，Y を相手どってその引渡を請求．判決はこれを棄却」している．

さらに次の設例（ベンケ／マイセル，ローマ物権法演習 [5, p. 44]）を変形してみると良い．「Helene は，美術商の店に行き，銀の彫像を見せてもらう．Helene は，彼女がとくに気に入った1つを取得することを決める．彼女はすぐに持ち帰りたいと言う．その後で，Helene は別の買物をしなくてはならないことを思い出した．そのため，Helene は，彼女が再び引取りに来るまで，彫像を彼女のために保管してくれるように，美術商に頼んだ．Helene はその3日後に彫像を引き取った．Helene はいつ彫像の占有を取得しただろうか？」この設例で変形が必要になるのは，引渡があったのかどうかという点を明確にしなくてはならないからである．

「私がまだ画商の手許にある油絵を幸運にも手に入れたことを話すと，そこへ行ってより高値をつけてその引渡を受ける裏切りものの不信義な友人が，無条件にその所有権を取得するのだとすれば，これが一体，われわれの法感情に合致するとでもいうのか？」OTTO GIERKE, *Der Entwurf eines bürgerlichen Gesetzbuchs und das deutsche Recht*, Leipzig 1889, p. 189 s の好美 [25, p. 384] による引用．

17) 好美 [25, p. 400s] は，「[...] この法形成物 [Rechtsfigur としての ius ad rem で

2. グロティウスの二重売り論

2.1 WIEACKER「近世私法史」におけるいわゆる jus ad rem の端緒の一つとしての二重売り論

プロイセン一般ラント法（ARL）[18] が典型例であるように，近世ヨーロッパの自然法論の影響下におこなわれた法典編纂[19] は，jus ad rem という言い回しで表現される法権利の考え方 Rechtsfigur[20] を，いわゆる特定物債権 Recht zur Sache として実定化していった．その根源の一つとして重大な影響を与えたのが，有名な『戦争と平和の法』に書かれた Hugo GROTIUS[21] の二重売り論であ

ある（津野）］は，ゲルマニストたちの批判にも応えて，二重契約における背信的第二（物権ないし債権）取得者に対する第一特定物債権の保護強化．その保護にあたり債務者の意思・行為の無視の認容は認められるけれども，それにもかかわらず，ここでは，法形式的には，債権の総体権概念を否定してもいなければ，債権を対物権としたのでもなく，さらには，無因的物権契約理論とも矛盾してはいないことが明らかとなる．」と正しくとらえている．

18) ALR (Allgemeines Landrecht für die preußischen Staaten von 1794) Erster Theil Zweyter Titel (I 2) Von Sachen und deren Rechten überhaupt, とくに，I 2 §§ 122-124 (Persönliche Rechte) ; I 2 §§ 125-130 (Dingliche Rechte) ; I 2 §§ 131-134 (Erwerbungsart und Titel) ; I 2 §§ 135-141 (Grundsätze vom dinglichen Rechte) [1, p. 61] および，I 9 § 1 ("modus acquirendi") I 9 § 2 ("der Titel des Eigenthums") I 10 §§ 1-5 ならびに，I 11 §§ 1-2 [2, p. 128] などを参照せよ．

19) 好美論文 [25, p. 322-331] が ALR（好美は「プロイセン一般州法」と呼ぶ）については詳しい．ただし，好美 [25, p. 323] が I 2 § 135 の "ein persönliches Recht zu einer Sache" を "Recht zur Sache" としているのは誤り．これは，1791 の AGB（Keip 社の複製［文献表の 1, p. 36］がある）も同文 [ie "ein persönliches Recht zu einer Sache"]．

20) 法的形象 Rechtsfigur としてとらえた形の表現．思惟像．名前のとらえかた．法律学のテクニカルタームに近い．Figur はもともとは言葉の彩（文彩）である，「いわば」が入っている．他の例としていわゆる「莫大損害 LAESIO ENORMIS という法の言い回し（法表現）」(ALR I 11 §§ 58-68 ALR [1, p. 130]) がある．

21) Hugo Grotius *De jure belli ac pacis libri tres* (JBP) 2, 12, 15, 2 [6, p. 69]．

る．この命題は，WIEACKER も繰り返し強調している[22]．彼は，研究便覧(ハントブーフ)のように詳しい近世私法史の教科書 [14, p. 173] とその新版 [16, p. 297] で，GROTIUS の二重売買 Doppelkauf [sic.] について次のように書いた[23]．

ここから WIEACKER (1952) [14, p. 173] の引用

Dogmatisch besonders einfluß-reich wird die Lehre vom **Doppelkauf** (§ 15, 2), eine der Wurze-ln des *jus ad rem* der naturrechtli-chen Kodifikationen[1]. Sie gründet in dem Satz (oben zu S. 170), daß der Vertragsschluß ohne Über-gabe Eigentum übertrage. Im Gegensatz zum römischen Recht (und zum

ドグマ上とりわけ影響力をもつことになったのは，(GROTIUS の) 二重売買論 (『戦争と平和の法』2巻12章15節2項) で，それは自然法的な法典編纂の jus ad rem の根源の一つとなった．それ (GROTIUS の二重売買論) は，「契約締結が引渡なしに所有権を移転する」という文を根拠としている．だから，GROTIUS

---

22) 好美清光 (1961) が特定物債権 Recht zur Sache に関する論文 [25, p. 309] でそのことを私たちに教えてくれた．もっとも，「最近ヴィアッカーが，プロイセン州法の jus ad rem やドイツ民法における不法行為法を通ずる保護の起源を，啓蒙期自然法学説の二重譲渡理論に求めるべきことを，しばしば強調しているからである (*Wieacker*, S. 173, 205, 310 f.)」という "WIEACKER, S. 173, 205, 310 f." は，jus ad rem という語が出てくる索引についての記述 [p. 173, p. 205 (Wolff), p. 311] であり，該当するのは p. 173 だけである．

この WIEACKER の発言は，Jus ad rem 論の根源の一つとして理性法論の二重売り論をとりあげていて，そのため好美清光の jus ad rem に関する論文 [25] にも強い影響を与えている．また，筏津安恕の「契約理論」に関する三冊の本 [18] [20] [7] と一つの論文 [19] も，法思想史 Geistesgeschichte の立場から，この法素材について書いている [20, p. 151]．しかし，GROTIUS に関しては，筏津は PUFENDORF の引用から GROTIUS の二重売り論を推測しているのであって，Grotius が書き残したことを分析しているとはいえない．しかも PUFENDORF の英訳によったために，その誤訳を踏襲している [18, p. 66 および p. 32 sn. 6]．この論文の3.1, p. 22 を参照．また津野論文 [27] が詳しい．

23) この初版は，鈴木祿弥訳 [15] によってよく知られている．

第5章　ヨーロッパ近世自然法の二重譲渡論における売買と所有権の移転　247

heutigen bürgerlichen Recht; §§ 433, 929, 985 BGB.) läßt daher G. den ersten Käufer vorgehen, da der erste Kauf *habeat in se continui praesentem dominii translationem. Per hanc enim facultas moralis* („die naturrechtliche Verfügungsbefugnis") *in rem abiit a venditore.* Wie bei den gegenseitigen Schutzpflichten und Aufklärungspflichten oder bei der Lehre von der Unzumutbar-keit, hat auch hier die Fortentwicklung des bürgerlichen Rechts wieder stärker zu der al-tristischen Vertragsethik des Naturrechts zurü kgelenkt (vgl. S. 311), indem sie einen zweiten Käufer, der die Sache in Kenntnis des ersten Kaufbetrages[2]. erwarb, bei Mißbilligung seines Verhaltens durch §§ 826, 249 BGB. zur Herausgabe und Übereignung an den ersten Käufer zwingt.

は，ローマ法とはまったく逆に，そして現代のドイツ民法（ドイツ民法典 433 条，929 条，985 条）とも対照的に，最初の買主を優先させる．その理由は，最初の売買（契約）[3]が，「それ自身のうちに即時の所有権移転を含んでいる．だから最初の売買によって，モラル的権能 FACULTAS MORALIS（自然法論的な処分権限）が売主から失われてしまっている」からである．（契約当事者たち）相互の保護義務や説明義務と同様に，また期待するのが無理だという学説と同様に，二重売買の問題でも，ドイツ民法典 BGB 以後に展開された判例学説は，ふたたび自然法論の利他主義的な契約倫理に戻る傾向を示している（p. 311 を参照せよ）．それは，[先行する] 売買契約を第二の買主が承知のうえで（所有権）取得した場合には，最初の買主への [占有] の返還と所有権の [返還] 移転を強制していることによってである．

1　[原註 29][14, p. 173 n. 29] Hierzu eingehend H. Brandt, Eigentumserwerb und Austauschgeschät (Leipz. Rechtswiss. Stud. 120, 1940) 84 ff. ; 97 ff.

2　Kaufbetrages は Kaufvertrages の印刷ミスである．

3　譲渡的債務的約束契約である売買．

ここで WIEACKER が論拠として示しているのは，GROTIUS の『戦争と平和の法』2巻12章15節2項のことである．ここで，彼は二つの命題を主張している．

それは，
- 二重売買で GROTIUS は第一買主を優先させた[24]．
- その根拠は，最初の売買契約が，それによって即時に所有権を移転させているからである．

という二つの命題である．

しかし，史料（2.2 p. 14）からただちに明らかになるように，WIEACKER が GROTIUS の考え方だと主張しているこれらの命題はいずれも偽である．

この GROTIUS の二重売買論に関する WIEACKER の記述は，このように初版でも不正確で誤解を招きやすい表現であったが，改訂された『近世私法史』の新版（1967）[16, p. 297] では，もっとややこしいことになっている．

ここから WIEACKER (1967) [16, p. 297] の引用

Für die Folgezeit wurde besonders wichtig Grotius' Lehre vom **Doppelkauf** (II 12 § 15, 2) : eine der Wurzeln des *jus ad rem* der naturrechtlichen Kodifikationen. Da der Vertragsschluß auch ohne Übergabe Eigentum überträgt (S. 293), läßt Grotius im Gegensatz zum römischen und zum heutigen

GROTIUS の二重売買論こそ，彼につづく時代に特別に重要になって，自然法的法典編纂において実定化された jus ad rem（特定物債権）の根源の一つとなったものである．契約の締結が，それだけで引渡なしに所有権を移転させるのだから[25]，GROTIUS は，ローマ法や現代のドイツ民法（ドイツ民法典433条，929

---

24) 法的に優先させるということの意味は，物の占有の返還（ここでは引渡と同義と考えられる）および所有権を取得させることである（それがいったん移転してしまった所有権の返還移転でないことに注意）．

25) WIEACKER の原書 [16, p. 293] この論文の4.2（p. 32）で引用する．

bürgerlichen Recht (§§ 433, 929, 985 BGB) den ersten käufer vorgehen. Der erste Kauf habe *in se continuo praesentem dominii translationem. Per hanc enim facultas moralis* (die naturrechtliche Verfügungsbefugnis) *in rem abiit a venditore.*[26)]

条, 985 条) とは対照的に, 最初の買主を優先させる. 最初の売買が,「そのなかに即時の所有権の移転を含む. このことによって物にたいするモラル的権能 FACULTAS MORALIS（自然法的処分権限）が売主から失われてしまっているからである」と.

ここから WIEACKER (1967) [16, p. 293] の引用

[原註 57]

Wie bei den Aufklärungspflich-ten hat auch hier die neuere Rspr. in gewissem Grade zur sozialen Vertragsethik des Vernunftrechts zurückgefunden, wenn sie den Zweitkäufer, der die Sache in Kenntnis des ersten Verkaufs erwarb, bei mißbilligenswertem Verhalten nach §§ 826, 249 zur Herausgabe und Übereignung an den ersten Käufer zwingt (S. 521 oben).

説明義務についてもそうであるように, この二重売りでも, 最近の判例はある程度において理性法論の社会的契約倫理に回帰している. というのは, 物を最初の売りを知ったうえで取得した第二買主に, ドイツ民法典 826 条, 249 条に該当する非難すべき行為が認められる場合には, 最近の判例は, 第一買主への物の引渡と所有権の返還移転を強制しているからである（原書 [15] p. 521 上部).

ここで (WIEACKER の新版によって) GROTIUS の二重売買論として主張されているのは次のような命題である.

---

26) [原註 57]

250

- GROTIUS は,「売買契約の締結が引渡なしに所有権を移転させる」と書いている.
- GROTIUS は二重売買で,最初の買主を優先させる.
- GROTIUS がその根拠とするのは,「最初の売買で物の所有権が第一買主に移転し,第二の売買について売主はもはや処分権限がない」という理由である.
- GROTIUS の二重売買論は,ローマ法と対照的である.
- GROTIUS の二重売買論は,ドイツ民法典(BGB)の規律(§§ 433, 929, 985)と対照的である.

ところが,史料(この論文の 2.2 p. 14)から明らかになるように,これらの命題はすべて偽である.これらの命題は GROTIUS 自身が書き残しているものと明らかにくいちがっているのである.いったい GROTIUS は『戦争と平和の法』2巻 12 章 15 節でどのように書いているのだろうか.

2.2　GROTIUS「戦争と平和法」における売買 VENDITIO ET EMPTIO

ここから史料(GROTIUS JBP 2.12.15)[6, p. 68 s]の引用

XV. 1　De venditione et emtione notandum, etiam sine traditione, ipso contractus momento transferri dominium posse,

2, 12, 15, 1　売り買いについて注意すべきことは,引渡なしに契約だけによって,即時に所有権 dominium が移転することがありうる posse ということである.

atque id esse simplicissimum :

そして,それがもっとも単純な場合である.

ita Senecae venditio alienatio est, *et rei suoe jurisque sui in alium translatio* :

そのように,セネカ SENECA が,売りとは,「譲渡であり,彼の物と権利を他人に移転することである」と書いている.

nam et ita fit in permutatione.

　Quod si actum sit, ne statim dominium transeat, obligabitur venditor ad dandum dominium, atque interim res erit commodo et periculo venditoris :
quare quod venditio et emtio constat praestando, ut habere liceat, et evictionem, item quod res periculo est emtoris, et ut fructus ad eum pertineant antequam dominium transeat, commenta sunt juris civilis,

quod nec ubique observatur :

　imo plerisque legum conditoribus placuisse, ut ad traditionem usque res commodo et periculo venditoris sit,
notavit Theophrastus in loco, qui apud Stobaeum est, ubi et multa alia instituta reperias de solennitate venditionis, de arrhabone, de poenitentia, multum differentia a jure Romano :

sicut et apud Rhodios perfici solitam

交換においてそうであるように．

　だからもし，即時に所有権が移転しないと取り決めた actus sit 場合には，売主は所有権を与える義務を負う．また，それまでのあいだ，物は売主の用益と危険にとどまる．
それゆえ，売り買いは［買主に］平穏な占有を与え，追奪にたいする責任を負わせるだけであり，所有権が移転する前に，物の危険を買主が負担し，物の果実も買主が享受するというのも，市民法の規定 commenta である．

したがって，どこでもみられるわけではない．

　ほとんどの法律では，物の用益と危険は，引渡されるまでは，売主が負担するという規定のほうが普通であるという．
Stobaeus の伝えるところによると，Theophrastus が書いているように，そこおよび他の多くの制度で，売りの要式行為や解約手付や後悔して解約する違約金など，ローマ法からたいへんかけはなれているものがいろいろあるという．

売りその他のいくつかの契約は，証

venditionem et contractus quosdam alios relatione in acta, notavit in Rhodiaca Dion Prusaeensis.

2 Illud quoque sciendum, si res bis sit vendita, ex duabus venditionibus eam valituram quae in se continuit praesentem dominii translationem, sive per traditionem, sive aliter.

Per hanc enim facultas moralis in rem abiit a venditore :

quod non fit per solam promissionem.

書に記載されてはじめて効力をもったと、ロードス人たちについて、Prusa の Dio が書いている.

2 さらに知るべきである. もし, 物が二度, 売られた場合には, 二つの売りのうち, その中で即時の所有権移転を含むほうが, 有効であると.
引渡によるにせよその他のやり方[27]によるにせよ.

なぜなら, このこと［処分］によって, 物のモラル的権能［自然法上の処分権限］が売主から失われてしまったからである.

そのことは, たんなる約束ではけっしておこらない.

2.3 GROTIUS が書いている「自然法上の処分権限を失わせること」とは売りではなくて処分のことである

GROTIUS が『戦争と平和の法』2 巻 12 章 15 節 2 項で二重売渡について書いていることから, 次の命題を確認することができる.
- GROTIUS は, 売りのあとさき（順序）を区別していない.
- 所有権譲渡が早いほうが勝つ（所有権譲渡までいってしまったほうが勝つ）.
- 三つの場合分けをしたのは PUFENDORF である（GROTIUS は三つの場合分

---

27) aliter を「その他の方式 MODUS」と訳すのは訳しすぎだと思われる.

けをしていない）．

WIEACKER [16, p. 297] は，物へのモラル的権能を自然法論的な処分権限である（ローマ法的には，POTESTAS ALIENANDI）とみぬいている．そして，それが所有者である「売主から失われてしまう」ということを正しく理解しながら[28]，なにによって失われるのかを読み違えてしまっている．

| per hanc enim facultas moralis in rem abiit a venditore | それによって処分権限が売主（所有者である売主）から失われてしまっているから |

ドイツ語で言えば，dadurch（それによって）となるが，dadurch の指すものは売買契約ではありえない．それは，所有権譲渡（処分）であり所有権移転のことである．構文的にも意味的にも意義的にも GROTIUS が指し示しているのは，DOMINII TRANSLATIO にほかならないのである．それは，GROTIUS の所有権の定義と直結している．

GROTIUS は，『戦争と平和の法』の2巻6章で ARISTOTELES を引用して，所有権の定義が処分権にほかならないという考えを強調している．

ここから史料（GROTIUS JBP 2, 6, 1）[6, p. 340 s]の引用

| I. 1 Aquisitione derivativa nostrum fit aliquid facto hominis aut legis. Homines rerum domini, ut dominium, aut totum, aut ex parte transferre possint, juris est naturalis | 1, 1　承継取得によって，人間の行為によりあるいは法律によりある物は我々の所有となる．人間が物の所有者であるとは，つまり所有権を全体としてあるいは部分的に移転で |

---

28) Pufendorf による引用を英訳した OLDFATHER [10, p. 736] は誤訳している．この論文の 2.3 (p. 16) を参照せよ．WIEACKER は Grotius をラテン語のまま引用するさい，直接法で "abiit" としている．Pufendorf (JNG 5, 5, 5) は Grotius を "abeat" と接続法で引用する．

post introductum dominium: inest enim hoc in ipsa dominii, pleni scilicet, natura. Itaque Aristoteles: ὅρος τοῦ οἰκεῖον εἶναι, ὅταν ἐφ᾽ αὑτῷ ᾖ ἀπαλλοτριῶσαι· *proprietatis definitio est, ubi penes nos est jus alienandi.* Duo tamen notanda sunt, alterum in dante, alterum in eo, cui datur. In dante, non sufficere actum internum voluntatis, sed simul requiri aut verba, aut alia signa externa: quia actus internus, ut alibi diximus, non est congruens naturae societatis humanae.

きるというのは，所有権が導入されていらい自然法である．なぜなら，それが完全な所有権の本性であるからである．そのように，Aristotelesも，「所有権の定義は，処分権である」と言う．しかし，二つのことを注意しなくてはならない．一つは与える人に，もう一つは与えられる人にである．それは，与える行為には内心の意思だけでは十分ではなく，言葉あるいは外部への合図（表示）によっておこなうことが必要であるということである．なぜなら，人間社会では，内的な行為は別の箇所で述べているように，明確ではないからである．

ここから史料（GROTIUS JBP 2, 6, 1, 2）［6, p. 341］の引用

2 Ut vero traditio etiam requiratur, ex lege est civili : quae, quia a multis gentibus recepta est, jus gentium improprie dicitur. Sic alicubi usurpatum videmus, ut professio apud populum, aut magistratum, et relatio in acta requiratur; quae omnia ex jure esse civili certissimum est. Actus autem voluntatis, quae signo exprimitur, intelligi debet voluntatis

1, 2 そして，さらに引渡が必要であるということは，市民法である．それが万民法と呼ばれているのは，多くの民族が受け入れたためで，本来は妥当ではない．そのように，別の慣習によると，公衆や政務官の面前での宣言や，公簿への記載が必要であるという例を我々は見出すのである．これらはすべて市民法からであることは確実である．しか

rationalis.　　　　　　　　　　し，合図によって表明された意思表示は，理性の意思を意味するものと理解されなくてはならない．

　GROTIUS による ARISTOTELES の引用は，原文と比較するとかなり単純化されている．しかし，所有者にしかできないことは，占有でも使用することができることでも収益することができることでもなく，処分するかどうか自分で決められること，すなわち処分権限があるかどうかである，というトピックが示されていることは確実である．

　　　ここから史料（アリストテレスの修辞学 1 巻 5 章 7 節）の引用[29]

ὅρος δὲ ἀσφαλείας μὲν τὸ ἐνταῦθα καὶ οὕτω κεκτῆσθαι ὥςτ' ἐφ' αὑτῷ εἶναι τὴν χρῆσιν αὐτῶν·	平穏であること security とは，その物を占有 possess し使用収益 use（produce）することができることである．
τοῦ δὲ οἰκεῖα εἶναι ὅταν ἐφ' αὑτῷ ᾖ ἀπαλλοτριῶσαι ἢ μή,	自分のものであるとは，処分 alienate するか否かを決めることができること（処分権限があること）である．
κἐγὼ δὲ ἀπαλλοτρίωσιν δόσιν καὶ πρᾶσιν.	処分というのは，贈与あるいは売渡 sale（売り selling）のことをいう．

　GROTIUS は，所有権の所有権たる所以を処分（所有権譲渡）だと位置づける．そして，彼にとって「売ること」とはつまり有償的に金銭との交換で処分することにつながるもの，売渡である．それは処分（所有権譲渡）を，所有権の移

---

29)　「財産 wealth について」Loeb Classical Library, LCL 193 (The "Art" of Rhetoric) [4, p. 50 ss]．（伝統的な BEKKER 著 Berlin 版（1831）のページによる参照では，1361a）．

転をめざしているものであり，完了すれば結局，つまり正常終了すれば，所有権の移転をともなう[30]．

その意味で譲渡（売却・売渡）である．

「売却」という言葉は，日常言語としては，売り買いの合意（諾成による成立）から，代金の支払・領収や，引渡，登録その他の義務の履行その他の一連の行為を含む，取引の全体を指すものとして用いられる．したがって，独和法律用語辞典に Veräußerung を「譲渡（売却）」としているのは，むしろ正確な観察なのである［ベルンド・ゲッツェ（1993）独和法律用語辞典（成文堂）「Veräußerungs～」の項を参照］．それにもかかわらず，VENDITIO を売却と訳して不都合を感じないところには，売買を諾成の義務負担行為ととらえないで，所有権移転効果などを含む全体として見てしまう感じ方がみられるのである．日本法における，売買と所有権移転の混乱は，売買と譲渡のあいまいな使い方に現れているのである．VENDITIO は「売り」である．しかし，これを売買から区別するのは，非常に高級な問題である．売買でよい．「売り」を「売り買い」とすることのおおざっぱさは，「売り」を「所有権移転」ととり違えることに比べれば，極めてマイナー（些細）である．ところが，日本語の表現には，「所有権譲渡」，「譲渡」，「売却」，の interchangeability が厳然として存在する．つまりは，「売り」が，『売買が諾成の義務負担行為である』ということの理解の不十分さこそが問題の本質なのである．

しかし，かならずしも処分を含むとはかぎらない．義務負担と履行の区別がはっきりしていないかもしれないが，売りがかならず譲渡と同義であるとは，Grotius は言っていない．「売買すなわち所有権の移転」という素人考えをとっ

---

30) 古典期ローマ法でも，すでに LABEO が次のように言っている．D 18.1.80.3 Lab. 5 post. a Iav. epit. Nemo potest videri eam rem rem vendidisse, de cuius dominio id agitur, ne ad emptorem transeat, sed hoc aut locatio est aut aliud genus contractus.

Digesta 18 巻 1 章 80 法文 3 項　だれも物が売られたとみることはできない．もし，所有権から訴えで追及されること（権利）が買主に移転されないとしたら，むしろ，賃約あるいはその他の別の類の典型契約である．

津野論文［26, p. 90-93］も参照せよ．

ているわけではない．それは現実売買（その別名は現金売買である）だからではなくて[31]あくまで所有権譲渡（処分）がおこなわれたこと次第なのである．

PUFENDORF が GROTIUS から引用する［引用］"quia per praesentem dominii translationem, seu traditionem **à venditore omnes facultas moralis in rem abeat;**"［引用終り］を，［引用］"Also Grotius, *loc. cit.*, § 15, feels that the second buyer is to be favoured in comparison with the first, for the reason that by the present transfer or delivery of dominion **every moral faculty passes from the seller into the thing,** which is not the case in a promise to sell."「一切の処分権限が売主から物に移転する」［引用終り］（太字にしたのは津野）と誤訳しているのは，Pufendorf の英訳であって，Grotius の英訳ではない[32]．

3. プーフェンドルフの二重売り論

「GROTIUS の理性法論にみられる二重売り論はローマ法とどのような関係にあるだろうか」という設問への解答を実証的に解明するために，私たちは PUFENDORF の二重譲渡論そのものを実際に読まなくてはならない．それは，

---

31) 筏津はたびたび GROTIUS が「現実売買」について書いていると言うが，片方だけの即時の履行を現実売買とは言わない．［ここから筏津の論文［20, p. 151］の引用］グロチウスは，二重売買の問題については，二重売買が生じた場合に，引渡を受けた第二契約者を優先させる．このこと自体は，ローマ法以来の伝統的結論と一致する．問題は，第二契約者を優先させる理由であるが，グロチウスは，二重売買の場合には，現実売買の問題に引き戻して考えればよいとした．現実売買の問題として考えるということは，引渡を優先させることを意味する．［原註 61］H. GROTIUS, De iure belli ac pacis, lib. duo, 12, 15. 2.［筏津の注［20, p. 176 n. 61］］．［ここまで筏津の論文［20, p. 151］の引用］

日本語で「現実」はさまざまに使われるが，現実売買が Handkauf の意味で用いられるのは確実である．

32) 筏津［18, p. 32 s n. 6］は英訳を主に用いているが，この PUFENDORF の OLDFATHER and OLDFATHER による英訳［10］は使いものにならない．また，PUFENDORF による GROTIUS の引用がすでに重大な内容変更である．したがって，筏津［18, p. 66］が GROTIUS について書いていることは根拠がない．

PUFENDORF『自然法と万民法』(JNG) の5巻5章5節5項 [11, p. 486 s] である.

3.1 Pufendorf『自然法と万民法』5巻5章5節

§. 5. *Quid emtor venditori, & hic illi praestare debeat*	第5節　いつ買主は売主に，売主は買主に，給付 PRAESTARE しなくてはならないか
Porro quid emtor venditor sibi invicem debeant praestare, ex natura contractus, & pactis peculiariter adjectis facile innotescit.	さらに，コントラクトゥス CONTRACTUS およびパクトゥム PACTUM（たんなる合意）の性質から，いつ買主および売主は，義務を履行（給付）しなくてはならないのであろうか.
Emtoris scilicet est dare pretium conventum, convento tempore, & quidem ita ut nummos faciat accipientis, seu ut suam det pecuniam, non alienam.	買主は，合意された代金を，合意された時に，他人の金銭でなく自己所有の金銭で，与えなくてはならない.
Quod si alienos nummos dederit, iique fuerint vindicati, alios debit, simulque id, quod venditoris interfuit, istos non fuisse vindicatos.	もし，他人の金銭が与えられ，（買主が）所有物取り戻し請求を受けたなら，取り戻し請求されなかったと同じように，ふたたび同額（の金銭）を与える義務を負う.
Venditoris autem est dare rem, de qua conventum est, iis cum qualitatibus, quae ex communi contractus natura, aut peculiari	売主は，この［典型］契約 CONTRACTUS に共通の性質からくる，あるいはまた，特別の合意 CONVENTIO が要求する，そのよう

conventione requiruntur, idque tempore praefixo.	な品質で，あらかじめ定められた時に，合意された物を与えなくてはならない．
Add. l. 11. §. 1. seqq. D. de act. emti.	D 19.1.11.1（Digesta 19 巻 1 章）「買主訴訟［および売主訴訟］について」11 法文 1 項[33]
Quod si post perfectam emtionem, antequam rem tradiderit, poenitentia ductus pro ipsa re velit restituere pretium, & id quod interest, invitus emtor id non cogitur acceptare, sed eum omnino ad ipsam rem tradendam poterit adigere; nisi forte ratio humanitatis mitius agendum suaserit.	しかし，もし，買いの完成の後で，物が引渡される前に，売主が代金および利益 ID QUOD INTEREST を返還して契約解除したいと申し出た場合には，買主は承諾することを迫られることはない．物が引渡されるように要求することができる．人間性の理性が（恩情的な理由から）穏便なやりかたを強く勧めるのでないかぎり．
Ubi autem traditio fieri nequit per dolum aut culpam venditoris, & pretium emtori erit restituendum, & id quod interest.	しかし，引渡が売主の過失によっておこなわれない場合には，代金および利益 ID QUOD INTEREST が，買主に損害賠償されなくてはならない．

---

[33]　D 19.1.11.1 Ulp. 32 ad ed. Et in primis sciendum est in hoc iudicio id demum deduci, quod praestari convenit: cum enim sit bonae fidei iudicium, nihil magis bonae fidei congruit quam id praestari, quod inter contrahentes actum est. quod si nihil convenit, tunc ea praestabuntur, quae naturaliter insunt huius iudicii potestate.

Quid juris sit, si venditoris nulla versetur culpa ; supra diximus.

すでに述べたとおり，売主になんらの過失がない場合でも同じく賠償する責任があるというのが，法にかなっている．

Quod si autem quis eandem rem duobus vendiderit, ubi eadem neutri adhuc erit tradita, sine dubio praevalebit emtor, qui prior contractum inivit.

しかしもし，ある人が同一物を2人に売ったとしたら，その物がどちらにも引渡されていないなら，先にこの契約 CONTRACTUS を締結した買主が優先することに，まちがいない．

Nec minus, si priori jam res fuerit tradita.

もし，先の買主に物が引渡されている場合も同様である．

Ita tamen ut fraudulentus venditor posteriori praestet id, quod intereat, sibi vano contractu non fuisse illusum.

もっとも，不誠実な売主は，後の買主に，しかるべき CONTRACTUS（の履行）によって，失われなかったはずの利益 QUOD INTEREAT を賠償する責任がある．

Enimvero ubi traditio fuit facta illi, qui posterius contraxit, hunc quidem priori contrahenti praeferendum ex rationibus juris civilis clarum est; quia rem ex justo titulo à domino accepit.

しかしながら，後で契約 CONTRAHERE した買主に引渡がおこなわれてしまった場合には，後の契約者が先の契約者たいして優先することは，市民法上の理由では，明らかである．なぜなら，後の買主は，物を正権原にもとづいて

	（市民法上の）所有者から受領した EX IUSTO TITULO A DOMINO ACCEPIT（引渡しをうけた）からである．
Ac priori isti contra hunc nulla competit actio, neque realis, quia nondum fuit dominus rei, neque personalis, quia nihil ipsi negotii cum isto intercessit.	そして，先の買主は後の買主にたいして，なんら訴訟 ACTIO をもたない．物の所有者とならなかったから，物権的（物的）訴訟 ACTIO REALIS をもたず，先の買主となんら取引 NEGOTIUM の関係になかったから，債権的（人的）訴訟 ACTIO PERSONALIS をもたない．
Sed nec venditori datur praetextus, ut rem ab eodem iterum revocet.	しかし，売主にも，物を後の買主から取り戻す根拠が与えられるわけではない．
Add. l. 9. §. 4. D. *de publiciana in rem actione*[34]	D 6.2.9.4（Digesta 6 巻 2 章 9 注文 4 項）「対物プーブリキアーナ訴訟について」．

---

34) D 6.2.9.4 Ulp. 16 ad ed. Si duobus quis separatim vendiderit bona fide ementibus, videamus, quis magis publiciana uti possit, utrum is cui priori res tradita est an is qui tantum emit. et iulianus libro septimo digestorum scripsit, ut, si quidem ab eodem non domino emerint, potior sit cui priori res tradita est, quod si a diversis non dominis, melior causa sit possidentis quam petentis. quae sententia vera est.
　もし，ある人が，二人の善意の買主たちに［同一物を］別々に売ったとする．だれがより良くプーブリキアーナ（訴訟）を使うことができるのか，二人のうち先に物を引渡された買主だろうか，それとも［はじめは］たんに買った買主だろうか．

| Grotius quoque d. l. §. 15. eundem priori hanc ob rationem praeferendum judicat, quia per praesentem dominii translationem, seu traditionem à venditore omnis facultas moralis in rem abeat; id autem non fieri per promissionem de vendendo. | Grotius JBP 2, 12, 15 も，後に買主が先に買主より優位にあると判断した．なぜなら，即時の所有権の譲渡によって，あるいは，トラーディティオによって，売主から,物にたいするモラル的権能［自然法的処分権限］のすべてが失なわれてしまっている[35)]からである．しかし，このことは売りの約束契約ではおこらないことである． |

| Ubi nescio, an Is satis sibi | 彼（GROTIUS）が，この点で首 |

という問題を考えてみよう．そして（この問題については），Iulianus が，（彼の著書）Digesta の7巻で書いている．もし，2人とも同一の（市民法上の）非所有者から買った場合には，先に物を引渡された買主が優位であるが，もし，別々の（市民法上の）非所有者から買った場合には，現に占有している買主のほうが（占有を失って物の返還を求めて）訴えている買主よりも，より良い法的地位 CAUSA をもつと．この判断が正しい．

35) abeat は，「他へ移転されてしまってなくなってしまっている」という意味である．GROTIUS は abiit と直接法で書いているが，PUFENDORF では abeat という接続法になっているのは引用であることを示しているのである．PUFENDORF の英訳 ［10, p. 736］だけが，この GROTIUS からの引用部分を "for the reason that by the present transfer or delivery of dominion every moral faculty passes from the seller into the thing" と二重に（「所有権の引渡あるいは移転」も）誤訳している．私はまだ Amsterdam 1724 (reprint 1984) 版の Jean BARBEYRAC 訳しか見ていないが，そこ (vol. 1, p. 429) には次のようにある．

4. Il faut favoir encore, que, si une même chose a été venduë deux fois, celui des deux Acheteurs à qui l'on aura transféré d'abord la propriété de la chose, foit par la délivrance, ou autrement, sera celui dont l'achat subsistera.

Car le transport présent de Propriété a fait passer à cer Acheteur tout le pouvoir moral, que le Vendeur avoit sur la chose : ce qui n'a pas lieu dans une simple Promesse.

constet.	尾一貫しているかどうか，私にはわからない．
Equidem *promoissio de vendendo* venditio non est.	**売りの約束**は売りではないということは，なるほどそのとおりである．
Ipse tamen d. l. asseruerat, dominii translationem fieri posse ipso contractus momento, etiam citra traditionem.	しかし，同じ個所で（GROTIUS が）述べているように，［この典型契約］CONTRACTUS という契機だけで，いまだ引渡しがおこなわれなくても，所有権が移転されることが場合によっては，ありうる．
Ergo tali venditione celebrata nihil facultatis moralis circa eam rem remanet penes venditorem, quam quod tantummodo tendit ad curandum, ut res in manus emtoris perveniat.	したがって，売りが実行されるや，物が買主の手に渡るよう配慮する以外には，その物へのいかなるモラル的権能も売主のもとには残っていないのである．
Et consequenter, si quos praeterea actus circa eandem rem venditor excercuerit, nullo jure nitentur, adeoque fraudi esse ei non potuerunt, qui prius jus in ea re quaesitum habuit.	したがって，論理的帰結として，もし，その物にたいする（いったん売った）後の行為を，売主は，なんらの権利なしにおこなうことになる．（売主は）その物の権利を先に取得した人にたいして，優越する法的立場をもたない．
Quibus positis, valde dubium	このような理由で，法に反して

est, an favor possessionis contra jus traditae priori emtori semper nocere queat.

　Porro quia jus in re nuda possessionis amissione non extinguitur, vero contingere potest, ut quis rem alienam bona fide possideat; ideo dum ejusmodi possessor rem tertio vendit, domini jus non suffocat, nec plus in emtorem juris transferre potest, quam ipse habuit.

　Ergo quanquam emtoris intentio sit dominium rei adquirere; tamen quia saepe à sciente aut ignorante res aliena venditur, sufficit, si venditor emtori tradiderit vacuam rei istius possessionem, eumque constitue-rit in conditione usucapiendi; eique evictionem praestet, ubi res fuerit vindicata.

　Add. Plautus Persa act. 4. sc. 4. t. t. D. *de evictionibus*.

引渡された占有が先の買主の権利にたいして常に優先するということが妥当するかどうかは，疑わしい．

　さらに，物権は単なる占有の喪失によって失なわれないのだから，そして，他人物を善意で占有することが可能なのだから，このような（善意の他人物）占有者が物を第三者に売ることが，所有者の権利を変更することはないし，自己のもたない権利を買主に移転することもできないのである．

　したがって，買主の意図が物の所有権を取得することであるとはいえ，知ってあるいは知らないで，他人の所有物が売られた場合には，もし，売主が買主に，その物の平穏な占有を引渡すなら，十分であり，その物は，ウースーカピオ占有の状態におかれる．そして，もし，物が所有物取戻訴訟をかけられたなら，所有物取戻訴訟で追奪された損害を賠償する責任がある．

Plautus, *Persa* 4 幕 4 場
Digesta 21 巻 2 章「追奪 EVICTIO について」

4. 売買と所有権の移転について理性法論がフランス民法典の規律に直接の影響を与えたという神話

4.1 Wieacker NPG 2. Aufl. p. 293 は誤解を招いている

ここから FRANZ WIEACKER（近世私法史の新版）[16, p. 293] の引用
（ここで太字にしたのは原文では隔字体である）

Für Grotius' Verhältnis zum römischen Recht und für die spätere Systematik ist aufschluss- und folgenreicher der **derivative** Eigentumserwerb (II 6 sqq.). Dazu rechnet er auch das Erbrecht (II 7) und sodann (als *ius gentium voluntarium* den („dinglichen" und obligatorischen) Vertrag (II 6 § 1, 2 sqq.); dem folgten regelmäßig die Naturrechtsgesetzbücher.

Hierbei sei, „wie auch von den

GROTIUS はローマ法とどのような関係にあったのか」という設問，および「GROTIUS は（後世の）体系構成法とどのような関係にあるのか」という設問にたいする解答をみつけるうえで，とてもよい手がかりを与えてくれるのが，GROTIUS の『戦争と平和の法』2 巻 6 章以下に書かれている承継的な所有権取得論である．それは，結果的に重大な影響を与えることにもなった．GROTIUS は，相続法も所有権取得の承継的な場合に入れる（2 巻 7 章）．さらに，万民法であり意思の法であるものとして，（「物的」および債務的）契約を承継取得に入れている（2 巻 6 章 1，2 以下）．自然法的諸法典（の立法者たち）は，きまって GROTIUS のこの分類にしたがった．

GROTIUS によると，この点で，「と

Juristen zuweilen eingeräumt", **Übergabe** nicht immer erforderlich, z. B. bei der Universalsuksession und dem *constitutum possessotium* (zahllose Digestentexte).

きには法学者たちも譲歩的に肯定するように」，引渡は（所有権の承継取得の要件として）いつでも必要だというわけではない．例えば，権利の包括承継［ここでは相続］や占有改定の場合には引渡がなくても所有権が承継取得されるという（Digestaからの引照が無数に付けられている）．

Dies merke er an, „damit ja niemand das **römische** *ius gentium*" (das ja gerade *traditio* fordert) schon für unwandelbares Naturrecht halte (II 8 § 26). Vielmehr sei Naturrecht seiner Art und Geltungsweise nach von dem zu scheiden, was einem bestimmten **historischen** Zustand natürlich sei.

なぜそのようなことを書くかという理由を GROTIUS が続けて言うには，「だから，ローマ法でほかならぬ万民法だとされているものが，まさに引渡を要求しているからといって，だれもそれが不変の自然法だとけっして考え違いをしてはいけない」のである．むしろ，（本来の）自然法はそのあり方と妥当のしかたが，特定の歴史的な状態において自然的であることとは区別されるべきだと，GROTIUS は言う．

ここで WIEACKER が我々に教えてくれているとおり，GROTIUS はかつて全体として「書かれた理性」とされてきたローマ法が，じつはかならずしも普遍の理性的な法ではなくて，歴史的な古代ローマに特有のものを含むということを述べている．17・18 世紀は自然法論の時代であるとともにローマ法の現代的慣用（同時代の別の表現によれば，ローマ法のゲルマン法廷での実務）の時代である．皇帝 Lothar ロター 3 世がローマ法をドイツに包括的に継受したと

いう(いわゆるローター伝説)が否定されて、個別の制度や規律について、いったい継受されたのかどうか吟味することが可能となった[36]。継受されたローマ法は神聖ローマ帝国の皇帝法として包括的に継受されたという妥当根拠だけでなく、特有法との対比のなかで、裁判実務への適用可能性が吟味されることになる。とりわけ、理性法論にとっては、ローマ法で万民法 IUS GENTIUM と呼ばれている法のカテゴリーは自然法 IUS NATURAE と近いのだから[37]。

「引渡」として「トラーディティオ」としなかったのは、WIEACKER がこの部分で TRADITIO(C 3.1.20 の意味での)と § 929 BGB Übergabe の区別をどれだけ意識していたか微妙だからである。

現に、ここで言及されているのは、GROTIUS がローマ法ではトラーディティオという承継取得の方法があったが、それはローマ法では万民法とされているということである[38]。

---

36) このこと(ローマ法が全体として書かれた理性だというわけではなくて歴史的な特有のものであるから、ひとつひとつの制度を非ローマ法と照らしあわせて継受されたものと継受されなかった妥当しないものを見極めなくてはならないし、皇帝法であるという妥当根拠をもつローマ法にたいしてそうすることが許されると考えること)が可能となったのは、『ゲルマン法の起源について』*De origine iuris Germanici* による Hermann CONRING の功績であった。BERNHARD PAHLMANN [13, p. 64] および勝田論文 [27, p. 9 et passim] も参考になる。

37) この点については、Savigny の『債務法 Das Obligationenrecht』(1853) 2巻 [10, p. 256-2597](津野論文 [25, p. 103-107] に翻訳がある)を参照せよ。

38) Digesta の Gaius 文 D 41.1.9.3 Gai. 2 rer. cott. Hae quoque res, quae traditione nostrae fiunt, iure gentium nobis adquiruntur: nihil enim tam conveniens est naturali aequitati quam voluntatem domini volentis rem suam in alium transferre ratam haberi. および Inst Iust の法文 Inst Iust 2.1.40 Per traditionem quoque iure naturali res nobis adquiruntur: nihil enim tam conveniens est naturali aequitati, quam voluntatem domini, volentis rem suam in alium transferre, ratam haberi. et ideo cuiuscumque generis sit corporalis res, tradi potest et a domino tradita alienatur. itaque stipeniaria quoque et tributaria praedia eodem modo alienantur. vocantur autem stipendiaria et tributaria praedia, quae in provinciis sunt, inter quae nes non italica praedia ex nostra constitutione nulla differentia est.

4.2 引渡を必要としないというフランス民法典の規定は理性法論の直接の影響ではない

しかし，次の部分は，誤解を招きやすい．
ここから FRANZ WIEACKER（近世私法史の新版）［16, p. 293］の引用
（ここで太字にしたのは原文では隔字体である）

Das hierin zugelassene **Konsensprinzip** (die Übereignung durch [obligatorischen] Vertrag) hat besonders auf die französische Zivilrechtsdogmatik bis zum Code civil gewirkt. In den deutschen Gesetzbüchern, die an der Übergabe als *modus acquirendi dominii* festhielten, hat es wenigstens die Übergabesurrogate begünstigt, am meisten im österreichischen ABGB.

この GROTIUS の記述のなかで承認されている合意主義（所有権譲渡が［債務］契約だけで引渡なしにおこなわれるという考え方）は，とくにフランス民法教義学に影響を及ぼし，その結果はフランス民法典に現われている．

GROTIUS の合意主義は，ドイツ語圏の諸法典にたいしてさえ影響を及ぼした．ドイツ語圏の諸法典は所有権取得の方式としての引渡を堅持したのだけれど，少なくとも「引渡にかわるもの」[39] を広く認めようという方向を後押ししたのだ．このことは典型的には，オーストリア一般民法典でおこった．

ここまで FRANZ WIEACKER［16, p. 293］の引用

---

39) WIEACKER は初版［14, p. 170］では，"wenigstens die sog. *traditio ficta* durch Übergabesurrogate" として，「擬制的引渡」という語を入れていた．なお，旧版のこの部分については，日本語訳［15, p. 341］がある．

第 5 章 ヨーロッパ近世自然法の二重譲渡論における売買と所有権の移転　269

　　　　　　ここから筏津の本文［20, p. 151］の引用
　グロチウスは，二重売買の問題については，二重売買が生じた場合に，引渡を受けた第二契約者を優先させる．このこと自体は，ローマ法以来の伝統的結論と一致する．問題は，第二契約者を優先させる理由であるが，グロチウスは，二重売買の場合には，現実売買の問題に引き戻して考えればよいとした[40]．現実売買の問題として考えるということは，引渡を優先させることを意味する．
　　　　　　ここまで筏津の本文［20, p. 151］の引用

4.3　筏津論文の PUFENDORF 理解

　　　　　　ここから筏津の本文［20, p. 151］の引用
　グロチウスのこの説明を批判したのがプーフェンドルフであった．原則として，合意のみによって所有権が移転するとしながら，二重売買の場合に，なぜ現実売買に引き戻して考えなければならないのか，その理由が明確でないというわけである．プーフェンドルフは，所有権移転の合意原則をより徹底しようとした．けれども，どうしても貫徹できなかった事例が，引渡を受けた第二契約者の優先理由であった．ローマ法のプブリキアーナ訴訟に関する法文 D 4.2.9.4[41] を参照させて，ローマ法によれば，所有者ではないひとの二重売買においてすら，第二契約者を優先させていることに，「市民法的理由」[42] をもとめた．所有者ではないひとの二重売買の例は，合意原則を採用した場合の，第二の売買契約をおこなう売主（所有者）の立場と酷似している．合意原則によれば，第一契約によってすでに

---

40)　［原註 61］H. GROTIUS, De iure belli ac pacis, lib. duo, 12, 15. 2．［筏津の注［20, p. 176 n. 61］］

41)　［引用者（津野）の補注］sic. もちろん，D 6.2.9.4 法文（Fragment）を指している．De publiciana rem actione（物の取り戻しプーブリキアーナ訴訟について）という Digesta の章 Digestentitel は，現在（2003）私たちが普通に使う MOMMSEN と KRÜGER によるお決まりの［9］版では，D 6, 2 である．

42)　［原註 62］Pufendorf, JNG V. 5. 5．［筏津［20, p. 176 n. 62］］

所有権が移転しており，所有者は所有者でなくなっているのであるが，そのような場合には所有権を移転することはできない．けれども，そのような場合でも，ローマ法は引渡を受けた第二契約者を優先させている．プーフェンドルフが指示しているディゲスタの法文は，なんの解説もほどこされていないが，プーフェンドルフのこのような思考を読みとらせるためのものだと推論する[43]

ここまで筏津の本文［20, p. 151］の引用

4.4 「合意」のみによる所有権の移転

「合意のみによる所有権の移転」という標題をつけられた第 2 章を見ると，該当箇所として次のような記述を見付けることができる．

ここから筏津［18, p. 64 s］の引用

［...］プーフェンドルフ自身が明示的に述べているわけではないが，かれの思考を整合的に整理すれば，かれの見解は次のようにいうことができると思われる．「自然的理由」により，二重売買の二人の買主に「観念的性質 qualitas moralis」[44]としての所有権が両方に移転すると考える．このかぎりでは，自然法論の立場からの原則論を貫いていることになる．しかし，この問題は所有権取得の優先順位を決める問題に他ならないのだから，「自然的理由」のみによっては決着をつけることはできず，引渡をその基準として用いれば足りる．換言すれば，かれのとった道は，二重売買を契約の成立要件の問題として考えるのではなく，引渡を重視することであった．要するに，当事者間では合意のみによって所有権は移転するが，第二契約者が引渡を受けた場合には，第一契約者は第二契約者に所有権を

---

43) ［原註 63］この解釈は，『失われた契約理論』で示した解釈を修正したものである．これの詳細については，拙稿，叢書『混沌の中の所有』，二一頁以下参照．[ここまで筏津［20, p. 176 n. 63］ここから引用者（津野）の補注］筏津の論文［19］は，法文化学会の叢書『法文化（歴史・比較・情報）』の第 1 巻『混沌の中の所有』の p.41-65 に出ており，二重売買に該当する部分は，p. 49-51 である．[Tsuno]

44)　sic.

主張しえない，ということができる．ここには，一七六条と一七七条に分けて，所有権の移転と二重売買の解決策を規定したわが国の民法の規定との構造的な対応関係を見いだすことができるような思考様式が働いているように思われる．このプーフェンドルフの見解を，ローマ法の伝統に戻ったものと評価することには疑問が残る．プーフェンドルフは，まったく新しい問題地平に立って，自らの立場に内在する理論的弱点を克服しようとしているからである．プーフェンドルフ自身が明示しているわけではないが，論理的に理解すれば，所有権は観念的には合意のみによって，両者に移転しているが，引渡によって，対抗力を得ることができる．こう理解すると，引渡は売買契約の成立要件などではなくて，対抗の問題として処理されていることになる．

ここまで筏津［18, p. 64 s］の引用

さらに，フランス民法典と（日本の）民法典の直接の継受関係について，次のように書かれている．

ここから筏津［18, p. 71］の引用

　わが国の民法は，フランス民法の制度を継受し，合意のみによる所有権の移転という意味でのいわゆる「意思主義」を採用している．契約の成立によって，当事者間では権利としての所有権はすでに相手方に移転しているが，動産に関して引渡，不動産に関して登記を対抗要件としている．合意のみによって所有権を移転させるという原則を採用するからこそ，対抗要件としての引渡，登記を必要とするというわけである．

ここまで筏津［18, p. 71］の引用

しかし，このテーゼは，著者によって棄てられることになる．

5. プーフェンドルフはなぜ D 6.2.9.4 を引照したのか

5.1 事実関係 Sachverhalt のずれ

5.1.1 筏津は，Ulp D 6.2.9.4 と GROTIUS/PUFENDORF の事実関係 Sachverhalt の違いをどのように理解しているのだろうか

ここから筏津の論文 [19, p. 49-52] の引用

二重売買

プーフェンドルフが原則論を維持することができなかったのは，引渡を受けた第二契約者の優先性を説明する場合である．この場合に限って，かれは「市民法的理由（ローマ法）」にもとづいて，引渡を受けた第二契約者の優先性を説明している[45]．これはどういうことなのか．所有権の合意原則を貫徹するならば，そもそも二重売買の問題は存在しなくなる．売主が第一契約者と契約を締結した時点で，所有権はすでに移転しているのであるから，第一契約者のみが正当に所有権を取得することになる．第二の契約者は無権限者となった旧所有者と契約を締結したにすぎず，この契約は無効となる．これは，原則論にしたがって，契約の成立論のレベルだけで対処するものといえる．プーフェンドルフは，この見解をとらなかった．原則論を適用するかぎり，引渡を受けた第二契約者の優先性は確保されないことになる．

プーフェンドルフは，ここでも所有権移転の合意原則に内在する問題点と対峙している[46]．当事者の意思の作用のみによって所有権が移転するの

---

45) ［原註 25］拙著『失われた契約理論』での見解を修正しておきたい．わたしは，拙著では，プーフェンドルフが対抗要件的な解釈技術を生み出した人と位置づけたが，ここで修正しておきたい．［筏津 [19, p. 63 n. 25]］

46) ［原註 26］プーフェンドルフは，所有権の移転に合意原則を採用する場合に生じうる二つの問題点を明確に自覚している．一つは，合意のみによって所有権が移転するとすれば，真の所有者は誰なのかを知ることが困難となることが予想される．この問題については，プーフェンドルフは，公証人制度を合意原則と結びつけるこ

だとすれば，外観を信頼してすでに所有者でなくなった人と契約した第二契約者の法的地位はきわめて脆弱なものとなる．合意原則に内在する弱点はどのように克服することができるのか，これがプーフェンドルフの問題であった．

かれは，「ある人が同じ物を二度売る場合」を想定して，1）どちらにも物が引渡されていない場合と 2）第一契約者が引渡を受けた場合には，「疑いなく」第一契約者が優先すると考える．3）第二契約者が所有者から引渡を受けた場合には，「市民法的理由」にもとづいて，第二契約者が優先する．その理由は，「正当権原にもとづく引渡 traditio ex justo titolo」[47]である[48]．

1）の場合には，引渡とは無関係に，2）の場合には，引渡が付け加わっているが，第一契約者が優先する．第一契約者が優先する理由は，第二契約者に優先性を与える理由が何もないから，原則論がそのまま適用されて，第一契約者の優先性が認められる．ところが，3）の場合だけは，原則論を適用すると，引渡を受けた第二契約者の優先性を確保することはできない．

プーフェンドルフが「市民法的理由」として挙げていることは，第二契約者は所有者から「正当権限にもとづく引渡」を受けたこと，第一の契約者は第二の契約者に対する対物訴権も対人訴権ももたないこと，売主は第

とで，対処しようとしている．（拙著『失われた契約理論』70-72 頁参照．）もう一つは，ここで述べる二重売買の問題，すなわち外観を信頼して取引をし，引渡を受けた第二契約者の法的保護の問題である．［筏津［19, p. 63 n. 26］］

47) ［引用者（津野）の補注］sic.［TSUNO］
48) ［原註 27］PUFENDORF, JNG. V. 5. 5.「後で契約を締結した人に引渡がなされた場合には，市民法的理由にもとづいて，この人が最初の契約者に優先されるべきことは明らかである．なぜならば，かれは正当権限にもとづいて，物を所有者から受け取ったからである．そして，最初の契約者は，物の所有者であったことはないのであるから，後の契約者に対する対物訴権をもたないし，後の契約者と取引にはいったわけでもないので，対人訴権をもつわけではない．また売主は，物を第二の契約者から再び取り戻すための口実は与えられてはいない」．［筏津［19, p. 63 n. 27］］

二の契約者からそのものを取り戻す口実をもっていないこと，である[49]．これらの「市民法的理由」にもとづいて，引渡を受けた第二契約者は，売主に対しても第一契約者に対しても優先する．

　少し問題となるのは，第二契約者が「所有者」から正当権限にもとづいて引渡を受けたという理由である．売主が第二の契約を締結した際にも「所有者」であるとするならば，プーフェンドルフは，3）の場合には，端的に引渡主義を採用しているということになる．しかし，第二契約者が「所有者」から正当権限にもとづいて引渡を受けたということが，第二契約者の観点から述べられているとすればどうであろうか．第二契約者は善意なのだから，合意原則が適用されて所有権が第一契約者に移っているにしても，第二契約者にとってはいぜんとして「所有者」として現われている．第二契約者は，「所有者」と契約し，所有者から引渡を受けたといえなくもない．そうだとすれば，3）の場合もふくめて，合意原則の枠組みのなかで考えられており，第二契約者を保護するという効果だけが，例外的に「市民法的理由」によって説明されていることになる．

　その理由を，プーフェンドルフが参照を求めているディゲスタの法文（D. 4. 2. 9. 4)[50]を手がかりとして検討してみたい．ディゲスタの法文自体はプブリキアーナ訴訟を扱っているが，ある人がある物を別々に二人の善意の買主に売った場合を想定して，最初に物の引渡を受けた人がプブリキアーナ訴権（引渡訴権）を有するのか，買っただけで引渡を受けていない人がこの訴権を有するのか，という問題が設定されている．そして，二人

---

49) ［原註28］第一の契約者がその取引において損害を被っていれば，売主に対して損害賠償を請求しうる．［筱津 [19, p. 63 n. 28]］
50) ［引用者（津野）の補注］sic. もちろん，D 6.2.9.4 法文（Fragment）を指している．De publiciana rem actione（物の取り戻しプブリキアーナ訴訟について）というDigestaの章Digestentitelは，現在（2003）私たちが普通に使うMOMMSENとKRÜGERによるお決まりの［9］版では，D 6.2 である．ちなみに，

　　D 4.2.9.4 Ulp. 11 ad ed. Volenti autem datur et in rem actio et in personam rescissa acceptilatione vel alia liberatione. [tsuno]

が同一の非所有者から買った場合には，引渡を受けた人が優先すると書かれている．参照を求められているディゲスタの法文は，非所有者が善意の二人にある物を売った場合であり，プーフェンドルフの想定している所有者がある物を二人に売った場合とは異なる．プーフェンドルフが設例の異なる法文を参照させたのは，どのような理由によるのであろうか．

その理由は，同一の「非所有者」から買った場合でも，外観を信頼して契約を締結し，引渡を受ければ，第二契約者が第一契約者に優先して法的保護を受けることができるのであるから，まして「所有者」から買った場合には，なおさら第二契約者が，「市民法的理由」にもとづいて法的保護をうけることが当然だということを示唆するためではないか．合意原則を適用して考えれば，第一の契約を締結した時点で，すでに「所有者」ではなくなっているが，かりに「非所有者」であったとしても，その人と契約を結んだ善意の第二契約者が引渡を受ければ，第二契約者の優先性をローマ法にもとづいて説明することができる．

そうだとすると，プーフェンドルフの設定した三つの場合は，いずれも合意原則の枠内で考えられていることになり，3)の場合にだけ，「非所有者」からの所有権取得を認めるために，「市民法的理由」をもちいたということになる．

プーフェンドルフは，二重売買の三つのケースについても，原則論の枠組みのなかで処理しようとしている．1)と2)のケースは，原則論がそのまま適用されて，第一契約者の優先性が引きだされているとみることができる．3)のケースは，原則論を適用したうえで，「非所有者」との契約にもとづいて引渡を受けた第二契約者の優先的立場を「市民法的理由」によって説明したものだということになる．その「非所有者」は，善意の第二契約者との関係では，「所有者」と表現しうることにもなる．プーフェンドルフがディゲスタの法文を参照させたのは，このことを示唆するためであったと考える．

『失われた契約理論』において，わたしは，合意原則を考慮して，売主と買主の間では，「観念的な性質」としての所有権が移転していると推論した．当事者は，「観念的な性質」としての所有権にもとづいて，引渡を請求することができる．この請求権の根拠に関しては，第一の契約者も第二の契約者も平等な権利を有する．どちらの契約者も，「正当権原にもとづく引渡」を請求しうるからである．この限りでは，どちらの契約者を優先させるかは決めることができない．そこで，「市民法的理由」にもとづいて導入されたのが，引渡という基準である．引渡は，所有権取得の要件ではなく，観念的性質の所有権を取得している第一の契約者と第二の契約者の間の優先順位を決めるための基準であり，引渡を受けた契約者に，対抗力を与える．これがわたしの推論であった．

　わたしのこの推論は，二つの有効に成立している売買契約において，第一の契約者と第二の契約者に平等に帰属しているはずの引渡請求の権利根拠を幾分なりとも明確化しようと意図したものであったが，ここでこの推論を修正しておきたい．第一に，プーフェンドルフ自身は，第一契約者と第二契約者がどのような権利根拠にもとづいて引渡を請求しうるか，という問題をそもそも中心においていない．引渡を受けた第二契約者がいる場合には，第二契約者の法的地位を保護する理由を，「市民法的理由」に求めたにすぎない．第二に，「観念的な性質」の所有権が移転するといったところで，引渡を請求する権利根拠が明確化されるわけでもない．

　プーフェンドルフは，『失われた契約理論』でわたしの理解したのよりも，合意原則の適用を徹底的に貫こうとしていた．引渡を受けた第二契約者の優先理由だけが，合意原則の適用除外となった．引渡請求の権利根拠を明らかにするという課題は，ヴォルフによって遂行された．ヴォルフは，所有権の移転論に jus in re と jus ad rem の峻別論を持ち込んで，単なる約束によっては jus ad rem が移転するだけであり，引渡によって jus in re となると構成した．この構成によれば，jus ad rem が引渡請求の根拠となる[51]．ただし，引渡という行為は，事実的な行為だと捉えられている．

第 5 章　ヨーロッパ近世自然法の二重譲渡論における売買と所有権の移転　*277*

引渡が，単なる事実的な行為としてではなく，法的な行為，つまり物権行為と捉えかえされるのは，サヴィニーにおいてであった．

　　　　ここまで筏津の論文［19, p. 49-52］の引用

5. 1. 2　GROTIUS, PUFENDORF のあいだに事実関係 Sachverhalt の違いがないのだろうか？

設例の事実関係の可能性は 4 つある．
1．先に買った買主も後から買った買主もどちらも引渡を受けていない．
2．先に買った買主が引渡を受け，後から買った買主は引渡を受けない．
3．先の買主が引渡を受けず，後の買主が引渡を受けた場合．
4．PUFENDORF が言及していない，第 4 の Variante こそが，実は，D 6.2.9.4 の本当の Case である．すなわち両方の買主が引渡を受けている場合．

GROTIUS JBP

┌─ GROTIUS JBP 2, 12, 15, 2 の事実関係 Sachverhalt ──────
│（同一物が 2 回売られた．二つの売りがある．）
│（一人の）売主によって二人の買主に，同一物が 2 回売られた[a]．
│時間的な前後関係は問題にしていない．同時かもしれない（？）．いや，
│それはないだろう．（結論からは）
│　─────────
│　　　[a]「（一人の）売主によって一人の買主に売られた」場合には，ex duabus
│　　　venditionibus eam valituram quae […] と判断しなくてはならないから問題は
│　　　生じない．
└─────────────────────────────

---

51)　［原註 29］1998 年の当学会では，「啓蒙期自然法論における所有権の移転論―プーフェンドルフとヴォルフの間の断絶―」というテーマで，ヴォルフの所有権の移転論について詳しく論じた．ヴォルフは，外見的にはプーフェンドルフの合意原則を受け入れているようにみえながら，その適用範囲をきわめて狭いものとし，実質的には合意原則を引渡主義へと転換している．この問題については，現在執筆を進めている著作のなかで詳しく論じている．［筏津［19, p. 64 n. 29］］

> Pufendorf JNG 5, 5, 5 の事実関係 Sachverhalt
>
> 同一物が，(一人の) 売主によってまず第1の買主に売られた．その後で，同一物が，同じ (一人の) 売主によって，第2の買主に売られた．ここで，三つの変形 (Variante) を考えている．
>
> 1. 同一物は，いまだどちらの買主にも（第三者にも）引渡されていない．(売主が占有している．)
> 2. 同一物は，時間的に先の買主（第1の買主）に引渡された．
> 3. 同一物は，時間的に後の買主（第2の買主）に引渡された．

5.1.3　Gai inst 2.40

> Gai inst 2.40

Sequitur, ut admoneamus apud peregrinos quidem unum esse domini-um; nam aut dominus quisque est aut dominus non intellegitur. quo iure etiam populus romanus olim utebatur: aut enim ex iure quiritium unusquisque dominus erat aut non intellegebatur dominus. sed postea divisionem accepit dominium, ut alius possit esse ex iure quiritium dominus, alius in bonis habere.

間違えないように注意したいことは，外人には[1]所有権 DOMINIUM は1種類しかないということである．それは，外人は所有者 DOMINUS であるか DOMINUS でないかだということである．かつては，ローマ市民がもっていた権利もまた，このただ一つの DOMINIUM だった[2]．つまり，市民法上も，ただ一つの所有者 DOMINUS であるか，ないかだと考えられていたのである．しかし，所有権 DOMINIUM が分割を受けた後では，ある人が市民法上の所有者であり[3]，他の人が法務官法上の所有者である[4]ということがおこるよう

になった．

1 　外人には市民法上の所有権はありえないから，所有権が分割されているわけがなく，せいぜい（外人係）法務官の保護を受ける所有権しかない．ただし，それを「法務官法上の所有権しかない」とはいえない．もともと外人はマンキピ物を所有できなかった．市民法上の所有権はもてなかった．したがって，法務官法上の所有権の問題も生じなかった．あるいは，法務官法上の所有権だけ取得できたといえるのか．古法時代と古典期の違いがある．ここではあまり古い時代とか，起源にこだわっても意味がない．
2 　所有権が2種類に分割される前には，市民も外人と同じく1種類の所有権だけであり，権利の上で所有者であるか所有者でないかだった．
3 　これを，古典期ローマ法学者は，ESSE EX IURE QUIRITIUM DOMINUS と表現する．
4 　これを，古典期ローマ法学者は，IN BONIS HABERE と表現する．

5.1.4 　Gai inst 2.41

Gai inst 2.41

Nam si tibi rem mancipi neque mancipavero neque in iure cessero, sed tantum tradidero, in bonis quidem tuis ea res efficitur, ex iure quiritium vero mea permanebit, donec tu eam possidendo usucapias: semel enim impleta usucapione proinde pleno iure incipit, id est et in bonis et ex iure quiritium tua res esse, ac si ea mancipata vel in iure cessa esset.

それは，私が君にマンキピ物をマンキパティオ MANCIPATIO もせず，法廷譲渡 IN IURE CESSIO もしないで，たんにトラーディティオ TRADITIO するときは，その物の法務官法上の所有権は君に移転するけれども，市民法上の所有権は私が保持する．君がその物を占有し続けて，ウースーカピオ USUCAPIO しないかぎり．というのは，ウースーカピオが完成すると，完全な権利による所有権を君が取得する，つまり，法務官法上の所有権も市民法上の所有権も君が取得す

> ることは，あたかもマンキパティ
> オまたは法廷譲渡をおこなったの
> と同じだからである．

　マンキピ物という物のカテゴリーがあって，それは歴史的な Figur なのだが，定義上，マンキピ物の場合，市民法上の所有権を移転するためには，マンキパティオという特別の要式行為を必要とする．それは儀式めいた8人の登場人物を必要とするややこしい行為で，決り文句を言い間違えたら無効であるような，緊張を強いられるものである．

　マンキピ物でない物（例えば金の指輪）だと，トラーディティオだけで，つまり，

> 「完全な権利で所有者である人（市民法上の所有権者でありかつ法務官法上の所有権者である人）が，正原因（売買や贈与など）にもとづいて，引渡した」だけで，

引渡を受けた人は，即時にそのマンキピ物でない物の完全な権利で所有者となる．完全な権利で所有者となるという意味は，市民法上の所有権と法務官法上の所有権を取得するということである．しかも，それは即時におこる．ここで，TANTUM TRADIDERO（それは「マンキパティオによらず法廷譲渡にもよらずにトラーディティオという法律行為で所有権譲渡した」という意味に理解しなくてはならない）を（中世の表現を借りれば「裸の」）「引渡だけで」というふうに翻訳（置き換え）してしまうと，わけがわからなくなって，とんでもない間違いを犯してしまうことになる[52]．

TRADITIO :── traditio, iusta_causa, potestas_alienandi.
　トラーディティオは，引渡と正原因と処分権限がそろってはじめて成立する．

---

　52) 典型例（ein Paradebeispiel）は岩村論文［21］で，そこでは，この読み間違いから，トラーディティオによる所有権譲渡に正当原因が必要ではなかったという．

ところが，3拍子そろってトラーディティオが成立していても，それだけでは，なるほどマンキピ物でない物の場合には，即時に完全な権利で所有権が移転するものの，マンキピ物の場合には，市民法上の所有権は移転しない．この状態はウースーカピオ占有のインスタンスである．十分以上に資格のある占有[53]（ローマ法的な意味での possessio）である．だから，期間が経過すれば，ウースーカピオが成立する．ウースーカピオの効果は，承継取得ではなく原始取得と同じである．それまでの所有権の法関係はご破算になって，そこから所有権が始まる．それは完全な権利としての所有権（PLENO IURE）である．あたかも，マンキパティオをしたか，あるいは（排他的選言つまり両方が同時に真であることはない），法廷譲渡をしたのと同じ効果が発生する．市民法上の所有権も法務官法上の所有権も，（即時にとはいかなかったが），ウースーカピオ取得者に取得される．

　この場合の，ウースーカピオ占有は，ウースーカピオのために十分資格がある（期間の満了さえあればウースーカピオによる取得ができる）占有であるばかりでなく，それ以上のものである．それは法務官法上の所有権があるということなのである．

　なぜなら，この場合のウースーカピオ占有者は，法務官によってこの占有を（失わないように）保護されるだけではなく，たとえ占有を失っても占有している非所有者から取り戻すことが（法務官によって）認められる．そのために使うことができる訴訟が ACTIO PUBLICIANA（プーブリキアーナ訴訟）である．そればかりではない，この場合のウースーカピオ占有者は，法務官法上の所有者である[54]．というわけは，市民法上の所有権だけをもつ占有者にたいしてさ

---

53) ドイツ語ではこれを，現代法との違いを意識しつつそれを知っているものとして，qualifizierter Besitz と表現する．

54) ドイツ語では，bonitalisches Eigentümer と呼びならわされてきたが，ANKUM や POOL の論文［3］の内容分析によれば，prätorisches Eigentum という表現のほうがふさわしい．日本語で bonitarisches Eigentum が「法務官法上の所有権」と訳されてきたのは，怪我の功名である．これを，「財産の中にもつ所有権」としないほうがよい．

え，占有の取戻訴訟が認められるからである．Gaiusは，この場合の市民法上の所有権だけをもつ人の立場を，NUDUM IUS QUIRITIUM（虚有権）と呼んでいる[55]．

6. 結　　論

GROTIUSが『戦争と平和の法』[56]において目指しているのは，神の法やローマ法を含む普遍的な法，総合としての自然法であって，いまだに誤解されているようにキリスト教的な規律や既存の実定法秩序を全面的に否定し，これと衝突しようとしているのではなかった．問題の立て方も論拠も議論の進め方も結論さえも，多くの場合には中世以来の，まさにスコラ的な，道徳神学の伝統と連続性をもっている．

もちろん理性によって吟味しよう，普遍的なものと特有のもの局地的なものを区別しようという強い志向は特徴的である．しかし，具体的な素材や問題については，内容的にはローマ法そのままであることが少なくない．Grotiusにとってローマ法は基本的には理性的であった．少なくとも私たちの素材についてはそのように見える．

かつて「書かれた理性」と考えられたローマ法から理性的・普遍的なものを

---

55) **Gai inst 1.54**

Ceterum cum apud cives romanos duplex sit dominium (nam vel in bonis vel ex iure quiritium vel ex utroque iure cuiusque servus esse intellegatur), ita demum servum in potestate domini esse dicemus, si in bonis eius sit, etiamsi simul ex iure quiritium eiusdem non sit: nam qui nudum ius quiritium in servo habet, is potestatem habere non intellegitur.

Gai inst 3.166

Sed qui nudum ius quiritium in servo habet, licet dominus sit, minus tamen iuris in ea re habere intellegitur quam usufructuarius et bonae fidei possessor. nam placet ex nulia causa [alia] ei adquiri posse; adeo ut, etsi nominatim ei dari stipulatus fuerit servus mancipiove nomine eius acceperit, quidam existimant nihil ei adquiri.

56) ROBERT FEENSTRAたちの編集したScientia版 [6] ではっきりと示されている．

認識しようとしつつも，二重譲渡にかぎっては例外的に，彼らが市民法と呼ぶローマ法の規律を理性法的自然法としては受け入れられないのではないか，という疑問を，控え目な表現で提示しているのである．

 GROTIUS が売買と所有権移転に関するローマ法の規律を許せなかったのは，市民法が売買と所有権の関係について，売買契約における売主の義務が平穏な占有を買主に保障すること（追奪されないこと）だけだというのが（不自然で）納得できなかったのである．売買契約で，買主が（引渡がないと）物を支配できないにもかかわらず，売買の完成だけで（物と価格に合意するときに）ただちに買主が危険を負担するというのは，彼にとっては不自然に感じられ，納得することができなかった．彼はローマ法が所有権の承継移転の方法として引渡から出発するということにかぎっては，それを局地的歴史的だという．どこでもいつでも当て嵌るわけではないという．

 したがって，筏津［18, p. 62 s］［20, p. 56 s］［8, p. 63 s］が言うのとは，まったく逆である．

 PUFENDORF も，GROTIUS と基本的には共通である．彼はけっして，原則的にはローマ法（市民法）を否定したうえで，例外的な場合に，まさにローマ法がそうであるからという理由で，自然法もそうあらねばならない，などと言っているのではない．

参考文献

［1］ *Allgemeines Gesetzbuch für die Preussischen Staaten*, Erster Theil. Berlin 1791 (gedruckt in der königl. Hofbuchdruckerey.) [reprint 1985 Keip Verlag, Frankfurt / Main].

［2］ *Allgemeines Landrecht für die Preußischen Staaten von 1794 Textausgabe*. Alfred Metzner Verlag, Frankfurt am Main・Berlin, 1970.

［3］ Hans ANKUM, Marjolijn van Gessel-de ROO und Eric POOL, *Die verschiedenen Bedeutungen des Ausdrucks in bonis alicuius esse / in bonis habere im klassischen römischen Recht*. ZSS Rom vol. 104 (1987) p. 238-436, vol. 105 (1988) p. 334-435 und vol. 107 (1990) p. 155-215.

［4］ ARISTOTLE. *The "Art" of Rhetoric*. The Loeb Classical Library (LCL) 193. Harvard

University Press, Cambridge, Massachusetts and London, 1926 (Reprint 2000).

[5] Nikolaus BENKE and Franz-Stefan MEISSEL. *Übungsbuch zum römischen Sachenrecht*. 7. Auflage. Manzsche Verlags- und Universitätsbuchhandlung, Wien, 2001.

[6] Hugo GROTIUS. HUGONIS GROTII DE JURE BELLI AC PACIS LIBRI TRES *accompanied by an abridged translation by* WILLIAM WHEWELL DD. *Master of College and Professor of Moral Philosophy in the University of Cambridge : with the notes of the author, Barbeyrac, and others*. Cambridge : at the University Press, Cambridge, 1853.

[7] Hugo GROTIUS, *De iure belli ac pacis libri tres, in quibus ius naturae et gentium, item iuris publici praecipua explicantur* / Hugo Grotius; curavit B.J.A. de Kanter; van Hettinga Tromp; annotationes novas addiderunt R. Feenstra et C.E. Persenaire, adiuvante E. Arps-De Wilde. - Aalen : Scientia, 1993.

[8] Yasuhiro IKADATSU. *Der Paradigmawechsel der Privatrechtstheorie und die Neukonstruktion der Vertragstheorie in seinem Rahmen ― Pufendorf, Wolff, Kant und Savigny ―*. Münchener Universitätsschriften, Juristische Fakultät, Abhandlungen zur Rechtswissenschaftlichen Grundlagenforschung, Band 89. Aktiv Druck & Verlag GmbH, Ebelsbach, 2002.

[9] Theodor MOMMSEN, ed. CORPUS IURIS CIVILIS, EDITIO STEREOTYPA TERTIA DECIMA, VOLUMEN PRIMUM *Institutiones (recognovit Paulus Krueger); Digesta (recognovit Theororus Mommsen retractavit Paulus Krueger)*. Apud Weidmannos, Berlin, 1920.

[10] Samuel PUFENDORF. DE JURE NATURAE ET GENTIUM LIBRO OCTO *The translation of the edition 1688 by* C. H. OLDFATHER *and* W. A. OLDFATHER, Vol. 2 of *The classics of international law, edited by James Brown Scott*. Oceana Publications Inc./Wildy & Sons Ltd., New York/London, 1964.

[11] Samuel PUFENDORF. *Gesammelte Werke (ed. Wilhelm Schmidt-Biggemann)*, Vol. 4.2 Akademie Verlag, Berlin, 1998.

[12] Friedrich Carl von SAVIGNY. *Das Obligationenrecht als Theil des heutigen Römischen Rechts*. Berlin, 1853.

[13] Jan SCHRÖDER, ed. *Deutsche Juristen aus fünf Jahrhunderten, Eine biographische Einführung in die Rechtswissenschaft*. C. F. Müller, Kahrlsruhe・Heidelberg, 1976.

[14] Franz WIEACKER. *Privatrechtsgeschichte der Neuzeit*. Vandenhoeck & Rup-recht, Göttingen, 1952.

[15] Franz WIEACKER. [鈴木祿弥：訳] 近世私法史. 創文社, 1961 (1975).

[16] Franz WIEACKER. *Privatrechtsgeschichte der Neuzeit*. 2. unveränderter Nach-druck der 2., neubearb. Auflage von 1967 (13.-14. Tausend. Vandenhoeck & Ruprecht, Göttingen, 1996).

[17] Erik WOLF. *Große Rechtsdenker*. J. C. B. Mohr (Paul Siebeck), Tübingen, 4.

Auflage 1963.
- [18] 筏津安恕. 失なわれた契約理論―プーフェンドルフ・ルソー・ヘーゲル・ボワソナード. 昭和堂, 1998.
- [19] 筏津安恕. プーフェンドルフの所有権思想. 山内進（編), 混沌のなかの所有, p. 41-65, 国際書院, 2000.
- [20] 筏津安恕. 私法理論のパラダイム転換と契約理論の再編―ヴォルフ・カント・サヴィニー. 昭和堂, 2001.
- [21] 岩村益典. iusta causa. 引渡の正当原因. 関西大学, 法学論集 Vol. 42, No. 1, p. 129-168, 1992.
- [22] 久保正幡先生還暦記念出版準備会. 西洋法制史料選Ⅲ近世・近代. 創文社, 1979.
- [23] 三島淑臣. 理性法思想の成立―カント法哲学とその周辺―. 成文堂, 1998.
- [24] 柳原正治. グロティウス. 清水書院, 2000.
- [25] 好美清光. Jus ad rem とその発展的消滅―特定物債権の保護強化の一断面―. 一橋大学研究年報 法学研究 3, p. 179-433, 1961.
- [26] 津野柳一. ローマ法と現代法における所有権の移転―プロレゴーメナ：「権原と取得方式」による物権取得論・研究の視角. 法学新報（中央大学）96 巻 6・7 合併号, p. 89-138, 1990.
- [27] 津野義堂. 古典期ローマ法において非所有者から二重に売られて二重に引渡された物がウースーカピオによって所有権取得されウースーカピオ占有中に失われた占有がプーブリキアーナによって回復される法理のオントロジー. 比較法雑誌（中央大学）37 巻 4 号, p. 1-26, 2004.［本書第 2 章］
- [28] 勝田有恒. ドイツおける中世的普通法理念の高揚と凋落. 法学研究（一橋大学), Vol. 9, p. 1-52, 1975.

　本稿は平成 6 年, 7 年, 8 年度文部省科学研究費（基盤研究 C 2 代表津野柳一）「ローマ法源の知的法文検索システム・電子辞書・機械翻訳のための基礎研究」計画研究課題番号 06802001 によるものである.

第6章
近世自然法論における usucapio のオントロジー
―― グロチウスからカントまでの取得時効論 ――

1. 問題の所在

2015年6月8日,G7 各国は共同声明において,海洋の領土問題に関する平和的解決の重要性を,あらためて強調した[1].平和的解決が何を意味するかについては,法的な観点から見るとき,種々の解釈がありうる.日本政府が竹島および尖閣諸島に関して行っているように,自国の領有を裏付ける史料を提出し,その優劣によって決着をつけることもまた,ひとつの考えうる手段であろう.しかし,この方法については,懸念事項が存在する.それは,取得時効である.長期間の実行支配が何らかのかたちで取得時効に繋がるならば,証拠の優劣を争っても,時間の浪費に終わる可能性が高い.この点,BROWNLIE は,彼の著作 *Principles of Public International Law*(2008年)において,国際法上の「取得時効」(acquisitive prescription)に関する学説を,以下の3つにまとめている(アルファベットは引用者による)[2].

1. A説「記録のない占有.この占有は,その起源が不確実かつ合法でも違

---

[1] 「我々は,平和的な紛争解決の重要性を,また,世界の海洋の自由かつ妨害のない合法的な使用の重要性を強調する」(We underline the importance of peaceful dispute settlement as well as free and unimpeded lawful use of the world's oceans) http://www.swp-berlin.org/fileadmin/contents/projects/BCAS2015_Reiterer_Michael_Web.pdf(2017年1月6日閲覧)

[2] BROWNLIE [5, p. 146-147]

法でもありえたのだが，しかし合法であると推定されるような，そのような状態が存在するときに，権原を与えるものと理解される」(Immemorial possession. This is understood to give title when a state of affairs exists the origin of which is uncertain and may have been legal or illegal but is presumed to be legal.)

2．B説「ローマ法上の『使用取得』(usucapio) に必要な要件と類似する要件のもとでの時効．すなわち，中断のない占有，正当権原（瑕疵があってもよい），善意，そして法定の期間占有し続けることである」(Prescription under conditions similar to those required for *usucapio* in Roman law: uninterrupted possession, *justus titulus* even if it were defective, good faith, and the continuance of possession for a period defined by the law.)

3．C説「悪意の場合にも適用される緩和された『使用取得』(usucapio). 例えば，ハル，オッペンハイムおよびフォシーユは，国際法の文脈においては，善意を要求しない」(*Usucapio*, modified and applying under conditions of bad faith. Thus Hall, Oppenheim, and Fauchille do not require good faith in the context of international law.)

ところが，国家間の領土紛争において取得時効が役立ったケースは，ほとんどないと言われる[3]．なぜであろうか．この問いに対して歴史的な観点から省察を加えるのが，本稿の目的である．今回は，国際法の父と呼ばれたグロチウスから始めて，国際社会の恒久平和を唱えたカントまでの取得時効論を概観する[4]．グロチウスの『戦争と平和の法』(*De jure belli ac pacis*, 1625 年) からカントの『人倫の形而上学』(*Die Metaphysik der Sitten*, 1797 年) まで，およそ 170 年の歳月が流れている．この時代的隔たりは，本稿の各見出しが示している法学者ないし哲学者によって埋められる．まず，グロチウス以後，ヨーロッ

---

[3] 池島 [56, p. 59]「国際判例も，取得時効そのものによる領域取得を認めることに著しく躊躇があるように思われる」

[4] カント以降のプロイセン法学における時効論については，吉野 [45] を参照．

パにおいてそれを継承発展させたプーフェンドルフが挙げられる．次に，そのプーフェンドルフの法思想をプロイセンに輸入したトマジウスが来る．そして，グロチウスからトマジウスまでの議論を整理し，体系的なものに仕上げたのがヴォルフであった．このヴォルフの影響力が，ヴォルフ学派を通じてカントにまで至っている．この流れを追うなかで，前述した現代国際法における3つの学説が，それぞれ歴史的な起源を持つことも明らかになるであろう．

2. 先行研究との関係

2.1 国際法上の取得時効論史の補完

中村洸「国際法における取得時効と公海海床の領有」（1954 年）は，国際法上の取得時効について「法の欠缺と法規の欠缺を混同し，國際法における所謂時効を認めるか否かに論議を集中した結果，國際法における時効制度の内容にまで到達したモノグラフィーは極めて少い」事実を指摘し[5]，「従来もつぱら領土取得の態様として論じられた取得時効が，國際法において學と實行のうちにかように育まれて來たものの，國際法において占める地位は確定し難いものが」あり，「時効否認説が虎の子として主張する期間の欠缺は，いかなる方法によっても解決されていない」とされる[6]．それにもかかわらず，多数説は，国際法上の取得時効を承認していると言う[7]．中村論文は，ローマ法からこの問題を解きほぐしていくものであるが，そこでは，著名な近世自然法論者として，オランダのフーゴー・グロチウス（Hugo GROTIUS, 1583-1645 年）とスイスのエメール・ドゥ・ヴァッテル（Emer DE VATTEL, 1714-1767 年）のみが触れられている[8]．ヴァッテルはクリスティアン・ヴォルフから影響を受けているので[9]，少なくともグロチウスからヴォルフまでの断絶を埋める必要が

---

5) 中村 [58, p. 743]
6) 中村 [58, p. 743]
7) 中村 [58, p. 743]
8) 中村 [58, p. 752-756]

あろう．

2.2 学際研究の基礎付け

なぜカントの『人倫の形而上学』を目標に据えるのか，という点についても，先行研究との関係を説明しておきたい．近世，とりわけドイツにおける時効論については，吉野悟『近世私法史における時効』（1989年）が，16世紀から19世紀までの通史を与えている．吉野氏の問題関心は，ローマ法の体系性の有無に端を発しており[10]，「プロイセン法学の時効概説論，ことにサヴィニのそれが近世私法における時効の目標のひとつ」である[11]．このため，近世自然法論から法哲学への潮流，すなわちカントへの流れは枠外に置かれている[12]．吉野氏は，論文「プロイセン法学からカント「法論」の時効へ」（1986年）の中でも，「本稿は，もともとカント法論の研究を目指すものでは決してない」と断ったうえで，なお「当然，自然法学と実定的市民法の交錯がひとつの問題であり，自然法学の法哲学への流れもまた，ひとつの問題となる」という指摘にとどめている[13]．つまり，先行研究においてはあくまでも，パンデクテン法学へと連なるであろうサヴィニーの時効論が目標とされており，法学と哲学の架橋であるカントの『法論』は，学際領域として未開拓のままである．本稿は，この領域に着目して，グロチウスからカントまでの，自然法学から法哲学への流れを見るものである．

2.3 国際法的自然法論から国内法的自然法論への移行

吉野氏のモノグラフィーがそうであったように，近世自然法論の時効論に関する従来の研究は，国内法に対する影響を考察している[14]．このことは，我が

---

9) *Encyclopaedia Britannica* (9th ed.) [3, p. 113^b]
10) 吉野 [47, p. 3-6]
11) 吉野 [47, p. 9]
12) 吉野 [47] の大まかな構成については，田中書評 [59] を参照．
13) 吉野 [45, p. 244]
14) とりわけ，フランスにおける影響として，金山 [51, p. 60-71][52, p. 27-40] を

国において，自然法論がもっぱら立法および法継受の文脈で，すなわち民法典編纂の文脈で論じられてきたことと[15]，少なからぬ関係があるように思われる．しかし，なぜ自然法論が国内立法に応用可能なのか，という点については，それほど明らかになっていない．グロチウスが国際法の父と呼ばれているように，近世自然法論は，国家間の法的関係から出発している．直接的に国内法と結びつけることは困難である．国際法から出発した自然法論が，どのようにして国内私法にも影響を与えたのか，このことに予備的な見通しを与えるのが，3番目の課題である．

以下，本論に入る．

3. ローマ普通法学

3.1 usucapio の発展史

前節で紹介した3つの学説のうち，2つの説が usucapio というラテン語を用いていた．「使用取得」（usucapio）とは，ローマ法において発達した制度であり，その起源を十二表法に有する[16]．十二表法上の usucapio は，占有者を証

参照．

15) 金山 [52, p. 47]「『法典』という超近代的構築物を目前にして，フランスの学説は賛嘆を禁じえず，その感性はこれに捉われてしまったとはいえまいか．いわば民法典が自然法を吸収し，理性と衡平に基づいて法を導き発展させる力をそこから奪ったのである」．松尾 [57, p. 87-88]「近代法史を顧みれば，自然法学は法学の重要な一領域として，立法や法継受に際して，少なからぬ現実的影響力を発揮していたことが明らかになります．自然法学が隆盛を窮めたのは，最近では法典編纂に先立つ時期でした」．

16) 十二表法のオリジナルは失われているが，CICERO の *Topica* 第23節には，「比較（comparatio）からの論拠は，次のようなものであれば，すべて有効である．より大なるものにおいて妥当するものは，より小なるものにおいても妥当すべきである．例えば，「都市において境界が規制されなければ [境界画定訴権がなければ]，都市において雨水も阻止されない [雨水阻止訴権もない]」，というようにである．その逆も同様である．より小なるものにおいて妥当するものは，より大なるものにおいても妥当する．前の同じ例を逆にすればよい．同様に，等しきもの一方において妥

明責任から解放する手続的な意義を有しており，占有者は「彼の占有が少なくとも法定の期間を超えて成立した」(sein Besitz mindestens die gesetzliche Frist über bestanden hat) ことのみを証明すれば足りた[17]。但し，十二表法およびアティーニア法によって，盗まれた物にはこのルールが適用されなかった[18]。その後，前古典期および古典期には，usucapio は所有権の直接的な取得方法に作り変えられた[19]。そして，その作り変えにあたって，「市民法上の占有」(possessio civilis) すなわち「正当原因」(iusta causa) にもとづく自主占有および「善意」(bona fides) の要件が付け加えられた[20]。取得に必要な期間は，動産については1年，不動産については2年と定められた[21]。

当するものは，他方においても妥当する。例えば，「土地の使用 (usus) と担保 (auctoritas) は二年であるので，家屋のそれも同様であるべきである。」しかし，[これに反論するには]，「家屋は，法律 [十二表法] において言及されていないので，その使用が一年であるところのその他の物に属する」。等しい事例に等しい法を求める衡平が妥当すべきである」(Ex comparatione autem omnia valent quae sunt huius modi: Quod in re maiore valetvaleatin minore, ut si in urbe fines non reguntur, nec aqua in urbe arceatur. Item contra: Quod in minore valet, valeat inmaiore. Licet idem exemplum convertere. Item: Quod in re pari valet valeat in hac quae par est; ut: Quoniam usus auctoritas fundi biennium est, sit etiam aedium. At in lege aedes non appellantur et sunt ceterarum rerum omnium quarum annuus est usus. Valeat aequitas, quae paribus in causis paria iura desiderat.) という解説があり (翻訳は吉原 [44, p. 24] に依った)，ここから「使用の権限は，土地については2年，その他の物については1年とせよ」(usus auctoritas fundi biennium, ceterarum rerum annus esto) という十二表法の文言を再現することができる。KASER [16, p. 135]

17) KASER [16, p. 135]
18) KASER [16, p. 419] Gai inst 2.45「なぜなら，盗まれた物を usucapio することは，十二表法が禁止しており，暴力によって占有されたものを usucapio することは，ユーリア＝プラウティア法が禁止しているからである」([...] nam furtiuam lex XII tabularum usucapi prohibet, ui possessam lex Iulia et Plautia.)。盗品と使用取得との関係については，宮坂 [49] [50] を参照。
19) KASER [16, p. 419]
20) 正当原因については，POOL (著) ＝西村 (訳) [41] および宮坂 [48] を参照。
21) KASER [16, p. 418] Gai inst 2.42「usucapio は，なるほど動産については1年で完成するが，しかし土地および家屋については2年で完成する。そして，そのように

このような usucapio 制度の発達の一方で，属州においては，「長期の前書き」(praescriptio longi temporis) が用いられた．これは，ヘレニズムの法文化から影響を受けた異種の制度であり，占有者は，同一の自治体に住んでいる人々の間では10年，別々の自治体に住んでいる人々の間では20年の経過により，相手方の所有物取戻訴訟を回避できた[22]．このとき，「占有の正当な開始」(iustum initium possessionis) が要求されており，これは，前述の正当原因および善意のことであると理解されている[23]．

usucapio および praescriptio longi temporis は，卑俗法の時代に一旦失われ，424年の Theodosius 2世の勅法によって，すべての訴権は30年間行使しないことによって退けられることが定められた[24]．ユースティーニアーヌス帝はこの卑俗法を否定して，古典法の復活を図ったものの，権利取得に関する時効と権利消滅に関する時効との区別を貫徹しなかった[25]．また，古典法において動産は1年，不動産は2年と定められていた期間は，ユースティーニアーヌス帝のもとでは，動産は3年，不動産は praescriptio longi temporis と同じ期間に服するものと改められた (Inst Iust 2.6 pr)．

して，十二表法によって定められた」(Vsucapio autem mobilium quidem rerum anno completur, fundi uero et aedium biennio; et ita lege XII tabularum cautum est.)

22) Kaser [16, p. 424]
23) Kaser [16, p. 424]
24) Kaser [17, p. 45-46; 148] CTh 4.14.1 = C 7.39.3.1「したがって，かつて提起されなかったこれらの訴えは，法によって帰属し始めた時点から30年間ずっと沈黙したあとでは，もはや生きる力を持たない．そして，現在の嘆願者たちには，adnotatio を通じて特殊な何らかの解答を得たことも，あるいはそれを裁判官たちに送付したことも，十分ではない．但し，神聖なる指令が送付されたことによって，あるいは裁判において不平が提起されることによって，執行官を通じて合意があとに続いたときは，この限りでない」(Quae ergo ante non motae sunt actiones, triginta annorum iugi silentio, ex quo competere iure coeperunt, vivendi ulterius non habeant facultatem. nec sufficiat precibus oblatis speciale quoddam, licet per adnotationem, promeruisse responsum, vel etiam iudiciis adlegasse, nisi adlegato sacro rescripto aut in iudicio postulatione deposita fuerit subsecuta per exsecutorem conventio.)
25) Kaser [17, p. 46]

| Inst Iust 2.6 pr |

Iure civili constitutum fuerat, ut, qui bona fide ab eo, qui dominus non erat, cum crediderit eum dominum esse, rem emerit vel ex donatione aliave qua iusta causa acceperit, is eam rem, si mobilis erat, anno ubique, si immobilis, biennio tantum in Italico solo usucapiat, ne rerum dominia in incerto essent. et cum hoc placitum erat, putantibus antiquioribus dominis sufficere ad inquirendas res suas praefata tempora, nobis melior sententia resedit, ne domini maturius suis rebus defraudentur neque certo loco beneficium hoc concludatur. et ideo constitutionem super hoc promulgavimus, qua cautum est, ut res quidem mobiles per triennium usucapiantur, immobiles vero per longi temporis possessionem, id est inter praesentes decennio, inter absentes viginti annis, usucapiantur, et his modis, non solum in Italia, sed in omni terra, quae nostro imperio guber-

市民法によって，次のように定められていた．善意で，所有者でなかった人から，この人は所有者であると信じて物を買ったか，あるいは贈与ないしその他の正当原因にもとづいて受け取った人は，この物を，もしそれが動産であるならばどこであれ1年で，もし不動産であるならば，イタリアの土地でのみ2年で，usucapioする．これは，物の所有権が不確実にならないようにするためであった．そして，このことが通説となっていたのは，昔の人々は，自分の物を捜すのに前述の期間で十分であると考えたからなのだが，私たちには，所有者たちはあまりにも早く自分たちの物を奪われてはならず，また特定の地域にこのような優遇が与えられてはならない，とする見解の方が良いように思われた．そこで私たちは，これに関して，次のように宣告する勅法を公布した．なるほど，動産は3年でusucapioされるが，しかし不動産は長期間の占有によってusucapioされる．すなわち，同

> natur, dominium rerum iusta causa possessionis praecedente adquiratur.
>
> じ共同体に属する人々の間では 10 年，異なる共同体に属する人々の間では 20 年で usucapio される．そして，これらの方法によって，イタリアでのみならず，私たちの支配下にあるすべての大地で，物の所有権は，占有の正当原因が先行することによって，取得される．

　しかし，種々の勅法が追加されたため，中世および前期普通法時代の法学者たちは，それらを整理した上で，3 年の usucapio および praescriptio longi temporis の他に，「最長期の前書き」(praescriptio longissimi temporis) および「記憶を超える期間の前書き」(praescriptio immemorialis temporis) の 2 種類を追加した[26]．彼らはさらに，権利取得に関する時効と権利消滅に関する時効とを，誤って統一的に理解しようと務め，この影響は，オーストリア一般民法典（1451 条，1452 条）およびフランス民法典（2219 条以下）に残った[27]．両者の混同が克服され，権利取得と権利消滅とが再び分離したのは，とりわけ Savigny の功績であるとされる[28]．

　この最後の「記憶を超える期間の前書き」(praescriptio immemorialis temporis)，別名「100 年の前書き」(praescriptio centum annorum) こそが，近世自然法論者たちにインスピレーションを与えたのだが，これを見る前に，普通

---

26) 　長期の前書きは，前述の通りである．最長期の前書きは，原則的に 30 年，特殊な物（国庫，教会財産）については 40 年を要求する時効であり，善意は必要だが，正当原因は求められない．最後に，記憶を超えた期間の前書きとは，100 年という極めて長い期間を要求する時効であり，ローマの教会財産について適用された．Coing [7, p. 185]

27) 　Kaser [17, p. 46]

28) 　Kaser [17, p. 46]

法学においてどのような議論があったのか，このことを確認しておきたい．

3.2 usucapio は万民法にも存在するか

ここまでの論述から明らかなように，usucapio も praescriptio も，ローマ法上の特殊な制度であり，時代に応じて変化していた．すると，両者はあくまでもローマ市民法に過ぎず，自然法や万民法とはまったく関係がないのではないか，という疑問が思い浮かぶ．この点，属州の法学者であったと言われるガーイウスは，usucapio の趣旨を，次のように説明している．

D 41.3.1（GAIUS 21 ad ed. provinc.）

Bono publico usucapio introducta est, ne scilicet quarundam rerum diu et fere semper incerta dominia essent, cum sufficeret dominis ad inquirendas res suas statuti temporis spatium.	公の善を理由に，usucapio は導入された．すなわち，ある物の所有権が，久しくほとんどいつも不確実になるようなことがないようにするためである．なぜなら，所有者たちには，自分の物を捜すために，定められた期間があれば十分だったからである．

ガーイウスによれば，usucapio とは，所有権の帰属を安定させる目的で，「公の善を理由に」（bono publico）導入された制度である．この説明は，前述の疑問を解明するどころか，むしろ複雑にしている．なぜなら，公の善という概念は自然法に属するか否か，このことが判然としないからである．

この問題は，普通法学者たちのあいだでも共有されており，近世自然法論の前段階として，万民法説と非万民法説とに分かれていた．プーフェンドルフは，非万民法説の代表者としてジャック・クジャース（Jacques CUJAS, 1522-1590 年）を，万民法説の代表者としてフーゴー・ドゥ・ロワ（Hugo DE ROY, 生没年不詳，17 世紀中葉に活躍）を引用している．

第 6 章　近世自然法論における usucapio のオントロジー　297

以下，クジャースとドゥ・ロワとのあいだで，どのような論争が行われたのかを見ていく．

3. 2. 1　クジャースにおける usucapio 非万民法説

CUJAS ad D 41.3, §. 1.[29]

Qui possidet, vel a domino possidet, vel a non domino. Qui a domino possidet, id est, qui a domino traditum accepit, iure gentium dominus est: neque vero usucapere id potest quod accepit a domino: qui enim iure gentium dominus est, dominus iure ciuili amplius effici non potest. Qui a non domino possidet, iure gentium dominus non est: nam fieri iure gentium nullo modo potest, ut non dominus alium dominum faciat. Enimvero iure ciuili is, qui a non domino traditum accepit, dominus efficitur, si usuceperit: et hoc est quod ait *l. traditionibus, C. de pact.* […] Cur non pactis, sed traditionibus dominia rerum transferuntur? An quia dominia rerum a naturali

占有を獲得する人には，所有者から獲得する人と，非所有者から獲得する人がいる．所有者から占有を獲得する人，すなわち，所有者から引渡を受けた人は，万民法上の所有者である．ところで，所有者から受け取ったものを usucapio することはできない．というのも，万民法上の所有者である人が，市民法によって重ねて所有者になることはありえないからである．非所有者から占有を獲得した人は，万民法上は所有者ではない．なぜなら，万民法によれば，非所有者が他人を所有者にすることは，決してできないからである．しかし，市民法によれば，非所有者から引渡を受けた人は，もし usucapio するならば，所有者になる．そして，まさにこのことを述べているのが，C 2.3.20 で

---

29) CUJAS［8, col. 1135］

possessione coeperunt, *l. 1. sup. tit. prox.* quod probabile est. Rursus dixerit aliquis, usucapionem pugnare cum iure gentium, quod ea dominium inuito auferat. Est sane ita. pugnat enim hac in re ius ciuile cum naturali aequitate, sed tamen hoc fit bono publico, ut ait Caius in hac *l. 1.* Usucapio damno est dominis, bono est Reipublicae, cui ea quae sunt salutaria, iusta et legitima prae ceteris habentur.

ある．［…］なぜ，合意ではなく，引渡によって物の所有権が移転されるのか．物の所有権は，自然な占有によって始まるからだろうか（D 41.2.1.1）．これは，尤もらしい．さらに，ある人は次のように述べた．usucapio は，万民法に反している，なぜなら［所有者の］意に反して所有権を奪うからである，と．その通りである．というのも，この件について，市民法は自然な衡平に反しており，むしろこのことは，公の善によって起こるからである．これは，ガーイウスが D 41.3.1 で述べた通りである．usucapio は，所有者には損害となり，国家には善となる．国家にとって有益な事柄は，何よりもまず，正当かつ合法的であるとみなされるからである．

C 2.3.20（DIOCLETIANUS et MAXIMIANUS, a. 293）

Traditionibus et usucapionibus dominia rerum, non nudis pactis transferuntur.

引渡と usucapio によって物の所有権は移転するが，裸の合意では移転しない．

クジャースは usucapio を，市民法特有の制度であると理解し，万民法には存在しないものと捉えた．なぜなら，万民法上，所有者の意に反して所有権が

奪われることはないからである．クジャースは，ガーイウスの前掲法文を引用して，「公の善を理由に」(bono publico) という箇所を，次のように解釈している．自然な衡平は，所有者の意に反して所有権を奪うことを禁じているのだが，国家の安定のために，この規則が修正されたのだ，と．クジャースは，usucapio をローマ法の特殊な制度と捉えて，民族間への適用を否定した．

3.2.2 ドゥ・ロワにおける usucapio 万民法説

次に，usucapio 万民法説を見よう．プーフェンドルフが参照したのは，フーゴー・ドゥ・ロワの『正しいこと，および，哲学，神学，法学の混合主義について』(*De eo, quod iustum est, et circa id philosophiae, theologiae, et iurisprudentiae syncretismo*, 1645 年) である．この著作の中で，ドゥ・ロワは，クジャースに反対して，usucapio が万民法に適っていると主張した．

DE Roy, *De eo, quod iustum est*, lib. 3. Tit. 4. §. 7.[30]

At videamus porro quemadmodum haec itidem ex iure naturali rationali confirmentur. Videlicet ex ratione perpetua, et homini connaturali, quae vult, non res solum hominum, sed et ipsos homines subditos esse humanae societati, ut utilitati bonoque communi subveniant constanter et perpetuo; insuper iis, quae ob id necessario constituta sunt, iuste pareant, cum natura sua iusta sint.	さて，私たちはさらに，これ〔= usucapio〕がどのようにして，合理的な自然法によっても同じように承認されるのか，このことを見てみよう．すなわち，恒久的かつ人間に自然本性として与えられた理性は，人間の所有物のみならず人間たち自身もまた，共通の利益および共通の善に継続的かつ恒久的に奉仕しなければならないように，そのように人間社会に従属することを求めているのだが，こ

---

30) DE ROY [21, p. 222]

> [...] の理性によれば，人間たちはさらに，前述のことを理由として必然的に定められた事柄についても，正当に服従しなければならない．なぜなら，それらの定められた事柄は，その自然本性からして，正当だからである．

ドゥ・ロワによれば，usucapio の根拠は，「共通の利益と善」(communis utilitas et bonum) である．表現は異なるが，ガーイウスの法文から着想を得たものと考えられる．この点で，彼はクジャースと立脚点を同じくしている．けれども，公の善に奉仕することと自然の理とは，クジャースのもとでは明確に区別されていた．これに対して，ドゥ・ロワは，共通の善に奉仕することこそ，自然な理の要請であると理解する．

ドゥ・ロワは，クジャースに対して，次のように反論する．

> DE Roy, *De eo, quod iustum est*, lib. 3. tit. 4. §. 8.[31]
>
> [...] Neque obstabit argumentatio a solo Cuiacio obiecta in *l. 1. D. de Usucap.* scilicet, eum cui per Usucapionem dominium adiectum est, iure Gentium non esse dominum, ex eo quod iure Gentium nullo modo fieri possit, ut non dominus alium dominum faciat. Non enim consideravit Cuiacius in
>
> D 41.3.1 において，クジャースのみによって主張されている論拠，すなわち，usucapio によって所有権を与えられた人は，万民法上は所有者ではない，なぜなら万民法によれば，非所有者が他人を所有者にすることは，決してありえないからである，という論拠も，妨げにならない．というの

---

31) DE ROY [21, p. 224-225]

> Usucapione venditorem aliumve non dominum titulum tantum dare, non autem dominium; quod a sola lege adiicitur, vel ab eo cui legem ferendi et dominia rerum de uno in alium transferendi ob iustam boni publici causam etiam ne iure Gentium legitima potestas est: Annuente dominii translationem ipso etiam negligente domino, *ut hic num. 3.* demonstravimus.

> も，クジャースは，次のことを考慮に入れなかったからである．usucapio においては，非所有者たる売主あるいはその他の人は，権原を与えるだけであり，所有権を与えているのではない．この所有権は，法そのものから与えられる．つまり，公の善という正当な理由にもとづいて，立法する権限およびある人から別の人へ物の所有権を移転させる権限を有している人によって与えられる．この権限が，万民法によって基礎付けられていないとしても，そうである．所有権の移転が，たとえ懈怠したのであれ，所有者自身によって合意されていることは，本章第3項で証明しておいた．

　ドゥ・ロワは，クジャースが usucapio の機能について誤解している，と主張する．なるほど，クジャースによれば，万民法上，所有者の意に反して所有権を奪うことはできないし，そもそも非所有者が他人を所有者にすることもできない．ドゥ・ロワも，このことには同意する．しかし，彼によれば，非所有者が他人を所有者にできないことと，usucapio が万民法に適っていないこととは，必然的な関係にない．というのも，usucapio においては，万民法それ自体が，所有権の移転を行っているからである[32]．「クジャースのみによって」

---

32) 同じくフランスの法学者ドネッルス（DONELLUS, 1527-1590 年）も，usucapio は自然な衡平に反していないと主張する．DONELLUS [9, col. 956] lib. 5. cap. 4. §.

(solo Cuiacio) と書かれていることから，ドゥ・ロワが誇張していない限り，肯定説が多数派だったものと思われる．

3.3 小　　括

現代の国際法においても論じられている usucapio は，ローマ法上の時効類似の制度に由来している．それは，時代とともに練り上げられた概念であり，自身の根拠を，公の善すなわち所有権の安定のなかに求めた．このため，usucapio がローマ市民法に固有の制度なのか，それとも万民法にも属するのかが争われた．多数説は，万民法に属している立場を取った．これによって，usucapio が国際関係に適用される道が開かれた．

4. フーゴー・グロチウス（1583-1645 年）

4.1 はじめに

考察の冒頭を飾るのは，国際法の父と呼ばれたフーゴー・グロチウスである．フランス国王アンリ 4 世から「オランダの奇蹟」と賞賛された彼は，その名を『戦争と平和の法』(*De jure belli ac pacis*, 1625 年）において不朽のものとした[33]．この書物が自然法上の取得時効論の嚆矢であることは，大きな意義を持つ．ホフマンが正しく指摘しているように[34]，そこで扱われているのは，も

4.「なぜなら，国家において usucapio よりも有用なものはなく，また，市民たちに所有権を定めるために維持されるべきものもないということ以外に，usucapio に関する法は，不法から遥かに遠ざかっており，また同じく衡平の一定の理に基礎付けられているように，そのように定められたと経験上分かるからでもある」(Nam praeterquam quod nihil est in Republica usucapione magis utile, et magis retinendum ad dominia civibus constituenda, etiam ita reperietur ius de usucapione sic esse constitutum: ut absit longe ab iniuria, nec minus certa ratione aequitatis nitatur.)

33) グロチウスの生涯と著作については，シュトライス（編）＝佐々木・柳原（訳）[42, p. 81-90] および勝田＝山内（編）[55, p. 119-135] を参照．

34) シュトライス（編）＝佐々木・柳原（訳）[42, p. 96-97]

っぱら戦争の法であり，平和の法は，和平の法に限定される傾向を有する．同書の性格からして，グロチウスの取得時効論は，敵対状態にある国家間のルールなのであり，「戦争の正・不正の論拠を探り，交戦時のルールを確定すること，これが彼の狙いであった」[35]．以下，このことが国際法の伝統にどのような影響を及ぼしたのか，それを見ていくことにする．

4.2 用語法の整理

中世および前期普通法学は，権利取得に関する時効と権利消滅に関する時効とを統一的に説明しようと試みた．このことは，近世自然法論者たちの用語法にも影響を与えている．すなわち，権利取得に関する時効と権利消滅に関する時効とが，名称のレベルで必ずしも明確に区別されていない．なるほど，プーフェンドルフによれば，権利取得に関する時効は usucapio と呼ばれ，権利消滅に関する時効は praescriptio と呼ばれる[36]．しかし，彼自身が，この区別を遵守していない[37]．以下の論述においては，このような usucapio と praescriptio との混同を明確化しつつ，単語の意味を文脈ごとに確定していく．

4.3 法の分類と usucapio の位置づけ

国際法上の取得時効論に先鞭をつけたのは，グロチウスであった．彼は，自然法および万民法という概念を用いて，この問題を扱っている．まずは，それ

---

35) 勝田＝山内（編）[55, p. 127]（山内進）
36) PUFENDORF [19, p. 426] lib. 4. cap. 12. §. 1.「このような方法は，usucapio と呼ばれる．なぜなら，物が，usu すなわち継続的な占有によって capere（把握）され，そして取得されるからである．他方で，占有者が前所有者を usucapio の後で斥けるための抗弁は，本来は praescriptio と言われる．しかしながら，usucapio と praescriptio とはしばしば混同されがちである」(Vocatur is modus *usucapio*, quod res usu seu diuturna possessione capiatur, et adquiratur. Exceptio autem illa, qua prior dominus post usucapionem completam a possessore repellitur, *praescriptio* proprie dicitur. Quanquam ista duo frequenter soleant confundi.)
37) 例えば，usucapio の説明をしているときに，それが praescriptio と言い換えられる．PUFENDORF [19, p. 431] lib. 4. cap. 12. §. 7.

ぞれの概念がどのようなものであるかを確認しよう．グロチウスは，次のように法を分類する．

1．自然法 ius naturale
2．意思法 ius voluntarium
    (a) 神意法 ius voluntarium Divinum
    (b) 人意法 ius voluntarium humanum
        i. 市民法 ius civile
        ii. 万民法 ius gentium

法は，アリストテレスに倣って，自然法と意思法とに区別される[38]．自然法とは，「正しい推論にもとづく言明」(dictatum rectae rationis) である[39]．意思法とは，理性ないし推論ではなく意思に由来する法の総体であり，神の意思に由来する神意法と，人間の意思に由来する人意法とに分かれる[40]．そして，人意法の中には，特定の共同体の意思にもとづく市民法と，全民族あるいは多くの民族の意思にもとづく万民法とがある[41]．

この分類は，大きな意味を持つ．なぜなら，国際関係を規律する法には，自然法と万民法という，別種の法が存在することになるからである．

以下，彼が領土問題について論じている箇所をみていく．

4.4 usucapio は自然法ではない

グロチウスの出発点は，『戦争と平和の法』(*De jure belli ac pacis*, 1625 年) における次の箇所である．

---

[38] GROTIUS [10, p. 25] lib. 1. cap. 1. §. 9. n. 2.
[39] GROTIUS [10, p. 25] lib. 1. cap. 1. §. 10. n. 1.
[40] GROTIUS [10, p. 30] lib. 1. cap. 1. §. 13.
[41] GROTIUS [10, p. 30] lib. 1. cap. 1. §. 14. n. 1.

第6章 近世自然法論における usucapio のオントロジー

GROTIUS, *De jure belli ac pacis,* lib. 2. cap. 4. §. 1.[42]

Gravis hic difficultas oritur de usucapiendi iure. Namque id ius cum lege civili sit introductum (tempus enim ex suapte natura vim nullam effectricem habet: nihil enim fit a tempore, quamquam nihil non fit in tempore) locum habere non potest, ut censet Vasquius, inter duos populos liberos aut reges, populumve liberum et regem: imo ne inter regem quidem et privatum ipsi non subditum, nec inter duos diversorum regum aut populorum subditos. quod verum videtur nisi quatenus res vel actus tenetur territorii legibus. Atqui id si admittimus, sequi videtur maximum incommodum, ut controversiae de regnis regnorumque finibus nullo unquam tempore extinguantur: quod non tantum ad perturbandos multorum animos et bella serenda pertinet, sed et communi gentium

ここでは，重大な難問が，usucapio する権利について生じる．そして，この権利は市民法とともに導入されたので（というのも，時間は，その自然本性からすれば，何事も生じさせる力を持たないからである．というのも，時間のうちで生じないものは何もないにもかかわらず，時間から生じるものは何もないからである），ヴァスクイウスが評しているように，2つの自由な人民たちの間では，王たちの間では，あるいは自由な人民と王との間では，適用されることができない．もちろん，王とその王に従属していない私人との間でも適用されることはできず，また，異なる王ないし人民に従属する2人の人々の間でも，適用されることはできない．このことは真実であると考えられるが，物あるいは行為が領内の法律に拘束されるときは，この限りでない．それにもかかわらず，もし私たちがこのこと〔usucapio は国

---

42) GROTIUS [10, p. 166-167]

> sensui repugnat.

> 際関係に適用されないこと〕を認めるならば，次のようなとても大きな不都合が生じると考えられる．それは，領土に関する論争および領土の境界に関する論争が，いつまでも終わらないということである．このことは，多くの人々の魂を混乱させて戦争を誘発することに繋がるだけでなく，万民の共通の感覚に反してすらいる．

　グロチウスによれば，自然法に usucapio という制度は存在しない．なぜなら，時の経過は，その自然本性からして，権利を生み出さないからである．usucapio とは，ローマ法の発明品に過ぎない．

　この箇所で注目に値するのは，グロチウスが挙げている事例群である．すなわち，彼は，領土と国境の紛争を念頭に置いている．A国の私人がB国の私人に他人物動産を売ったなどの，私法上の問題を扱っているわけではない．『戦争と平和の法』という書名が明らかにしているように，本題は，国と国との争いである．

　さて，この領土紛争を解決するために，usucapio を直接適用することは否定された．しかし，所有権の争いが永久に終わらないとすれば，国際関係に深刻な影響をもたらす．そこで，グロチウスは，2つの救済手段を用意した．ひとつは，「推定された遺棄」（derelictio praesumpta）であり，もうひとつは，万民法上の合意である．以下，この2つを検討する．

4.5　推定された遺棄と先占

4.5.1　表示は意思に優位する

　グロチウスが考案した「遺棄の推定」（derelictio praesumpta）とは，ある物

の所有権が所有者の不作為によって放棄され，これによって占有者に先占が生じる法的なプロセスである．グロチウスは，所有者が不作為によって所有権を放棄しうることを，意思に対する表示の優位によって解決している．

GROTIUS, *De jure belli ac pacis,* lib. 2. cap. 4. §. 3.[43]

Quid dicemus? Iuris effectus qui ab animo pendent, non possunt tamen ad solum animi actum consequi, nisi is actus signis quibusdam indicatus sit. quia nudis animi actibus efficientiam iuris tribuere non fuerat con-gruum naturae humanae, quae nisi ex signis actus cognoscere non potest: qua de causa etiam interni actus meri legibus humanis non subiacent. Signa autem nulla de animi actibus certitudinem habent mathematicam, sed probabilem tantum: nam et verbis eloqui aliud possunt homines quam quod volunt et sentiunt, et factis simulare. Neque tamen patitur natura humanae societatis, ut actibus animi sufficienter indicatis nulla sit efficacia. ideo	私たちは，何と言おうか．権利の効果は心に依存しているが，しかし心の活動のみに従うことはできず，この活動は，何らかの徴によって表示されなければならない．なぜなら，心の活動のみによって権利の効果を割り当てることは，人間の自然本性と一致しないであろうから．人間の自然本性は，徴によらなければ，［心の］活動を認識することができない．このような理由から，純粋に内的な諸活動も，人間の法には服していない．ところで，心の諸活動に関する徴は，数学のような確実性を持たず，蓋然的でしかない．なぜなら，言葉によって，人間たちは，彼らが欲したり考えたりしたこと以外のことを語る可能性があり，行為によっても似たようなことをする可能性があるからであ

43) GROTIUS [10, p. 167]

> quod sufficienter indicatum est, pro vero habetur adversus eum qui indicavit. Ac de verbis quidem expedita res.
>
> る．ところでまた，十分に表示された心の活動に何の効果もないこと，このことを，人間社会の自然本性は許容しない．それゆえに，十分に表示されたことは，表示した人の意に反しても，真であるとみなされる．かくして，言葉については，なるほど問題は解決された．

　グロチウスのみならず，近世自然法論者たちは一般に，所有者の意思を重視する[44]．もっとも，他人の内心を知ることはできないので，当然に意思の表示が要求される．このとき，意思と表示の不一致が起こりうる．この問題について，グロチウスは，「十分に表示されたことは，表示した人の意に反しても真であるとみなされる」(quod sufficienter indicatum est, pro vero habetur adversus eum qui indicavit) と判断している．

4.5.2 所有権は不作為によっても放棄されうる

　このような表示の優越は，言葉による意思表示に限られない．グロチウスは，次の箇所で，行為にも同じルールを適用する．

> GROTIUS, *De jure belli ac pacis*, lib. 2. cap. 4. §. 4. n. 1.[45]
>
> Factis intelligitur derelictum quod abiicitur, nisi ea sit rei circumstantia, ut temporis causa et requirendi animo abiectum
>
> 手放された物は，行為によって遺棄されたと理解される．但し，その物に，一時的な目的でかつ取戻すつもりで手放されたと評価さ

---

44) 拙著 [54, p. 63-68; 128-129; 204-205; 236-242]
45) GROTIUS [10, p. 167-168]

> censeri debeat. Sic chirographi redditione censetur remissum debitum. Recusari hereditas, inquit Paulus, non tantum verbis, sed etiam re potest, et quovis indicio voluntatis. Sic si is qui rei alicuius est dominus, sciens cum altero eam rem possidente, tanquam cum domino contrahat, ius suum remisisse merito habebitur: quod cur non et inter reges locum habeat, et populos liberos nihil causae est.
>
> れるべきような事情があるときは，この限りでない．例えば，債務証書の返還によって，債務は免除されたと評価される．パウルスは，次のように述べる．「相続財産は，言葉によってのみならず，事実によっても，それどころか，意思のいかなる表示によっても放棄されることが可能である」（D 29.2.95）．同様に，もしある物の所有者が，その物を占有している他人と，そうと知りながら，あたかもその他人が所有者であるかのように契約を結ぶならば，自己の権利を放棄したとみなすのが適切であろう．このことがなぜ，王や自由な人民たちの間で適用されないというのか，その理由は存在しない．

　物を手放すことは，所有権の放棄であると解される．例えば，ゴミ箱に物を放り込むことは，所有権放棄の意思の現れであろう．但し，諸事情が反対のことを示しているときは，この限りでない．例えば，レストランの客が手洗いに立つために物を放置することは，所有権放棄の意思の現れではないであろう．

　では，ゴミ箱に放り込むなどの積極的な行為ではなく，単なる沈黙ないし不作為であったときは，どうか．グロチウスは，次の箇所で，不作為も所有権放棄を推定させると述べる．

GROTIUS, *De jure belli ac pacis,* lib. 2. cap. 4. §. 5. n. 1.[46]

Sub factis autem moraliter veniunt et non facta, considerata cum debitis circumstantiis. Sic qui sciens et praesens tacet, videtur consentire: quod et lex Hebraea agnoscit Numer. XXX, 5, et 12. nisi circumstantiae ostendant, quominus loquatur, metu eum vel alio casu impediri. Sic amissum censetur id cuius recuperandi spes proiicitur, ut porcos a lupo raptos, et quae naufragio amittimus, nostra esse desinere ait Ulpianus, non statim, sed ubi recipi non possunt, id est ubi non est cur credatur aliquis animum domini retinere: ubi nulla talis voluntatis indicia exstant. Nam si missi essent qui rem inquirerent, si promissum μήνυτρον, aliud esset iudicandum. Sic qui rem suam ab alio teneri scit, nec quicquam contradicit multo tempore, is nisi causa alia manifeste appareat, non videtur id alio fecisse animo, quam

ところで,行為には,然るべき諸事情を考慮するときは,モラル的に不作為も含まれる.例えば,知りながらその場で黙っている人は,合意したと見られる.このことを,ヘブライ法も認めている(『民数記』第30章第5節および第12節).但し,諸事情が,次のことを明らかにしているときは,この限りでない.すなわち,彼は,恐怖によってあるいはその他の事変によって,喋ることを妨げられていたのだ,と.同様に,取戻す期待が失われたものも,放棄されたと評価される.例えば,狼によって奪い去られた豚や,私たちが難船のさいに捨てた物である.ウルピアーヌス(D 41.1.44)は,次のように言う.「物は,即座に私たちのものでなくなるのではなく,取戻されることができない場合,すなわち,所有者であろうとする心を保持していると信じられる理由がない場合に,そうなる」.つまり,この種の意思の証

---

46) GROTIUS [10, p. 168]

quod rem illam in suarum rerum numero esse nollet. Et hoc est quod alicubi dicit Ulpianus, aedes longo silentio videri pro derelicto a domino habitas. *Parum iuste* (rescripsit Pius Imperator), *praeteritas usuras petis, quas omisisse te longi temporis intervallum indicat: quia eas a debitore tuo, ut gratior apud eum videlicet esses, petendas non putasti.*

拠が存在しない場合である．なぜなら，もし物を捜す人々が派遣されたならば，もし通報の報酬が約束されたならば，別様に判断されるべきだからである．かくして，自分の物が他人に持たれていることを知っているが，長い間それに異議を唱えなかった人は，その他の原因がはっきりと明らかにならない限り，その物を自分の物に数え入れたくないという意図でそうしたのだとしか見られない．そして，ウルピアーヌスが別の箇所（D 39.2.15.21）で，家屋は長期の沈黙によって放棄されたものと所有者からみなされていたと考えられる，と述べているのは，まさにこれである．ピウス帝は，次のように指令した（D 22.1.17.1）．「君は，過去の利息を不当に請求している．この利息を君が無視していたことは，長い時間の隔たりが証している．なぜなら，君は，君の債務者に恩があるということで，この利息を彼から請求しようと思わなかったからである」．

作為義務があるにもかかわらず不作為に徹したとき，それは，所有権放棄の推定をもたらす．例えば，友人が私のスナック菓子を無断で食べているにもかかわらず，食べるがままにさせておくとき，私はスナック菓子の所有権を放棄しているであろう．但し，所有者が，(1)他人の占有を知らなかったとき，あるいは，(2)恐怖などによって取戻しをかけることができなかったときは，この限りでない．(1)として，密かに占有が開始された場合，(2)として，相手国から武力によって脅されている場合が考えられよう．

4.5.3 発覚と取戻しの機会の有無は時間の経過によって判断される

では，所有者が他人の自主占有を知っていたこと，また，取戻しの機会があったことは，どのようにして判断されるのであろうか．現占有者，すなわち，所有権放棄の推定を通じて目的物を先占したと主張する側が，これらを証明しなければならないのであろうか．そうではない．グロチウスによれば，相当の期間が経過することにより，両者はあったものと推定される．

GROTIUS, *De jure belli ac pacis,* lib. 2. cap. 4. §. 6.[47]

Ut haec igitur duo adfuisse censeantur, valent et aliae coniecturae: sed temporis in utrumque magna vis est. Nam primum fieri vix potest, ut multo tempore res ad aliquem pertinens non aliqua via ad eius notitiam perveniat, cum multas eius occasiones subministret tempus. Inter praesentes tamen minus

したがって，これら2つのことが存在すると判断されるためには，その他の推論も有効ではあるが，しかし時間〔にもとづく推論〕がどちらに対しても大きな力を有する．なぜなら第一に，長期間，他人の手元にある物がいかなる方法によっても彼〔＝所有者〕の知るところとならないこと，このことは，ほとんど起こりえない

---

47) GROTIUS〔10, p. 169〕

第 6 章　近世自然法論における usucapio のオントロジー　*313*

temporis spatium ad hanc coniecturam sufficit, quam inter absentes, etiam seposita lege civili. Sic et incussus semel metus durare quidem nonnihil creditur, sed non perpetuo, cum tempus longum multas occasiones adversus metum sibi consulendi, per se, vel per alios suppeditet, etiam exeundo fines eius qui metuitur, saltem ut protestatio de iure fiat, aut, quod potius est, ad iudices aut arbitros provocetur.

からである．なぜなら，時間が，多くの知る機会を与えてくれるからである．ところで，その場にいる人々の間において，このような推論のための期間は，その場にいない人々の間におけるそれよりも短くて十分である．これは，市民法から離れても，そうである．同様に，一旦加えられた恐怖は，なるほどしばらくは持続すると信じられるが，しかし永久に持続するとは信じられない．なぜなら，長い時間は，恐怖に対抗するための多くの機会を，自力であれ他力であれ，提供するからである．少なくとも，権利について抗議を起こすために，あるいはこちらの方がより良いのだが，［占有者が］裁判官や仲裁人のもとへ呼び出されるように，恐怖を与えている人のそばを離れても良いのである．

　つまり，遺棄の推定は，2 段階のプロセスから成り立っている．まず，(1) 相当な時間が経過することによって，(a)所有者は他人の自主占有を知っていたこと，(b)恐怖などがなく取戻しの機会があったことが推定される．そして，(2)それにもかかわらず取戻しをかけなかったことによって，所有権の放棄が推定される．この時点で，目的物は無主物となり，占有者がこれを先占する．

4.5.4 推定に必要な時間は3世代である

ところで，この推定のためには，どれほどの時間の経過が必要であろうか．グロチウスは，次の箇所において，必ずしも100年とは限らず，3世代分の年月に相当すると述べる．

> GROTIUS, *De jure belli ac pacis,* lib. 2. cap. 4. §. 7.[48]
>
> Quia vero tempus memoriam excedens quasi infinitum est moraliter, ideo eius temporis silentium ad rei derelictae coniecturam semper sufficere videbitur, nisi validissimae sint in contrarium rationes. Bene autem notatum est a prudentioribus Iurisconsultis, non plane idem esse tempus memoriam excedens cum centenario, quanquam saepe haec non longe abeunt: quia communis humanae vitae terminus sunt anni centum. quod spatium ferme solet aetates hominum, aut γενεὰς tres efficere: quas Antiocho Romani obiiciebant cum ostenderent repeti ab eo urbes quas ipse, pater, avus nunquam usurpassent.
>
> ところで，記憶を超える時間は，モラル的には永遠に準じるので，それゆえにそのような時間の沈黙は，物の遺棄を推定するのに常に十分であると考えられよう．但し，反対の理由が極めて堅固であるときは，この限りでない．ところで，賢明な法学者たちによって，次のことが適切に指摘されてきた．記憶を超える時間は，必ずしも100年と一致するとは限らない，両者はしばしばそれほどずれないとしても，と．なぜなら，100年というのは，普通の人生の上限だからである．この期間は，普通は，人間の3世代にあたるのが常である．この3世代を，ローマ人たちは，アンティオクスに反論として持ち出したのである．というのも，ローマ人たちは，アン

---

48) GROTIUS [10, p. 169]

> ティオクスから請求されている都市は，彼自身もその父も祖父も使っていなかったものであることを，明らかにしたからである．

なぜ100年という数字が出てくるのであろうか．これは，「記憶を超える時効」(praescriptio immemorialis) と関係している．記憶を超える時効は，ローマ法および教会法に由来しており，「その始期が記録に残っていない期間」(tempus, cuius initii memoria non extat) であると言い換えうる[49]．グロチウスは，後述の箇所でも，「記憶を超える占有」(possessio memoriam excedens) という表現を用いている．この時効は，「100年の時効」(praescriptio centum annorum) と言い換えられることもあった．グロチウスは，この言い換えを否定している．グロチウス以前にも，記憶を超える時効については，40年でよいという見解が存在していた[50]．

グロチウスは，100年という確定期間を否定して，3世代という曖昧な基準を導入した．その意図は，何であろうか．グロチウス自身は，これを明確に述べていない．とはいえ，目下の論点が領土紛争であることと，関係があるように思われる．すなわち，ここで念頭に置かれているのは，もっぱら君主国であり，当代，先代および先々代の王が取戻しをかけなければ，領土を失うという意味であろう．

4.5.5 占有者に善意は要求されない

ここまでの考察から，遺棄の推定には，注目すべき点がひとつある．それは，占有者の振る舞い，すなわち，どのように占有を開始したのか，また，所有権の状態について善意であったのか悪意であったのかが，言及されていないことである．このことは，グロチウスが領土問題を念頭に置いていたことと関

---

49) BALBUS [2, p. 124] par. 2. princ. 3.
50) SAN-GIMIGANO [22, fol. 151ra]

係している．領土紛争において，現占有者が善意かつ正当原因を有しているとは，どのような事態を言うのであろうか．通常，領土紛争は，現占有者が何らかの武力を用いているのであるから，usucapio や praescriptio における善意や正当原因は，およそ存在しえない．後掲『戦争と平和の法』第 2 巻第 4 章第 9 節の事例も，このことを裏付けている．すなわち，「占有は常に，武力において勝っている方にあった」(semperque penes eum possessionem fuisse qui plus armis potuisset) のである．

4.6 万民法による所有権の承継取得

4.6.1 万民法上の取得と遺棄の推定との関係は曖昧である

さて，ここまでは，推定された遺棄という，迂遠な推論の道を歩んで来た．グロチウスは，この推定された遺棄に加えて，万民意思法にもとづく取得を追加する．

GROTIUS, *De jure belli ac pacis,* lib. 2. cap. 4. §. 9.[51]

Ac forte non improbabiliter dici potest non esse hanc rem in sola praesumtione positam, sed iure gentium voluntario inductam hanc legem, ut possessio memoriam excedens, non interrupta, nec provocatione ad arbitrum interpellata, omnino dominium transferret. Credibile est enim in id consensisse gentes, cum ad pacem communem id vel maxime inte-

そしておそらく，この問題は推定のみにもとづくわけではなく，むしろ万民意思法によって，次のような法が導入されたのだと，尤もらしく述べることができよう．すなわち，記憶を超える占有は，中断がなくかつ仲裁人への呼び出しによって妨害されなかったならば，まったくもって所有権を移転させる，と．というのも，諸民族が，このことに合意したと信じら

---

51) SAN-GIMIGANO [22, fol. 151[ra]]

resset. Merito autem dixi possessionem non interruptam, id est, ut Sulpitius apud Livium loquitur, *uno et perpetuo tenore iuris semper usurpato, nunquam intermisso.* Idem alibi dixit: *perpetuam possessionem ac nullo ambigente.* Nam desultoria possessio nihil efficit, quomodo Numidae excipiebant adversus Carthaginienses: *per oportunitates nunc illos, nunc reges Numidarum usurpasse ius, semperque penes eum possessionem fuisse qui plus armis potuisset.*

れるからである．なぜなら，このことは，共通の平和にとって重要であり，最も重要であるとすら言えるからである．ところで，中断のない占有と私が述べたのは，適切である．すなわち，スルピティウスが *Livius* で述べているように，「常に利用されており，決して途中で失われなかった，権利の単一的かつ永続的な維持によって」である．彼は，別の箇所で，「曖昧なところのない永続的な占有」と述べた．なぜなら，途中下車された占有は，何ら効果を生じさせないからである．これは，ヌミディア人たちが，カルタゴ人たちに対して抗弁した通りである．「僥倖を通じて，あるときはカルタゴ人たちが，またあるときはヌミディアの王たちが権利を行使しており，こうして占有は常に，武力において勝っている方にあった」．

　長期間の占有による領土の取得は，自然法のみならず，万民意思法によっても是認されている．ここで，グロチウスは，自然法と万民法との関係を，どのように捉えていたのかが問題になる．彼は，万民法によって，自然法の諸要件を変更したのであろうか．グロチウスの著名な註解者であり，プーフェンドル

フにも影響を与えたカスパル・チーグラー（Caspar ZIEGLER, 1621-1690 年）は，時効中断の要件に変更が加えられたと解している．すなわち，万民法上の所有権取得を中断するためには，相手方に占有を止めさせるか，あるいは，相手方を仲裁へと呼び出す必要がある[52]．チーグラーによれば，自然法と万民法との違いは，異議申立の仕方に限られている．これに対して，柳原 [61] は，万民法は自然法の要件そのものを緩和しているのであり，所有者が他人の自主占有を知らなかった場合でも，それどころか，占有者によって強迫されていた場合でも，所有権を移転させると解する[53]．この箇所のみからでは，いずれの解釈が正しいのかを断じることはできない．プーフェンドルフらは，グロチウスが強迫を認めたとは解していないようである（後述）．

4.6.2　万民法上の取得は承継取得である

要件の曖昧さとは裏腹に，効果の点で自然法と万民法が異なることは明白である．すなわち，遺棄の推定の場合，現占有者は，先占によって所有権を取得する．これは，原始取得である．これに対して，万民法上の取得の場合，所有権は，所有者から占有者へと「移転」（transferre）する．これは，承継取得である．万民法は，原始取得を承継取得に変更するという役割を果たしている．

4.7　小　　括

グロチウスは，『戦争と平和の法』において，もっぱら領土問題を念頭に置

---

52) ZIEGLER [39, p. 261] ad lib. 2. cap. 4. §. 9.「しかし，グロチウスはここで，時効の中断のためには，訴訟上の妨害が必要であるという意見を主張しているように思われる．彼は，この点で，裁判外の通告を認めず，訴訟上の通告あるいは単に公的な通告を要求する市民法に従った（C 7.33.2）」（Videtur autem hic Grotius eam tenere sententiam, ad interruptionem praescriptionis necessariam esse interpellationem judicialem, secutus hac in parte jus civile, quod denunciationem extrajudicialem non admittit, sed judicialem, aut saltem publicam requirit, l. 2. C. de ann. except.）

53) 柳原 [60, p. 238]

いていた．そして，ローマ法の usucapio の適用を否定した．なぜなら，時間それ自体は，権利を生み出さないからである．しかし，領土問題が時の経過によって解決しないならば，それは，恒久的な紛争の火種を残してしまう．グロチウスはそのような事態を危惧して，ローマ法の usucapio とは異なる制度を考案した．それが，所有権放棄の推定であった．自然法上，所有者は，三世代のあいだ，他国に占有されている領土に取戻しをかけなかったとき，所有権を放棄したと推定される．この放棄を通じて，目的物は無主物となり，占有者によって先占される．占有者は悪意でも良いし，暴力によって占有を開始していても良い．グロチウスのこの考えは，弱肉強食的な国際社会を前提にしている．さらに，万民意思法は，記憶を超える時間，所有者が目的物を取り戻さなかったとき，所有権を占有者に承継取得させる．注意しなければならないのは，自然法上の遺棄の推定にせよ，万民法上の承継取得にせよ，グロチウス自身は「時効」(usucapio, praescriptio) と呼んでいないことである．この名称問題は，プーフェンドルフからカントまで，連綿と争われていく．

5. ザミュエル・フォン・プーフェンドルフ（1632-1694 年）

5.1 はじめに

グロチウスの次に位置するのは，ザミュエル・フォン・プーフェンドルフである[54]．プーフェンドルフは，近世自然法論の中興の祖に当たる．すなわち，「それまで法律学の議論がまずもってとりあげていた多くのことに終止符を打ち，後代の学者が引き継いでいく新しい異なった道を開いている」のだが，ライプニッツと比較して「思考の深さ，活動の広範さ，問題の多様さ，つまり独自性と独創性とが」欠けていた[55]．彼は，『普遍法学要綱』（*Elementa jurisprudentiae universalis*, 1660 年）において，ホッブズのスタイル，すなわち，

---

54) プーフェンドルフの経歴と業績については，勝田＝山内（編著）[55, p. 180-196] を参照．
55) シュトライス（編）＝佐々木・柳原（訳）[42, p. 283-284]

古典からの引用を行わないというスタイルを採用した。しかし，これを批判されたため[56]，『自然法と万民法』(*De jure naturae et gentium*, 1672 年) において，古典を重視するグロチウスのスタイルへと回帰した[57]。このとき，プーフェンドルフは，グロチウスの『戦争と平和の法』それ自体も，重要な古典として自説のなかに取り込んでいる[58]。以下では，プーフェンドルフが，グロチウスの学説をどのように組み替えて行ったのか，そして，後世にどのような新しい道を用意したのか，それを概観する。

5.2 法の分類と usucapio の位置づけ

グロチウスとプーフェンドルフを比較するにあたっては，両者の法の分類に注意しなければならない。グロチウスは，国際関係を規律する法規範として，自然法と万民意思法の2つを措定した。これに対して，プーフェンドルフは，両者を同一視している。

---

56) 批判者は，ヨハン・ハインリッヒ・ベックラー (Johann Heinrich BOECKLER, 1611-1672 年) であり，トマジウスが伝えているところによれば，ほとんど酷評に近かったようである。THOMASIUS [29, p. 92] を参照。

57) グロチウス以後，すなわち近世自然法論が普及した時代には，むしろローマ普通法学が近世自然法論から影響を受けるという，逆輸入の現象が見られる。ドイツではシュトゥリュベ (STRUVE, 1619-1692 年) がグロチウスを引用して，シルター (SCHILTER, 1632-1705 年) がプーフェンドルフを引用して，usucapio が自然法ないし万民法に適うことを認めている。STRUVE [25, p. 412] ad D 41.3, §. 2.; SCHILTER [23, p. 61] ad D 41.3, §. 66. 他方で，シュトリュク (STRYK, 1640-1710 年) は，この問題にあまり関心を抱かなかったようである。STRYK [26, p. 130-139]. フランスでは，ドマ (DOMAT, 1625-1696 年) が，公の善にもとづいて usucapio を認めている。これが，同じフランスの法学者であったフーゴー・ドゥ・ロワの影響であるか否かは，引用がないため確認できない。

58) プーフェンドルフは，「ドイツでのグロチウス継受にとってもっとも持続的な影響力をもった」人物である。シュトライス (編) ＝佐々木・柳原 (訳) [42, p. 92-93]

第 6 章　近世自然法論における usucapio のオントロジー　*321*

> PUFENDORF, *De jure naturae et gentium,* lib. 2. cap. 3. §. 23.[59]
>
> Est denique et illud heic expendendum, an detur peculiare ius gentium, positivum, et iuri naturali contradistinctum? Super hac re enim inter eruditos non satis convenit. Multis ius naturae et ius gentium in se unum et idem habetur, quod extrinseca duntaxat denominatione differat. [...] Cui sententiae et nos plane subscribimus. [...]
>
> 最後に，次のことも，ここでは吟味されねばならない．自然法と対置される実定的な，そのような特殊な万民法は存在するか否か．というのも，この件について，学識ある人々の間で，十分に意見の一致をみないからである．多くの人々によれば，自然法と万民法は，それ自体は単一の同じ法であり，後者は外側の名付け方が異なるだけであると解されている．[…] この見解に，私たちもはっきりと従うことにしよう．[…]

　この唯一の自然法＝万民法は，民族間の合意によっては基礎づけられておらず[60]，正しい推論の言明のみに由来する[61]．したがって，自然法上の遺棄の推定

---

59)　PUFENDORF［19, p. 160］
60)　PUFENDORF［19, p. 136］lib. 2. cap. 3. §. 7.「すべての民族の合意を引き合いに出す方が容易である，ということはない．というのは，昔であれ今であれ，すべての人民たちの言葉が，ましてやその習俗や制度が，だれに認識されるというのだろうか．」(Nec felicius ad *omnium gentium* consensum provocatur. Cui enim omnium populorum tam antiquorum quam recentium vocabula, nedum mores et instituta sunt cognita?)
61)　PUFENDORF［19, p. 144］lib. 2. cap. 3.§. 13「したがって，次のような意味において，自然法は私たちにとって，正しい理性の命令であると言われる．すなわち，人間の知性には，人間の状態を省察することにより，自然法の規範に則って生きることが自分自身にとって必然的であることを明晰に分かることができるような，そのような権能が，また同時に，自然法の掟を確実かつ十分に証明することができる原理を追及することができるような，そのような権能が備わっている」(Igitur hoc

と万民法上の承継取得とを区別するグロチウスのやり方は，プーフェンドルフのもとでは原理的に不可能である[62]．

プーフェンドルフは，このような変更を加えたうえで，グロチウスの遺棄の推定論を，次のように読み替えている．

PUFENDORF, *De jure naturae et gentium,* lib. 4. cap. 12. §. 8.[63]

Grotius l. 2. c. 4. quo ostenderet, ad ipsum ius naturale usucapionem pertinere, adeoque eandem recte allegari inter eos, qui eo solo iure inter se reguntur, ipsius fundamentum statuit in tacita derelictione prioris domini. [...]	グロチウスは，第2巻第4章で，usucapio は自然法それ自体に属すること，そしてそれゆえに自然法のみによって規律される人々の間でも正しく引き合いに出されることを明らかにしながら，その根拠を，前所有者の黙示の遺棄においた．[…]

『自然法と万民法』のこの箇所は，明らかに，グロチウスの忠実な解釈ではない．というのも，グロチウスは，usucapio が自然法に依拠するとは述べていないからである．usucapio とは，あくまでも，ローマ法上の取得制度に付される名称であった．したがって，「usucapio は自然法それ自体に属する」(ad ipsum ius naturale usucapionem pertinere) という一文は，グロチウスの説明を正確に記述していない．

---

sensu lex naturalis nobis dictamen rectae rationis asseritur, quod intellectui humano ea sit facultas, ut ex contemplatione conditionis humanae liquido perspicere possit, ad normam eius legis sibi necessario vivendum: simulque investigare principium, ex quo eiusdem praecepta solide et plane demonstrari queant.)

62) 但し，万民の合意という概念が消滅したわけではない．万民の合意は，自然法の根拠のひとつに格下げされただけである．例として，『自然法と万民法』第4巻第12章第8節の標題を見よ．PUFENDORF [19, p. 432]

63) PUFENDORF [19, p. 431]

この主張の食い違いは，単なる名称の相違以上のものである．なぜなら，自然法上の遺棄の推定とローマ法上の取得制度とが同じ名前で呼ばれることによって，両者を一体的に説明する余地が生じているからである．

5.3 自然法上の usucapio は遺棄の推定にもとづく

自然法上の usucapio へと，話を進めよう．プーフェンドルフは，自然法上の usucapio の根拠を，グロチウスと同じ遺棄の推定に求めた．彼もまた，遺棄の推定がなぜ成立するのかについて，かなりの紙面を割いている．

PUFENDORF, *De jure naturae et gentium,* lib. 4. cap. 12. §. 8.[64]

[...] Ad quod demonstrandum praesupponit, naturale esse, ut iure suo se quis abdicare possit, ubi diutius id retinere non placuerit. Verum ut voluntas illa abdicandi effectum aliquem in ordine ad alios producat, necessum esse, ut eadem per certa signa se ostendat; cum naturae humanae non sit congruum, solis actibus internis aliquam efficientiam extrinsecam tribuere. [...]	[...] この〔＝黙示の遺棄の〕証明のために，［グロチウスは］次のことを前提とする．すなわち，自己の権利を維持することがもはや気に入らなくなったならば，人はそれを放棄しうるというのが自然である，と．しかし，この放棄の意思が，他人に対する関係で何らかの効果を生み出すためには，この意思を確定的な徴によって明らかにすることが必要である．なぜなら，内的な活動のみによって何らかの外的な効果を割り当てることは，人間の自然本性と一致しないからである．[...]

---

64) PUFENDORF [19, p. 431]

プーフェンドルフの出発点は，グロチウスのそれと同一である．すなわち，内心の不可知性である．人間の自然本性は，意思を外部に表示することを要求する．この意思の表示を，プーフェンドルフは，言葉によるものと行為によるものとに区別する．

PUFENDORF, *De jure naturae et gentium,* lib. 4. cap. 12. §. 8.[65]

[...] Inter signa autem esse et verba, et facta. Et quidem ubi verbis voluntas fuit significata, usucapionis moras expectari non debere, cum statim in alterum ius transeat. Id quod et locum habet, ubi facto positivo voluntatem quis suam indicaverit, puta, si eandem abiecerit, aut deseruerit; nisi ea sit rei circumstantia, ut temporis causa abiecta, aut deserta censeri debeat, cum animo eandem requirendi et repetendi. Add l. 9. §. ult. D. *de A. R. D.* l. 8. D. *ad L. Rhodiam.* l. 43. §. 11. D. *De furtis* l. 2. §. 1. D. *de pactis.* Sic et si rei dominus sciens cum possessore tanquam cum domino super ea re contrahat, ius suum merito remisisse censebitur, et quidem ut

[…] ところで，徴には，言葉もあれば行為もある．そしてなるほど，言葉によって意思が表示された場合，usucapioの期間は考慮されるべきではない．なぜなら，その意思は，即座に相手方へ権利を移転するからである．このことは，ある人が自分の意思を積極的な行為によって示す場合にも当てはまる．例えば，物を手放したとき，あるいは，置き去ったときである．但し，物について次のような事情があるときは，この限りでない．それは，一時的な目的で物が手放されたと，あるいは，置き去られたと評価されるべきであり，この物を再度獲得したり再度追求したりする意図をともなうときである（D 41.1.9.8; D 14.2.8; D 47.2.43.11; D 2.14.2.1）．同様に，

---

65) PUFENDORF [19, p. 431]

in ipso contractus completi momento id extinguatur. [...]	物の所有者が，あたかも所有者であるかのように振る舞っている占有者と，その物に関する契約を結んだときも，彼は自分の権利を適切に放棄したと評価されるべきである．そしてなるほど，その結果，まさに契約が完成した瞬間に，彼の権利は消滅させられる．[…]

　言葉による所有権の放棄は，usucapio の名に値しない．なぜなら，遺棄を推定する必要がないからである．この理由付けは，特段の事情がない限り，作為の場合にも当てはまる．すると，言葉と作為による放棄には，usucapio が当てはまらないのであるから，その適用範囲は，次のように限定される．

PUFENDORF, *De jure naturae et gentium,* lib. 4. cap. 12. §. 8.[66]

[...] Ergo usucapionem in illis duntaxat rebus obtinere, quibus prior dominus sese neque verbis neque facto aliquo expresso abdicavit, sed ubi adeo eiusdem voluntas ex neglecta inquisitione et vindicatione praesumitur. Nam etiam non facta, seu omissiones cum debitis circumstantiis consideratas, haberi moraliter pro	したがって，usucapio は，次のような物にしか適用されない．それは，前所有者が，言葉によっても，明白な何らかの行為によっても放棄しなかったのだが，しかしそこでまさにそのような意思が，追求の懈怠および取戻しの懈怠から推定されるような物である．なぜなら，行わないことすなわち不作為も，然るべき事情とと

---

66) PUFENDORF [19, p. 431]

> factis<, quae silenti praeiudicare queant.> Vid. *Numer.* XXX. 5. 12. l. 17. §. 1. D. *de Usuris* l. 44. D. *de A. R. D.* [...]
>
> もに考察されるときは，モラル的には行為とみなされるからである。〈沈黙は，このような不作為を予見させることができる。〉『民数記』第30章第12節，D 22.1.17.1 および D 41.1.44 を見よ。[…]

かくして，自然法上の取得時効が問題になるのは，不作為の場合だけである。プーフェンドルフは，この不作為に当てはまるものとして，所有者の沈黙を挙げている。もちろん，沈黙が常に所有権の遺棄を推定させるわけではない。プーフェンドルフは，次のように説明する。

> PUFENDORF, *De jure naturae et gentium,* lib. 4. cap. 12. §. 8.[67]
>
> [...]Enimvero ut ex omissione praesumatur voluntas, necessum esse, ut ea non processerit ex simplici et inculpabili ignorantia. Ergo possessoribus rerum alienarum tacito consensu dominorum dominium adquiri, si sciverint, illos rem suam possidere, et tamen eandem vindicare omiserint, cum commodam eius vindicationis occasionem haberent. Nam talis negligentiae, ac silentii scientis et
>
> […] 不作為から意思が推定されるためには，実際に次のことが必要である。すなわち，この意思が，単純な無過失の不知から出たのではないことである。したがって，他人の物の占有者が，所有者との黙示の合意によって所有権を取得するのは，次のようなときである。すなわち，所有者は，他人が自分の物を占有していることを知っていたのだが，しかし，それを取戻す適切な機会があったにもかかわらず，この物を取戻すこと

---

67) PUFENDORF [19, p. 431]

libere volentis, nullam aliam posse assignari causam, quam quia nulla amplius eius rei cura tangatur, eamque inter suas habere non velit. Add. Boecler. ad Grot. d. l. §. 5. et Zieglerus ad d. l. [...]	を怠っていたときである．なぜなら，この種の懈怠には，また，知っておりかつ自由な意思を有していた人の沈黙には，他でもない，次のような根拠しか認めることができないからである．すなわち，もはやこの物について関心がないので，彼は，自分の財産のうちにこの物を持っておきたくないのだ，と．グロチウス『戦争と平和の法』第2巻第4章第5節に対するベックラーの註釈およびチーグラーの同じ箇所に対する註釈を付け加えておく．[…]

　この箇所は，説明が若干錯綜しているものの，グロチウスの議論を踏まえたうえで，2つの要件に整理することができる．すなわち，(1)所有者が他人の自主占有を知っていたこと，(2)取戻しをかける機会が存在していたことである．なるほど，他人の自主占有を知らなければ，そもそも取戻しをかけようとは思わないであろうし，また，取戻しをかける自由が存在しなければ，自発的に沈黙していたとも言えない．

　グロチウスは，これら2つの要件を，さらに時間の経過によって推定させた．プーフェンドルフも，この見解に従う．

PUFENDORF, *De jure naturae et gentium,* lib. 4. cap. 12. §. 8.[68]

[...] Porro ut quis praesumatur	[…] さらに，ある人が，知り

---

68) PUFENDORF [19, p. 431]

sciens vindicationem rei suae negligere, validam praebere coniecturam diuturnitatem temporis. Nam fieri vix posse, ut multo tempore non innotescat nobis, rem nostram ab alio detineri; aut ut non sit occasio vindicationem suscipiendi, vel saltem alterius possessionem denunciando ac protestando interrumpendi. Nec minus longo tempore expirare solere metum semel incussum, simulque media parari, ne a detentore rei nostrae metuere cogamur. Praesumtioni autem illi, quod nemo temere sua iactare credatur, opponit alteram; quod nemo credatur rem illam ad se velle pertinere, circa quam nullam curae significationem longissimo tempore edit. [...]

ながら自分の物の取戻しを怠ったと推定されるためには，時間の継続が十分な推論を与える．私たちの物が他人によって所持されていること，このことが私たちに長期間知られないというのは，ほとんどありえないからである．また，取戻しを企てる機会がないこと，あるいは，他人の占有を忠告や抗議によって妨害する機会すらないこと，これらのことも，ほとんど起こらない．同じように，長い時間が過ぎた後では，一旦加えられた恐怖は消滅するのが常であり，また同時に，私たちの物の所持者によって私たちが恐怖させられないための手段が準備されるのも常である．ところで，何人も理由無く自分のものを放棄したと信じられてはならないというあの推定には，次のような別の推定が対置される．すなわち，何人も，とても長い時間何ら関心を示さなかった物，そのような物を所有したいと欲しているとは信じられない．[...]

相当な時間が経過したとき，所有者は他人の自主占有を知っており，かつ,

取戻しをかける機会を得ていたと推定される．なぜなら，他人の自主占有にいつまでも気づかないことは稀であり，また，対抗策を講じることができなかったというのも，尤もらしくないからである．したがって，プーフェンドルフも，2段階の推定，すなわち，時間の経過が所有者の既知と懈怠を推定させ，この既知と懈怠が所有権放棄を推定させるというプロセスを，受け入れている．

ここまでは，グロチウスの議論と一致している．遺棄の推定のプロセスを説明したあとで，プーフェンドルフは初めて，彼独自の見解を打ち出している．以下，要件→効果の順で見ていく．

5.4　自然法上の usucapio にも善意と正当権原は要求される

5.4.1　自然法上の usucapio にも善意と正当権原は要求される

グロチウスは，遺棄の推定の成立に，占有者の善意や正当権原を求めなかった．ところが，プーフェンドルフは，これに反対して，自然法上の usucapio にも，善意と正当権原を要求している．そのことを簡潔にまとめているのが，『人間と市民の義務』（*De officio hominis et civis*, 1673 年）の次の箇所である．

PUFENDORF, *De officio,* lib. 1. cap. 12. §. 15.[69]

Peculiaris denique modus adquirendi est *usucapio*; per quam is, qui bona fide iustoque titulo rei alicuius possessionem nactus est, eamque diu quietam et non interruptam obtinuit, demum pro perfecto domino eius rei habetur, ita ut antiquum dominum, si

最後に，特別な取得方法として，usucapio がある．この usucapio によって，善意かつ正当権原にもとづいて他人の物の占有を獲得した人は，それを長期間，平穏かつ中断のないかたちで保持することにより，その物の完全な所有者であるとみなされる．その結

---

69) PUFENDORF［19, p. 431］

postea rem eam vindicare velit, repellere queat. Cuius iuris introducti ratio fuit, partim quod pro relicto rem habere iudicaretur, qui diu eandem vindicare neglexerit, cum longo tempore ad id occasiones vix deesse iudicentur: partim quod tranquillitatis et pacis interesset, aliquando possessiones rerum extra controversiam collocari. Praesertim cum longe gravius videatur post diuturnam possessionem re bona fide parta privari, quam olim amissa, et cuius desiderium dudum erat digestum, in perpetuum carere. Ut tamen in civitatibus certi termini, prout ratio et utilitas civitatis suggesserit, definiantur intra quos usucapio compleatur, tranquillitatis et pacis interest.

果，彼は，もし前所有者が後からこの物を取戻そうと欲するならば，これを退けることができる．このような法が導入されたのは，次のような理由からであった．まず，長期間，物の取戻しを怠っていた人は，その物を遺棄されたものとみなしていたのだ，と判断されるからである．なぜなら，長い時間そうする〔＝取戻す〕機会がなかったはずがない，と判断されるからである．次に，いつかは物の占有が紛争外に置かれることは，安寧と平和にとって重要だからである．とりわけ，継続的な占有のあとで，善意で取得した物が奪われることは，かつて失われ，そしてそれに対する欲求が久しく収まったところの物が永久に消えてなくなるよりも，はるかに深刻だからである．ところで，市民社会においては，特定の期間が，その市民社会の道理と利益が求めるところに応じて定められ，この期間内にusucapioを完成させること，このことが，安寧と平和にとって重要である．

プーフェンドルフは，長期間の占有に加えて，新たに2つの要件を定めた．「正当権原」(iustus titulus) と「善意」(bona fides) である．正当権原とは，「通常，所有権の移転および取得のために相応しいと解されるような権原」(tali[s] titul[us], qui alias ad transferendum et adquirendum dominium idoneus habetur) を言う[70]．例えば，売買が挙げられよう．つまり，仮に前主が真の所有者であったならば，所有権移転が起こったであろう権原を言う．次に，善意とは，「なぜ占有しているのかについて，また，所有権が自分へ本当に移転されて自分が所有者になったのだとなぜ信じていたのかについて，適切な理由を挙げることができる」(idoneam rationem possit allegare, quare possideat, et persuasus sit revera dominium in se fuisse translatum, et se dominum fuisse constitutum) ことと定義される[71]．この善意要件は，ローマ法と自然法において異なる現れ方をしている．すなわち，自然法は，占有開始から時効完成までの全期間にわたって善意であることを要求するが[72]，ローマ法上は，外的な無責性のみを考慮に入れたため，占有開始時にのみ善意であればよい[73]．プーフェンドルフは，グロチウスに反対して，自然法上の取得時効に正当権原と善意の要件を追加したわけであるが，これは，奇妙なことのように思われる．とい

---

70) PUFENDORF [19, p. 431]
71) PUFENDORF [19, p. 431]
72) PUFENDORF [19, p. 428] lib. 4. cap. 12. §. 3.「ところで，カノン法によれば，〔時効取得が完成するまでの〕間の期間全体についても，善意が要求される．[…] この見解は，自然法の神聖さに，より近しいと思われる．なぜなら，物の所有権が導入されたと同時に，あらゆる人々に，可能な限り次のことを行う義務が課されたと理解されるからである．すなわち，誰であれ，所有者の合意なしに他の人々のところにある自分の物を，再び取戻すことができるように」(Iure autem Canonico etiam per omne tempus intermedium bona fides requiritur. [...] Quae sententia magis ad sanctimoniam iuris naturalis videtur accedere; quippe cum per introducta rerum dominia obligatio intelligatur omnibus hominibus iniuncta, quantum in se est efficiendi, quo quisque re sua, quae citra domini consensum apud ipsos est, iterum potiatur.)
73) PUFENDORF [19, p. 428]

うのも，usucapio において推定されるのは，旧所有者の意思だからである．新所有者が占有をどのように獲得したのか，所有の状況をどのように理解していたのか，これらのことは，旧所有者の意思形成とはおよそ関係がない．遺棄の推定そのものからは，善意も正当権原も出てこないはずである．以下では，プーフェンドルフの法体系のなかで，善意と正当権原がどこに位置付けられるのか，それを見ていく．

5.4.2　善意は他人物の返還義務に由来する

まず，善意要件は，どこから導き出されるのであろうか．プーフェンドルフ自身は，これを明確には記述していないけれども，以下の箇所が示唆を与えてくれる．

PUFENDORF, *De jure naturae et gentium*, lib. 4. cap. 13. §. 2.[74]

[...] Quod si tamen iusto titulo et bona fide rem quampiam nactus fuero, non teneor ipse ius meum in dubium vocare, et publice significare, talem rem a me possideri, ut si forte ad alium pertinuerit, eam vindicare queat. Nam ubi modus, quo possessionem nactus sum, nihil continuit vitiosi, [aut] suspecti, bona fides me omni crimine vacare facit, quod ex rei alienae detentione oriri potest. [...]

［…］ところで，もし正当権原および善意で何らかの物を私が手に入れたならば，私は，自分自身で私の権利に疑いをかける責めを負わないし，また，万が一その物が他人に帰属しているならば，その人がこれを取戻せるようにと，その物が私によって占有されていることを，公示する責めも負わない．なぜなら，もし私が占有を獲得した仕方が，瑕疵のあるものないし疑わしいものを何も含まないならば，善意が，他人の物の所持

---

74)　PUFENDORF [19, p. 436]

> から生じうるあらゆる犯罪から，
> 私を救い出してくれるからである．［…］

　他人の物を占有していると気づいた人は，これを所有者に返還しなければならない[75]．これに対して，善意かつ正当権原にもとづいて物を手に入れた人は，その物が他人物ではないかと案じたり，自己の占有を公示したりする義務を負わない．つまり，善意と正当権原は，他人物の返還義務を回避するために導入されたものであり，遺棄の推定そのものとは，何ら関係がないのである．

5.4.3　正当権原は善意の下位根拠である

　さて，善意と正当権原はどちらも，他人物の返還という道徳的要請に由来するのだが，実際には，異なる階層に属する要件である．というのも，プーフェンドルフは，善意と正当権原との関係について，次のように述べているからである．

> PUFENDORF, *De jure naturae et gentium,* lib. 4. cap. 12. §. 8.[76]
>
> ［…］Quod autem Grotius addit, ideo etiam ex diuturno silentio domini derelictionem praesumi, quod *non putandum sit, homines eo invicem animo esse, ut rei caducae causa aliquem velint perpetuo in peccato versari*; id nihil est. Nam praeterquam quod de pietate mortalium tam prolixe sibi
>
> ［…］ところで，グロチウスは，次のように付け加えている．それゆえに，所有者の継続的な沈黙からも遺棄は推定される，と．このことは，**次のように解されてはならないであろう．人間たちはこれによってお互いに，物を所有者のいない状態にするために，誰かを恒久的な罪に陥らせる心づもりな**

---

75)　PUFENDORF [19, p. 436] lib. 4. cap. 13. §. 2.
76)　PUFENDORF [19, p. 432]

> polliceri simplex videatur (add Ziegler. ad Grot. d. l. §. 8.); utique bonae fidei possessor, qualem ad nanciscendum per usucapionem dominium aptum diximus, in nullo versatur peccato; quippe cum modus, quo in possessionem pervenit, non aliud ipsi persuadeat, quam se iam tum cum possessione etiam dominium adquisivisse. [...]
>
> のだ，と．そのようなことは，まったくない．なぜなら，死すべきものたちの敬虔さに関してある程度冗長に述べるのは簡単であるように思われるが，それはともかくとして（グロチウスの前掲書第8節に対するチーグラーの註釈を付け加えておく），usucapio によって所有権を取得するのに適していると私たちが述べたところの善意占有者は，明らかに罪に陥っていないからである．というのも，占有に入るときの仕方が，他でもない，自分は今や占有と一緒に所有権も取得したのだ，と，善意占有者に確信させるからである．［…］

　この箇所は，取得時効がなぜ罪にならないのか，を説明している．取得時効は，たとえ他人の物を奪う結果になるとしても，罪にならない．なぜなら，善意占有者は，占有を獲得するときに，自分は所有権を取得したのだ，と確信しているからである．この理由付けは，善意と正当権原との関係を表している．善意と正当権原は，独立した2つの要件ではない．善意占有者が善意たりえるのは，目的物の取得に際して，正当権原，すなわち所有権取得の確信の根拠を有しているからである．買った，贈与された，交換したなどの正当権原があることにより，占有者は，自分が所有者になったと確信し，善意となる．正当権原は，善意を基礎付けるものであって，直接的に取得時効を基礎付けるものではない[77]．

　正当権原をこのように把握したとき，領土紛争はどうなるのか，という問題

も自動的に解決する．というのも，正当権原は，占有者に所有の確信を得させるものであればよく，領土紛争の場合には，「正戦」（iustum bellum）がこれに該当するからである．この解釈の根拠として，プーフェンドルフが引き合いに出す2つの事例をあげることができる[78]．ひとつは，旧約聖書の『士師記』第11章第15節以下に見られる，イスラエル人とアンモン人との領土紛争である．そこでは，かつてイスラエル人が戦争によって奪った土地について，「イスラエルはヘシュボンとその周辺の村落，アロエルとその周辺の村落およびアルノン流域のすべての町々に三百年にもわたって住んできたが，なぜ，あなたたちはこの間にそれを取り戻さなかったのか」とある[79]．もうひとつは，イソクラテス『アルキダモス』第26節に見られるスパルタのメッセネ獲得である．ここでは，正戦によってメッセネが獲得されたことを論じながら，「しかしまた諸君も知るとおり，所有というものは公私とも，長い時を経るならば，父祖より継承した固有のものと承認される」（ἀλλὰ μὴν οὐδ' ἐκεῖν' ὑμᾶς λελήθεν, ὅτι τὰς κτήσεις, καὶ τὰς ἰδίας καὶ τὰς κοινὰς, ἄν ἐπιγένηται πολὺς χρόνος, κυρίας καὶ πατρῴας ἅπαντες εἶναι νομίζουσιν.）と述べている[80]．正当権原は，正当な武力行使であってもよいことになる．

5.4.4　自然法上の取得時効の期間は確定の年月ではない

期間の問題に移ろう．グロチウスは，相当の期間の経過に，三世代という数字を持ち出した．プーフェンドルフは，これに反対して，次のように算定する．

---

77)　このことは，前掲『自然法と万民法』第4巻第13章第2節が，「なぜなら，もし私が占有を獲得した仕方が，何ら瑕疵あるいは疑わしいものを含まないならば，善意が，他人の物の所持から生じうるあらゆる犯罪から，私を救い出してくれるからである」（Nam ubi modus, quo possessionem nactus sum, nihil continuit vitiosi, [aut] suspecti, bona fides me omni crimine vacare facit, quod ex rei alienae detentione oriri potest.）と条件文にしていることからも分かる．

78)　PUFENDORF [19, p. 435] lib. 4. cap. 12. §. 11.

79)　『士師記』第11章第26節．訳は新共同訳に依った．

80)　訳は小池訳 [40, p. 171] に依った．

PUFENDORF, *De jure naturae et gentium,* lib. 4. cap. 12. §. 9.[81]

[...] Quantum autem sit illud spatium, intra quod possessio bonae fidei in vim dominii evalescat, praecise neque naturali ratione, neque universali gentium consensu determinatum deprehenditur; sed arbitratu boni viri non citra aliquam latitudinem definiendum erit. [...]	[…] ところで，善意占有が所有権の力へと上昇するあの期間がどれくらいであるかは，明らかに，自然な推論によっても万民の普遍的な合意によっても決められていないことが分かる．むしろ，通常人の判断によって，ある程度の幅を持ったかたちで，決定されるべきであろう．[…]
[...] Sic ut consideratis hisce omnibus facile sit, in singulis casibus arbitrio boni viri invenire terminum usucapionis, aequitati naturali convenientem. [...]	[…] このようにして，目下考察されてきたことすべてから，個々の事案において，通常人の判断によって，自然な衡平に合致するusucapioの期間を見つけることは，容易であろう．[…]

　プーフェンドルフは，自然法上のusucapioの期間を，「並みの注意力を持っている人ならば，自分の物を誰も放置しないであろうと信じられるほど極めて長い時間」（longissimum temporis spatium, per quod nemo mediocriter diligens rem suam negligere creditur）と不確定に定義した[82]．その長さは，「通常人」（vir bonus）を基準として，目的物が動産か不動産かなどを考慮しながら[83]，個別事案ごとに判断される．但し，市民状態においては，個々の共同体によって定められた確定期間が優先する[84]．

---

81) PUFENDORF [19, p. 432-433]
82) PUFENDORF [19, p. 433] lib. 4. cap. 12. §. 9.
83) PUFENDORF [19, p. 432-433] lib. 4. cap. 12. §.9.

5.5　自然法上の取得時効の効果

5.5.1　プーフェンドルフは取得時効の効果を曖昧にしている

プーフェンドルフは，usucapio の効果を，「前所有者の権利および訴えが消滅することによって，その物の完全な所有権を取得する」(plenam eiusdem rei proprietatem nanciscitur, iure et actione prioris domini extincta) ことであると解している[85]．この箇所を忠実に読む限り，usucapio は，所有権取得の一種であり[86]，かつ，原始取得である．しかし，その取得の直接的な契機については，詳しい説明が付されていない．仮にグロチウスと同様であるならば，目的物の無主物化による先占ということになろう．いずれにせよ，プーフェンドルフは，usucapio の効果に，次のような制約を付している．

5.5.2　遺棄の推定の効果は絶対的ではない

PUFENDORF, *De jure naturae et gentium,* lib. 4. cap. 12. §. 8.[87]

[...] Isthaec omnia etsi plausibiliter dicantur, certum tamen est, diuturnum silentium non semper ad praesumtionem tacitae derelictionis valere. Nam et contingere potest, ut quis per	［…］これらのことが全て褒められたかたちで言われているとしても，しかし，次のことは確かである．継続的な沈黙が，常に黙示の遺棄の推定に値するわけではない．なぜなら，ある人が極めて長

---

84)　PUFENDORF [19, p. 433] lib. 4. cap. 12. §. 9.
85)　PUFENDORF [19, p. 426] lib. 4. cap. 12. §. 1.
86)　この解釈は，他の箇所からも支持される．PUFENDORF [19, p. 426] lib. 4. cap. 12. §. 1.「物を使用すなわち継続的な占有によって保持し，そしてこれを取得する方法を，usucapio と呼ぶ」(Vocatur is modus *usucapio*, quod res usu seu diuturna possessione capiatur, et adquiratur.) PUFENDORF [18, p. 48] lib. 1. cap. 12. §. 15.「最後に，特別な取得方法が，usucapio である」(Peculiaris denique modus adquirendi est *usucapio*.)
87)　PUFENDORF [19, p. 431-432]

> longissimum tempus ius suum ignoraverit, aut metu, impotentiaque vindicandi cohibitus fuerit (vid. c. 13. 14. caus. 16. quaest. 3. apud Gratianum). Et ubi quis quamvis longo post tempore rem suam repetit, nunquam antea pro derelicta eandem habere potuit. Adeoque isthoc fundamentum praescriptionis non erit universale. [...]
>
> 時間，自己の権利を知らなかったこと，または，恐怖および無能力によって，取戻しを制限されていたこと，これらのことも，起こりうるからである（『グラティアヌス教令集』第16事案第3問第13法文および第14法文）。そして，この場合に，ある人が，たとえ長い時間のあとであろうとも，自分の物に取戻しをかけるならば，彼は，それ以前にその物を放棄していたはずがないであろう。またそれゆえに，時効のこのような基礎は，普遍的なものではないであろう。[…]

時間の経過が，たとえ多くの場合に所有権の放棄を推定させるとしても，常にそうであるとは言えない．なぜなら，長期間であれ，所有者が他人の占有を知らないことはありうるし，また，取戻しの機会がなかったこともありうるからである．遺棄の推定は，所有権を放棄したとみなすことではない．

5.6 小　　括

プーフェンドルフは，万民意思法の存在を否定し，国際関係を自然法へと一本化した．自然法上の取得時効とは，遺棄の推定であり，プーフェンドルフはこれをusucapioと呼んだ．これによって，ローマ法上のusucapio，教会法上のusucapio，国際法上のusucapioが，すべて同類の制度に属することとなった．遺棄の推定の構造は，グロチウスと同様に2段階である．すなわち，時間の経過が，所有者の既知（他人の自主占有を知っていること）および取戻しの

機会(恐怖などで異議申立を抑制されていなかったこと)を推定させ,このふたつの前提が,さらに所有権の放棄を推定させる.このときに要する時間は,様々な事情に応じて個別的に定められる.

　グロチウスは,自然法上の遺棄の推定について,上記以外の要件を求めなかった.これに対して,プーフェンドルフは,占有者の善意と正当権原を追加した.どちらも,遺棄の推定そのものとは関係がなく,悪意占有者の返還義務から導き出される.また,正当権原は,善意を基礎付ける根拠であり,売買などの取引だけでなく,正戦をも含む.領土紛争の解決手段であった遺棄の推定は,プーフェンドルフのもとで適用範囲を拡張されたと同時に,その要件も厳格化されたのである.

6. クリスティアン・トマジウス(1655-1728年)

6.1 はじめに

　18世紀ドイツの啓蒙主義には,ふたつの潮流があった.ひとつは,本節で紹介するクリスティアン・トマジウスの考えを受け継ぐトマジウス学派,もうひとつは,次節で紹介するクリスティアン・ヴォルフを創始者とするヴォルフ学派である[88].トマジウス学派とヴォルフ学派の対立は,法学の領域においても見られるが,それは,敬虔主義/科学主義という抽象的な対立ではない.両派の法学上の対立は,彼らの方法論,すなわち,トマジウスが元首の規範感覚

---

[88] BROWN (ed.) [4, p. 310]「1720年から1754年までの年月は,主に,ヴォルフ学派とトマジウス学派との間における宗教的な論争によって特徴付けられる.トマジウス学派が,敬虔主義に深く影響を受けながら,ほとんど神話的な自然観を擁護していたのに対して,ヴォルフ学派は,全体としては,宗教に傾いておらず,科学的な関心によって動機付けられていた」(The years between 1720 and 1754 are characterized mainly by the religious dispute between the Wolffians and Thomasians. While the Thomasians, deeply influenced by Pietism, advocated an almost mythical view of nature, the Wolffians were, on the whole, not religiously inclined and motivated by scientific concerns)

と立法裁量を重視したのに対して[89]，ヴォルフはあくまでも演繹的証明にこだわったという点にある[90]．本節および次節は，取得時効というテーマで，これらの比較を試みるものである．

クリスティアン・トマジウスは，著名なアリストテレス主義者であった父ヤーコプ・トマジウスの長男として生まれた[91]．以後，父と同じザクセンのライプチヒ大学で教職についたものの，神学部および宮廷との折り合いが悪くなり，プロイセンへの亡命を余儀なくされた．そこで，フリードリヒⅠ世からハレに大学を設立するように命じられ，このハレ大学が，トマジウスの終生の活動場所となった．「彼の純粋な私法理論は，一方で道徳や礼節を排除した正義のルールに支配される個人主義的な社会観が反映している」[92]．本節では，主著『神法学提要』(*Institutiones jurisprudentiae divinae*, 1688 年) におけるトマジウスの見解から見て行く．

6.2 法の分類と usucapio の位置づけ

6.2.1 万民意思法は存在しない

トマジウスは，法の分類にあたって，プーフェンドルフの見解に従っている．すなわち，万民意思法を否定した[93]．国際関係が自然法に一本化されてい

---

89) トマジウスは，自然法の規則を「あなたのされたくないことを，他人にしてはならない」(quod tibi non vis fieri, alteri ne feceris)，「あなたがされたいことを，他人にしなさい」(quod vis ut alii tibi faciant, tu ipsis facies) および「他人がその人自身にしてもらいたいことを，あなたはあなた自身にしなさい」(quod vis, alii sibi faciant, tute tibi facies) という 3 つの黄金律に還元した．THOMASIUS [27, p. 177] lib. 1. cap. 6. §. 40-42. そして，2 番目の規則については，立法裁量があると説いた．拙著 [14, p. 58-60] を参照．
90) WOLFF [34, p. 119-120] cap. 3. §. 36.
91) トマジウスの伝記については，シュトライス（編）＝佐々木・柳原（訳）[42, p. 377-378] および勝田＝山内（編著）[55, p. 197-210] を参照．
92) 勝田＝山内（編著）[55, p. 200]（田中実）．
93) THOMASIUS [28, p. 51] lib. 1. cap. 2. §. 105.「次のように要約される．民族はお互いに対等であり，人間たちの間には［民族の］上位者が認められない．したがっ

る点は，プーフェンドルフの場合と同様である．

6.2.2　取得時効には自然法上のものと市民法上のものがある

トマジウスは，プーフェンドルフの学説をそのまま継承したのであろうか．否である．トマジウスは，プーフェンドルフから受け継いだ部分と，グロチウスに回帰した部分の，両方を合わせもっている．まずは，プーフェンドルフと同一の部分についてみる．それは，usucapio という言葉の使い方である．

THOMASIUS, *Institutiones jurisprudentiae divinae,* lib. 2. cap. 10. §. 191.[94]

| Sequitur *usucapio*, quae dicitur, cum quis rei alicuius possessionem nactus, eam diu quietam et non interruptam obtinuit. Tum enim pro perfecto eius rei domino habetur, ita ut antiquum dominum, si postea rem eam vindicare velit, repellere queat. | usucapio に話を進めよう．usucapio とは，ある人が他人の物の占有を獲得し，長い間，平穏かつ中断のないかたちで，その占有を保持し続けるときを言う．というのも，そのとき彼は，その物の完全な所有者であるとみなされ，もしその後で，前所有者がその物を取戻そうと欲するならば，この人〔＝前所有者〕を排除することができるからである． |

THOMASIUS, *Institutiones jurisprudentiae divinae,* lib. 2. cap. 10. §.192.[95]

| Obtinet autem tum inter | ところで，〔usucapio は〕，異 |

て，民族が人の法によって義務付けられることはありえない」(Summa eo redit: gentes inter se pares sunt, nec inter homines superiorem agnoscunt. Ergo lege humana obligari nequeunt.)

94) THOMASIUS［28, p. 207］
95) THOMASIUS［28, p. 207］

diversas gentes, tum inter homines *privatos.*

なる民族間で適用されることもあれば，私人間で適用されることもある．

THOMASIUS, *Institutiones jurisprudentiae divinae,* lib. 2. cap. 10. §. 193.[96]

Utrobique finis *communis* et *ultimus* est tranquillitas humani generis, cuius interest, ut dominia aliquando sint in certo, et ne fenestra aperiatur bellis, si liceret rem, quae olim ad nos vel nostros pertinuit, vindicare.

どちらの場合にも，**共通の究極的な目的**は，人類の安寧である．人類の安寧にとって重要なのは，所有権がいつかは安定すること，そして，戦争への窓を開かないようにすることである．後者は，仮に［私たちに］，かつて私たちあるいは私たちの［民族］に属していた物を取戻すことが許されるならば，起きるであろう．

トマジウスは，国内法か国際法かを問わず，usucapio を一般的に定義している．これは，グロチウスがローマ市民法上の取得制度のみを usucapio と呼び，自然法上の遺棄の推定から区別していたことと異なる．そして，この一般化された usucapio の目的は，人類の平穏を確保することであり，その意味は，所有の安定である．

6.3 自然法上の usucapio と市民法上の usucapio は異なる

6.3.1 **自然法上の usucapio は遺棄の推定にもとづく**

トマジウスは，自然法上の usucapio と市民法上の usucapio を同一視していたのであろうか．そうではない．トマジウスは，前述の一般的な目的に続い

---

96) THOMASIUS [28, p. 207-208]

て，それぞれの usucapio の特殊な目的を説明する．

THOMASIUS, *Institutiones jurisprudentiae divinae,* lib. 2. cap. 10. §. 194.[97]

Sed rationes *speciales* utriusque usucapionis quam maxime variant. In usucapione *gentium* unica est, *tacita derelictio possessoris*, qui, ratiocinatione a communi hominum consvetudine petita, rem pro derelicto habere praesumitur, quam per longissimum temporis spatium neque vindicavit, neque eius vindicandi desiderium publice declaravit.	しかし，両者の usucapio の**特殊な理由**は，非常に異なっている．**民族間**の usucapio における唯一の特殊な理由は，[前]**占有者による黙示の遺棄**である．すなわち，人間たちの共通の慣習から引き出される推論によれば，物をとても長い時間取戻さず，また，その取戻しの欲求を公示しなかった人は，その物を遺棄されたものとみなしていたと推定される．

民族間で適用される usucapio すなわち自然法上の usucapio は，「黙示の遺棄」(derelictio tacita) に基礎づけられる．要件は，(1)相当な期間の経過と，(2)取戻しの意欲を外部に表明しなかったことである．(2)の要件は，後掲『神法学提要』第 2 巻第 10 章第 195 節で言い換えられているように，(2-1) 所有者が他人の自主占有を知っていること，(2-2) 異議申立の機会がなかったわけではないことを意味する．これに対して，市民法上の usucapio の特殊な根拠は，次のように説明される．

6.3.2　市民法上の usucapio は懈怠した所有者への懲戒である

THOMASIUS, *Institutiones jurisprudentiae divinae,* lib. 2. cap. 10. §. 199.[98]

At inter homines *privatos*, ut	他方で，**私人**間の場合，usu-

---

97)　THOMASIUS［28, p. 208］
98)　THOMASIUS［28, p. 208］

| usucapione mediante quid acquiratur, *leges civiles* non primario respiciunt ad tacitam alterius derelictionem, sed hae principaliter intendunt *coërcitionem negligentiae* in subditis. | capio を媒介として何かを取得させるにあたって，**市民法**は，そもそも他人の黙示の遺棄に着目しているのではなく，むしろ専ら，服従者たちにおいて**懈怠を懲らしめ**ることを意図している． |

　市民法上の usucapio の根拠は，懈怠した所有者への懲戒である．遺棄の推定とは，何ら関係がない．このような相違から，要件にも違いが生じてくる．まず，民族間の usucapio について，トマジウスは，グロチウスに回帰する．

6.3.3　自然法上の **usucapio** に善意や正当権原は要求されない

THOMASIUS, *Institutiones jurisprudentiae divinae,* lib. 2. cap. 10. §. 195.[99]

| 　Unde huius usucapionis fere unicum *requisitum* est *possessio alterius quieta per longissimum tempus,* quod adeo determinari ob circumstantiarum varietatem nequit, in genere autem tantum eius spatium requiritur, ut demonstrari possit, per id priorem dominum scivisse, rem suam ab altero possideri, neque defuisse occasionem contradicendi. | 　それゆえに，この〔＝民族間の〕usucapio のおよそたったひとつの**要件**とは，相手方による極めて長い時間の平穏な占有である．この時間は，諸事情の多様性を理由として，確定されることができないけれども，しかし一般的に，その幅は，次の程度であることが要求される．すなわち，その幅によって，前所有者は，自分の物が他人によって占有されていることを知っており，かつ，異議を唱える機会もあったのだと，その |

---

99) THOMASIUS [28, p. 208]

ように証明されうる程度である．

> THOMASIUS, *Institutiones jurisprudentiae divinae,* lib. 2. cap. 10. §. 196.[100]
>
> Tale vero haud dubie est tempus *centum* annorum.
>
> とはいえ，100年という時間がこれに該当することに，疑いはない．

　自然法上の usucapio は，相手方が長期間占有しているだけで成立する．この期間は不確定であるが，100年ならば十分であると言える．グロチウスは，普通法学における 100 年の取得時効を否定したが，トマジウスはそれを上限として採用した．さらに，自然法上の usucapio が遺棄の推定にもとづいている以上，所有者の意思のみが問題となるので，占有者の悪意や占有開始の方法については，何ら基準が設けられない．これは，グロチウスの見解と一致しており，プーフェンドルフとは異なる．

6.3.4　市民法上の usucapio には立法裁量が働く

　では，市民法上の usucapio，すなわち所有者の懈怠を懲らしめるための usucapio には，なぜその他の要件が付け加わるのであろうか．トマジウスは，期間との関係で，次のように説明する．

> THOMASIUS, *Institutiones jurisprudentiae divinae,* lib. 2. cap. 10. §. 200.[101]
>
> Unde *certum* ac *brevius* tempus, idque pro diversitate rerum usucapiendarum varians, anni, biennii, triennii, decennii, vicennii[,]tricennii etc. determina-
>
> それゆえに，［市民法上の usucapio については］**確定の短い**期間を，すなわち，usucapio される物の差異に応じて，1年，2年，3年，10年，20年，30年

---

100)　THOMASIUS［28, p. 208］
101)　THOMASIUS［28, p. 208］

runt, intra quod usucapio perfici possit, etiamsi antiquus possessor per illud *nesciverit*, ubi res sua sit, aut extra iudicium *protestatus* sit saepius.

などの様々な期間を人々は定めている．この期間内で，usucapio は，たとえ前占有者がその期間を通じて，自分の物がどこにあるかを知らなかったか，または，裁判外で繰り返し異議を申立てたとしても，完成されうる．

THOMASIUS, *Institutiones jurisprudentiae divinae*, lib. 2. cap. 10. §. 201.[102]

Ne tamen hoc modo iniquis possessoribus nimium gratificaretur, ulterius requisiverunt in eo, qui usucapere vult, *bonam fidem et iustum titulum*, tum et intuitu rei, ut sit in *commercio* privatorum, neque *furtiva* aut *vi* possessa.

しかし，このような仕方で，不公平な占有者たちを過度に優遇しないように，さらに人々は，usucapio しようとしている人に対して，**善意および正当権原**を要求した．同時に，物については，それが私人間における**商取引**の対象であること，かつ，**盗物**でも**強奪物**でもないことを要求した．

市民法上の usucapio は，所有者の懈怠を懲らしめるために導入された．遺棄の推定とは，何ら関係がない．立法者は，事案ごとに短期の usucapio を設けることができる．これらの usucapio は短期間で成立するがゆえに，濫用を防げなければならない．そのために，善意などが追加で要求されている．この説明は，国内における立法裁量を強調している点で，グロチウスおよびプーフェンドルフとは調子が異なっている．というのも，グロチウスとプーフェンドルフは，国際法を論じていたのであり，国内法がどのようなものであるかにつ

---

102) THOMASIUS [28, p. 208]．原文では gratistcaretur となっているが，gratificaretur の誤植と解する．

いては，あまり関心を払っていなかったからである．

6.4 トマジウスは usucapio の効果について説明していない

トマジウスは，どちらの usucapio の効果についても，それほど明確にはしていない．要件を満たした占有者が新所有者になることは明らかであるが，所有権の変動の具体的なプロセスには，触れていない．無論，自然法上の usucapio は先占にもとづくと考えることもできるし，また，市民法上の usucapio は所有者から強制的に所有権を奪って，占有者に移転させていると推測することもできよう．

6.5 トマジウスは後年にグロチウスの学説へ回帰した

彼は，ライプチヒ時代に書いた主著『神法学提要』の内容を，その後の様々な論文において訂正した．時効論についても，例外ではない．トマジウスは，後年，『金銭債務の永久性について』(*De perpetuitate debitorum pecuniariorum*, 1706 年) において，自身の意見を変更している[103]．ここでは，取得時効と関連のある部分，とりわけ後世（後述）において引用されている部分のみを見る[104]．

THOMASIUS, *De perpetuitate debitorum pecuniariorum,* §.3. (h)[105]
　[...] Etsi vero non diffitear,　　[…] ところで，たとえ私が，

---

103) この論文は，本来，トマジウスの弟子であったアンドレアス・ゲオルグ・ホフマン (Andreas Georg HOFMANN, 生没年不詳) の学位請求論文である．しかし，トマジウスの著作として扱って良いことについては，拙著 [14, p. 36-39] を参照．なお，当時の学位論文一般の性質については，SCHUBART-FIKENTSCHER [24] を参照．

104) トマジウスのこの論文は，バルベイラックの手を通じて，フランスにも影響を及ぼした．金山 [51, p. 67-69] は，バルベイラックのトマジウス解釈を紹介している．

105) THOMASIUS (Präs.) =HOFMANN (Resp.) [30, p. 9]．diffitear を diffiteat とする版もあるが，本稿はこれに従わない．

doctrinam hanc Hornii parum cohaerere, prout iam ostendit eius commentator Achilles Epsteinius, non diffitendum tamen est, quod, si accurate velimus loqui, praescriptionis nomen, et usucapionis, quo Grotius, et post eum communiter alii utuntur, vix convenire acquisitioni regnorum per possessionem diuturnam, aut plane immemorialem. Est utique terminus praescriptionis et usucapionis inventum iuris Romani, denotans, sive iura antiqua, sive ius novum Iustinianeum consideres, acquisitionem, quae sit invito domino pristino, et quae eum in finem varia requisita, bonae fidei, iusti tituli, et similia supponit, sine quibus praescriptio, vel usucapio non subsistit. At acquisitio regnorum diu possessorum uti per modo dicenda solum fundatur in derelictione tacita vel praesumta, adeoque nec bonam fidem, nec iustum titulum primae possessionis requirit; ita nomen

このホルニウスの見解は，既に彼の註解者であるアキレス・エプステイニウスが明らかにしたように，およそ整合的ではないことを認めざるをえないとしても，しかし，次のことは否認されるべきではない．すなわち，もし私たちが正確に述べようとするならば，グロチウスおよび彼の後進の人々が共通して用いている praescriptio という名前も usucapio という名前も，長期継続的な占有ないし記憶を超える占有を通じた領土の獲得には，およそ適していないのだ，と．なるほど，praescriptio や usucapio という用語は，ローマ法の発明であり，君が古法を念頭に置こうが，ユースティーニアーヌス帝の新法を念頭に置こうが，旧所有者の意に反して起こる取得を，また，その目的のために善意や正当権原やそれに類する様々な要件を定める取得を意味するのであり，これらの要件がなければ，praescriptio や usucapio は成立しない．他方で，長期の占有者による領土の獲得は，すぐあとで述べることによれば，黙示の遺

> praescriptionis, et usucapionis, quomodo ei conveniat, non apparet. Interim in verbis simus faciles, modo conveniamus in re ipsa.

> 棄ないし推定された遺棄のみに基礎付けられており，そしてそれゆえに，占有開始時の善意も正当権原も必要としないので，かくして，praescriptio や usucapio という名前が，どのようにしてこの領土の獲得に当てはまるのか，明らかではない．とはいえ，私たちが事柄それ自体について意見を一致させるならば，言葉については耐えられよう．

　トマジウスは，遺棄の推定それ自体についてではなく，その名称について疑問を呈している．すなわち，遺棄の推定は，善意も正当権原も要求しないのであるから，「時効」(usucapio, praescriptio) という名称を付すのは不適切であると主張する．これは，グロチウスへの回帰である．なぜなら，グロチウスも，遺棄の推定を usucapio や praescriptio とは呼ばなかったからである．トマジウスは，善意等を遺棄の推定に要求しない点で，既にグロチウスと一致していたが，この論文においては，用語法においても一致している．

6.6　小　　括

　民族間の所有権争いについて，トマジウスはグロチウスへと回帰した．『神法学提要』(1688 年) において，彼は，民族間の usucapio の根拠を遺棄の推定に求めた．この遺棄の推定は，所有者が他人の自主占有を知っていること，その自主占有に異議を申立てなかったこと，100 年近い歳月が流れていることの 3 つを要求する．善意や正当原因が求められていない点で，彼はグロチウスと一致している．グロチウスに対する私淑は，後年の論文『金銭債務の永久性について』(1706 年) のなかで増し，ついに遺棄の推定を usucapio と呼ぶこ

とさえ止めた．国際法上の取得時効に対する否定的な態度は，その後，トマジウス学派の骨子となって，18世紀の一大学説を形成することになる．

他方で，市民法上の usucapio は，所有物の管理を怠った市民に対する罰であるから，立法者の定めた期間の占有が求められる．そして，その期間は通常，とても短いので，濫用を防ぐために，善意や正当権原の要件が追加される．近世自然法論者たちの関心は，トマジウスの時代から，徐々に国内立法へとシフトし始めていた．

7. クリスティアン・ヴォルフ（1679-1754年）

7.1 はじめに

本稿において近世自然法論の最後を飾るのは，クリスティアン・ヴォルフである[106]．彼は，「1720年から1765年までのあいだ．ヨーロッパのドイツ語圏における法哲学を支配した」[107]．本稿のゴール地点，すなわちカントの法哲学に対しても，積極的な意味であれ，消極的な意味であれ，影響を及ぼしている．彼の著作は，全体を演繹的に展開する数学的方法によって特徴付けられる[108]．学者としてのキャリアも，1706年にハレ大学数学担当教授に就任するなど，数学を主体とするものであった．取得時効論についても，至るところに，彼の体系志向と演繹趣味を見て取ることができる．彼がグロチウス以降の自然法をどのように整備したのか，そのことを確認したい．

7.2 法の分類と usucapio の位置づけ

法に関するヴォルフの3つの主著は，『科学的方法によって研究された自然法』（*Ius naturae methodo scientifica pertractatum*, 1740-1748年），『科学的方法によって研究された万民法』（*Ius gentium methodo scientifica pertractatum*, 1749

---

106) 勝田＝山内（編著）[55, p. 211-222]（柳原正治）を参照．
107) シュトライス（編）＝佐々木・柳原（訳）[42, p. 421]
108) 勝田＝山内（編著）[55, p. 211]（柳原正治）

年)および『自然法と万民法の提要』(*Institutiones iuris naturae et gentium*, 1750年)である.これらの書名から分かるように,ヴォルフは,自然法と万民法を分けて論じている.その理由を,彼は次のように説明する.

WOLFF, *Ius gentium methodo scientifica pertractatum*, praef.[109]

Cum Gentes inter se non alio utantur iure, quam quod natura constitutum est; superfluum videri poterat Ius Gentium a Iure naturae separatum tradi. Enimvero qui ita sentiunt, iura Gentium non satis aequa lance pensitant. Gentes utique non aliter spectari possunt, quam personae singulares in statu naturali viventes, ac ideo ad eas applicanda sunt officia cum[tum?] erga seipsum, tum erga alios et inde nascentia iura, quae lege naturae praescribuntur atque dantur hominibus singulis, quatenus natura liberi nascuntur, nec alio quam naturae vinculo copulantur. Et quod ita prodit ius[iura?], quae hinc resultant obligationes, ab immutabili ista lege, quae a natura hominum

諸民族は,お互いのあいだで,自然本性から構成された法以外の法を用いることはないので,自然法から区別された万民法を論じることは,余計なことであると考える勢力があった.しかしながら,そのように判断した人々は,万民法を,十分に公正な物差しで計っていない.諸民族は,なるほど,自然状態で生きている個人と異なるかたちで考察されることができず,またそれゆえに,自分自身に関する責務であれ,他者に関する責務であれ,諸民族に適用されるべき責務は,またそれらの責務から生じる権利は,それが自由な自然本性から生じており,かつ,自然本性という鎖以外のものによっては結び合わされていない限り,自然法によって個々の人間に命じられかつ与えられている責務およ

---

109) WOLFF [37, p. i–ii]

ortum trahit, veniunt, sicque Ius Gentium indubitate Iuris naturae est, ac ideo dicitur Ius Gentium naturale, si originem eius spectes, necessarium vero, si vim obligandi. Atque hoc ius Gentium omnium commune est, ita ut quaecunque Gens, quae contra id quid facit, ius omnium Gentium commune violet ac iniuriam committat. Enimvero cum Gentes sint personae morales, ac ideo nonnisi subiecta certorum iurium et obligationum, quae ex societate contracta vi Iuris naturae prodeunt, natura et essentia eorum a natura et essentia singulorum hominum, individuorum physicorum, omnino plurimum differt. Quando igitur officia, quae lex naturae hominibus singulis praescribit, quando iura, quae singulis ad explenda officia dantur, ad Gentes applicantur, cum nonnisi talia esse possint, qualia permittuntur a suis subiectis, illis convenienter immutanda sunt, ut novam

び権利と同じである．そして，この自然本性の鎖が生み出すところの，ここで義務と呼応する諸権利は，人間たちの自然本性に起源を有するあの不変的な法から生じているのであるが，同様に万民法も，疑いなく自然法の一種であり，またそれゆえに，もし君がその起源に着目するならば，万民法は自然法と呼ばれ，その義務付ける力に着目するときは，必然法と呼ばれる．そして，この法は，全ての民族に共通であり，その結果，これに反して何かを行ういかなる民族も，全ての民族に共通の法を侵害して，不法を犯していることになる．しかしながら，民族とは，モラル的な人格であり，またそれゆえに，結ばれた社会関係から自然法の力によって生じる一定の権利と義務の主体でしかないので，それらの権利および義務の自然本性と本質は，個々人の，すなわち物理的な個体の権利および義務の自然本性や本質とは，多くの点でまったく異なっている．したがって，自然法が個々の人間に命じるであろう責務が，諸民族に

quandam formam induant. Atque ita Ius Gentium non per omnia idem manet cum Iure naturae, quatenus singulorum actus regit. […]	適用されるとき，すなわち，その責務を履行するために個々人に与えられる権利が，諸民族に適用されるときは，これらの責務や権利がその主体〔＝民族〕によって受け入れられるものしか可能でないので，諸民族に適合するように作り変えられねばならず，その結果，これらの責務と権利は，何らかの新しい形式を受け入れることになる．そして，そのようにして，万民法は，自然法が個々人の行為を統制している限り，あらゆる点で自然法と同一なものに留まるわけではない．［…］

　ヴォルフによれば，自然法とは，人間の本質および自然本性から必然的に帰結する法であり[110]，すべての人間を拘束する[111]．言い換えれば，自然法とは，集団ではなく個々人の行為規範であり，「それゆえに，自然法は倫理の理論を含んでいる」(Ideo ius naturae theoriam Ethicae continere)[112]．この命題は，道徳規範を自然法から区別するトマジウスの考えと異なっており[113]，自然法の倫理化を意味する．なるほど，このような個人倫理は，たとえ国家が国際法＝万

---

110) Wolff [35, p. 2-3] proleg. §. 2.
111) Wolff [38, p. 21] par. 1. cap. 2. §. 42.
112) Wolff [35, p. 6] proleg. §. 6.
113) トマジウスは，強制力のあるもののみを本来の「法」(ius) として扱い，道徳から切り離した．吉野 [46] を参照．このような分離は，例えば，交換的契約における給付の均衡の理論に見られる．トマジウスは，交換的契約において，当事者同士が礼節に適った振る舞いをする必要はないと説いた．拙稿 [53, p. 80] を参照．

民法上は人格として扱われるにせよ、そこへ直接適用することはできない。したがって、ヴォルフにおいては、狭義の自然法上の取得時効と万民法上の取得時効との2つが存在しうる。以下では、この二元論を前提に、ヴォルフの取得時効論を概観する。

7.3 自然法上の取得時効とは消滅時効の反射効である

7.3.1 取得時効とは消滅時効によって無主物になった物の先占である

まず、個人に適用される狭義の自然法上の取得時効から見ていく。

WOLFF, *Institutiones juris naturae et gentium,* par. 2. cap. 8. §. 450.[114]

Inde vero iam sequitur, *ut, si constare certo nequit, quando intererat ut constaret, num dominus rem suam dereliquerit, derelictio tamen praesumitur, quod eam dereliquerit, pro vero habendum sit* (§. 449.), et per consequens res fiat possessoris (§. 448.), nimirum non quia possidet, sed quia res possessa pro re nullius habetur (§. 203.) et ab ipso occupata (§. 448.).

さて、ここから今や、次のことが帰結する。所有者が彼の物を遺棄したかどうかを確定することが重要であるときに、はっきりと確定することができないならば、遺棄が推定されて、彼がこれを遺棄したことは真であるとみなされるべきである（第449節）。そして、その帰結として、物は占有者のものとなる（第448節）。すなわち、彼がこれを占有していたからではなく、占有されていた物が無主物とみなされて（第203節）、そして、占有者によって先占されたとみなされるからである（第448節）。

---

114) WOLFF [38, p. 231]

所有権の確定が必要なとき，誰が所有者か分からない場合は，占有者が勝つ．これは，占有によって所有権が直接的に取得されるからではない．ヴォルフは，占有がいくら継続しようとも，それ自体で所有権に転化することはないと述べている[115]．前述の場合に占有者が所有者となるのは，目的物が遺棄されたとみなされて，無主物先占が生じるからである．このような「遺棄の推定にもとづく所有権の取得は，usucapio と言われる」(Acquisitio dominii ex derelictione praesumta dicitur *usucapio*)[116]．

自然法上の usucapio は，あくまでも所有権放棄の推定から生じるので，推定の根拠が先行しなければならない．ヴォルフは，これを次のように説明する．

WOLFF, *Institutiones juris naturae et gentium,* par. 2. cap. 8. §. 452.[117]

Praescriptio est amissio iuris proprii ex consensu praesumto. Quoniam itaque, qui rem dereliquisse praesumitur, dominium (§. 203.) et per consequens ius vindicandi amisisse praesumendus (§. 262.); *si usucapitur, dominium et ius vindicandi praescribitur ei, qui fuerat dominus.* Equidem hodie praescriptio et usucapio promiscue usurpantur: consultius tamen est, ut a se invicem	praescriptio とは，推定された合意にもとづいて，固有の権利を失うことである．したがって，物を遺棄したと推定される人は，所有権を（第203節)，またその帰結として，取戻しの権利を失ったものと推定されねばならない（第262節)．もし物が usucapio によって取得されるならば，所有権および取戻しの権利は，所有者だった人から praescriptio によって消滅する．なるほど，今日では，praescriptio と usucapio がないま

---

115) WOLFF［38, p. 231］par. 2. cap. 8. §. 451.
116) WOLFF［38, p. 242］par. 2. cap. 8. §. 451.
117) WOLFF［38, p. 231-232］

> distinguantur in iure naturae, praesertim cum distinctio etiam faciat ad intimius perspiciendum ius Romanum. Ceterum *praescriptionem esse iuris naturalis*, per rationem eandem patet, ob quam usucapionem huic iuri vindicavimus (§. 449. *et seqq.*). Nec minus manifestum est, *qui alteri praescribit ius ad id, ad quod praestandum ipsi obligatus erat, eum ab obligatione sua liberari*.

> ぜに使われているけれども，しかし，より賢いのは，自然法においてそれらをお互いに区別することである．とりわけその理由は，この区別が，ローマ法をより適切に理解するためにも役立つからである．さらに，praescriptio は，自然法に属する．このことは，私たちが usucapio を自然法に帰すために用いたのと同じ理由から，明らかである（第449節以下）．同じように，次のことも明白である．自分が義務付けられているところの権利［＝債権］を，他人から praescriptio によって消滅させる人は，自身の義務［＝債務］から解放される．

　物の遺棄は，固有の権利の放棄である．物の遺棄を推定するとは，固有の権利の放棄を推定すること，すなわち「消滅時効」（praescriptio）である．ヴォルフは，ラテン語の usucapio と praescriptio がしばしば混同されることを指摘している．彼の時効論によれば，「取得時効」（usucapio）は「消滅時効」（praescriptio）の反射効であるから，まず消滅時効が起きて，そのあとに取得時効が起きなければならない．両者は，時系列的な先後関係を有している．このようにして，これまで複雑な用語法に服していた usucapio と praescriptio は，ヴォルフに至ってようやく，前者を取得時効，後者を消滅時効と訳せるほどの，安定性を得たのである．

7.3.2 沈黙してはならないときに沈黙する者は遺棄に同意している

以上の説明からでは，消滅時効の完成のためになにが必要なのか，明らかにならない．ヴォルフはさらに，遺棄の推定が行われる場合を列挙する．取得時効に繋がる推定は，次のものである．

WOLFF, *Institutiones juris naturae et gentium*, par. 2. cap. 8. §. 459.[118]

Si quis tacet, quando loqui poterat et debebat, cum non alio fine hoc facere videatur, quam quod idem velit, quod vult alter, vel ceteri volunt, qui animi sui sententiam sufficienter significant; *is consentire praesumitur* (§. 27.). Atque ideo patet, *silentium, ex quo praesumitur consensus, esse debere scientis ac volentis*.	もしある人が，喋ることができたかあるいは喋るべきであったときに沈黙しており，相手方が欲しているのと同じことを欲するためにそうしたとしか考えられないならば，あるいは，自分の心の意見を十分に表示している他の人々と同じことを欲するためにそうしたとしか考えられないならば，その人は，合意したと推定される（第27節）．そしてここから，次のことが明らかになる．**合意を推定させる沈黙は，[他人が自分の物を占有していることを]知りながらかつ[その状態を]欲している人の沈黙でなければならない．**

WOLFF, *Institutiones juris naturae et gentium*, par. 2. cap. 8. §. 460.[119]

Quamobrem cum tacere non debeat, qui novit, rem suam ab	このような理由から，自分の物が他人に占有されていることを知

---

118) WOLFF［38, p. 237］
119) WOLFF［38, p. 237］

> alio possideri, nec eam derelinquere vult (§. 457.); *qui scit rem suam ab alio possideri, nec multo tempore contradicit, cum ratio nulla manifesta appareat, cur silendum, is eam dereliquisse praesumitur* (§. 459.).
>
> っており，かつ，それを遺棄することを欲さない人は，沈黙してはならないので（第457節），自分の物が他人によって占有されていることを知っており，かつ長期間，異議を申立てない人は，なぜ沈黙すべきだったのかというはっきりした理由が明らかにならない限り，これを遺棄したものと推定される（第459節）．

　ヴォルフによれば，沈黙すべきでないときに沈黙する者は，目的物の遺棄に同意したものと推定される．但し，一方的な遺棄の意思が推定されるのではなく，占有者とのあいだに遺棄の合意があったものと推定される．このことは，『科学的方法によって研究された自然法』においても明言されており，「消滅時効とは，推定された合意にもとづいて，固有の権利を放棄することである」（*Praescriptio* est amissio iuris proprii ex consensu praesumto)[120]．所有権移転の合意ではない．合意はあくまでも遺棄の合意であり，占有者が所有権を取得するのは，前述したように，先占による．

7.3.3　悪意は取得時効の成立を妨げる

　取得時効の構造は，以上で明らかになった．他に要件がないかを見ていく．まず，自然法上の取得時効に，善意は要求されるか．この点，グロチウスとトマジウスは善意を要求せず，プーフェンドルフは占有開始から取得時効の成立まで，全期間にわたる善意を要求した．ヴォルフは，プーフェンドルフと同じ立場を取りながら，次のように説明している．

---

[120]　WOLFF [36, p. 709] §.1024.

> WOLFF, *Institutiones juris naturae et gentium,* par. 2. cap. 8. §. 464.[121]
>
> Quoniam vero, qui mala fide possidet, rem domino restituere tenetur (§. 201. 261.), consequenter restituturus scire potest, utrum dominus eam suam esse velit, an nolit, cum derelictionis praesumtioni locus non sit (§. 203. 27.); *mala fides usucapioni et praescriptioni semper obstat,* consequenter *ad usucapionem et praescriptionem toto tempore possessionis bona fides requiritur.*
>
> さて，悪意で占有している人は，物を所有者に返還する責めを負っており（第201節および第261節），その帰結として，所有者はそれが自分の物であることを欲しているのかいないのか，返還するにあたって［占有者はこれを］知ることができるので，遺棄の推定の余地は存在しないのだから（第203節および第27節），**悪意は，取得時効および消滅時効を常に妨げる．**その帰結として，取得時効および消滅時効には，占有の全期間を通じて，善意が要求される．

　取得時効の善意要件は，悪意占有者の返還義務から導出される．すなわち，悪意占有者は，目的物の返還義務を負っており，返還にあたって，所有者の真意を確認することができるので，遺棄を推定する余地はない．プーフェンドルフは，善意要件を，道徳規範から間接的に導き出していた．ヴォルフは，これを遺棄の推定のプロセスそのものに組み込み，より高い体系性を付与した．彼の演繹的手法が発揮された具体例であると言えよう．

7.3.4　正当権原は善意を推定させる

　ヴォルフは，正当権原にも言及する．なぜなら，プーフェンドルフのときと

---

121) WOLFF［38, p. 239］

同様に，正当権原が善意を推定させるからである．

> WOLFF, *Institutiones juris naturae et gentium,* par. 2. cap. 8. §. 455.[122]
>
> Cum, quod ordinarium est, praesumatur (§. 453.); *quilibet possessor praesumitur dominus rei, nisi prostent rationes probabiles in contrarium, tantoque magis, si constet, eum iustum titulum habere* (§. 454.). Hinc porro liquet, *qui rem a domino praesumto,* consequenter *a possessore quocunque, cuius dominium cur sit suspectum, nullae rationes probabiles prostant, iusto titulo accepit, eum bona fide possidere* (§ 201.).
>
> 通常そうであることが推定されるので（第453節），反対の尤もらしい推論が明らかにならない限り，占有者は誰でも，その物の所有者であると推定される．その占有者が正当権原を持っているときは，なおさらである（第454節）．このためさらに，次のことが明らかになる．所有者であると推定された人から物を受け取った人，つまり，その所有権を疑わせる反対の尤もらしい推論が生じない占有者から，物を正当権原にもとづいて受け取った人は，善意で占有している（第201節）．

　正当権原で物を手に入れた人は，たとえそれが他人物であっても，善意で占有しているものと推定される．なぜなら，是か非かが明らかでないときは，頻繁に起こる方が推定されるからである．つまり，売買などの取引で物を手に入れる場合，非所有者からよりも所有者からの方が多い．

7.4　自然法上の取得時効の期間は不確定である

　期間の要件について，ヴォルフは，次のように述べている．

---

122) WOLFF［38, p. 235］

第6章　近世自然法論における usucapio のオントロジー　361

> WOLFF, *Institutiones juris naturae et gentium,* par. 2. cap. 8. §. 463.[123]
>
> | | |
> |---|---|
> | Hinc porro conficitur, *usucapionem et praescriptionem esse iuris naturalis* (§. 451. 452.). Iuris nimirum civilis est, quod praesumtio derelictionis restringatur ad certum tempus. | このため，さらに次のことが確認される．**取得時効と消滅時効は，自然法に属する**（第451節および第452節）．すなわち，遺棄の推定を一定の期間と結び付けることは，市民法に属する． |

　遺棄の推定には，確定期間がない．ヴォルフはその理由を説明していないけれども，これまでの説明から，推測することができよう．すなわち，遺棄の推定の前提として，所有権が不確定なときは，占有者が所有者であるとみなされるのであるから，期間の長短は関係がない．占有者に対する有効な反論が存在しない限り，旧所有者は取戻しをかけることができないのである．この解釈は，次に説明する万民法上の取得時効と整合的である．

7.5　万民法上の取得時効は記憶を超える時効である

7.5.1　自然法上の取得時効は国家には容易に適用されない

　さて，本節の冒頭で見たように，ヴォルフは，個人に適用される自然法と，国家に適用される万民法とを区別した．この区別は，彼の取得時効論に，どのような影響を及ぼすのであろうか．以下，『科学的方法で研究された万民法』における議論を概観する[124]．

> WOLFF, *Ius gentium methodo scientifica pertractatum,* §. 359.[125]
>
> | | |
> |---|---|
> | *Usucapio et praescriptio ob* | 継続的な沈黙を理由とする取 |

---

123)　WOLFF［38, p. 238］
124)　『自然法と万民法の提要』では，以下の議論が一節でまとめられている．WOLFF
　　　［38, p. 700-701］par. 4. cap. 4. §. 1139.
125)　WOLFF［37, p. 286-287］

silentium diuturnum inter Gentes non tam facile praesumitur, quam inter privatos. Usucapio nimirum nititur derelictione rei praesumta (§. 1021. *part. 3. Iur. nat.*), ac inde quoque pendet praescriptio, consensu nimirum in amissionem iuris praesumto ex praesumto animo derelinquendi (§. 1024. *part. 3. Iur. nat.*). Quamobrem cum rei derelictio ex silentio diuturno praesumatur, nisi manifestae rationes in contrarium prostent (§. 1058. *part. 3. Iur. nat.*), ac ideo silentium, ex quo consensus praesumitur, debeat esse scientis ac volentis (§. 1055. *part. 3. Iur. nat.*), ut non taceat, quando loqui poterat et debebat (§. 1054. *part. 3. Iur. nat.*), Gentes vero ius suum persequi nequeant nisi vi armorum, id quod non semper in potestate, nec consultum est; usucapio et praescriptio ob silentium diuturnum inter Gentes non tam facile locum habet, quam inter privatos.

得時効と消滅時効は，民族間では，私人間ほど容易に推定されてはならない．すなわち，取得時効は，推定された物の遺棄に支えられており（『科学的方法で研究された自然法』第3部第1021節），またそれゆえに，消滅時効もそこに，すなわち，遺棄する心が推定されることによって，権利放棄に合意したと推定されることに依拠している（同書同部第1024節）．このことを理由として，反対の明白な推論が生じない限り，物の遺棄が，継続的な沈黙によって推定され（同書同部第1058節），またそれゆえに，この沈黙は，言うことができてかつ言うべきであったときに沈黙してはならないというかたちで（同書同部第1054節），知っておりかつ欲している人の沈黙でなければならないのだけれども（同書同部第1055節），しかし，諸民族は，自己の権利を武器なしでは追求することができないのだが，このことは常に権限のなかにあるわけではないし，また，推奨されるわけでもないがゆえに，民族間での継続的な沈黙を理

由とする取得時効および消滅時効は，私人間ほど容易に適用されることはない．

　自然法上の取得時効は，遺棄の推定の反射効であった．遺棄の推定は，他人の占有を知っておりかつ取戻す自由のある場合にしか適用されない．ところで，国家間の場合，取戻す自由は，軍事力の行使を意味する．しかし，国家は常に軍事力を行使することができるわけではないし，そもそもそれは，道徳的に推奨される解決策でもない．取得時効が安易に認められるならば，二国間で占有の奪い合いが発生し，戦争を誘発することになってしまうであろう．したがって，国家間の取得時効は，私人間の取得時効とは異なり，容易には認められない．

　けれども，「容易ではない」（non facile）とは，適用されてはならないという意味ではない．ヴォルフは，国家間の取得時効を成立させるため，ローマ普通法学のアイデアを借用した．すなわち，「記憶を超える時効」（praescriptio immemorialis）である．

7.5.2　記憶を超える時効の根拠は所有権の証拠の散逸である

WOLFF, *Ius gentium methodo scientifica pertractatum*, §. 360.[126)]

Praescriptio immemorialis dicitur, quae nititur possessione immemoriali, seu si initii praesentis possessionis memoria non extat, consequenter *si possessio immemorialis fuerit, probari nequit, utrum possessio a*	記憶を超える時効と言われるのは，記憶を超える占有によって支えられる時効，すなわち，現在行われている占有の始期の記録が存在しないときの時効である．つまり，記憶を超える占有があるときは，所有者から現占有者へと占有

---

126)　WOLFF［37, p. 286-287］

> domino, an a non domino ad praesentem possessorem continuata fuerit.
>
> Recte monet *Grotius* l. 2. c. 4. §. 7. tempus memoriam excedens non plane idem esse cum centenario: memoria enim facti ultra centum annos scriptis conservari potest. Quando igitur extant scripta fide digna, quibus initium possessionis praesentis probari potest, possessio immemorialis non est, cum iam constet a quonam possessio ad praesentem possessorem continuata fuerit.
>
> が引き継がれたのか,それとも非所有者から引き継がれたのかが,証明されえない.
>
> グロチウスは『戦争と平和の法』第2巻第4章第7節で,適切にも,次のように忠告している.記憶を超える時間は,必ずしも100年と等しいとは限らない,と.というのも,事実の記録は,書面によって,100年を超えて保存されることがありうるからである.したがって,現在の占有の始期を証明しうる,信頼に値する書面が存在するときは,記憶を超える占有はない.なぜなら,誰から現占有者へと占有が引き継がれたのか,既に明らかだからである.

　記憶を超える時効とは,占有開始の記録が残っておらず,現占有者が所有者なのか非所有者なのか,もはや判然としなくなったときに,所有者であったと推定する制度である.グロチウスもこのような制度を認めていたと,ヴォルフは考えている.けれども,彼は明らかにここで,グロチウスを読み間違えている.なぜなら,グロチウスは,記憶を超える時効が所有権の証拠の散逸であるとは述べておらず,むしろ,三世代で足りると主張していたからである.「記録」(memoria)の不在という発想は,ヴォルフの新規性を示している[127].単に長期間を意味していただけのimmemorialisというラテン語が,証拠のニュ

---

127) 但し,ローマ普通法学においては,以前から存在した考えのようである.吉野 [47, p. 186] を参照.

アンスを帯びたのである．しかも，この証拠は，書面に限定されている．この着想は，ヴォルフ学派の哲学者たちを通じて，カントにまで繋がることになる．

7.5.3 記憶を超える時効の効果は現状維持である

さて，ヴォルフは自然法と万民法とを分けたのだが，それは私人と国家という適用対象の違いでしかないので，記憶を超える時効が自然法に反していないことを証明しなければならない．ヴォルフは，次のような証明を試みている．

WOLFF, *Ius gentium methodo scientifica pertractatum,* §. 361.[128]

Praescriptio immemorialis iuris naturae est. Naturaliter enim quilibet possessor praesumitur dominus rei, nisi prostent rationes probabiles in contrarium (§. 1033. *part. 3. Iur. nat.*). Enimvero si praescriptio immemorialis fuerit, ea nititur possessione immemoriali, ac per consequens probari nequit, utrum possessio a domino, an a non domino ad possessorem praesentem continuata fuerit (§. 360.), atque ideo prostare nequeunt rationes probabiles, quod praesens possessor dominus non sit,	記憶を超える時効は，自然法である．というのも，自然法上，占有者は誰であれ，反対の尤もらしい推論が生じない限り，物の所有者と推定されるからである（『科学的方法によって研究された自然法』第3部第1033節）．まことに，もし記憶を超える時効があったならば，それは記憶を超える占有によって支えられており，そしてその帰結として，占有が所有者から現占有者へと引き継がれたのか，それとも非所有者から引き継がれたのかが証明されえず（第360節），そしてそれゆえに，現占有者は所有者ではないとか，その

---

128) WOLFF [37, p. 288]

consequenter quo minus recte praesumatur. Quamobrem praescriptio immemorialis iuris naturae est.

Effectus nimirum praescriptionis immemorialis est, ut res in statu quo relinquatur, seu ut qui possidet maneat in possessione. Quodsi enim vel maxime contingat, ut possessio ad praesentem possessorem a non domino continuata fuerit, de quo tamen constare nequit *per hypothesin*; possessio tamen iuri naturae minime adversatur, cum nemo rem a se possessam restituere teneatur, nisi qui restitutionem petit dominium sufficienter probaverit (§. 545. *part. 2. Iur. nat.*), qualis probatio hic deficit *per hypothesin*. Alia vero est ratio, si constat, possessionem a praedone, seu non domino ad praesentem possessorem fuisse continuatam: tunc enim initium possessionis vitiosae non amplius obscurum est, consequenter nec possessio

帰結として,所有者であると適切に推定されていないとか,そういうもっともらしい推論が生じえない.このことを理由として,記憶を超える時効は,自然法に属する.

すなわち,記憶を超える時効の効果は,物を現状に委ねておくこと,言い換えれば,占有している人が占有にとどまることである.というのも,とりわけもし,占有が非所有者から現占有者へと引き継がれたのだが,しかしこれについては**前提からして**明らかにすることができない,ということが起こるならば,この占有はそれ〔=非所有者から受け継いだ占有〕にもかかわらず,自然法に反していない.なぜなら,何人も,返還を請求する人が所有権を十分に証明しない限り,自分によって占有されているものを返還する責めを負わないからである(『科学的方法によって研究された自然法』第2部第545節).このような証明が,ここでは,**前提からして**欠けている.ところでもし,占有が略奪者から,すなわち非所有者から現占有者へと引き継がれたことが明ら

> immemorialis. Atque tum salvum mansit ius domini, seu eius, ad quem dominium pertinet, quod quantumcunque tempus, cuius quippe in dominiorum et iurium quorumcunque translationem vis nulla est, eidem auferre minime potuit.

> かになるならば，推論は異なる．というのも，そのとき，瑕疵のある占有の始期は，もはや曖昧ではなく，その帰結として，記憶を超える占有も存在しないからである．そして，そのとき，所有者の権利は，すなわち，所有権が帰属している人の権利は，維持されたままである．なぜなら，期間がどれほどであろうとも，その期間には，所有権やその他の権利を移転させる力がなく，所有者から，それらを奪うことはできないからである．

　記憶を超える時効は，国家に適用される自然法である．その効果は，所有権の確定や移転ではなく，「現状維持」(status quo) に過ぎない．この説明は，私人に適用される自然法においては見られなかった．現状が維持される理由は，返還請求者が所有権の証明に失敗しているからである．つまり，記憶を超える時効とは，現代の法学者が時効という言葉で想像するようなものではなく，訴訟手続きにおける証明の失敗である．《記憶を超える時効＝証拠の散逸》という図式は[129]，以後，ヴォルフ学派からカントまでの国際法論に，大きな影響を与えた．

---

129) 取得時効は証拠の問題である，という考えは，ボワソナードにも見られる．拙著 [54, p. 41-47] を参照．ヴォルフとボワソナードとのあいだに直接的な影響関係があったか否かは，現段階では不明であると言わざるをえない．しかし，異なる法文化圏において同じ発想が見られたことは，興味深い現象である．

7.6 小　　括

ヴォルフは，プーフェンドルフによって破棄された自然法と万民法との区別を，再び導入した．これは，単なるグロチウスの再興ではなかった．グロチウスは，理性にもとづく自然法を，合意にもとづく万民法から区別し，これを法源の問題と理解していた．これに対して，ヴォルフは，私人に適用される狭義の自然法と，国家に適用される万民法とを区別し，あくまでも適用対象の問題であると捉えた．狭義の自然法における取得時効は，遺棄の推定から生じる先占であり，そこには，所有者の黙示の合意がある．これに対して，国家に適用される万民法の根拠は，記録の残らない期間の経過，すなわち，証拠の散逸である．これらの異なる理由付けは，カントに至るまでの流れのなかでトマジウス学派の時効否定論と衝突し，黙示の遺棄か，証拠の散逸か，それとも時効そのものの否定かという，三者択一へと変じて行くことになる．

8. ドイツ啓蒙主義の法学者たち

8.1　はじめに

ヴォルフの時効論を概観したので，次に，カントまでの経路を辿ろう．幸いなことに，カントまでの系譜は，参照関係によって明確に跡づけることができる．本節で扱われるのは，ドイツ啓蒙主義，すなわち 1720 年から 1795 年までに活躍した[130]，とりわけプロイセンの法学者たちである[131]．この時代の法学者

---

130) BROWN (ed.) [4, p. 310]
131) 時代の画定は常に困難と曖昧さを伴うものであり，ドイツ啓蒙主義についても，どの学問分野に着目するかで，時期が異なるように思われる．もし法学に着目するならば，筆者は，ドイツ啓蒙主義の父と呼ばれるトマジウスの『宮廷哲学入門』（*Einleitung zur Hoff=Philosophie*, 1688 年）から，カントの『人倫の形而上学』（*Die Metaphysik der Sitten*, 1797 年）までをドイツ啓蒙主義法学と定義したい．前者の著作については，シュナイダース（著）＝村井（訳）[43, p. 57-63] を参照．この時代は，ゲルマン法の独自性が詳細に研究され，かつ，民法典の必要性が意識された

および著作は膨大な数にのぼるけれども，本節では，カントの蔵書および『人倫の形而上学』に着目して[132]，彼に至るまでの影響史に限定する．すなわち，『人倫の形而上学』の時効論に最も影響を与えたと思われるウルリヒの『正しさに関する哲学，すなわち自然法，社会法および万民法入門』(*Initia philosophiae justi, seu juris naturae, socialis et gentium*, 1783年)，ウルリヒが参照しているラーヴェの『確定期間ないし不確定期間の取得時効および消滅時効に関する普遍的な理論の原理』(*Principia universae doctrinae de praescriptione adquisitiva et extinctiva definita et indefinita*, 1766年)，そしてラーヴェが引用するホーハイゼルの『時効および民族間の黙示の遺棄に関する学説についてより詳細に置かれるべき諸基礎』(*De fundamentis de doctrina praescriptione et derelictione gentium tacita distinctius ponendis*, 1723年) の3作が挙げられる．ホーハイゼルはトマジウス学派に，ウルリヒはヴォルフ学派にそれぞれ属しているので，彼らによって近世自然法論からカントまでの流れがすべて繋がることになる．

以下では，時系列順に，ホーハイゼルから論じる．

8.2　ダニエル・フリードリヒ・ホーハイゼル (1698-1732年)

8.2.1　はじめに

自然法上の時効に対するトマジウスの否定的な態度は，弟子のダニエル・フリードリヒ・ホーハイゼル (Daniel Friedrich HOHEISEL, 1698-1732年) によって継承され，強化された．彼は，トマジウスの前掲論文から直接的に影響を受けている[133]．トマジウス＝ホーハイゼルの師弟が usucapio の問題に加えた貢

時代と，部分的に一致している．ゲルマン法の独自性の強調としては，ゲオルグ・バイヤー (Georg BEYER, 1665-1714年) などが挙げられる．また，法典編纂の動きとしては，1713年にフリードリッヒ・ヴィルヘルムⅠ世からハレ大学に委託された民法典編纂事業が挙げられる．但し，いずれも不完全なものであり，特に後者は公布されないまま終わっている．17世紀末からプロイセン一般ラント法までの動きについては，拙著 [14, p. 21-27] を参照．

132)　カントの法律蔵書については，WARDA [33, p. 41-42] を参照．

献は，現在ではほとんど忘れ去られているが，実際にはカントまで連なる系譜に属しており，近世の法思想にとって重要な地位を占めている．

8.2.2 沈黙は黙示の意思表示ではない

ホーハイゼルは，まず，「黙示の遺棄」(derelictio tacita) と「推定された遺棄」(derelictio praesumpta) とを区別した．前者は，推定を必要としない真正の意思表示である[134]．ホーハイゼルは，所有者の沈黙が黙示の遺棄に当たるか否かを問い，これを否定している．なぜなら，「沈黙する者は，遺棄しない」(*Qui tacet non derelinquit*) からである[135]．

HOHEISEL, *De fundamentis,* §.28.[136]

Explicavimus huc usque actus, quibus voluntas derelinquendi declaratur; plures procul dubio sunt, quos tamen prolixe enumerare et brevitatis studium non permittit, et supervacaneum foret, cum reliqui omnes ex axiomate generali quod supra §. 21. posui, decidi queant. Superest ut dispiciamus, utrum *silentium* sit eiusmodi declaratio voluntatis?	私たちはここまで，遺棄の意思を表示するための行為について説明した．その多くは疑問の余地がほとんどなく，むしろこれらを冗長に数え上げることは，簡潔さに努めていることからしても許されず，また，余計なことでもあろう．なぜなら，[列挙しなかった] その他の行為は全て，私が第21節で定めた一般的な公理から，導き出されることができるからであ

---

133) HOHEISEL [12, p. 2] §.2.
134) この区別は，トマジウスに由来する．黙示の合意とは，言葉ではなく行為によって行われる真正の意思表示であり，推定された合意とは，合意がないところに合意を仮定する擬制的な意思表示である．THOMASIUS [28, p. 137-138] を参照．
135) HOHEISEL [12, p. 19] §.28. tit.
136) HOHEISEL [12, p. 29-30]

Non autem *silentii* vocabulum vel a me, vel a GROTIO tantummodo pro *compressione oris* sive defectu loquelae sumi, facile patet. GROTIUS enim antea explicat facta, ex quibus derelictio infertur, deinde de non-factis dispicit: Ego autem hactenus ostendi, factis declarari tacitam voluntatem, atque hanc ex *factis* per *necessariam* consequentiam inferri, nisi graviora obstent indicia, adeoque tacitam voluntatem veram esse voluntatem; porro facta enumeravi talia, quibus vere et reapse aliquid agitur ac geritur, facta autem procul dubio differunt a non-factis: Unde *silentium* (quod hic intelligo) nihil aliud erit, quam *omissio omnium signorum externorum* (h. e. verborum et factorum) *ex quibus de voluntate* (hoc loco; *derelinquendi*, sive rem non ulterius rerum suarum numero habendi) *constat*. Ex quo apparet, quod qui tacet, neque se velle, neque se nolle declaret.

る．残っているのは，**沈黙**がこのような意思の表示であるか否かを論じることである．さて，**沈黙**という言葉が，私によってであれ，グロチウスによってであれ，**口を閉じていること**，すなわち発話の欠如としてしか理解されていないことは，容易に明らかになる．というのも，グロチウスは，遺棄をもたらす作為をまず説明してから，そのあとで不作為について論じている．ところで，私はこれまで，次のことを明らかにしてきた．黙示の意思は作為によって表示されるのだが，この意思は，より重たい証拠が反対のことを示していない限り，**作為**から**必然的な**推論によってもたらされるのであり，そしてそれゆえに，黙示の意思は真正の意思である，と．さらに私は，本当に実際に何かを行ったり作り出したりすることを作為に数え上げたが，しかしこの作為は，疑わしさとの距離で，不作為とは異なっている．それゆえに，（私がここで念頭に置いている）**沈黙**は，他でもない，**意思**（ここでは，**遺棄の意思**，すなわちある

Ergo silentium non est signum tacitae voluntatis, quare nec est tacitae derelictionis indicium; et nihil interest sive immediate domino eripueris rem absque iusto titulo, sive eam bona fide a tertia acceperis, cum hic non potuerit (de mero Iure N.) plus iuris in te transferre, quam ipse habuit.

物をもはや自分の物に数え入れない意思）を明らかにするあらゆる外的な徴の（すなわち言葉と作為の）欠如である．ここから，次のことが明らかになる．沈黙する人は，欲することも欲さないことも表示していない．したがって，沈黙は，黙示の意思の徴ではなく，それゆえに，黙示の遺棄の証拠でもない．さらに，君が直接的に所有者から物を正当権原なしに奪い取ったのか，それともこの物を善意で第三者から受け取ったのかも，重要ではなくなる．たとえ，この第三者は，（自然法のみに関して言えば），彼自身が持っていた以上の権利を君に移転させることはできないとしても，そうである．［というのも，所有者自身が遺棄しているからである．］

8.2.3 仮に黙示の遺棄が起こるならば，占有の瑕疵は不問となる

さらに，ホーハイゼルは，黙示の遺棄の要件についても，批判を加えている．

HOHEISEL, *De fundamentis*, §.43.[137)]

Iam enim in orbitam iterum redeundum, et paucis ostenden-

というのも，今や本題へ再び戻らねばならず，そして，黙示のあ

dum est, quosnam producat effectus tacita illa vel expressa voluntatis derelinquendi declaratio; redegi hos in compendium in definitione §. *11.* allata hoc modo: *Eum qui ita se declaravit, plenissime privari iure derelicto.* Neque aliter esse potest: Tu enim declaras, nolle te ius aliquod in iurium tuorum numero habere, E. intendis ipse, ut id tibi adimatur, unde merito privaris iure tuo. Ex quo sequitur, istam privationem iuris statim post factam declarationem procedere, neque ullo indigere temporis lapsu. Porro patet, eum qui ex derelictione alterius rem tenet, nullo alio indigere titulo; ergo si derelictio occupationem alterius secuta fuerit, nihil ad rem faciet, num *vi,* num *clam,* num *precario* vel utcunque alias *vitiose* alter ab initio possederit, cum ius suum non a possessione sed a derelictione, h. e. a voluntate domini

るいは明示の遺棄の意思表示が，どのような効果を生み出すのかを，簡潔に明らかにしなければならないからである．私は，第11節で提示された定義において，これらの効果を，次のような形で要約した．**そのように表示した人は，遺棄された権利を完全に奪われる．**そして，これ以外にはありえない．というのも，君が，何らかの権利を自分の権利に数え入れたくないと表示するならば，そこで君自身が意図しているのは，この権利が君から取り除かれるということであり，それゆえに君は，適切に君の権利を失うからである．ここから，次のことが帰結する．このような権利の喪失は，表示が為された直後に生じるのであり，いかなる時間の猶予も必要としない．さらに，次のことが明らかになる．他人の遺棄にもとづいて物を所持する人は，他の権原を必要としない．したがって，もし遺棄が他人の先占を伴ったならば，その他人が当初は**暴力**によっ

---

137) HOHEISEL [12, p. 43]

repetat, volenti autem non fiat iniuria.	て，隠匿によって，**容仮占有**によって，あるいはその他の通常は**瑕疵**とみられるかたちによって占有していたか否かは，何ら問題に寄与しない．なぜなら，この他人は，自分の権利を，占有からではなく遺棄から，すなわち所有者の意思から引き出しているのであるが，欲する人に不法は行われないからである．

　グロチウスとトマジウスは，遺棄の推定に際して占有の態様を問わず，他方で，プーフェンドルフとヴォルフは，善意および正当権原を要求した．ホーハイゼルは，前者に与している．遺棄が実際に行われたとき，所有者は所有権の放棄に同意しているので，「欲する人に不法は行われない」(volenti non fiat iniuria) という法原則が当てはまるからである．つまり，占有者が取得前に行っていた不法は，黙示の遺棄の成立と同時に，不問に付される．

8.2.4　推定された遺棄は法的な効果を持たない

　沈黙が真正な意思表示ではないこと，このこと自体は，自然法上の取得時効の否定には繋がらない．なぜなら，沈黙が真正な意思表示ではないからこそ，「推定」(praesumptio) が用いられる，と言えるからである．ホーハイゼルも遺棄の推定の余地があることを認めたうえで，それに法的な効果があることを否定した．

HOHEISEL, *De fundamentis*, §.29.[138]	
Caeterum, cum tacens *nec declaret se nolle*, illud quidem	さらに，沈黙する人は自分が欲していないことも表示していない

concedi potest, eum, qui rem illius occupat aut tenet, ipso sciente et tacente, ex hoc silentio non sine omni probabilitate colligere posse, quod dereliquerit; imo adiicio etiam, istam probabilitatem eo maiorem fieri, quo longius temporis spatium post occupationem elapsum est: sed videamus, utrum haec praesumpta derelictio habeat aliquem effectum? Noto notius est, *praesumptionem* cedere *veritati*, sive (quod idem est) *verosimilitudinem* cessare, si constet de *veritate*, haec aliter haberi nequit, quam ex *signis verae* voluntatis ab illo editis, de cuius voluntate quaestio est; hanc voluntatem collegit quidem alter, sed sine signis externis ab altero editis, unde hic veram voluntatem suam declarandi adhuc *ius habet*, et haec declaratio faciet cessare praesumptionem, quia iam constabit de veritate. Ergo

ので，なるほど，沈黙する人の物を入手ないし保持している人は，本人が知りながら沈黙しているときは，この沈黙を理由として，蓋然性を伴って，彼は遺棄したのだと推測することが許されうる．さらに私は，次のことも付け加える．この蓋然性は，入手のあとで時間が長く経てば経つほどに，大きくなるであろう，と．しかし，次のことをみてみよう．この推定された遺棄は，何らかの効果を持っているのだろうか．何よりもよく知られているのは，**推定は真理**に譲歩するということ，すなわち（同じことなのだが），**尤もらしさ**は，もし**真理**について明らかになったときは，消滅するということである．この真理は，意思を問われている本人によってまとめられた意思の**真の徴**とは，別様に解されることができない．なるほど，この意思を推測するのは他人なのだが，しかし［沈黙の場合は］相手方によってまとめられた外的な徴がなく，それゆえにこの相手方

---

138) HOHEISEL［12, p. 30-31］

possessor rei alicuius non poterit praesumptam derelictionem contra dominum qui tacuit allegare, si hic expresse dissensum suum postea declaravit. Ius vero quod mihi competit, id quoque transit ad haeredes meos, quare et hi habebunt *ius contradicendi*, ergo et contra haeredes frustra urgebitur derelictio praesumpta. Ad tertium vero extraneum quod attinet, ei aut ius cessum erit a domino eiusve haeredibus, quo casu idem obtinebit circa cessionarium, quod circa cedentem observavimus: aut talis nullo iure suffultus, possessorem aggreditur, et tunc merito rem istam, quam probabiliter ad se spectare possessor credit, contra eundem defendet, sed ipsi ad edendum possessionis suae titulum non est obligatus, ergo supervacaneum esset allegare derelictionem praesumptam veri domini. Ex quibus omnibus apparet: Colligi quidem ex silentio derelictionem,

は、これに関して自分の真の意思を表示する**権利を持つ**。そして、この表示は、推定を消滅させる。なぜなら、今や、真理について明らかになるであろうから。したがって、もし所有者が、あとから自分の不同意を明示的に表示するならば、他人の物の占有者は、推定された遺棄を、この沈黙していた所有者に対して引き合いに出すことができないであろう。ところで、私に認められている権利は、私の相続人たちにも引き継がれる。それゆえに、相続人たちも、**異義を申立てる権利を持つ**であろう。したがって、推定された遺棄が相続人たちに対して主張される場合も、無意味であろう。ところで、部外の第三者に関して言えば、あるときは、彼に所有者あるいは所有者の相続人たちから権利が承継されるかもしれない。この場合は、私たちが被承継人について考察したのと同じことが、承継人にも当てはまるであろう。またあるときは、権利によって支えられていない第三者が、占有者を［不当に］攻撃するかもしれない。

| sed eam, simulac res ad contradictionem venerit, inutilem ac sine effectu esse. | そしてこのとき，占有者は，自分に属しているであろうと彼が蓋然的に信じているところの物を，適切にこの第三者に対して防御する．むしろこのような第三者に対して，占有者は，自己の占有の権原を公にする義務を負っておらず，したがって，真の所有者であるという推定された遺棄を引き合いに出すことは，余計なはずである．これらすべてのことから，次のことが明らかになる．なるほど，沈黙から遺棄は推測されるのだが，しかしこの遺棄は，事態が矛盾に行き着くや否や，無意味となり，効果がない． |

　ホーハイゼルの主張は，グロチウス以降の遺棄の推定説を，根底から覆すものである．なぜなら，遺棄の推定に何らかの法的な効果があることを否定しているからである．他人の占有を知りながら放置している人は，なるほど，自己の意思を明確に表示していないので，遺棄したと推定されることもできる．しかし，この推定は，後から本人が否定するならば，何ら効果を持たない．したがって，遺棄の推定による所有権の取得が生じることはありえない．推定を本人の証言で破ることはできるのか，という疑問は残るが，ホーハイゼルの主張は，以上のように要約することができる．

8.2.5　国家間では遺棄を推定する必要性が乏しい

　さらに，ホーハイゼルは，国家間の場合，遺棄をわざわざ沈黙から推定する

必要はないと説く.

> HOHEISEL, *De fundamentis*, §. 42.[139]
>
> Caeterum vix fieri poterit, ut intra longum temporis spatium inter gentes nullum factum occurrat, derelictionis *tacitae* indicium. Vix enim tractum terrae aut ius aliquod respublica a republica acquiret, nisi vicinitate quadam se invicem contingant, quis vero est qui vel nesciat, vel neget, vicinas gentes multum invicem habere commercii, ut adeo opus non sit, ad derelictionem *praesumptam* atque ad *solum silentium* provocare, unde etiam dixi, GROTII sententiam aliquali tantum lima indigere. Caeterum hic ius alterius, ut modo dictum, fundabitur in tacita derelictione; non in silentio, non in lapsu temporis, hoc enim nullum ius, si solam sequaris rationem, a Iure civili abstrahentem, potest producere, et tacita derelictio
>
> さらに,長期間のうちに民族の間で,**黙示の遺棄の証拠となる行為がまったく生じない**,ということは,およそ起こりえないであろう.というのも,大地の広がりやその他の権利を,ある国家が別の国家から取得することは,これらの国家が何らかの隣接関係によってお互いに接していない限り,およそありえない.ところで,隣接する諸民族がお互いに多くの交易を持っていることを,知らなかったり否定したりする人が,いるであろうか.それゆえにその結果として,**推定された遺棄や沈黙のみ**を引き合いに出す必要はない.私が,グロチウスの見解は,この部分で何らかの研磨を必要とすると述べたのは,このためである.さらに,ここで相手方の権利は,すぐ上で述べたように,黙示の遺棄に基礎付けられている.沈黙や時間の経過ではない.というのも,

---

139) HOHEISEL [12, p. 42-43]

> nullo indiget lapsu temporis, prouti statim demonstrabo.

> この権利は，もし君が，市民法を離れた推論のみに従うならば，発生することはありえないこと，そして，黙示の遺棄は時間の経過をまったく必要としないことを，私はすぐに証明するであろうから．

　相手国が領土を遺棄したか否かは，沈黙以外の諸事情によって判明する．それゆえに，遺棄をわざわざ間接的に推定したり，相手国の沈黙のみを引き合いに出したりする必要はない．沈黙以外の諸事情によって領土の放棄が確定されるならば，これは，時間の経過と何ら関係がないことになる[140]．

8.2.6　時効とは市民法上の制度である

　時効に該当する制度は，自然法には存在しない．ホーハイゼルは，ここから，時効を市民法に固有の制度であると位置付ける．

> HOHEISEL, *De fundamentis*, §.46.[141]
>
> [...] Quibus ita praemissis, facillima est *praescriptionis* definitio: *Est* enim *iuris sui ab ipso lapsu temporis, lege definiti, immediate procedens iactura, Iure Civ. introducta, ut litium, quae alias satis intricatae evaderent, tandem sit finis.* [...]

> […] このように前置きされたことから，praescriptio の定義は極めて簡単である．すなわち，praescriptio とは，法定の期間の経過そのものによって，自己の権利の放棄が直接的に発生することであり，そうしなければあまりにももつれることになる紛争がつい

---

140) ホーハイゼルは，グロチウスの言う万民意思法上の時効も否定する．HOHEISEL [12, p. 40-41] §.40.
141) HOHEISEL [12, p. 45]

> ぞ終わるようにと，市民法によっ
> て導入されたものである．[…]

　この定義によれば，praescriptio とは，法によって定められた期間の経過によって，権利を直接的に放棄させる市民法上の制度である．国際関係に適用されるものではない．

8.3　ヤーコプ・ラーヴェ（生年不詳 -1767 年）

8.3.1　はじめに

　ホーハイゼルは，トマジウスと同様に，自然法上の取得時効を否定した．これに対して，自然法上の取得時効を擁護する同時代の学説も，当然に存在した．イェーナの哲学者であったヤーコプ・ラーヴェ（Jacob RAVE，生年不詳 -1767 年）は[142]，トマジウスおよびホーハイゼルの主張を，名指しで批判している[143]．彼は，『確定期間ないし不確定期間の取得時効および消滅時効に関する普遍的な理論の原理』（*Principia universae doctrinae de praescriptione adquisitiva et extinctiva definita et indefihita*, 1766 年）という著作を残しており，次のような記述が見られる．

8.3.2　記憶を超える時効は，権利放棄に基礎付けられる

> RAVE, *De praescriptione,* §.11.[144]
>
> | | |
> |---|---|
> | Ad praescriptionem indefinitam siue immemorialem iam sese vertit oratio, eam vero non solum | 不確定期間の時効ないし記憶を超える時効へと，今から話を転じよう．さて，この時効は，理性の |

---

142)　ラーヴェの生涯について，詳しいことは残されていない．1767 年に員外教授となったものの，同年に死去したようである．*Akademischer Addresskalender (1769-1770)* [32, p. 97]

143)　RAVE [20, p. 394-395]

144)　RAVE [20, p. 14-15]

non repugnare praeceptis rationis, sed quoque imperari mihi persuadeo. Quod ut adpareat, repetendum videtur praescriptionem indefinitam siue immemorialem esse *adeptionem commodi cuiusdam, ex amissione iuris alteri competentis per omissum usum illius intra tale tempus, cuius initii non exstat memoria*. Itaque probandum est, *probato omisso usu iuris cuiusdam intra tempus, cuius initii non exstat memoria, amissum tunc esse ius et adeptum commodum ex parte alterius conuenienter ipsis legibus naturalibus*. Quae probatio ita procedit.

1) Iurium ab altero in alterum deriuatio aut eorum remissio fieri omnino potest.

2) Probatio itaque, quod quondam ius quoddam alicui

掟に反していないのみならず，むしろその掟によって支配されていると，私は確信している．これを明らかにするためには，次のことが想起されるべきだと思われる．不確定期間の時効ないし記憶を超える時効とは，その始期の記録が残っていない期間のあいだに，権利の行使が怠られていたことを通じて，相手方に認められていた権利が放棄されることから，何らかの利益を取得することである．したがって，次のことが証明されなければならない．その始期の記録が存在しない期間のあいだに，何らかの権利の行使が怠られていたと証明されることにより，この権利が今や放棄されて，そして，相手方から，自然法そのものに合致するかたちで，利益が取得されたのだ，と．この証明は，次のように進む．

（1）権利が一方から他方へ承継すること，あるいは，それを放棄することは，まったくもって可能である．

（2）したがって，かつて誰かに何らかの権利が認められていたこ

competierit, nondum inuolutiua est eius conclusionis, quod idem ius adhuc competat.

3) Protracta liberatio a iure quodam per tempus, cuius initii non exstat memoria, satis apta est ad monstrandum, magis censendum esse deuolutum aut remissum esse ius quoddam, quam quod adhuc continuetur, fortior enim exinde est mutationis praesumtio, quam durationis immutatae ratio.

4) Itaque probato hoc omisso usu iuris cuiusdam intra tempus, cuius initii non exstat memoria, amissum tunc esse ius et adeptum commodum ex parte alterius conueniens est legibus naturalibus.

との証明は，同じ権利が未だに認められているという結論を，決して含まない．

(3) その始期の記録が存在しない期間を通じて，何らかの権利からの解放が明るみに出されること，このことは，次のことを示すのに十分適している．すなわち，当該権利が未だに継続していると考えるよりも，むしろその権利はどこかへ行ったか放棄されたと考えるべきである．というのも，この場合は，変化なく継続していたと推論するよりも，変化があったと推定するほうが，確からしいからである．

(4) したがって，その始期の記録が存在しない期間のあいだに，何らかの権利の行使が怠られていたと証明されることによって，今や，この権利は放棄され，利益は相手方によって取得されたとするのが，自然法に合致している．

　記憶を超える時効とは，始期が不明であるほど長い間，権利者が自己の権利を行使しないとき，その権利の放棄を推定する制度である．したがって，本質的には，消滅時効に属するものである．また，この箇所で重要なのは，immemorialisというラテン語が，時間の長さの単なる比喩ではなく，「記録」

（memoria）の不在と解されている点である．これは，ヴォルフが万民法上の取得時効で採用していた考えであった．

8.3.3　記憶を超える時効の否定は，占有者に対する加害である

　ラーヴェは，ヴォルフの学説を単に模写しているに過ぎないのであろうか．そうではない．彼は，記憶を超える時効が自然法に属することを，ヴォルフとは異なる仕方で，次のように説明している．

RAVE, *De praescriptione*, §.173.[145]

Iam ad ipsam demonstrationem progredior, quod praescriptio immemorialis sit praeceptiue a legibus naturalibus introducta, siue *quod ex notionibus de iusto et iniusto legitime sequatur: ut praescriptio immemorialis sit iusta adeptio commodi cuiusdam*. Ita vero concludendum videtur. Quidquid iustum titulum et iustum factum adquisitiuum secundum ipsas notiones de iusto et iniusto inuoluit, illud pro iusta adeptione commodi cuiusdam ex ipsis praeceptis naturalibus habendum est. Atqui praescriptio im-memorialis inuoluit iustum titulum	今から，記憶を超える時効は，自然法によって命令的に導入されたことの証明へと，すなわち，**記憶を超える時効は何らかの利益の正当な取得であるということが，正と不正に関する観念から合法的に帰結すること**の証明へと移ろう．さて，次のように推論していくべきであると思われる．取得効果のある正当権原および正当行為を，正と不正に関する諸観念そのものにしたがって含んでいる事柄は何であれ，何らかの利益の正当な取得であると，自然な命令そのものにもとづいてみなさなければならない．ところで，記憶を超える時効は，取得効果のある正当権

---

145)　RAVE [20, p. 398-399]

et iustum factum adquisitiuum secundum ipsas notiones de iusto et iniusto E. praescriptio immemorialis pro iusta adeptione commodi cuiusdam ex ipsis praeceptis naturalibus debet haberi. De *minori* amplius videndum est. Cuius probatio his innititur fundamentis: Si probatio immemorialis temporis non nisi amissa aperta laesione ab eo, qui ius quoddam contra alterum praetendit, reiici potest, sique, qui aliquid ita habet, ut non nisi per apertam laesionem eo priuari possit, iustum titulum et iustum factum adquisitiuum secundum ipsas notiones de iusto et iniusto pro se habet, sequitur: quod praescriptio immemorialis iustum titulum et iustum factum adquisitiuum secundum ipsas notiones de iusto et iniusto inuoluat. Atqui verum est prius E. et posterius. [...]

原および正当行為を，正と不正に関する諸観念そのものにしたがって含んでいる．したがって，記憶を超える時効は，何らかの利益の正当な取得であると，自然な命令そのものにもとづいてみなさなければならない．小前提について，さらに見ていくべきである．小前提の証明は，次のような根拠にもとづいている．もし記憶を超える時間の証明が，何らかの権利を相手方に対して主張している人によって，単に明白な加害を見過ごすかたちでしか，拒絶されることができないならば，そしてもし，明白な加害を通じてでなければ奪われえないようなかたちで何かを持っている人が，取得効果のある正当権原および正当行為を，正と不正に関する諸観念そのものからして有しているならば，次のことが帰結する．記憶を超える時効は，取得効果のある正当権原および正当行為を，正と不正に関する観念そのものからして含んでいる．ところで，前件は真である．したがって，後件も真である．[…]

ラーヴェによれば，記憶を超える時効は，取得の正当な権原と行為を含んだものである．彼は，次のように推論する．記憶を超える時効を援用する人は，その利益を，明白な加害によってしか奪われない．ところで，明白な加害によってしか利益を奪われない人は，取得効果のある正当権原と正当行為を有している．したがって，記憶を超える時効を援用する人は，取得効果のある正当権原と正当行為を有している．この三段論法に，ラーヴェの新規性を見出すことができる．

8.3.4　記憶を超える時効は文書によってしか反証されない

カントへ繋がる重要な論点として，記憶を超える時効の反証方法がある．ヴォルフは，所有権の記録が書面によって保存されているとき，記憶を超える時効の適用を否定した．ラーヴェも，次のように述べている．

RAVE, *De praescriptione*, §.186.[146]

Quodsi quis vim probationis immemorialis praescriptionis per susceptam probationem iniusti initii repellere cupit, hanc *elisiuam* probationem nuncupare liceat. Et haec quidem quibus mediis fieri possit, et qualia media sufficiant, quaeritur. Et in regula quidem documenta huic probationi potissimum propria sunt. [...]

ところで，もしある人が，記憶を超える時効の証明の効力を，不正な［占有］開始の疑念を起こさせる証明によって覆そうと欲するならば，このような**反対証明**を正式に宣言することが許される．そして，なるほど，この反対証明がどのような手段によって為されうるか，また，どのような手段があれば十分であるかが問われる．そして，原則的には，もちろん文書が，この証明にとって最も本来的

---

146)　RAVE [20, p. 427]

> なものである．［…］

占有者が，記憶を超える時効の証明を行った場合，相手方は，これを反証する機会を得る．ラーヴェによれば，この反証の手段は，原則的に文書でなければならない．これは，占有者が証人などを使えることと対照的である[147]．

8.4 ヨハン・アウグスト・ハインリッヒ・ウルリヒ（1746-1813 年）

8.4.1 はじめに

カントの時効論に大きな影響を与えたのは，ヨハン・アウグスト・ハインリッヒ・ウルリヒ（Johann August Heinrich Ulrich, 1746-1813 年）であったと推測される．ザクセンの官僚であった彼の著書『正しさに関する哲学，すなわち自然法，社会法および万民法入門』（*Initia philosophiae justi, seu juris naturae, socialis et gentium*, 1783 年）は，カントの蔵書に記録されているのみならず，その時効論がカントのものと非常に似通っている[148]．以下，ウルリヒの取得時効論を確認しよう．

8.4.2 確定期間の時効は自然法に属さない

> Ulrich, *Initia philosophiae iusti*, §.307.[149]
>
> | | |
> |---|---|
> | *Praescriptione*, si communissima eius forma explicari debet, praescribens, ex amisso ab altero propterea, quod iam olim non usus est, iure quodam, *commodum quoddam* consequitur, quod si est | もし praescriptio の最も共通の形式が説明されるべきであるならば，praescriptio とは，これを用いる人が，既に久しく使われていないという理由で，相手方から何らかの権利が放棄されることによ |

---

147) Rave [20, p. 423-426] §.182-185.

148) 他にも，ルートヴィッヒ・ヘプフナー（Ludwig Höpfner, 1743-1797 年）が，カントの時効論に近い．Höpfner [13, p. 102-103] §.110.

149) Ulrich [31, p. 214-215]．

liberatio tantum ab obligatione quadam, cui ius alterius respondet, *extinctiva*, sin autem aliud quoddam ius est, *acquisitiva* vocatur. Utraque quidem aut *definita, ac certi temporis*, si vis ac efficacia omissi exercitii a certo annorum, mensium ac dierum numero pendet, sin autem contra, *indefinita*, cui *immemorialis* subjecta est, quae tum demum intelligitur, si id temporis spatium elapsum est, ut de initio, modo ac titulo praesentis status possessionis, vel quasi non amplius constet, neque vero tamen etiam huius iniustitia doceri queat.

り，**何らかの利益**を取得することである．もしこの利益が，相手方の権利が対応するところの義務［＝債務］からの解放でしかないときは，**消滅時効**と呼ばれ，反対に，もしこの利益が，何らかの別の権利［＝新しい権利］であるときは，**取得時効**と呼ばれる．なるほど，どちらの時効にも，**確定かつ一定の期間にもとづく時効**，すなわち，［権利］行使を怠っていたことの効力と効果が，一定の年数，月数，日数に依存しているときと，その反対に，**不確定期間の時効**とがある．この不確定期間の時効には，**記憶を超える時効**，すなわち，占有ないし準占有の現状の始期，方式および権原についてもはや明らかにならず，それどころか，その不正義を指摘することさえできないような，そのような期間が経過したときに初めて理解される時効が属する．

ウルリヒは，時効を2類4種に区分する．

1．消滅時効 praescriptio extinctiva
　（a）確定期間の消滅時効

(b) 不確定期間の消滅時効 ∋ 記憶を超える消滅時効

2. 取得時効 praescriptio acquisitiva

(a) 確定期間の取得時効

(b) 不確定期間の取得時効 ∋ 記憶を超える取得時効

8.4.3　不確定期間の時効も原則的に自然法に属さない

これらのうち，どれが自然法に属するかが問題となる．ウルリヒは，次のように論じる．

ULRICH, *Initia philosophiae iusti,* §.308.[150]

Atqui ut ad illud veniamus, cuius causa haec praemissa sunt, omnis quidem, quae de praescriptione existere potest, quaestio, ex iis, quae §.306. et superius de b. f. possessione disputata sunt, iudicari poterit. Sed propria tamen quaedam adhuc videamus. Ac *definita* quidem iure naturali nulla est, cum certi dierum, mensium, et annorum numeri ratio quaedam haberi nequeat.

Quod autem attinet ad *indefinitam* quandam et incerti

ところで，あらかじめ述べられたこれらの事柄の大本へと話を進めるにあたって，なるほど，時効について成り立ちうる全ての問いは，第306節およびもっと上で善意占有について論じられた事柄から，判断することができるであろう．しかしながら，この箇所に相応しい事柄を，見ておくことにしよう．さて，**確定期間の時効は**，もちろん，自然法には存在しない．なぜなら，一定の日数，月数，年数にもとづく推論というものは，考えられないからである．

ところで，**不確定かつ不定の期**間にもとづく時効一般について言

---

150)　ULRICH [31, p. 216-217]

temporis omnino, eamque primum *extinctivam*, de *priori* eius *forma* §. praec. in aprico est, mero non-usu ius non extingui. Neque enim illa, quod debetur, per longum tempus non exigentis facilitas aut negligentia, remissionem iuris, neque alterius praestandi, quod debet, incuria vel animum tantum huius suae se obligationi subtrahendi demonstrat, multo minus ius illius tollit. [...]

[...] De *acquisitiva* autem *praescriptione* omnino nihil novi ac proprii dicendum restat, sed omnia revocantur ad ea, quae de possessione vel quasi b. f. disputata sunt.

えば，そしてまず，**消滅時効**について言えば，前節におけるその**第一の形式**に鑑みて，単なる不行使によって権利が消滅することはない．このことは，明らかである．というのも，債権を長期間請求しなかった人の軽率さないし懈怠が，権利の放棄を証明することはないし，相手方が債務の給付に無関心なことが，義務から身を引くという意図までをも証明することはなく，ましてや，前者［＝債権者］の権利を奪うことはなおさらないからである．［…］

［…］さて，**取得時効**一般に関しては，新しく固有に言うべきことは何も残っておらず，むしろ善意占有ないし善意準占有に関して論じたことに，全て引きつけられる．

　消滅時効であれ，取得時効であれ，確定期間の時効は，自然法から除外される．なぜなら，確定の期間が経過したことと権利放棄とのあいだには，推論が成立しないからである．

　それゆえに，問題は，不確定期間の時効に集中する．まず，不確定期間の消滅時効から論じる．ウルリヒによれば，単なる権利の不行使が権利を消滅させることはない．なぜなら，権利の不行使は，権利の放棄を証明しないからである．したがって，不確定期間の消滅時効も，原則的には自然法に属さない．原

則的に，というのは，記憶を超える時効という例外があるからである．これについては，後述する．

次に，不確定期間の取得時効を論じる．不確定期間の取得時効には，善意占有の学説がそのまま当てはまると言う[151]．善意占有について，ウルリヒは次のように説明している．

ULRICH, *Initia philosophiae iusti*, §. 191.[152]

Bonae fidei possessorem str. s. d. illum interpretati sumus, qui rem alienam civiliter possidet, quam talem esse, iuste, h. e. dicere, non culpose ignorat. Iam igitur de huius iuribus et obligationibus exponendum ex sententia iuris naturalis. Atque primum quidem, qui eius generis rem invenit, et quocunque modo ac titulo, lucrativo, aut oneroso, acquirit, *dominus* eius existit, certe *putativus* et *interimisticus*, adeoque omnia dominii iura, quoad in iusta illa ignoratione versatur, iuste exercet, re utitur, fruitur, abutitur, illam alienat, ex illa acquirit, etc.	狭義の善意占有者とは次のような人であると，私たちは解釈しよう．すなわち，他人の物を市民的に占有しており，その物が他人物であることを，正当に，言い換えれば，過失なく知らない人である．したがって，今から，善意占有者の権利および義務について，自然法の立場にもとづいて説明しなければならない．ところでまずは，なるほど，その種類の物〔＝他人物〕に出会い，そして何らかの方式と権原によって，その方式と権原が無償のものであれ有償のものであれ，これを取得する人は，その物の少なくとも**仮想的**かつ**暫定的な所有者**となる．またそれゆえに，所有権に属する全ての

---

151) なお，「善意準占有」（quasi possessio bonae fidei）という用語が登場しているけれども，これは，無体物の善意占有である．ULRICH [31, p. 131] §. 181.

152) ULRICH [31, p. 137]

> 権利を，前述の正当な不知に陥っている限り，正当に行使する．すなわち，物を使用，収益，消費，譲渡したり，その物から何かを取得したりする．

善意占有者は，権原にもとづいて物を手に入れたときは，たとえ他人物であっても，仮想的かつ暫定的な所有者となる．この特殊な所有者は，善意であり続ける限り，目的物を使用収益処分することができる．現代の日本民法で言えば，いわゆる本権取得的効力に類するものであるが，ウルリヒはこれを「取得時効」（acquisitiva praescriptio）と呼ぶ．

8.4.4 記憶を超える時効とは所有権の証拠の不在である

確定期間の取得時効と消滅時効，また原則的に不確定期間の消滅時効が，いわゆる自然法上の時効であることは否定された．さらに，不確定期間の取得時効は，善意占有者に本権取得的効力を認めるだけで，不安定なものであることも明らかになった．

ところで，最後に，記憶を超える時効が残っている．ウルリヒは，これを次のように説明する．

> ULRICH, *Initia philosophiae iusti*, §.309.[153]
>
> Relinquitur, ut de ea, quae dicitur, *immemoriali praescriptione* dispiciamus, ac primum quidem *de re*, deinceps de *nomine*. Atque quod ad ipsam rem attinet, illud
>
> 残されているのは，いわゆる記憶を超える時効について，そして，まずは対象について，次に名称について解き明かすことである．さて，対象それ自体について

---

153) ULRICH [31, p. 217-218]

quidem tam naturale et simplex videtur, quam, quod maxime, ut possessori immemoriali, iustae olim acquisitionis opinione (praesumtione) munito, ideoque ab onere titulum ac modum ostendendi libero, possessio salva et integra conservetur, quod alius, ius quoddam fortius *sibi e[t] iamnunc esse*, docere nequit. Ad hoc enim efficiendum non sufficit, ostendisse, ipsi, ipsiusque maioribus ante illud immemoriale tempus ius illud fuisse, (quod videtur *Sam. de Cocceji**) seu, non sufficit hic pristinum ostendisse dominium, vel quasi, nisi etiam doceatur praesentis possessionis aliquod vitium.

*) Dissert. prooem. XII. §. 298. collato *Rave* I. c. §. 173. et 175. qui quidem optime mihi effecisse videtur contra *Cocceji*, potiorem

言えば，なるほど，次のことが自然かつ素朴であり，しかも，最大限にそうであると見られる．すなわち，記憶を超える占有者は，かつて正当に取得したという憶測（推定）によって守られ，そしてそれゆえに，権原と方式を明らかにする負担から解放されるので，健全かつ安全な占有が保証される．なぜなら，相手方は，もっと強い何らかの権利が**自分に今まさに**あると，指摘できていないからである．というのも，これを実現するためには，当人および当人に先行する人々に，記憶を超える時間以前，何らかの権利があったことを証明するだけでは，不十分だからである（これは，ザミュエル・フォン・コクツェイー*に見られる）．すなわち，ここでは，過去の所有権ないし準所有権を明らかにすることは，[相手方の]現在の占有に何らかの瑕疵があることを指摘しない限り，不十分である．

*）コクツェイーの *Dissertationes prooemiales XII* 第298節（ラーヴェの第1巻第173節および第175節を参照）．ラーヴェは，なるほ

> esse opinionem (praesumtionem) pro possessore immemoriali, quam pro pristino domino, neque hunc sine laesione illius praeter immemorialis temporis probationem, aliquid ab illo exigere. Confer. inferius explicanda de quaestione, *cuius sit probare*.

> ど私には，コクツェイーに対して最もうまく反論したように思われる．すなわち，憶測（推定）は，過去の所有者よりも，記憶を超える占有者のほうに味方するのであり，また，過去の所有者が，記憶を超える期間の証明以外に，何かを現占有者に要求するならば，それはその人に対する加害に他ならない．**誰が証明を負うかという問いに関しては，後述の説明を参照せよ．**

　ウルリヒは，記憶を超える時効に関する論点を，対象と名称とに区分する[154]．そして，対象の問題について詳しい解説を加えている．すなわち，記憶を超える時効とは，記憶を超える期間の占有を行った者が，所有者であると推定される制度である．ここで，「推定」（praesumptio）という言葉が使われているが，グロチウスらの推定とは異なることに注意しなければならない．グロチウス，プーフェンドルフ，トマジウスらが用いていたのは，「遺棄の推定」（praesumptio derelictionis）であった．これは，所有者が所有権を放棄したことの推定である．これに対して，ウルリヒが主張しているのは，「所有者の推定」（praesumptio domini）である．これは，占有者が所有者であることの推定である．前所有者が所有権を放棄したか否かは，問題にならない．
　この箇所で注目に値するのは，ウルリヒがラーヴェの学説に賛成していることである[155]．この賛成は，部分的なものに過ぎない．なぜなら，ラーヴェは，

---

154)　トマジウスの伝えるところによれば，この論争は以前からあったようである．THOMASIUS（Präs.）=HOFMANN（Resp.）[30, p. 9] の註（h）を参照．

155)　反論を受けているコクツェイーは，次のように主張していた．COCCEJI [6, p.

記憶を超える時効を，権利放棄に基礎付けており，証明の問題とは考えていなかったからである．ウルリヒは，むしろ，ヴォルフのほうへ忠実に回帰している．

8.5 小　　括

取得時効に関するドイツ啓蒙主義の潮流は，2つの論点に集約される．ひとつは，自然法上の取得時効というものが，そもそも存在するのか，という問題である．トマジウス学派のホーハイゼルはこれを否定し，ヴォルフ学派のラーヴェとウルリヒはこれを肯定した．

もうひとつは，自然法上の取得時効が存在すると仮定して，それは何に基礎付けられるのか，という問題である．この点，ヴォルフは，自然人に適用される狭義の自然法と国家に適用される万民法とを区別していた．すなわち，遺棄の推定にもとづく取得時効と，証拠の散逸にもとづく取得時効との区別である．ヴォルフ学派の内部で，どちらの根拠を重視するか，意見が分かれた．ラーヴェは前者を採用して，自然法上の取得時効とは，遺棄の推定による利益の獲得であると説いた．これに対して，ウルリヒは後者を採用して，自然法上の時効とは，証拠の散逸であると説いた．

332[a]]「ところで，次のことはあらかじめ言っておかねばならない．時効とは，法学者たちによれば，時間の抗弁を意味する．そしてそれゆえに，自己を時効に基礎付ける人は，時間の経過によって，そしてその経過のみによって，他人の物に対する権利〔＝物権〕ないし権利に対する権利〔＝債権〕が自分に取得されたと主張している．もちろん，記憶を超える時効においても，占有者は，始期の記憶が存在しないほどの時間を通じて，自分は他人の物ないし権利を占有していた，ということを引き合いにだしている．そしてそれゆえに，ここでも，時間の経過のみによって，他人の物に対する権利〔＝物権〕が主張されている」(Praemittendum autem est, *praescriptionem* ICtis denotare, *exceptionem temporis*; adeoque is, qui se fundat in praescriptione, asserit, ius sibi ex lapsu temporis, *eoque solo*, quaesitum esse in res vel ius *alterius*. Sane in immemoriali quoque praescriptione possessor allegat se tanto tempore rem, vel ius *alienum* possedisse, ut initii memoria non exstet: Adeoque hic quoque ex *solo lapsu temporis ius in re aliena* asseritur.)

今や，自然法上の時効に関する論点は出そろったので，カントがこれらをどのようにまとめあげたのかを見なければならない．

9. イマニュエル・カント（1724-1804 年）

9.1 はじめに

イマニュエル・カントは，「法律学ではなく，論理学および形而上学の教師であった」が，彼の「形而上学的法思想が自然法の哲学的伝統に縛られているのははっきりしている」[156]．彼は，1767 年以来，ゲッティンゲンの公法論者ゴットフリート・アッヘンバール（Gottfried ACHENWALL, 1719-1772 年）の『自然法』（*Ius naturae*）を講義の底本に用いており，このアッヘンバールは，トマジウスにまで遡る理論的伝統に，ヴォルフの方法論を加えた人物であった[157]．本節は，カントの形而上学的法思想，とりわけ『人倫の形而上学』（*Die Metaphysik der Sitten*, 1797 年）が，取得時効について，近世自然法論とどのように結びついているかを見るものである．そこでは，カントが，アッヘンバールの自然法論を鵜呑みにしていたのではなく[158]，トマジウス学派とヴォルフ学派の著作を幅広く参照したうえで，自説を確立していたことが明らかになるであろう．

---

156) シュトライス（編）＝佐々木・柳原（訳）[42, p. 549]
157) シュトライス（編）＝佐々木・柳原（訳）[42, p. 550]
158) というのも，アッヘンバールは，トマジウス学派の取得時効論に忠実であり，国際法上の時効は存在しないと主張しているのだが，カントはこの意見を採用していないからである．ACHENWALL [1, p. 213]「しかし，推定された遺棄は，まことに架空のものであり，そしてそれゆえに，推定を受けた人が自己の権利を放棄するという効力を生じさせないので（第 1 巻第 166 節），時効は万民法において追放されている（第 1 巻第 241 節）」(*Praesumta* vero *derelictio* quum reuera sit ficta, neque ideo efficiat, ut is, contra quem praesumitur, ius suum amittat §. 166. I, *praescriptio* in iure Gentium exulat §. 241. I.).

9.2 カントの取得時効論はヴォルフ学派から影響を受けた

9.2.1 カントの取得時効論は遺棄の推定を否定している

KANT, *Die Metaphysik der Sitten*, I §. 33.[159]

Ich erwerbe das Eigenthum eines Anderen bloß durch den langen Besitz (usucapio); nicht weil ich dieses seine Einwilligung dazu rechtmäßig voraussetzen darf (per consensum praesumtum), noch weil ich, da er nicht widerspricht, annehmen kann, er habe seine Sache aufgegeben (rem derelictam), sondern weil, wenn es auch einen wahren und auf diese Sache als Eigenthümer Anspruch Machenden (Prätendenten) gäbe, ich ihn doch bloß durch meinen langen Besitz ausschließen, sein bisheriges Dasein ignoriren und gar, als ob er zur Zeit meines Besitzes nur als Gedankending existirte, verfahren darf: wenn ich gleich von seiner Wirklichkeit sowohl, als der seines Anspruchs hinterher benachrichtigt

私は，他人の所有権を，長期間占有するだけで取得する（取得時効 usucapio）。というのは，それに対する相手方の合意を，私が適法に前提とすることが許されるからではない（推定された合意を通じて per consensum praesumtum）。また，相手方が異議を申立てないので，彼は自分のものを放棄したのだと，私が推測しうるからでもない（遺棄された物 res derelicta）。そうではなく，たとえ本物の，所有権者としてこの物に請求をかけてくる人（返還請求者）が存在するとしても，それでも私は，この返還請求者を私の長期間の占有のみによって排除すること，彼がそれまで現にいた事実を無視すること，そして，あたかも返還請求者は，私の占有期間中には単なる思考上のもの〔＝ひょっとしたらいるかもしれないと考え

---

159) KANT [15, p. 291-292]（頁数は全てアカデミー版による）

sein möchte. — Man nennt diese Art der Erwerbung nicht ganz richtig die durch Verjährung (per praescriptionem); denn die Ausschließung ist nur als die Folge von jener anzusehen; die Erwerbung muß vorhergegangen sein. — Die Möglichkeit auf diese Art zu erwerben ist nun zu beweisen.

うるに過ぎないもの〕でしかなかったかのように振る舞うこと，これらのことが許されるからである．たとえ私が，相手方が現にいることを，相手方の請求が現にあることを，あとから知らされるかもしれないとしても，そうである．この取得方法を消滅時効による取得（消滅時効を通じて per praescriptionem）と名付けるのは，必ずしも正しくない．なぜなら，［相手方の］排除は，この取得の帰結とみなす他ないからである．つまり，取得が先行しなければならないからである．このような仕方で取得することが可能であることを，今から証明する必要がある．

　この箇所は，明らかに，何らかのかたちでヴォルフの取得時効論を意識したものである．ヴォルフは，自然法および万民法上の取得時効の根拠として，(1)遺棄の推定，(2)合意の推定，(3)所有物取戻訴訟における証拠の散逸を挙げていた．カントも，この3つを順番に挙げたうえで，(1)と(2)は usucapio の根拠にならないと説明している．遺棄の推定と合意の推定を否定したことが，「この取得方法を消滅時効による取得（per praescriptionem）と名付けるのは，必ずしも正しくない」という一文に繋がる．プーフェンドルフ以降の近世自然法論は，usucapio を取得時効のようなもの，praescriptio を消滅時効のようなものと捉えたうえで，praescriptio は usucapio に先行すると説いた．というのも，

消滅時効によって目的物が無主物となり，この無主物を現占有者が先占する．この先占による所有権の原始取得が，自然法上の取得時効だからである．この法的構成に従う限り，praescriptio は usucapio に必ず先行しなければならない．したがって，「消滅時効による取得」(die Erwerbung durch Verjährung) という名称が相応しい．この消滅時効先行型の取得を，カントは否定しているのである．

9.2.2 取得時効とは所有権の証拠の不在である

カントは，遺棄の推定と合意を否定しているのであるから，praescriptio が先行する必要はない．では，praescriptio が先行しない usucapio とは，いったい何であろうか．これこそ，ヴォルフが3番目に主張した論拠，すなわち，証拠の散逸に他ならない．カントは次のように説明している．

KANT, *Die Metaphysik der Sitten*, I §. 33.[160]

Wer nicht einen beständigen Besitzact (actus possessorius) einer äußeren Sache, als der seinen, ausübt, wird mit Recht als einer, der (als Besitzer) gar nicht existirt, angesehen; denn er kann nicht über Läsion klagen, so lange er sich nicht zum Titel eines Besitzers berechtigt, und wenn er sich hinten nach, da schon ein Anderer davon Besitz genommen hat, auch dafür erklärte, so sagt er	外部の物を自分のものとして安定的に占有する行為（占有行為 actus possessorius），この行為を行わない人は，法的には，（占有者として）まったく存在していないものとみなされる．なぜなら，彼は，自分自身に占有者の権原を付与しない限り，加害について訴えることができず，また，他の人が既にその物の占有を獲得したあとで，たとえ彼が，そのことについて釈明を行ったとしても，しか

---

160) KANT [15, p. 292]

doch nur, er sei ehedem einmal Eigenthümer gewesen, aber nicht, er sei es noch, und der Besitz sei ohne einen continuirlichen rechtlichen Act ununterbrochen geblieben. — Es kann also nur ein rechtlicher und zwar sich continuirlich erhaltender und documentirter Besitzact sein, durch welchen er bei einem langen Nichtgebrauch sich das Seine sichert.	し彼は，自分はかつて所有者であったと述べているだけであり，今も所有者であるとは述べておらず，また，占有が継続的かつ法的な行為抜きに中断なく続いているのだとも述べていない．したがって，彼が長期間の不使用において彼のものを保持するところの占有行為は，法的な，つまり，自分のために継続的に保持しようとする文書化された占有行為しかありえない．

　自分が占有者であると外部に表示するためには，現に安定して占有しなければならない．安定して占有しない占有者というものは，法的には存在しないのと同義である．安定して占有していない者が，たとえ自分は所有者であると主張しても，そのことは彼の所有権を証明しない．なぜなら，安定して占有しない者は，自分はかつて所有者であった，ということしか証明できないからである．したがって，現に今も自分が所有者であると証明するためには，安定した占有が必要である．安定した占有とは，文書によって記録された，継続的な自主占有のみを意味する．

　この箇所も，近世自然法論およびドイツ啓蒙主義法学との関連でのみ，理解することが可能である．ヴォルフは，praescriptio から確定期間の要件を除外して，記憶を超える時効を所有権の証明の成否に帰着させた．これにより，近世自然法論者たちが重視した，「記憶にない期間」(tempus immemorialis) というラテン語の意味も変質した．このラテン語は，グロチウス，プーフェンドルフ，トマジウスにおいては，100年を上限とする「記憶にないほど長い期間」を意味するものに過ぎなかった．これに対して，ヴォルフは，「記録が残らな

い期間」であると解した．期間の長短が，証拠の有無に変質したのである．

ここから，「自分のために継続的に保持しようとする文書化された占有行為」(ein rechtlicher und zwar sich continuirlich erhaltender und documentirter Besitzact) の意味も理解される．まず，占有が記録されていなければならないのは，カントが，ヴォルフ学派の言う「記録が残らない」(immemorialis) という基準を採用しているからである．次に，カントは，取得時効の反証手段を，文書に限定している．これは，おそらく，ラーヴェの学説に依拠している．ラーヴェによれば，記憶を超える時効の反証手段は，原則的に文書でなければならなかった．この限定を，カントは，自然法上の取得時効一般に適用しているのである．この箇所は，カントが，彼の蔵書だけでなく，そこで引用された法律書を詳細に参照していたことを窺わせる，貴重な証拠であろう．

9.3 取得時効の根拠は法的安定性にある

さて，記録の不在を理由にする取得時効は，どのように正当化されるのであろうか．カントは，次のように説明する．

KANT, *Die Metaphysik der Sitten*, I. §. 33.[161]

Denn setzet: die Versäumung dieses Besitzacts hätte nicht die Folge, daß ein Anderer auf seinen gesetzmäßigen und ehrlichen Besitz (possessio bonae fidei) einen zu Recht beständigen (possessio irrefragabilis) gründe und die Sache, die in seinem Besitz ist, als von ihm erworben

というのも，次のように想定してみよう．このような占有行為の懈怠は，他人が，その人の適法かつ誠実な占有（善意占有 possessio bonae fidei）にもとづき，法的に安定した占有（争いのない占有 possessio irrefragabilis）を根拠づけて，そして彼の占有下にある物を，彼によって取得され

---

161) KANT [15, p. 292-293]

ansehe, so würde gar keine Erwerbung peremtorisch (gesichert), sondern alle nur provisorisch (einstweilig) sein: weil die Geschichtskunde ihre Nachforschung bis zum ersten Besitzer und dessen Erwerbact hinauf zurückzuführen nicht vermögend ist. — Die Präsumtion, auf welcher sich die Ersitzung (usucapio) gründet, ist also nicht bloß rechtmäßig (erlaubt, iusta) als Vermuthung, sondern auch rechtlich (praesumtio iuris et de iure) als Voraussetzung nach Zwangsgesetzen (suppositio legalis): wer seinen Besitzact zu documentiren verabsäumt, hat seinen Anspruch auf den dermaligen Besitzer verloren, wobei die Länge der Zeit der Verabsäumung (die gar nicht bestimmt werden kann und darf) nur zum Behuf der Gewißheit dieser Unterlassung angeführt wird. Daß aber ein bisher unbekannter Besitzer, wenn jener Besitzact (es sei auch ohne seine

たものとみなす，という効果を持たない，と．すると，いかなる取得も確定的（保証的）ではなく，すべての取得は暫定的（一時的）ということになろう．なぜなら，歴史という学問は，その探求を，最初の占有者およびその占有者の取得行為まで遡ることができないからである．取得時効（usucapio）を基礎付ける推定は，したがって，仮定として適法（許容されたもの，正当なもの）であるのみならず，法則の拘束性にもとづく前提（法則的前提 suppositio legalis）として法定されたものでもある（法律上の推定 praesumptio iuris et de jure）．自分の占有行為の文書化を怠っていた人は，現時点での占有者に対する請求を失ってしまう．この場合，懈怠の期間の長さは（これを確定することはできず，またそれは許されないのだが），この不作為を確実なものとするために引き合いに出されるに過ぎない．反対に，これまで知られていなかった占有者は，先の占有行為が（彼の過失なしにせよ）中断されたときに，この物

Schuld) unterbrochen worden, die Sache immer wiedererlangen (vindiciren) könne (dominia rerum incerta facere), widerspricht dem obigen Postulat der rechtlich=praktischen Vernunft.	を常に取戻す（所有物取戻しの訴えを起こすvindiciren）ことができる（物の所有権を不確実にすることができるdominia rerum incerta facere）とするならば，これは，法的実践理性の前述の要請に反している．

　この箇所の説明は，ヴォルフ学派のなかでも，とりわけウルリヒに従ったものである．ヴォルフ自身は，証拠の散逸という論拠を，国家間の場合にのみ引き合いに出した．これに対して，カントは，適用対象を国家に限定していない．そして，この取得時効を，背理法類似の論証によって正当化している．善意かつ安定した占有を行っている人物が，前占有者から，証拠もなく物を奪われると仮定してみよう．すると，いかなる方法で物を適法に取得しても，占有者は，不確実な地位に置かれる．なぜなら，現占有者は，それが連綿と所有者のあいだで移転されてきたことを，証明できないからである．このことは，物の所有権を安定化せよ，という実践理性の要請に反している．したがって，安定的に占有していない自称所有者は，証拠となる文書がない限り，物を取戻すことができない．

　この推論には，「法的実践理性」（die rechtlich=praktische Vernunft）という哲学用語が使われている以外，目新しいところはない．証拠があるかないか，の問題であるから，懈怠の期間は，「これを特定することはできず，またそれは許されない」（gar nicht bestimmt werden kann und darf）．1年であろうが100年であろうが，旧占有者は，証拠があれば取戻しをすることができるし，なければ取戻しをすることができない．

9.3.1　自然法上の取得時効は所有権の取得ではない

　ところで，以上のような理論構成は，所有権の移転プロセスを説明していな

い．カントは，遺棄の推定から生じる先占を否定しているからである[162]．この問題意識のもとで『人倫の形而上学』を読んでみると，カントは，そもそも所有権移転のプロセスを説明する必要がないと考えていたようである．このことは，次の箇所から分かる．

[162) このことは，ヘーゲルと比較したとき，ひとつの特徴となる．なぜなら，ヘーゲルは，グロチウス以降の無主物先占説を，そのまま受け入れているからである．HEGEL [11, p. 138-140] §. 64. そこでは，ヘーゲルの講義に出席していた学生ホトーの手稿から，次のように解説されている．「補遺．時効は，私がこの物を私の物とみなすことをやめた，という推定にもとづいている．というのも，何かが私のものであり続けるためには，私の意思の継続が必要であり，そして，この継続は，使用ないし保管によって示されるからである．公的な記念物の価値が失われることは，宗教改革において，しばしばミサ寄進の場合に見られた．古い信仰すなわちミサ寄進の精神は消え去って，そしてそれゆえに，ミサ寄進は所有物として占有されうるようになったのである」(*Zusatz*. Die Verjährung beruht auf der Vermutung, daß ich aufgehört habe, die Sache als die meinige zu betrachten. Denn dazu, daß etwas das Meinige bleibe, gehört Fortdauer meines Willens, und diese zeigt sich durch Gebrauch oder Aufbewahrung. — Der Verlust des Wertes öffentlicher Denkmale hat sich in der Reformation häufig bei den Meßstiftungen erwiesen. Der Geist der alten Konfession, das heißt der Meßstiftungen, war entflogen, und sie konnten daher als Eigentum in Besitz genommen werden.); HEGEL [11, p. 141] §. 65.「補遺．時効が非直接的に表示された意思であるのに対して，真の遺棄は，私はこの物をもはや私の物とみなす気がないという，[直接的な]意思の表示である．これら全体は，遺棄とは真の自主占有獲得行為である，という風にまとめられることができる．直接的に自主占有を手に入れることは，所有権の最初の契機である．使用によっても，同様に所有権は取得される．そこで，3番目の契機は，両者の統一，すなわち遺棄を通じた自主占有の獲得である」(*Zusatz*. Wenn die Verjährung eine Entäußerung mit nicht direkt erklärtem Willen ist, so ist die wahre Entäußerung eine Erklärung des Willens, daß ich die Sache nicht mehr als die meinige ansehen will. Das ganze kann auch so gefaßt werden, daß die Entäußerung eine wahre Besitzergreifung sei. Die unmittelbare Besitznahme ist das erste Moment des Eigentums; durch den Gebrauch wird ebenfalls Eigentum erworben, und das dritte Moment ist alsdann die Einheit beider, Besitzergreifung durch Entäußerung.)

KANT, *Die Metaphysik der Sitten,* I. §. 33.[163)]

Nun kann ihm aber, wenn er ein Glied des gemeinen Wesens ist, d. i. im bürgerlichen Zustande, der Staat wohl seinen Besitz (stellvertretend) erhalten, ob dieser gleich als Privatbesitz unterbrochen war, und der jetzige Besitzer darf seinen Titel der Erwerbung bis zur ersten nicht beweisen, noch auch sich auf den der Ersitzung gründen. Aber im Naturzustande ist der letztere rechtmäßig, nicht eigentlich eine Sache dadurch zu erwerben, sondern ohne einen rechtlichen Act sich im Besitz derselben zu erhalten: welche Befreiung von Ansprüchen dann auch Erwerbung genannt zu werden pflegt. — Die Präscription des älteren Besitzers gehört also zum Naturrecht (est iuris naturae).

さてしかし，もし彼が共同体の一員であるならば，すなわち，市民状態にあるならば，おそらく国家が彼の占有を（代理的に）彼のために保持することができるであろう．たとえ彼の占有が，私的な占有としては中断されたとしても，そうであろう．そして，現在の占有者は，彼の取得の権原を最初の取得にまで遡って証明することが許されないし，また，自身を取得時効という権原によって基礎付けることも許されないであろう．他方で，自然状態においては，この取得時効という権原は適法なのであって，それは本来，ある物をこの権原によって取得するためではなく，法的な手続なしにその物の占有を保持するためである．請求からのかかる解放は，このようなときですら，取得と名付けられる慣わしになっている．したがって，前占有者の消滅時効は，自然法に属する．

---

163) KANT [15, p. 293]

自然法上の取得時効とは，占有の維持に関する制度であり，現占有者を所有物取戻訴訟から解放するものである．所有権の所在が問題になるのは，自然状態を脱して，市民社会に入ったときに限られる．これは，自然状態における所有はすべて暫定的であると，カントが別の箇所で述べていることとも一致する[164]．

9.4　小　　　活

　カントは，ヴォルフ学派のなかでも，とりわけウルリヒの学説を参考にした．自然法上の取得時効とは，証拠の散逸により，旧占有者が自己の所有権の証明に失敗することである．このような取得時効の捉え方は，既にヴォルフにおいて見られたものであるが，ヴォルフ自身は，それを国家間の関係に限定していた．自然人にまで適用を拡張したのは，ウルリヒおよびカントの独創である．所有の証拠として，文書化された占有のみが認められているのも，ラーヴェを通じてカントの法論を特徴付けている．さらに，学説史として重要なのは，カントがアッヘンバールの説に反対していることである．カントは，彼が自然法の講義に用いていた底本のみならず，18世紀の法学議論を幅広く参照していた形跡が窺われる．単一のサンプルから過大に見積もることはできないけれども，『人倫の形而上学』は，哲学史のみならず法学史の観点からも高く評価しうるように思われる．

10.　ま　と　め

　以下，17世紀から18世紀にかけての取得時効に関する通史をまとめたうえで，冒頭の問いに答えることにしたい．
　近世自然法論者たちは一様に，長期間の占有それ自体が所有権に転化することを否定した．とはいえ，時間の経過が紛争の解決に繋がらないならば，その

164）　Kant [15, p. 264]

紛争が恒久化することもまた意識されていた．そこで彼らは，遺棄の推定に解決策を求めた．遺棄の推定とは，一定の要件のもとで，所有権の放棄を推定する制度である．所有権の放棄によって対象が無主物となり，占有者に先占される．この解決策は，グロチウスによって提示され，総論賛成・各論反対のようなかたちで，以降の論者たちに受け入れられた．彼らの議論は，以下の3点に要約できる．

1. 名称について，遺棄の推定を時効に類する言葉（ラテン語ではusucapio ないし praescriptio）と呼んで良いか否かが争われた．グロチウスはこれを否定し，プーフェンドルフとヴォルフは肯定した．トマジウスは，当初はプーフェンドルフに賛成していたが，後にグロチウスの立場へと変わった．このときトマジウスが国内法に着目して，それまでの国際法重視の流れを変えたことは，注目に値する．
2. 善意および正当権原について，遺棄の推定は，これら2つを要求するか否かが争われた．遺棄の推定は，あくまでも所有者の意思の推定であるから，占有者側の事情は関係ないとするのが，グロチウスおよびトマジウスの立場であった．これに対して，プーフェンドルフとヴォルフは，他人物の返還義務を理由として，善意要件を定めた．正当権原は，この善意を推定させる根拠として用いられた．
3. 期間について，近世自然法論者たちは意見を一致させていない．確定期間ではない，という点にのみ合意が存在する．グロチウスは3世代という世代数を，プーフェンドルフは事案ごとの個別的判断を，トマジウスは上限として100年を提示しており，ヴォルフは国家間の取得時効に限って，占有開始の記録が残らないほどの期間を要求した．

以上のような争いは，プロイセンにおいて最終的に，トマジウス学派の取得時効否定説と，ヴォルフ学派の取得時効肯定説とに収束した．トマジウスの弟子ホーハイゼルは，師の名称否定をさらに押し進めて，遺棄の推定そのものを

否定した．国家間においては，遺棄を推定せずとも，様々な事情によって領土の放棄を確定できるというのが，彼の主張であった．これに対して，ヴォルフ学派のラーヴェとウルリヒは，ヴォルフが国家間に適用した自然法上の取得時効，すなわち，記憶を超える時効を擁護した．但し，その理由付けについては，両者のあいだで不一致があった．ラーヴェは，あくまでも遺棄の推定にこだわり，記憶を超える時効もまた権利放棄に基礎付けられると主張した．これに対して，ウルリヒは，ヴォルフの取得時効論に忠実であり，これを証拠の散逸に帰した．

これらの学説の中でも，カントは，とりわけウルリヒに賛成した．自然法上の取得時効とは，遺棄の推定ではなく，所有権の証明ができないこと，すなわち文書化された占有が存在しないことに基礎付けられる．彼は，名称の問題にも言及しており，このような証拠の散逸に「取得時効」（Ersitzung）と名付けることを肯定した．カントは，アッヘンバールの著作をそのまま取り込んでいたわけではなく，さまざまな法学者の意見を広範に熟知していた．『人倫の形而上学』を研究するにあたっては，これらの法学者たちの見解を辿り，カントがなにを取捨選択したのか個別的に解明する必要がある．

さて，なぜ領土の取得時効というものを認めがたいのか．この問いに対する3つの答えが，これまでの歴史的叙述から明らかになった．

1. 国際法上の意思主義と取得時効との両立が困難である．遺棄の推定は，所有者の意思に，すなわち国家の意思に基礎付けられる．しかし，ホーハイゼルが指摘するように，沈黙は所有権放棄の意思の現れではない．国家が自己の所有物を，とりわけ領土を自発的に放棄するとは，およそ考えられない．また，所有者が異議申立をしている限り時効が完成しないならば，その適用範囲は極めて限定されてしまう．遺棄の推定という論拠は，現実の国際関係に適合しない．
2. 遺棄の推定を適用するためには，道徳性の要否を判断しなければならない．グロチウスは，国家間の領土紛争から道徳的基準を遠ざけ

た．彼は，善意を要件から外した．これは，侵略戦争を取得時効によって正当化させる虞がある．他方で，プーフェンドルフとヴォルフは，あくまでもこの善意要件を維持した．けれども，ある国が別の国の領土を，まったくそうと知らずに長期間占有することがあるのだろうか．善意に関する意見の対立は，ほとんど決着をつけがたいようにみえる．

3．遺棄の推定は，期間の不確定性に常に晒されている．グロチウスらは，遺棄の推定に必要な確定の占有期間を定めなかった．不安定な領土問題の解決に資するはずの遺棄の推定は，自己の内部に判断の不安定性をはらんでいたのである．

したがって，グロチウスの構想した遺棄の推定は，適用困難なものと言わざるをえない．むしろ筆者は，ヴォルフ学派のウルリヒと哲学者カントが用いたところの論拠，すなわち所有権の証明の成否というアイデアを評価したい．これは，当事者がお互いに証拠を出し合い，その優劣によって紛争を終わらせるものである．実行支配を行っていない国も，証拠の提出という平和的な手段に訴えることができる．冒頭に掲げた G7 の共同声明にある平和的紛争解決とも，十分に整合的である．我が国が竹島および尖閣諸島に関して行っている外交政策も，このような観点から支持しうるように思われる．

但し，筆者は，この証拠のやりとりに「時効」と名付ける必要はないと考える．証拠の散逸を「時効」(usucapio, praescriptio) と名付けていたのは，ヴォルフ，ウルリヒ，カントらの哲学者であった．グロチウスやトマジウスのような法学プロパーは，遺棄の推定にすら「時効」という名前を付していない．筆者は，後者の厳密かつ専門的な用語法を支持したい．本件は，学際領域が用語のレベルで「翻案」(translation) の問題を含んでいることの証左であろう．

最後に，本稿は，国際法上の取得時効を決定的に否定するものではない．遺漏した論点は，多々あるように思う．ただ，これを認めるためには，少なくとも上述の3つの問題点を解決しなければならないこと，そして，それらは歴史

の中で長く未解決なものとされてきたことを念頭においていただければ，幸いである．

参考文献

[1] ACHENWALL, Gottfried: *Ius naturae.* Bd. 2. 8. Aufl. Goettingae: Sumtibus Victorini Bossiegelii, 1781

[2] BALBUS, Joannes F.: *Tractatus de praescriptionibus.* Spirae Nemetum: Sumptibus Antonii Hierati, Bibliopolae Coloniensis, 1610

[3] BAYNES, T. S. (Hrsg.): *Encyclopaedia Britannica: a dictionary of arts, sciences, and general literature.* Bd. 24. 9. Aufl. Edinburgh: A. & C. Black, 1888

[4] BROWN, Stuart C. (Hrsg.): *British philosophy and the Age of Enlightenment.* London: Routledge, 1996 (Routledge history of philosophy 5)

[5] BROWNLIE, Ian: *Principles of Public International law.* 7. Aufl. Oxford: Oxford University Press, 2008

[6] COCCEJI, Samuel von: *Ad Grotium illustratum continens dissertationes prooemiales XII.* Halae: In Officina Orphanotrophei Libraria, 1748

[7] COING, Helmut (Hrsg.): *Handbuch der Quellen und Literatur der neueren europäischen Privatrechtsgeschichte.* Bd. 2-1. München: Beck, 1977

[8] CUJACIUS, Jacobus: *Opera omnia.* Bd. 1. Goldbach: Keip Verlag, 1996

[9] DONELLUS, Hugo: *Opera Omnia.* Bd. 1. Frankfurt am Main: Keip, 1997

[10] GROTIUS, Hugo: *De iure belli ac pacis, libri tres, in quibus ius naturae et gentium, item iuris publici praecipua explicantur.* Lugduni Batavorum: A. W. Sijthoff, 1919

[11] HEGEL, G. W. F.: *Grundlinien der Philosophie des Rechts.* Frankfurt am Main: Suhrkamp Verlag, 1970 (Theorie Werkausgabe 7)

[12] HOHEISEL, Daniel F.: *De fundamentis in doctrina de praescriptione et derelictione gentium tacita distinctius ponendis.* Halae Magdeburgicae: Typis Hendelianis, 1723

[13] HÖPFNER, Ludwig Julius F.: *Naturrecht des einzelnen Menschen der Gesellschaften und der Völker.* 4. Aufl. Gießen: Johann Christian Krieger, 1787

[14] IZUMO, Takashi: *Die Gesetzgebungslehre im Bereich des Privatrechts bei Christian Thomasius.* Frankfurt am Main: Peter Lang Verlag, 2015

[15] KANT, Immanuel: Die Metaphysik der Sitten. In: *Kants Werke: Akademie Textausgabe VI.* Berlin: Walter de Gruyter & Co., 1968, S. 203-491

[16] KASER, Max: *Das römische Privatrecht.* Bd. 1. 2. Aufl. München: C.H. Beck'sche Verlagsbuchhandlung, 1971

[17] KASER, Max; KNÜTEL, Rolf: *Römisches Privatrecht.* 20. Aufl. München: C. H. Beck,

2014
[18] PUFENDORF, Samuel von; SCHMIDT-BIGGEMANN, Wilhelm (Hrsg.) u.a.: *De officio.* Berlin: Akademie Verlag, 1997 (Gesammelte Werke 2)
[19] PUFENDORF, Samuel von; SCHMIDT-BIGGEMANN, Wilhelm (Hrsg.)u. a.: *De jure naturae et gentium.* Berlin: Akademie Verlag, 1998 (Gesammelte Werke 4)
[20] RAVE, Jacob: *Principia universae doctrinae de praescriptione adquisitiva et extinctiva definita et indefinita.* Jena: apud Felicem Fickelscherr, 1780
[21] ROY, Hugo de: *De eo, quod iustum est, et circa id philosophiae, theologiae, et iurisprudentiae syncretismo.* Ultrajecti: Ex officina Gisberti à Zyll., 1645
[22] SAN-GIMIGNANO, Dominique de: *Prima pars lecture Dominici de Sancto Geminiano super sexto libri decretalium.* Venetiis: per Baptistam de Tortis, 1496
[23] SCHILTER, Johann: *Praxis juris Romani in foro Germanico.* Bd. 3. 4. Aufl. Francofurti ad Moenum: Franciscus Varrentrapp, 1733
[24] SCHUBART-FIKENTSCHER, Gertrud: *Untersuchungen zur Autorschaft von Dissertationen im Zeitalter der Aufklärung.* Berlin: Akademie Verlag, 1970
[25] STRUVE, Georg A.: *Syntagma jurisprudentiae.* Bd. 2. Jena: Matthaeus Bircknerus, 1709
[26] STRYK, Samuel: *Specimen usus moderni Pandectarum.* Bd. 6. Aufl., 4. Halae Magdeburgicae: prostat in Bibliopolio Orphanotrophei, 1746
[27] THOMASIUS, Christian: *Fundamenta juris naturae et gentium.* Aalen: Scientia Verlag, 1963
[28] THOMASIUS, Christian: *Institutiones jurisprudentiae divinae.* Aalen: Scientia Verlag, 1963
[29] THOMASIUS, Christian: *Historia juris naturalis.* Stuttgart-Bad Cannstatt: F. Frommann, 1972
[30] THOMASIUS, Christian; HOFMANN, Andreas G.: *De perpetuitate debitorum pecuniariorum.* Halle: Salfeld, 1706
[31] ULRICH, Johann August H.: *Initia philosophiae ivsti sev ivris natvrae socialis et gentium.* Ienae: Libraria Croekeria, 1790
[32] (unknown) (Hrsg.): *Akademischer Addreßkalender.* Erlangen: J. D. M. Kammerer, 1770
[33] WARDA, Arthur: *Immanuel Kants Bücher.* Berlin: Verlag von Martin Breslauer, 1922
[34] WOLFF, Christian: *Nachricht von seinen eigenen Schrifften.* Franckfurt am Main: Joh. Benj. Andreä und Heinr. Hort., 1733
[35] WOLFF, Christian: *Ius naturae methodo scientifica pertractatum.* Bd. 1. Francofurti

et Lipsiae: Officina Libraria Rengeriana, 1740
［36］ WOLFF, Christian: *Ius naturae methodo scientifica pertractatum.* Bd. 3. Halae Magdeburgicae: Officina Libraria Rengeriana, 1743
［37］ WOLFF, Christian: *Ius gentium methodo scientifica pertractatum.* Halae Magdeburgicae: Officina Libraria Rengeriana, 1749
［38］ WOLFF, Christian: *Institutiones juris naturae et gentium.* Hallae Magdeburgicae: Prostat in Officina Rengeriana, 1774
［39］ ZIEGLER, Caspar: *In Hugonis Grotii de jure belli ac pacis.* 3. Aufl. Francofurti et Lipsiae: Impensis Quenstedi et Schumacheri, 1686
［40］ イソクラテス（著）；小池澄夫（訳）：イソクラテス弁論集．Bd. 1.：京都大学学術出版会，1998
［41］ エリック・ポール（著）；西村重雄（訳）：時効取得要件における「原因」の意義―古典期ローマ法研究―．In：法政研究 70（2003），Nr. 3, S. 103-150
［42］ ミヒャエル・シュトライス（編）；佐々木有司＝柳原正治（訳）：一七・一八世紀の国家思想家たち：帝国公（国）法論・政治学・自然法論．：木鐸社，1995
［43］ ヴェルナー・シュナイダース（著）；村井則夫（訳）：理性への希望．：法政大学出版局，2009（叢書・ウニベルシタス 912）
［44］ 吉原達也：キケロ『トピカ』．In：広島法学 34（2010），Nr. 2, S. 66-92
［45］ 吉野悟：プロイセン法学からカント『法論』の時効へ．In：中山政夫（Hrsg.）：労働法学をめぐる諸問題：稲垣名誉教授古稀記念論文集．：日本大学法学部，1986，S. 243-286
［46］ 吉野悟：トマジウス（Chr. Thomasius）の義務＝権利論．In：法と現代司法：染野義信博士古稀記念論文集．：勁草書房，1989，S. 71-91
［47］ 吉野悟：近世私法史における時効．：日本評論社，1989
［48］ 宮坂渉：古典期ローマ法における物の引渡し（traditio）について―引渡しの正当な原因（iusta causa traditionis）の分析を中心に．In：早稲田法学会誌 55（2005），S. 267-318.
［49］ 宮坂渉：盗品 RES FURTIVAE の使用取得 USUCAPIO の禁止と権力下への復帰 REVERSIO IN POTESTATEM. In：早稲田法学会誌 61（2011），Nr. 2, S. 245-289.
［50］ 宮坂渉：盗品 RES FURTIVAE の使用取得 USUCAPIO の禁止と権力下への復帰 REVERSIO IN POTESTATEM（2・完）．In：早稲田法学会誌 62（2011），Nr. 1, S. 151-182.
［51］ 金山直樹：フランス民法典制定前の時効理論―上― 17.18 世紀におけるフランス普通法学の展開．In：判例タイムズ 36（1985），Nr. 5, S. 51-82
［52］ 金山直樹：19 世紀フランスにおける民法学と自然法―時効理論を手がかりと

して．In：日仏法学 17（1990），S. 18-50
- [53] 出雲孝：クリスティアン・トマジウスの莫大損害 LAESIO ENORMIS 論．In：中央大学大学院研究年報　法学研究科篇 37（2008），S. 69-90
- [54] 出雲孝：ボワソナードと近世自然法論における所有権論―所有者が二重売りをした場合に関するグロチウス，プーフェンドルフ，トマジウスおよびヴォルフの学説史．：国際書院，2016
- [55] 勝田有恒（Hrsg.）；山内進（Hrsg.）：近世・近代ヨーロッパの法学者たち．：ミネルヴァ書房，2008
- [56] 小寺彰・森川幸一・西村弓（Hrsg.）：国際法判例百選．2. Aufl.：有斐閣，2011
- [57] 松尾弘；金山直樹；和田安夫；佐々木典子；大川四郎（誌上参加）：〈討論〉民法学の発展における自然法論の意義（研究会　民法学の発展における自然法論の意義）．In：姫路法学 21（1997），S. 141-205
- [58] 中村洸：国際法における取得時効と公海海床の領有 -1-. In：法学研究 27（1954），Nr. 10, S. 742-758
- [59] 田中実：〈書評〉吉野悟「近世私法史における時効」．In：民商法雑誌 103（1990），Nr. 3, S. 500-508
- [60] 柳原正治：所有権・支配権．Kap. 6, S. 227-276. In：大沼保昭（Hrsg.）：戦争と平和の法．：東信堂，1987

資料：学説彙纂(ディーゲスタ)6巻2章
プーブリキアーナ対物訴訟について

D 6.2.1 pr　Ulp. 16 ad ed.

ULPIANUS *libro sexto decimo ad edictum*

Ait praetor: 'si quis id quod traditur ex iusta causa <non a domino> et nondum usucaptum petet, iudicium dabo.'

ウルピアーヌス（告示註解 16 巻）

法務官は言う：「もし，ある人が，引渡されており，正当原因に基づいているが，〈所有者からでなく〉，いまだウースーカピオされていない物を取戻す訴えを起こすなら私は裁判(ユディキウム)を与えよう．」

D 6.2.1.1　Ulp. 16 ad ed.

Merito praetor ait 'nondum usucaptum': nam si usucaptum est, habet civilem actionem nec desiderat honorariam.

いみじくも法務官は「いまだウースーカピオされていない」と言う．というのは，もしウースーカピオされているなら市民法上の訴訟(アクティオ)を持ち，名誉法上の訴訟を必要としないからである．

D 6.2.1.2　Ulp. 16 ad ed.

Sed cur traditionis dumtaxat et usucapionis fecit mentionem, cum <satis> multae sunt iuris partes,

しかし，なぜ，引渡とウースーカピオだけの言及を行ったのだろうか．ほかにも多くの法権利(ユーリスパルテス)の部分が

quibus dominium quis nancisceretur? ut puta legatum.

[複数] あり，それによって所有権を取得することができるのに．たとえば，遺贈(レガートゥム)のように．

D 6.2.2　Paul. 19 ad ed.

PAULUS libro nono decimo ad edictum

vel mortis causa donationes factae: nam amissa possessione competit Publiciana, quia ad exemplum legatorum capiuntur.

パウルス（告示註解 19 巻）

あるいは，死因贈与のように．というのも，占有を失った場合にはプーブリキアーナ［訴訟］が認められるから．なぜなら遺贈に倣ってウースーカピオされるからである．

D 6.2.3 pr　Ulp. 16 ad ed.

Ulpianus libro sexto decimo ad edictum

Sunt et aliae pleraeque.

ウルピアーヌス（告示註解 16 巻）

そしてそのほかにも多くある．

D 6.2.3.1　Ulp. 16 ad ed.

Ait praetor: 'ex iusta causa petet.' qui igitur iustam causam traditionis habet, utitur Publiciana: et non solum emptori bonae fidei competit Publiciana, sed et aliis, ut puta ei cui dotis nomine tradita res est necdum usucapta: est enim iustissima causa, sive aestimata res in dotem data sit sive non. item si res ex causa iudicati sit tradita.

法務官は言う：「正当原因に基づいて取戻を訴える」と．したがって，引渡の正当原因を持つ人は，プーブリキアーナ［訴訟］を用いることができる．そして，それが認められるのは善意の買主だけではなく，ほかのたとえば嫁資の名義で，ある物が引渡され，いまだウースーカピオしていない人もそうである．また，たとえば物が嫁資として設定されるかまたは評価される場合もきわ

めて正当な原因である．さらにまた，もし物が判決の原因によって引渡された場合もそうである．

D 6.2.4　Paul. 19 ad ed.

PAULUS *libro nono decimo ad edictum*

vel solvendi causa.

パウルス（告示註解 19 巻）

あるいは弁済原因で．

D 6.2.5　Ulp. 16 ad ed.

ULPIANUS *libro sexto decimo ad edictum*

vel ex causa noxae deditionis, sive vera causa sit sive falsa.

ウルピアーヌス（告示註解 16 巻）

あるいは，不法行為の賠償原因で．真の原因であろうと偽の原因であろうと．

D 6.2.6　Paul. 19 ad ed.

PAULUS *libro nono decimo ad edictum*

Item si servum ex causa noxali, quia non defendebatur, iussu praetoris duxero et amisero possessionem, competit mihi Publiciana.

パウルス（告示註解 19 巻）

さらにまた，もし，奴隷を不法行為の損害賠償原因で，防御されなかったので，法務官の指図によって私が自分の家に連れて行ったところ，占有を失った場合には，私にプーブリキアーナ［訴訟］が認められる．

D 6.2.7 pr　Ulp. 16 ad ed.

ULPIANUS *libro sexto decimo ad edictum*

Sed et si res adiudicata sit, Publiciana actio competit.

ウルピアーヌス（告示註解 16 巻）

しかし，たとえ物が判決によって与えられた場合でもプーブリキアーナ訴訟は認められる．

| D 6.2.7.1 | Ulp. 16 ad ed.

Si lis fuerit aestimata, similis est venditioni: et ait Iulianus libro vicensimo secundo digestorum, si optulit reus aestimationem litis, Publicianam competere.

もし，訴訟物が評価された場合は，売却に似ている：そのようにユリアーヌスも［彼の］ディーゲスタの22巻で言っている．「もし，被告が訴訟物の評価額を給付した場合に，［原告が占有を失った場合には原告には］プーブリキアーナ［訴訟］が認められる」と．

| D 6.2.7.2 | Ulp. 16 ad ed.

Marcellus libro septimo decimo digestorum scribit eum, qui a furioso ignorans eum furere emit, posse usucapere: ergo et Publicianam habebit.

マルケッルスが［彼の］ディーゲスタの17巻で書いている：「精神錯乱者から買った人はウースーカピオできる：したがってプーブリキアーナ［訴訟］を持つ」と．

| D 6.2.7.3 | Ulp. 16 ad ed.

Sed et si quis ex lucrativis causis rem accepit, habet Publicianam, quae etiam adversus donatorem competit: est enim iustus possessor et petitor, qui liberalitatem accepit.

しかし，たとえ無償の原因から物を受領した人もプーブリキアーナ［訴訟］を持つ．それは，贈与者に対して［取戻を］訴える場合でさえそうである．つまり，贈物を受領する人も正当占有者でありかつ取戻訴訟の原告である．

| D 6.2.7.4 | Ulp. 16 ad ed.

Si a minore quis emerit ignorans eum minorem esse, habet Publicianam.

もし，未成年者から買い，未成年だと知らなかった人はプーブリキアーナ［訴訟］を持つ．

D 6.2.7.5　Ulp. 16 ad ed.

Sed et si permutatio facta sit, eadem actio competit.

しかし，たとえ交換（ペルムターティオ）が行われた場合でもこの［プーブリキアーナ］訴訟は認められる．

D 6.2.7.6　Ulp. 16 ad ed.

Publiciana actio ad instar proprietatis, non ad instar possessionis respicit.

プーブリキアーナ訴訟は，所有権（プロプリエタース）の訴訟（アクティオ）を模倣するのであって，占有の訴訟を模倣するのではない．

D 6.2.7.7　Ulp. 16 ad ed.

Si petenti mihi rem iusiurandum detuleris egoque iuravero rem meam esse, competit Publiciana mihi, sed adversus te dumtaxat: ei enim soli nocere debet iusiurandum, qui detulit. sed si possessori delatum erit iusiurandum et iuraverit rem petitoris non esse, adversus eum solum petentem exceptione utetur, non ut et habeat actionem.

もし，物の取戻を請求して訴えている私に対して，［占有者である被告の］君が宣誓を要求し，［原告の］私が訴訟物が私の物であると宣誓したなら，プーブリキアーナ［訴訟］が私に認められる．しかし，君に対してに限られる．というのは，宣誓はそれを要求した人だけを害すべきだからである．しかし，もし，［ある］占有者［被告］が宣誓を求められて，取戻訴訟の原告の物でないと宣誓した場合には，そのことを彼［占有者＝被告］は，原告に対してのみ抗弁として用いることができる．けれども，訴訟を持つことはない．

D 6.2.7.8　Ulp. 16 ad ed.

In Publiciana actione omnia eadem erunt, quae et in rei vindicatione diximus.

プーブリキアーナ訴訟には，所有物取戻訴訟（レイヴィンディカティオ）で述べたことのすべてが妥当する．

> D 6.2.7.9 Ulp. 16 ad ed.

Haec actio et heredi et honorariis successoribus competit.

> D 6.2.7.10 Ulp. 16 ad ed.

Si ego non emero, sed servus meus, habebo Publicianam. idem est et si procurator meus vel tutor vel curator vel quis alius negotium meum gerens emerit.

> D 6.2.7.11 Ulp. 16 ad ed.

Praetor ait: 'qui bona fide emit'. non igitur omnis emptio proderit, sed ea, quae bonam fidem habet: proinde hoc sufficit me bonae fidei emptorem fuisse, quamvis non a domino emerim, licet ille callido consilio vendiderit: neque enim dolus venditoris mihi nocebit.

> D 6.2.7.12 Ulp. 16 ad ed.

In hac actione non oberit mihi, si successor suum et dolo feci, cum is, in cuius locum successi, bona fide emisset: nec proderit, si dolo careo, cum emptor, cui successi, dolo

この訴訟は，相続人にも名誉法上の相続人にも認められる．

もし，買ったのが私ではなく，私の奴隷であった場合には，私がプーブリキアーナ［訴訟］を持つ．もし，私の財産管理人あるいは後見人あるいは保佐人あるいは私の事務を管理するほかの人が買った場合にも，同様である．

法務官は言う：「善意で買った人は」と．したがって，すべての買受（エンプティオ）に役立つのではなく，善意を持っていた買受だけである．それは，私が所有者でない人から買ったにもかかわらず，私が善意の買主であったということだけで十分である．すなわち，彼がずるい助言によって売ったとしても，売主の悪意は私を害さない．

この訴訟においては，もし，私が法的地位を継承する買主が悪意で行った場合にも，私に悪意が欠けていた場合には害さない．

D 6.2.7.13　Ulp. 16 ad ed.

Sed enim si servus meus emit, dolus eius erit spectandus, non meus, vel contra.

しかし，もし，私の奴隷が買った場合には，私のではなく，彼［奴隷］の悪意が考慮されなければならない．また，逆のこと［奴隷が善意であったか］が言える．

D 6.2.7.14　Ulp. 16 ad ed.

Publiciana tempus emptionis continet, et ideo neque quod ante emptionem neque quod postea dolo malo factum est in hac actione deduci Pomponio videtur.

「プーブリキアーナ［訴訟］は買受（エンプティオ）の時点を基準とする．そして買受の以前にも，以後にも悪意であったということは，この訴訟において持ち出されることがない」とポンポーニウスはみている．

D 6.2.7.15　Ulp. 16 ad ed.

Bonam autem fidem solius emptoris continet.

それは，買主の善意にかかっている．

D 6.2.7.16　Ulp. 16 ad ed.

Ut igitur Publiciana competat, haec debent concurrere, ut et bona fide quis emerit et ei res empta eo nomine sit tradita: ceterum ante traditionem, quamvis bonae fidei quis emptor sit, experiri Publiciana non poterit.

したがって，プーブリキアーナ［訴訟］が認められるためには，以下の要件がそろわなければならない．すなわち買った人が善意であり，彼に買われた物がその［買受］名義で，引渡されていることである．別に，引渡の前には，たとえ彼が善意の買主であったとしてもプーブリキアーナ［訴訟］で訴えることはできない．

| D 6.2.7.17 | Ulp. 16 ad ed.

Iulianus libro septimo digestorum scripsit traditionem rei emptae oportere bona fide fieri: ideoque si sciens alienam possessionem adprehendit, Publiciana eum experiri non posse, quia usucapere non poterit. nec quisquam putet hoc nos existimare sufficere initio traditionis ignorasse rem alienam, uti quis possit Publiciana experiri, sed oportere et tunc bona fide emptorem esse.

ユーリアーヌスが［彼の］ディーゲスタの 7 巻で，「買われた物の引渡が善意で行われなければならない」と，書いている．したがって，もし，他人物の占有を［彼が］承知で受領する場合には，彼はプーブリキアーナ［訴訟］で訴えることができない．なぜなら彼はウースーカピオすることができないからである．誰かがプーブリキアーナ［訴訟］で訴えることができるためには，引渡の始めにその物が他人物であることを知らなかったということで十分であると，私たち［ユーリアーヌスとウルピアーヌス］が考えているとは，誰も思わない．そうではなくて，その時に［買受の時点で］善意であることが必要である．

| D 6.2.8 | Gai. 7 ad ed. provinc.

GAIUS *libro septimo ad edictum provinciale*

De pretio vero soluto nihil exprimitur: unde potest coniectura capi, quasi nec sententia praetoris ea sit, ut requiratur, an solutum sit pretium.

ガーイウス（属州告示註解 7 巻）

売買代金の弁済については，何も明示的に書かれてはいない．したがって，代金が弁済された［支払われた］かどうか事実認定されなくてはならないということは，法務官の判断ではなかった，と推論することが

できる．

| D 6.2.9 pr | Ulp. 16 ad ed.

ULPIANUS *libro sexto decimo ad edictum*

Sive autem emptori res tradita est sive heredi emptoris, Publiciana competit actio.

ウルピアーヌス（告示註解 16 巻）

物が引渡されたのが買主に対してか，買主の相続人に対してかにかかわらずプーブリキアーナ訴訟は認められる．

| D 6.2.9.1 | Ulp. 16 ad ed.

Si quis rem apud se depositam vel sibi commodatam emerit vel pignori sibi datam, pro tradita erit accipienda, si post emptionem apud eum remansit.

もし，ある人が彼に寄託されている物を，あるいは［無償で］使用借している物を，あるいは質として彼に与えられた物を，買った場合には，もし買いのあとでその物が彼のもとに留め置かれるなら，引渡されたものとみなされる．

| D 6.2.9.2 | Ulp. 16 ad ed.

Sed et si praecessit traditio emptionem, idem erit dicendum.

しかし，たとえ引渡が買受に先行しても，同じことが言われなくてはならない．

| D 6.2.9.3 | Ulp. 16 ad ed.

Item si hereditatem emero et traditam mihi rem hereditariam petere velim, Neratius scribit esse Publicianam.

同様に，もし，私が相続財産［全体］を買って引渡され，［占有を失って］それを取戻すことを訴えているなら，ネラーティウスはプーブリキアーナ［訴訟］が認められると書いている．

| D 6.2.9.4 | Ulp. 16 ad ed.

Si duobus quis separatim vendiderit bona fide ementibus, videamus, quis magis Publiciana uti possit, utrum is cui priori res tradita est an is qui tantum emit. et Iulianus libro septimo digestorum scripsit, ut, si quidem ab eodem non domino emerint, potior sit cui priori res tradita est, quod si a diversis non dominis, melior causa sit possidentis quam petentis. quae sententia vera est.

もし，2人の善意の買主たちに，ある人が［同一物を］別々に売ったとする．誰がよりよくプーブリキアーナ［訴訟］を使うことができるか考えてみよう．2人のうち先に物を引渡された人だろうか，それとも［最初は］ただ買っただけの［あとから引渡された］人だろうか．そしてユーリアーヌスが［彼の］ディーゲスタの7巻で書いている．もし，同一の非所有者［(市民法上の) 所有者でない人］から買った場合には，先に引渡を受けた人が優位である．もし異なった非所有者［(市民法上の) 所有者でない人］からである場合には，占有者がより良い法的地位を持つと．この判断が正しい．

| D 6.2.9.5 | Ulp. 16 ad ed.

Haec actio in his quae usucapi non possunt, puta furtivis vel in servo fugitivo, locum non habet.

この訴訟は，ウースーカピオできない物，たとえば，盗品あるいは逃亡奴隷には適用の余地がない．

| D 6.2.9.6 | Ulp. 16 ad ed.

Si servus hereditarius ante aditam hereditatem aliquam rem emerit et traditam sibi possessionem amiserit, recte heres Publiciana utitur, quasi

もし，相続財産に属している奴隷が，相続が行われる前にある物を買って引渡され，占有を失った場合には，相続人がプーブリキアーナ［訴

ipse possedisset. municipes quoque, quorum servo res tradita est, in eadem erunt condicione,

訟］を用いることができる．あたかも相続人自身が占有していたかのごとく．物を引渡された奴隷が個人の奴隷でなくて［都市の］市民共同体に属していたとしても同じ条件である．

D 6.2.10　Paul. 19 ad ed.

PAULUS *libro nono decimo ad edictum*

sive peculiari nomine servus emerit sive non.

パウルス（告示註解 19 巻）

奴隷が彼の特有財産によって買ったかどうかにかかわらず．

D 6.2.11 pr　Ulp. 16 ad ed.

ULPIANUS *libro sexto decimo ad edictum*

Si ego emi et mea voluntate alii res sit tradita, imperator Severus rescripsit Publicianam illi dandam.

ウルピアーヌス（告示註解 16 巻）

もし，私が他人物を買い，それが私の意思で［第三者に］引渡された場合には，この人にプーブリキアーナ［訴訟］が与えられると，皇帝セウェールスは指令した．

D 6.2.11.1　Ulp. 16 ad ed.

Si de usu fructu agatur tradito, Publiciana datur: itemque servitutibus urbanorum praediorum per traditionem constitutis vel per patientiam (forte si per domum quis suam passus est aquae ductum transduci): item rusticorum, nam et hic traditionem et patientiam tuen-

もし，引渡によって設定された用益貸借(ウースーフルクトゥス)に基づいて訴えられる場合には，プーブリキアーナが与えられる．同様に，宅地の役権が引渡によってまたは受忍によって設定された場合に：（たとえば，もし住宅の上に水路が敷設されることを我慢した場合に），この引渡と我慢が保護

dam constat.

D 6.2.11.2　Ulp. 16 ad ed.

Partus ancillae furtivae, qui apud bonae fidei emptorem conceptus est, per hanc actionem petendus est, etiamsi ab eo qui emit possessus non est. sed heres furis hanc actionem non habet, quia vitiorum defuncti successor est.

D 6.2.11.3　Ulp. 16 ad ed.

Interdum tamen, licet furtiva mater distracta non sit, sed donata ignoranti mihi et apud me conceperit et pepererit, competit mihi in partu Publiciana, ut Iulianus ait, si modo eo tempore, quo experiar, furtivam matrem ignorem.

D 6.2.11.4　Ulp. 16 ad ed.

Idem Iulianus generaliter dicit, ex qua causa matrem usucapere possem, si furtiva non esset, ex ea

されることは確定している［定説である］．

盗まれた女奴隷の産んだ子は，善意の買主のもとで妊娠［懐胎］した場合には，この訴訟で取戻を訴えることができる．たとえ買った人によって占有されていない［占有を失った］場合でも．しかし，盗人の相続人はこの訴訟を持たない．なぜなら彼は死者の欠点の継承者だからである．

しかし，ときには，たとえ盗まれた母親［女奴隷］が売渡（ディストラエレ）されたのでなく，盗まれたことを知らない私に贈与されたのだとしても，私のもとで妊娠して分娩した場合には，生まれた子（パルトゥス）［奴隷］についてプーブリキアーナ［訴訟］が私に認められる．「ただし，私が出産の時点でその母親が盗まれていたことを知らなかった場合に限る」と，ユーリアーヌスが書いている．

同じユーリアーヌスが，一般的に書いている．同じ原因（カウサ）から私は母親をウースーカピオできたはずであ

causa partum me usucapere, si furtivam esse matrem ignorabam: ex omnibus igitur causis Publicianam habebo.

る．もし，盗まれた物でなかったとすれば．その原因に基づいて，生まれた子［奴隷］は私がウースーカピオする．もし母親が盗まれた物であることを知らなかったなら．したがって，これらすべての原因から私はプーブリキアーナ［訴訟］を持つであろう．

D 6.2.11.5　Ulp. 16 ad ed.

Idem est et si ex partu partus est et si non natus, sed post mortem matris exsecto ventre eius extractus est, ut et Pomponius libro quadragensimo scripsit.

同様に，もし，奴隷の子から奴隷の子が生まれた場合にも，また，生きている母親から自然に生まれたのでなく，母親が死亡したあとで帝王切開によって生まれた場合にも，そうである．そのように，ポンポーニウスが［告示註解］40巻で書いている．

D 6.2.11.6　Ulp. 16 ad ed.

Idem ait aedibus emptis, si fuerint dirutae, ea quae aedificio accesserunt huiusmodi actione petenda.

同じ人［ポンポーニウス］が書いている．もし，君が建物を買い，その建物が壊された場合には，その建物の従物は，同じようにこの訴訟で訴えることができる．

D 6.2.11.7　Ulp. 16 ad ed.

Quod tamen per alluvionem fundo accessit, simile fit ei cui accedit: et ideo si ipse fundus Publiciana peti non potest, non hoc petetur, si autem

また，寄州で土地が増えた場合にも同じことが言える．もし，土地自体がプーブリキアーナ［訴訟］によって取戻せない場合は，増えた土地

potest, et ad partem, quae per alluvionem accessit: et ita Pomponius scribit.

を返還請求できない．しかし，土地についてできるなら，増えた土地についてもプーブリキアーナ［訴訟］は可能である．そのようにポンポーニウスが書いている．

D 6.2.11.8 Ulp. 16 ad ed.

Idem adicit et si statuae emptae partes recisae petantur, similem actionem proficere.

同じ人［ポンポーニウス］がこれに書き加えている．たとえ買った彫像の分離された部分，あるいは買った彫像の一部分を取戻すにも，同じ訴訟が使える．

D 6.2.11.9 Ulp. 16 ad ed.

Idem scribit, si aream emero et insulam in ea aedificavero, recte me Publiciana usurum.

同じ人［ポンポーニウス］が，「もし，私が宅地を買い，その上に私が集合住宅（インスラ）を建てた場合には，私はプーブリキアーナ［訴訟］が使えるというのは正しい」と，言っている．

D 6.2.11.10 Ulp. 16 ad ed.

Item, inquit, si insulam emi et ad aream ea pervenit, aeque potero uti Publiciana.

さらに彼は，「もし，私が集合住宅（インスラ）を買い，これを壊して更地にした場合にも同様に，私はプーブリキアーナ［訴訟］を用いることができる」と，書いている．

D 6.2.12 pr Paul. 19 ad ed.

PAULUS libro nono decimo ad edictum

Cum sponsus sponsae servum

パウルス（告示註解19巻）

婚約者［の男性］が彼の婚約者

donasset eumque in dotem accepisset ante usucapionem, rescriptum est a divo pio divortio facto restituendum esse servum: nam valuisse donationem inter sponsum et sponsam. dabitur ergo et possidenti exceptio et amissa possessione Publiciana, sive extraneus sive donator possideat.

［の女性］に他人物の奴隷を贈与して［引渡し］，ウースーカピオが完成する前に彼女から嫁資として受領した場合，神格化された亡き皇帝ピウスは，離婚が完成したあとで奴隷は返還されなくてはならないと指令した．というのは，婚約者間の贈与は有効であったからである．したがって，彼女には占有の抗弁が認められる．そしてこの占有を失ったらプーブリキアーナ［訴訟］が認められる．第三者が占有していようと贈与した人が占有していようと．

D 6.2.12.1 Paul. 19 ad ed.

Is cui ex Trebelliano hereditas restituta est, etiamsi non fuerit nactus possessionem, uti potest Publiciana.

相続財産がトレベリアーヌム［元老院議決］に基づいて返還された人は，プーブリキアーナ［訴訟］を用いることができる．たとえ占有をいまだ獲得していないとしても．

D 6.2.12.2 Paul. 19 ad ed.

In vectigalibus et in aliis praediis, quae usucapi non possunt, Publiciana competit, si forte bona fide mihi tradita est.

納税義務のある土地，あるいはそのほかの義務地（プラエディス）については，それらをウースーカピオはできないけれども，善意で私たちに引渡されているなら，プーブリキアーナ［訴訟］が認められる．

D 6.2.12.3 Paul. 19 ad ed.

Idem est et si superficiariam

定期借地権によって建てられた

insulam a non domino bona fide emero.

| D 6.2.12.4 | Paul. 19 ad ed.

Si res talis sit, ut eam lex aut constitutio alienari prohibeat, eo casu Publiciana non competit, quia his casibus neminem praetor tuetur, ne contra leges faciat.

| D 6.2.12.5 | Paul. 19 ad ed.

Publiciana actionem etiam de infante servo nondum anniculo uti possumus.

| D 6.2.12.6 | Paul. 19 ad ed.

Si pro parte quis rem petere vult, Publiciana actione uti potest.

| D 6.2.12.7 | Paul. 19 ad ed.

Sed etiam is, qui momento possedit, recte hac actione experiretur.

| D 6.2.13 pr | Gai. 7 ad ed. provinc.

GAIUS *libro septimo ad edictum provinciale*

Quaecumque sunt iustae causae adquirendarum rerum, si ex his

集合住宅を，私が所有者でない人から善意で買った場合も同様である．

もし，ある物が法律によりあるいは勅法によって処分することを禁止されている場合には，プーブリキアーナ［訴訟］は認められない．なぜなら，このような場合に法務官は法律に反しないように，誰にも保護を与えないからである．

プーブリキアーナ訴訟は1歳に満たない幼児奴隷のためにさえ提起することができる．

もし，ある人が物の一部分の返還を請求する場合にも，プーブリキアーナ訴訟を使うことができる．

また，たとえ一瞬占有した人でもこの訴訟は行うことができる，というのは正しい．

ガーイウス（属州告示註解7巻）

どのような正当原因によるにせよ，私たちが取得した物についてこ

causis nacti res amiserimus, dabitur nobis earum rerum persequendarum gratia haec actio.

のような原因で取得した物を失った場合には，私たちから失われた物を追求するために，この訴訟が与えられる．

D 6.2.13.1　Gai. 7 ad ed. provinc.

Interdum quibusdam nec ex iustis possessionibus competit publicianum iudicium: namque pigneraticiae et precariae possessiones iustae sunt, sed ex his non solet competere tale iudicium, illa scilicet ratione, quia neque creditor neque is qui precario rogavit eo animo nanciscitur possessionem, ut credat se dominum esse.

ときには，正当な占有に基づいてもプーブリキアーナの裁判(ユディキウム)が認められない場合がある．すなわち質による占有，あるいは容仮(プレカリア)に基づく占有は適法であるが，これらからだけでは，この裁判(ユディキウム)は認められないのが常である．つまり，質権者にも容仮占有者にも認められない．所有者として占有を獲得するという意思(アニムス)がないからである．

D 6.2.13.2　Gai. 7 ad ed. provinc.

Qui a pupillo emit, probare debet tutore auctore lege non prohibente se emisse. sed et si deceptus falso tutore auctore emerit, bona fide emisse videtur.

未成熟者から買った人は，後見人の助成(アウクトーリタース)［形式を伴った承認］により，法律によって禁止されていないということを証明しなくてはならない．しかし，後見人の助成があるという虚偽に騙されて買った人は善意で買ったとみなされる．

D 6.2.14　Ulp. 16 ad ed.

ULPIANUS *libro sexto decimo ad edictum*

Papinianus libro sexto qua-

ウルピアーヌス（告示註解16巻）

パーピニアーヌスが，設問集(クアエスティオーネス)

estionum scribit:

 si quis prohibuit vel denuntiavit ex causa venditionis tradi rem, quae ipsius voluntate a procuratore fuerat distracta, et is nihilo minus tradiderit, emptorem tuebitur praetor, sive possideat sive petat rem. sed quod iudicio empti procurator emptori praestiterit, contrario iudicio mandati consequetur: potest enim fieri, ut emptori res auferatur ab eo, qui venire mandavit, quia per ignorantiam non est usus exceptione, quam debuit opponere, veluti: "si non auctor meus ex voluntate tua vendidit."

| D 6.2.15 | Pomp. 3 ad sab.

Pomponius libro tertio ad Sabinum

 Si servus meus, cum in fuga sit,

の6巻で書いている：

「もし，ある人が，彼自身の意思で財産管理人(プロクラートル)によって売られた物を，売却原因に基づいて引渡すことを［財産管理人に］禁止または警告したが，それにもかかわらず，彼［財産管理人］が引渡した場合には，法務官は買主を保護するであろう．彼［買主］が物を占有しているか，あるいは［占有を失って］取戻を訴えているかにかかわらず．しかし，買主訴訟の判決にしたがって財産管理人(プロクラートル)が買主に給付した物を，彼［財産管理人］は，委任反対訴訟で［本人から］獲得することになるであろう．なぜなら，無知のために，主張しなくてはいけないはずの人［買主］によって，たとえば，

『もし，私の前主(アウクトル)＝訴訟支援者［＝君の財産管理人］が君の同意のもとに売ったのでないならば』というような抗弁が使われなかったために，売ることを委任した本人によって，買主から物が追奪されることがあり得るからである」と．

ポンポーニウス（サビーヌス註解3巻）

rem a non domino emat, Publiciana mihi competere debet, licet possessionem rei traditae per eum nactus non sim.

もし，私の奴隷が逃亡中に物を非所有者から買ったなら，プーブリキアーナ［訴訟］が私に認められなければならない．たとえ，引渡された物の占有を私がまだ彼を通じて獲得していなかったとしても．

D 6.2.16 Paul. not. ad pap. 10 quaest.

PAPINIANI libro decimo quaestionum Paulus notat:

exceptio iusti dominii Publicianae obicienda est.

パウルスがパーピニアーヌスの設問集 10 巻に註釈して：

正当所有権(ドミニウム)の抗弁で，プーブリキアーナ［訴訟］に対抗することができる．

D 6.2.17 Ner. 3 membr.

NERATIUS libro tertio membranarum

Publiciana actio non ideo comparata est, ut res domino auferatur: eiusque rei argumentum est primo aequitas, deinde exceptio "si ea res possessoris non sit": sed ut is, qui bona fide emit possessionemque eius ex ea causa nactus est, potius rem habeat.

ネラーティウス（メンブラナールム 3 巻）

プーブリキアーナ訴訟は，所有者から物が奪われるように創設されたのではない．そのことの根拠は，まず第一に衡 平(アエクイタース)であり，それから「もしこの物が占有者の物でないならば」という抗弁である．むしろ，その目的は，善意で［他人物を］買い，その［買受］原因(カウサ)に基づいて占有をも獲得した人が，［所有者以外の占有者］よりよく物を保持すべきだ，ということである．

（訳　津野義堂）

史 料 索 引

C

2.3.20	*56, 71, 240, 267, 297, 298*
3.34.1	*180, 185, 199, 226, 227*
3.34.7	*185*
3.34.8	*183*
3.34.9	*183*
7.25.1	*13*
7.33.2	*318*
7.39.3.1	*293*
8.10.1	*184*

D

2.14.2.1	*324*
2.14.38	*184*
4.2.9.4	*41, 269, 274*
5.3.9	*146*
6.1.72	*40*
6.2.1 pr	*413*
6.2.1.1	*413*
6.2.1.2	*413*
6.2.2	*414*
6.2.3 pr	*414*
6.2.3.1	*414*
6.2.4	*415*
6.2.5	*415*
6.2.6	*415*
6.2.7 pr	*415*
6.2.7.1	*416*
6.2.7.2	*416*
6.2.7.3	*416*
6.2.7.4	*416*
6.2.7.5	*417*
6.2.7.6	*417*
6.2.7.7	*417*
6.2.7.8	*417*
6.2.7.9	*418*
6.2.7.10	*418*
6.2.7.11	*418*
6.2.7.12	*418*
6.2.7.13	*419*
6.2.7.14	*419*
6.2.7.15	*419*
6.2.7.16	*419*
6.2.7.17	*420*
6.2.8	*243, 420*
6.2.9 pr	*421*
6.2.9.1	*421*
6.2.9.2	*421*
6.2.9.3	*421*
6.2.9.4	*40, 41, 42, 43, 45, 55, 241, 261, 269, 272, 274, 277, 422*
6.2.9.5	*422*
6.2.9.6	*422*
6.2.10	*423*
6.2.11 pr	*423*
6.2.11.1	*169, 199, 423*
6.2.11.2	*424*
6.2.11.3	*424*
6.2.11.4	*424*
6.2.11.5	*425*
6.2.11.6	*425*
6.2.11.7	*425*
6.2.11.8	*426*
6.2.11.9	*426*

6.2.11.10	*426*
6.2.12 pr	*426*
6.2.12.1	*427*
6.2.12.2	*169, 427*
6.2.12.3	*169, 427*
6.2.12.4	*428*
6.2.12.5	*428*
6.2.12.6	*428*
6.2.12.7	*428*
6.2.13 pr	*428*
6.2.13.1	*429*
6.2.13.2	*429*
6.2.14	*429*
6.2.15	*430*
6.2.16	*431*
6.2.17	*431*
7.1.13.7	*180*
7.1.30	*180, 185*
8.1.7	*194*
8.1.14 pr	*203*
8.1.15.1	*188*
8.1.20	*199, 220*
8.2.1 pr	*178, 181, 194*
8.2.2	*172, 175, 179, 181, 194*
8.2.3	*188*
8.2.4	*179*
8.2.6	*179, 204, 205, 230*
8.2.7	*178, 204, 231*
8.2.9	*182*
8.2.10	*179, 186, 198*
8.2.11 pr	*184*
8.2.12	*178, 188*
8.2.15	*189*
8.2.16	*189*
8.2.20 pr	*194, 205, 233*
8.2.20.3	*173*

8.2.20.4	*173*
8.2.20.5	*173*
8.2.20.6	*174*
8.2.24	*192*
8.2.27 pr	*194*
8.2.32 pr	*204, 205, 229*
8.2.32.1	*204, 205, 230*
8.2.36	*198*
8.3.1.2	*199*
8.3.2 pr	*172, 180, 194*
8.4.6.3a	*199, 220*
8.4.7.1	*182*
8.4.12	*223*
8.4.16	*179*
8.4.17	*199, 205, 232*
8.5.4.7	*213, 222*
8.5.4.8	*178*
8.5.5	*179*
8.5.6 pr	*179, 204, 205, 235*
8.5.6.1	*209, 213, 218*
8.5.6.2	*190*
8.5.6.5	*191*
8.5.6.6	*191*
8.5.6.7	*213, 215*
8.5.8.1	*193*
8.5.8.2	*193*
8.5.8.3	*218, 219, 220*
8.5.8.5	*194, 222*
8.5.8.6	*177, 196*
8.5.8.7	*196*
8.5.15	*179*
8.5.16	*199, 220*
8.5.17 pr	*194*
8.6.1	*204*
8.6.8 pr	*204, 234*
8.6.18.2	*204, 234*

11.7.29 pr	*73*	35.2.6	*73*
12.1.11.2	*77, 79*	39.1.1.6	*211*
12.1.31.1	*77*	39.1.1.16	*213*
12.6	*141*	39.1.1.19	*213*
12.6.15	*141*	39.1.5.7	*213*
12.6.15.1	*141*	39.1.5.8	*213*
12.6.53	*69*	39.1.5.9	*213*
14.2.8	*324*	39.1.5.10	*212, 213, 216*
18.1.80.1	*199, 220*	39.1.14	*215*
18.1.80.3	*37, 256*	39.1.15	*217*
19.1.11.1	*259*	39.2.15.21	*311*
19.1.31.2	*40, 45, 46*	39.2.45	*217, 218*
21.2.10	*199, 220*	39.6.13 pr	*139*
21.3	*33*	39.6.33	*140*
21.3.2	*40*	41.1.9.3	*267*
22.1.17.1	*311, 326*	41.1.9.8	*324*
23.3.1	*119*	41.1.31 pr	*71*
23.3.2	*119*	41.1.44	*310, 326*
23.3.7	*136, 138*	41.2.1.1	*298*
23.3.7 pr	*138*	41.2.3.4	*153, 155*
23.3.7.1	*138*	41.2.3.21	*143, 151, 152, 155*
23.3.7.3	*130, 131, 136, 137*	41.2.52.1	*215*
23.3.9	*136*	41.3.1	*296, 298, 300*
23.3.9 pr	*136, 137*	41.3.4.28	*169, 203, 233*
23.3.9.1	*136, 137*	41.3.5	*122, 125, 154*
23.3.67	*66, 69, 83, 129, 138, 139, 140, 142, 155, 157*	41.3.27	*64, 67, 111, 126, 137, 138, 139, 145, 154, 155, 157*
24.3.1	*119*	41.3.29	*108, 109, 110*
24.3.10.1	*72*	41.3.32 pr	*96, 162*
25.2.17 pr	*134*	41.3.33.1	*75, 76*
29.2.20	*147*	41.3.46	*64*
29.2.95	*309*	41.3.48	*64, 86, 162*
29.4.30	*146*	41.4.1	*121*
31.36	*118, 119*	41.4.2	*162*
31.47	*69*	41.4.2 pr	*64, 86, 87, 120*
33.3.1	*198*	41.4.2.1	*65*

41.4.2.6	*120*	43.17.3.4	*216*
41.4.2.15	*64*	43.17.4	*222*
41.4.2.16	*64*	43.19.1 pr	*206*
41.4.3	*121*	43.24.1.6	*213*
41.4.9	*160, 161*	43.24.11.14	*209*
41.4.10	*160, 161*	43.24.15.8	*210*
41.4.11	*66, 157, 159, 161, 162*	43.24.20.1	*213, 215*
41.5.1	*104, 105, 109*	43.25.1	*215*
41.5.3	*104, 105, 106, 109*	43.25.1.3	*214*
41.6.1 pr	*101, 118*	43.26.2.3	*203*
41.6.1.1	*102*	43.26.3	*203*
41.6.1.2	*102*	44.4.4.32	*5, 26, 33, 40*
41.6.3	*103*	46.3.78	*77, 79*
41.6.4	*101, 102, 103, 104*	46.3.84	*69*
41.8.1	*118*	47.2.43.11	*324*
41.8.2	*64, 118*	47.2.85（84）	*96*
41.8.9	*64*	47.7.6.2	*194*
41.9.1	*127, 135, 137, 138, 139, 142*	50.16.125	*69*
41.9.1.2	*129, 131, 132, 133, 134, 135, 155*	50.16.242.1	*194*
41.9.1.3	*132, 133, 134, 135, 138, 139, 144*	50.17.45.1	*184*
41.9.1.4	*132, 133, 134, 135, 138, 139*		
41.10	*141*	Epit Gai	
41.10.1	*142, 152, 153*	II 1.3	*181*
41.10.1 pr	*145, 155*		
41.10.1.1	*83, 144, 154*	Gai inst	
41.10.2	*143, 152, 155, 161*	1.54	*2, 6, 20, 23, 28, 33, 59, 282*
41.10.3	*81, 91, 93, 97, 99, 107, 109, 140, 141, 145, 157*	2.7	*33*
		2.14	*180*
41.10.4 pr	*98, 155*	2.14a	*197*
41.10.4.1	*100, 101, 103, 104, 105, 106*	2.18	*15*
41.10.4.2	*106, 109, 110, 140, 157, 161*	2.19	*15, 58, 240*
41.10.5	*66, 87, 93, 95, 99*	2.20	*16, 58, 240*
41.10.5 pr	*89, 95, 140, 143*	2.22	*16, 17*
41.10.5.1	*84, 85, 89, 91, 92, 95, 126, 159, 162*	2.24	*198*
		2.29	*197*
43.17.3.2	*216*	2.31	*180, 181*

2.40	*2, 9, 20, 23, 33, 278*	2.165	*149*
2.41	*2, 9, 20, 23, 33, 57, 279*	2.166	*149*
2.42	*292*	2.167	*149*
2.43	*95*	2.168	*149*
2.45	*28, 292*	2.169	*149*
2.49	*28*	3.166	*59, 282*
2.50	*28*	4.36	*47*
2.52	*105, 124*		
2.56	*124*	**Inst Iust**	
2.57	*124*	2.1.40	*267*
2.59	*95*	2.3.1	*176*
2.152	*149*	2.6 pr	*293, 294*
2.153	*149*		
2.154	*149*	**Paul. Sent.**	
2.155	*149*	3.6.30	*205*
2.156	*149*		
2.157	*149*	**Ulp. Frag.**	
2.158	*149*	1.16	*10, 11*
2.159	*149*		
2.160	*149*	**Vat. fr.**	
2.161	*149*	46	*205*
2.162	*149*	47	*198*
2.163	*149*	111	*129, 155*
2.164	*149*	260	*125, 126, 145*

初 出 一 覧

第1章　津野義堂「「法務官法上の所有権」のオントロジー」『比較法雑誌』第42巻第4号（2009年），1-35頁

第2章　津野義堂「古典期ローマ法において非所有者から二重に売られて二重に引渡された物がウースーカピオによって所有権取得されウースーカピオ占有中に失われた占有がプーブリキアーナによって回復される法理のオントロジー」『比較法雑誌』第37巻第4号（2004年），1-26頁

第5章　津野義堂「ヨーロッパ近世自然法の二重譲渡論における売買と所有権の移転——グロティウス『戦争と平和の法』2巻12章15節2項およびプーフェンドルフ『自然法と万民法』5巻5章5節5項——」『比較法雑誌』第38巻第1号（2004年），1-50頁

資　料　津野義堂訳「学説彙纂(ディーゲスタ)6巻2章　プーブリキアーナ対物訴訟について」『比較法雑誌』第41巻第1号（2007年），61-80頁

※掲載誌の発行者はすべて日本比較法研究所である．
※上記以外の章は，あらたに書き下ろしたものである．

本書は、日本比較法研究所研究基金の助成（1995年）に基づき実施された共同研究「法とコンピュータ」の研究成果である。

編著者・著者一覧

津野　義堂	（ツノ　ギイド）	日本比較法研究所研究所員・中央大学教授
森　　光	（モリ　ヒカル）	日本比較法研究所研究所員・中央大学准教授
宮坂　　渉	（ミヤサカ　ワタル）	日本比較法研究所嘱託研究所員・ 筑波大学人文社会系准教授・中央大学兼任講師
出雲　　孝	（イズモ　タカシ）	日本比較法研究所嘱託研究所員・中央大学兼任講師

オントロジー法学

日本比較法研究所研究叢書（113）

2017 年 3 月 30 日　初版第 1 刷発行

編著者　津　野　義　堂

発行者　神　﨑　茂　治

発行所　中　央　大　学　出　版　部

〒 192-0393
東京都八王子市東中野 742 番地 1
電話 042-674-2351・FAX 042-674-2354
http://www2.chuo-u.ac.jp/up/

© 2017 津野義堂　ISBN978-4-8057-0813-2　㈱千秋社

本書の無断複写は、著作権法上での例外を除き、禁じられています。
複写される場合は、その都度、当発行所の許諾を得てください。

日本比較法研究所研究叢書

1	小島　武　司　著	法律扶助・弁護士保険の比較法的研究	A 5 判	2800円
2	藤本　哲也　著	CRIME AND DELINQUENCY AMONG THE JAPANESE-AMERICANS	菊　判	1600円
3	塚本　重頼　著	アメリカ刑事法研究	A 5 判	2800円
4	小島　武司　編 外間　　寛	オムブズマン制度の比較研究	A 5 判	3500円
5	田村　五郎　著	非嫡出子に対する親権の研究	A 5 判	3200円
6	小島　武司　編	各国法律扶助制度の比較研究	A 5 判	4500円
7	小島　武司　著	仲裁・苦情処理の比較法的研究	A 5 判	3800円
8	塚本　重頼　著	英米民事法の研究	A 5 判	4800円
9	桑田　三郎　著	国際私法の諸相	A 5 判	5400円
10	山内　惟介　編	Beiträge zum japanischen und ausländischen Bank- und Finanzrecht	菊　判	3600円
11	木内　宜彦　編著 M・ルッター	日独会社法の展開	A 5 判	(品切)
12	山内　惟介	海事国際私法の研究	A 5 判	2800円
13	渥美　東洋　編	米国刑事判例の動向 I	A 5 判	(品切)
14	小島　武司　編著	調停と法	A 5 判	(品切)
15	塚本　重頼　著	裁判制度の国際比較	A 5 判	(品切)
16	渥美　東洋　編	米国刑事判例の動向 II	A 5 判	4800円
17	日本比較法研究所編	比較法の方法と今日的課題	A 5 判	3000円
18	小島　武司　編	Perspectives on Civil Justice and ADR : Japan and the U. S. A.	菊　判	5000円
19	小島・渥美　編 清水・外間	フランスの裁判法制	A 5 判	(品切)
20	小杉　末吉　著	ロシア革命と良心の自由	A 5 判	4900円
21	小島・渥美　編 清水・外間	アメリカの大司法システム(上)	A 5 判	2900円
22	小島・渥美　編 清水・外間	Système juridique français	菊　判	4000円

日本比較法研究所研究叢書

23	小島・渥美・清水・外間 編	アメリカの大司法システム(下)	A5判 1800円
24	小島武司・韓相範編	韓国法の現在(上)	A5判 4400円
25	小島・渥美・川添・清水・外間 編	ヨーロッパ裁判制度の源流	A5判 2600円
26	塚本重頼著	労使関係法制の比較法的研究	A5判 2200円
27	小島武司・韓相範編	韓国法の現在(下)	A5判 5000円
28	渥美東洋編	米国刑事判例の動向Ⅲ	A5判 (品切)
29	藤本哲也著	Crime Problems in Japan	菊判 (品切)
30	小島・渥美・清水・外間 編	The Grand Design of America's Justice System	菊判 4500円
31	川村泰啓著	個人史としての民法学	A5判 4800円
32	白羽祐三著	民法起草者 穂積陳重論	A5判 3300円
33	日本比較法研究所編	国際社会における法の普遍性と固有性	A5判 3200円
34	丸山秀平編著	ドイツ企業法判例の展開	A5判 2800円
35	白羽祐三著	プロパティと現代的契約自由	A5判 13000円
36	藤本哲也著	諸外国の刑事政策	A5判 4000円
37	小島武司他編	Europe's Judicial Systems	菊判 (品切)
38	伊従寛著	独占禁止政策と独占禁止法	A5判 9000円
39	白羽祐三著	「日本法理研究会」の分析	A5判 5700円
40	伊従・山内・ヘイリー編	競争法の国際的調整と貿易問題	A5判 2800円
41	渥美・小島編	日韓における立法の新展開	A5判 4300円
42	渥美東洋編	組織・企業犯罪を考える	A5判 3800円
43	丸山秀平編著	続ドイツ企業法判例の展開	A5判 2300円
44	住吉博著	学生はいかにして法律家となるか	A5判 4200円

日本比較法研究所研究叢書

45	藤本哲也 著	刑事政策の諸問題	A5判 4400円
46	小島武司 編著	訴訟法における法族の再検討	A5判 7100円
47	桑田三郎 著	工業所有権法における国際的消耗論	A5判 5700円
48	多喜 寛 著	国際私法の基本的課題	A5判 5200円
49	多喜 寛 著	国際仲裁と国際取引法	A5判 6400円
50	眞田・松村 編著	イスラーム身分関係法	A5判 7500円
51	川添・小島 編	ドイツ法・ヨーロッパ法の展開と判例	A5判 1900円
52	西海・山野目 編	今日の家族をめぐる日仏の法的諸問題	A5判 2200円
53	加美和照 著	会社取締役法制度研究	A5判 7000円
54	植野妙実子 編著	21世紀の女性政策	A5判 (品切)
55	山内惟介 著	国際公序法の研究	A5判 4100円
56	山内惟介 著	国際私法・国際経済法論集	A5判 5400円
57	大内・西海 編	国連の紛争予防・解決機能	A5判 7000円
58	白羽祐三 著	日清・日露戦争と法律学	A5判 4000円
59	伊従・山内・ヘイリー・ネルソン 編	APEC諸国における競争政策と経済発展	A5判 4000円
60	工藤達朗 編	ドイツの憲法裁判	A5判 (品切)
61	白羽祐三 著	刑法学者牧野英一の民法論	A5判 2100円
62	小島武司 編	ADRの実際と理論Ⅰ	A5判 (品切)
63	大内・西海 編	United Nation's Contributions to the Prevention and Settlement of Conflicts	菊判 4500円
64	山内惟介 著	国際会社法研究 第一巻	A5判 4800円
65	小島武司 著	CIVIL PROCEDURE and ADR in JAPAN	菊判 (品切)
66	小堀憲助 著	「知的(発達)障害者」福祉思想とその潮流	A5判 2900円

日本比較法研究所研究叢書

67	藤本哲也 編著	諸外国の修復的司法	Ａ５判 6000円
68	小島武司 編	ＡＤＲの実際と理論 II	Ａ５判 5200円
69	吉田豊 著	手付の研究	Ａ５判 7500円
70	渥美東洋 編著	日韓比較刑事法シンポジウム	Ａ５判 3600円
71	藤本哲也 著	犯罪学研究	Ａ５判 4200円
72	多喜寛 著	国家契約の法理論	Ａ５判 3400円
73	石川・エーラース・グロスフェルト・山内 編著	共演 ドイツ法と日本法	Ａ５判 6500円
74	小島武司 編著	日本法制の改革：立法と実務の最前線	Ａ５判 10000円
75	藤本哲也 著	性犯罪研究	Ａ５判 3500円
76	奥田安弘 著	国際私法と隣接法分野の研究	Ａ５判 7600円
77	只木誠 著	刑事法学における現代的課題	Ａ５判 2700円
78	藤本哲也 著	刑事政策研究	Ａ５判 4400円
79	山内惟介 著	比較法研究 第一巻	Ａ５判 4000円
80	多喜寛 編著	国際私法・国際取引法の諸問題	Ａ５判 2200円
81	日本比較法研究所編	Future of Comparative Study in Law	菊判 11200円
82	植野妙実子 編著	フランス憲法と統治構造	Ａ５判 4000円
83	山内惟介 著	Japanisches Recht im Vergleich	菊判 6700円
84	渥美東洋 編	米国刑事判例の動向 IV	Ａ５判 9000円
85	多喜寛 著	慣習法と法的確信	Ａ５判 2800円
86	長尾一紘 著	基本権解釈と利益衡量の法理	Ａ５判 2500円
87	植野妙実子 編著	法・制度・権利の今日的変容	Ａ５判 5900円
88	畑尻剛 工藤達朗 編	ドイツの憲法裁判 第二版	Ａ５判 8000円

日本比較法研究所研究叢書

89	大村雅彦 著	比較民事司法研究	A5判 3800円
90	中野目善則 編	国際刑事法	A5判 6700円
91	藤本哲也 著	犯罪学・刑事政策の新しい動向	A5判 4600円
92	山内惟介／ヴェルナー・F・エプケ 編著	国際関係私法の挑戦	A5判 5500円
93	森勇／米津孝司 編	ドイツ弁護士法と労働法の現在	A5判 3300円
94	多喜寛 著	国家（政府）承認と国際法	A5判 3300円
95	長尾一紘 著	外国人の選挙権 ドイツの経験・日本の課題	A5判 2300円
96	只木誠／ハラルド・バウム 編	債権法改正に関する比較法的検討	A5判 5500円
97	鈴木博人 著	親子福祉法の比較法的研究Ⅰ	A5判 4500円
98	橋本基弘 著	表現の自由 理論と解釈	A5判 4300円
99	植野妙実子 著	フランスにおける憲法裁判	A5判 4500円
100	椎橋隆幸 編著	日韓の刑事司法上の重要課題	A5判 3200円
101	中野目善則 著	二重危険の法理	A5判 4200円
102	森勇 編著	リーガルマーケットの展開と弁護士の職業像	A5判 6700円
103	丸山秀平 著	ドイツ有限責任事業会社（UG）	A5判 2500円
104	椎橋隆幸 編	米国刑事判例の動向Ⅴ	A5判 6900円
105	山内惟介 著	比較法研究 第二巻	A5判 8000円
106	多喜寛 著	STATE RECOGNITION AND *OPINIO JURIS* IN CUSTOMARY INTERNATIONAL LAW	菊判 2700円
107	西海真樹 著	現代国際法論集	A5判 6800円
108	椎橋隆幸 編著	裁判員裁判に関する日独比較法の検討	A5判 2900円
109	牛嶋仁 編著	日米欧金融規制監督の発展と調和	A5判 4700円
110	森光 著	ローマの法学と居住の保護	A5判 6700円

日本比較法研究所研究叢書

111 山内惟介 著　比　較　法　研　究　第三巻　A5判 4300円
112 北村泰三・西海真樹 編著　文 化 多 様 性 と 国 際 法　A5判 4900円

＊価格は本体価格です。別途消費税が必要です。